제2판

창업 마케팅

최정선

START-UP MARKETING

박영사

제 2 판 머리말

창업은 창의적인 아이디어를 현실화하여 새로운 가치를 창출하는 창조경제의 실현 방식입니다. 창업은 새로운 업(業)을 시작하는 스타트업(Start－up) 형태로 나타나며, 혁신적인 아이디어를 바탕으로 상품과 서비스를 개발하고, 시장 생태계를 형성하는 것이 핵심입니다.

이 책은 창업의 이론과 실무를 학습하고, 직접 계획을 수립하고 시뮬레이션함으로써 실전 경험을 쌓을 수 있도록 구성되었습니다. 창업과 마케팅의 기본 개념을 이해하고, 창업에 필요한 지식과 정보를 습득하며, 창업 트렌드와 실무 기법을 학습하는 데 중점을 두었습니다.

독자들은 자신의 전공, 경험, 사회적 이슈, 도전정신, 비전 등을 기반으로 창의적인 아이디어를 구체화하고, 시장 기회를 개발하며, 고객과의 관계를 강화하는 전략을 익히게 될 것입니다. 더불어 커뮤니케이션, 협업, 비판적 사고, 창의적 사고 등의 역량을 함께 키우는 것이 중요합니다.

이 책은 각 장마다 실제 사례(CASE STUDY)와 Work Sheet를 작성하여 학습자가 창업을 직접 체험하고 마케팅의 중요성을 체득할 수 있도록 구성하였습니다.

변화하는 트렌드와 기술을 반영하며, 실천 가능한 창업 로드맵을 제시하는 이 책이 여러분의 도전과 성장을 돕는 길잡이가 되길 바랍니다.

2025. 6

저자 씀

차 례

CHAPTER 01 창업 마케팅 Process

CHAPTER 02 창업 트렌드 분석

CHAPTER 03 시장 환경 분석 및 사업 환경 분석

CHAPTER 04 목표시장 선정 및 전략적 특성

CHAPTER 05 고객 만족, 고객의 특성 파악

CHAPTER 06 창업 아이디어 창출

CHAPTER 07 신제품 개발 Process

CHAPTER 08 창업가 정신, 창업가 마인드

CHAPTER 09 창업 마케팅 전략

CHAPTER 10 창업 마케팅 활동

CHAPTER 11 창업 마케팅 브랜드 구축

CHAPTER 12 사업계획서 작성

1

CHAPTER

창업 마케팅 Process

학습목표

1. 창업의 정의
2. 창업의 특성
3. 창업의 유형
4. 창업 마케팅의 중요성
5. 창업 단계
   - **Work Sheet 작성**

CHAPTER 01

창업 마케팅 Process

창업 마케팅 과정은 창업자가 시장에 성공적으로 진입하고, 브랜드 인지도를 높이며, 지속 가능한 성장을 이루기 위해 필수적인 단계이다.

초기 단계에서 효과적인 마케팅 전략을 수립하고 실행하는 것은 고객을 확보하고, 경쟁 시장에서 두각을 나타내는 데 매우 중요하다.

창업 마케팅은 초기 기업이 시장에서 성공적으로 자리 잡기 위해 필수적인 과정으로, 제한된 자원과 인지도가 낮은 상태에서 효과적으로 목표 고객에게 접근하고 브랜드를 구축하는 데 집중하는 것이다.

창업 프로세스로 철저한 계획과 준비가 필요하며, 각 단계마다 다양한 도전과 기회가 따른다. 아이디어 발굴에서부터 자금 조달, 법적 절차, 마케팅 전략까지의 과정을 체계적으로 수행하는 것이 성공적인 창업의 열쇠이다.

창업은 아이디어를 실현하여 사업을 시작하고 성장시키는 복잡한 과정이다.

창업 아이디어 개발은 성공적인 창업의 첫 단계로, 창업자는 독창적인 아이디어를 찾아내고 이를 구체화하여 실행 가능한 사업으로 전환해야 한다. 단순한 영감에서 출발할 수 있지만, 철저한 조사와 계획이 필요하다.

창업 아이디어 개발을 위한 핵심 과정과 방법이다.

첫째, 문제 발견에서 문제를 인식하는 것은 성공적인 창업 아이디어에서 시작된다. 일상생활에서 겪는 불편함이나 기존 제품 및 서비스의 비효율성을 인식하는 것이 중요하다.

사례로 음식 배달 서비스가 부족한 지역에서는 이를 해결하기 위한 배달 서비스 플랫폼 창업이 좋은 기회가 될 수 있다. 문제 해결책 제안으로 문제를 해결하기 위해 어떤 제품이나 서비스를 제공할 수 있을지 생각한다. 소비자의 필요와 기대에 부합하는지 여부가 중요하다.

둘째, 시장 조사 및 트렌드 분석이다. 현재 시장에서 어떤 제품이나 서비스가 인기 있는지, 그리고 어떤 트렌드가 상승하고 있는지 파악해야 한다. 산업의 분석으로 현재 산업 내에서 어떤 변화가 일어나고 있는지 분석하고, 새로운 기회를 찾는다. 소비자의 트렌드로 새로운 기술, 사회적 변화, 환경적인 요인들이 소비자 행동에 어떤 영향을 미치는지 이해하는 것이 중요하다. 그리고 경쟁사 분석에 이미 존재하는 경쟁 제품 또는 서비스는 어떤 특징을 갖고 있는지, 그리고 그들의 약점이 무엇인지를 분석한다. 이를 통해 경쟁사보다 더 나은 솔루션을 제공할 방법을 모색할 수 있다.

셋째, 아이디어 브레인스토밍(Brainstorming)으로 창의적 사고 기법이다. 다양한 사고 기법을 활용하여 창의적인 아이디어를 자유롭게 발산하는 것이 중요하다. 기존의 생각에 얽매이지 않고 새로운 아이디어를 창출할 수 있다. 그러면서 연관된 아이디어를 시각적으로 표현하여 창의적인 해결책을 찾을 수 있는 것이다. 협업 및 피드백으로 팀원, 동료 혹은 전문가와의 협업을 통해 아이디어를 브레인스토밍할 때, 다양한 관점에서 의견을 들을 수 있다. 이를 통해 더 풍부하고 실현 가능한 아이디어를 도출할 수 있는 것이다.

넷째, 고객의 필요와 욕구를 파악하여 고객의 유형을 정의하고, 그들이 겪는 문제와 필요를 명확히 파악한다. 고객 페르소나는 이상적인 고객의 특징을 구체적으로 나타내는 것으로, 나이, 성별, 직업, 생활 방식 등을 포함한다. 또한, 잠재 고객과 직접 인터뷰를 진행하여 그들의 불만 사항과 기대를 파악하여 아이디어가 실질적인 소비자 니즈를 해결하는지를 검증할 수 있는 것이다. 온라인 설문조사나 소셜 미디어를 활용해 대중의 의견을 수집하고, 아이디어가 실질적인 문제를 해결할 수 있을지 확인한다.

다섯째, 초기 고객들로부터 피드백을 받고, 이를 바탕으로 제품을 개선한다. 반복적인 테스트와 피드백 과정을 통해 제품이나 서비스의 품질을 지속적으로 향상시킨다.

창업 아이디어 개발은 단순한 영감에서 끝나는 것이 아니라, 철저한 분석과 테스트를 통해 실현 가능한 비즈니스 기회를 찾는 과정이다. 창의적인 사고와 시장의 요구를 이해하는 능력을 결합하여 지속 가능한 창업 아이디어를 개발하는 것이 중요하다.

성공적인 창업을 위해서는 전략적 계획과 준비가 필수적이며, 이를 통해 자본, 인력, 마케팅 등의 다양한 요소를 체계적으로 관리할 수 있다.

다음은 창업 프로세스의 단계이다.

첫째, 문제 인식 및 해결로 창업 아이디어는 대부분 특정 문제를 해결하려는 데서 출발한다. 시장에서 해결되지 않은 문제, 소비자의 불편함, 또는 비효율성을 해결하는 솔루션을 찾는 것이 중요하다. 이 단계에서는 자신의 관심 분야나 전문 지식을 활용하여 아이디어를 구체화하는 과정이 포함된다. 아이디어가 실제로 수익성이 있을지, 그리고 시장에서 수요가 있는지를 조사한다. 경쟁 분석으로 경쟁사의 제품 또는 서비스와의 차별성을 분석하여 아이디어의 성공 가능성을 평가한다. 사업 아이디어 검증을 통해 최소 기능 제품을 테스트한다. 최소한의 기능만을 갖춘 제품이나 서비스를 개발하여 시장에서 아이디어를 검증한다. 초기 고객의 피드백을 통해 아이디어를 개선할 수 있다.

둘째, 사업 계획 수립(Business Planning)에서의 시장 조사(Market Research)로 목표 시장을 분석한다. 타겟팅하는 주요 고객층을 분석하고, 그들의 요구와 기대를 이해한다. 직접적인 경쟁자뿐만 아니라 잠재적인 경쟁자까지 분석하여 시장 내에서의 위치를 파악한다. 비즈니스 모델 수립에서 수익 모델은 어떻게 수익을 창출할지 구체적인 계획을 세운다. 사업을 운영하기 위해 필요한 비용을 계산하고, 자원 배분 계획을 세운다. 사업 계획서 작성에서 비전과 목표로 사업의 장기적인 비전과 이를 달성하기 위한 구체적인 목표를 설정한다. 그리고 핵심 전략으로 마케팅, 운영, 재무 전략을 포함한 사업 전반에 걸친 실행 계획을 수립한다. 특히, 재무 계획으로 초기 자본금, 예상 매출, 지출, 손익분기점 등을 포함하여 재무 계획을 세운다.

셋째, 자금 조달(Funding), 자본금 확보로 창업자는 개인 자산을 활용해 사업을 시작할 수 있다. 가족 및 친구에게 초기 자본금 조달의 한 방법으로 주변 사람들의 도움을 받을 수 있다. 외부 투자 유치로 엔젤 투자자는 초기 단계에서 개인 투자자들이 사업 아이디어에 투자하는 경우가 많다. 벤처 캐피털은 빠른 성장이 기대되는 스타트업에 투자하는 기관으로, 투자금을 받고 지분을 제공하는 형태이다. 그리고 크라우드 펀딩으로 다양한 사람들이 소액씩 투자하는 방식으로, 온라인 플랫폼을 통해 자금을 모을 수 있다. 또는, 정부 지원 프로그램으로 정부에서 제공하는 창업 지원 프로그램, 보조금, 대출 등을 통해 자금을 조달할 수 있다.

넷째, 법적 절차 및 등록(Legal Setup)으로 사업자 등록증일 경우 관할 세무서에서 사업자 등록증을 발급받아야 합법적으로 사업을 운영할 수 있다. 개인사업자, 법인사업자, 파트너십 등의 사업 형태를 선택해야 한다. 사업 형태에 따라 세금 및 법적 책임이 달라진다. 법적 요건 충족으로 상표 등록은 브랜드명을 보호하기 위해 상표를 등록할 수 있다. 라이선스 및 허가로 특정 산업에서는 라이선스나 허가를 받아야 한다. 예를 들어, 식품, 의약품, 화학 제품을 판매할 경우 관련 허가가 필요하다. 계약 및 법적 문서 준비로 직원 고용, 파트너십, 공급 업체 계약 등 다양한 법적 문서가 필요합니다. 법률 전문가의 도움을 받아 계약서 작성 및 검토를 진행하는 것이 좋다.

다섯째, 프로덕트 개발 및 테스트(Product Development and Testing)로 제품 또는 서비스의 프로토타입을 개발하고, 소비자들이 실제로 사용할 수 있도록 준비한다. 서비스라면 웹사이트나 애플리케이션을 개발할 수 있고, 제품일 경우 샘플을 제작한다. 테스트 및 개선으로 소비자 테스트는 제품이나 서비스를 소비자에게 테스트해보고 피드백을 받아 개선한다. 초기 테스트는 매우 중요한 단계로, 제품의 문제점과 개선점을 확인할 수 있다.

여섯째, 마케팅 및 브랜딩(Marketing and Branding)으로 브랜드 아이덴티티 구축에서 브랜드 이름과 로고는 브랜드의 정체성을 대표하는 이름과 로고를 개발한다. 브랜드 스토리로 브랜드가 전달하고자 하는 가치를 명확하게 표현하는 스토리를 만든다. 디지털 마케팅 전략에서 웹사이트 및 소셜 미디어는 디지털 플랫폼을 활용해 브랜드를 홍보하고 고객과의 소통 채널을 마련한다. 콘텐츠 마케팅인 경우 블로그, 동영상, 소셜 미디어 콘텐츠를 통해 브랜드에 대한 관심을 유도하고, 소비자들과의 신뢰를 쌓는다. 고객 확보 전략으로 초기 고객 확보는 초기 고객에게 제품이나 서비스를 홍보하고 판매할 수 있는 구체적인 계획을 세운다. 친구, 가족, 네트워크를 활용한 구전 마케팅이나 소셜 미디어 광고가 이 단계에서 유용할 수 있다.

마지막으로 사업 운영 및 성장(Operations and Growth)으로 운영 관리 인력 채용은 필요한 직무에 맞는 인재를 채용하고, 회사의 성장에 맞춰 인력을 확장한다. 제품의 생산과 유통에 필요한 공급망을 관리하고, 원활한 운영을 위해 재고 관리를 체계적으로 진행한다.

고객 서비스로 고객 피드백 관리는 고객의 의견을 적극적으로 수용하고, 불만 사항을 해결하여 소비자 만족도를 높인다. 재구매를 유도하고, 장기적으로 충성 고객을 확보하기 위해 로열티 프로그램이나 고객 혜택을 제공할 수 있다. 사업 확장으로 새로운 시장 진출로 초기 성공을 기반으로 새로운 지역이나 시장으로 사업을 확장할 수 있는 기회를 모색한다. 제품 라인 확장은 기존 제품을 개선하거나 새로운 제품 라인을 개발하여 브랜드의 가치를 확대할 수 있다.

1. 창업의 정의

창업(start-up)은 일반적으로 새로운 비즈니스나 회사를 설립하는 과정을 의미한다. 특히 창업은 기존의 시장에서 경쟁하는 것뿐만 아니라, 혁신적인 아이디어나 기술을 바탕으로 새로운 시장을 창출하거나 기존 시장을 변화시키는 것을 목표로 하는 경우가 많다.

창업(start-up)은 새로운 業을 시작하는 것과 제품 및 용역을 생산하거나 판매하는 사업을 시작하기 위해 새로운 기업을 설립하는 행위와 중소기업을 새로이 설립하는 것을 창업이라고 한다. 창업을 하는 요인으로는 직업관의 다양화와 라이프 스타일의 추구, 기술적 창업, 아이디어 창업, 정부지원 창업, 부의 추구, 여성 창업의 증가와 1인 창업, 가족 창업, 무점포 창업, 인터넷 창업, 시니어 창업, 소자본 창업이 있다. 그리고 직장관의 변화로 인하여 다양한 창업 트렌드가 변화하고 있다.

창업(start-up)은 창의적이고 혁신적인 아이디어를 바탕으로 새로운 시장을 창출하거나 기존 시장을 변화시키기 위해 설립되는 비즈니스이다. 위험과 불확실성을 감수하면서도 큰 성장 잠재력과 혁신을 통해 성공을 추구한다.

창업은 특징으로 첫째, 혁신성은 새로운 제품, 서비스 또는 기술을 개발하여 시장에서 차별화된 경쟁력을 갖추려는 시도이다. 둘째, 위험은 기존의 비즈니스 모델을 확립하는 것에 비해 예측할 수 없는 위험과 불확실성이 높은 환경에서 시작한다. 셋째, 성장 가능성의 창업은 빠른 성장과 높은 수익을 목표로 하는 경우가 많다. 넷째, 자원의 부족으로 초기에는 자금, 인력, 경험 등이 부족하여 자원 확보가 중요한 과제가 된다. 대부분의 스타트업은 초기 자본이 적고, 시장에서 빠르게 성장할 수 있는 잠재력을 가지고 있으며, 일반적으로 벤처 투자나 엔젤 투자자들로부터 자금을 조달하는 경우가 많다.

창업(start-up)의 개념은 새로운 비즈니스나 회사를 설립하는 것을 의미합니다. 일반적으로 창업은 혁신적 아이디어나 기술적 해결책을 바탕으로 기존 시장을 변화시키거나 새로운 시장을 창출하려는 노력이다. 창업 기업은 대개 고위험, 고성장 가능성을 가진 사업 모델을 따르며, 기존의 큰 기업들과는 다른 유연한 조직 문화와 혁신적 접근을 특징으로 한다.

* 창업의 주요 개념

- 혁신성: 창업은 기존에 없던 새로운 제품이나 서비스를 개발하는 것을 목표로 하며, 이를 통해 시장에 변화를 주거나 문제를 해결하려 한다. 기술적 혁신, 새로운 사업 모델, 창의적인 해결책이 중요한 역할을 한다.
- 위험과 불확실성: 창업은 대개 불확실성이 큰 환경에서 시작된다. 창업자는 자금을 포함한 자원을 부족하게 시작하고, 시장의 반응이나 사업 성공 여부를 확실히 알 수 없기 때문에 큰 위험을 감수한다.
- 빠른 성장 가능성: 많은 창업 기업들은 빠른 성장과 확장성을 목표로 한다. 이들은 자금과 인프라를 확장하여 시장 점유율을 빠르게 확대하려는 경향이 있다. 성공적인 스타트업은 단기간에 급성장할 수 있는 잠재력을 가지고 있다.
- 자금 조달: 창업 초기에는 자본이 부족할 수 있어 벤처 투자, 엔젤 투자자 등 외부 자금을 유치하는 것이 중요하다. 이를 통해 제품 개발, 마케팅, 조직 확장 등에 필요한 자금을 확보한다.

- 스케일 업: 창업은 처음에 작은 규모에서 시작하더라도, 사업 모델이 안정화되면 스케일 업(확장)을 통해 더 큰 시장에 진입하려는 경향이 있다. 스타트업의 핵심적인 목표 중 하나이다.

창업 마케팅 과정은 창업자가 시장에 성공적으로 진입하고, 브랜드 인지도를 높이며, 지속 가능한 성장을 이루기 위해 필수적인 단계이다.

초기 단계에서 효과적인 마케팅 전략을 수립하고 실행하는 것은 고객을 확보하고, 경쟁 시장에서 두각을 나타내는 데 매우 중요하다.

2. 창업의 특성

창업의 특성은 창조적이며 모험적인 성격의 소유자로 인적자원과 자본의 투입, 정확한 의사결정 또한 창업의 특징이라고 할 수 있다.

창업(start-up)의 특성은 기존의 전통적인 기업과는 다른 특징을 가지고 있다.

창업은 대체로 고위험, 고수익의 특성을 가지고 있으며, 혁신성과 유연성, 빠른 성장 가능성 등을 강조한다. 창업의 주요 특성은 다음과 같다.

1) 혁신성(Innovation)

창업의 핵심은 새로운 아이디어나 기술적 혁신이다. 기존 시장에 새로운 문제 해결책을 제시하거나, 기존의 방식과는 다른 접근으로 새로운 시장을 창출하는 것을 목표로 한다.

제품이나 서비스의 차별화된 특성, 독창적인 비즈니스 모델, 또는 혁신적인 기술에 기반할 수 있다.

2) 고위험(High Risk)

창업은 일반적으로 높은 위험을 동반한다. 초기 자금이 부족하거나, 시장 반응이 예측할 수 없고, 비즈니스 모델이 성공할지 여부도 불확실하다.

많은 스타트업이 실패하는 경우도 있지만, 성공적인 경우 큰 수익을 얻을 수 있는 잠재력이 있다.

3) 빠른 성장 가능성(High Growth Potential)

대부분의 창업 기업은 빠른 성장과 확장성을 추구한다. 창업 초기에는 시장에서 빠르게 점유율을 확대하고, 더 많은 고객을 확보하는 것을 목표로 한다.

성공적인 스타트업은 짧은 시간 내에 급성장할 수 있는 가능성을 가지고 있다. 이를 위해 유연한 비즈니스 모델과 효율적인 자원 관리를 필요로 한다.

4) 자원의 제약(Resource Constraints)

창업 초기에 자본, 인력, 경험 등이 부족한 경우가 많다. 따라서 창업자는 한정된 자원을 최대한 효율적으로 활용해야 한다.

창업자가 자금 조달을 위해 벤처 투자나 엔젤 투자와 같은 외부 자금을 유치하는 이유 중 하나이다.

5) 유연성과 빠른 의사결정(Flexibility and Fast Decision-Making)

창업 기업은 조직 구조가 상대적으로 수평적이고, 변화에 빠르게 대응할 수 있는 유연성을 가지고 있다.

빠른 의사결정이 가능하며, 시장 변화나 고객의 요구에 즉각적으로 대응할 수 있다. 전통적인 대기업에서는 찾아보기 힘든 특징이다.

6) 고객 중심(Customer-Centric)

창업은 시장의 문제 해결을 목표로 하므로, 고객의 요구와 피드백을 반영하여 비즈니스를 운영한다. 고객 중심의 접근 방식이 중요한 역할을 한다.

스타트업은 고객의 피드백을 빠르게 수집하고 이를 기반으로 제품이나 서비스를 개선하는 경향이 있다.

7) 창의성과 실험(Creativity and Experimentation)

창업자는 창의적인 문제 해결에 집중한다. 기존의 방식으로 해결되지 않는 문제에 대해 새로운 방식으로 접근하려 한다.

많은 스타트업은 실험적인 태도를 취하며, 제품이나 서비스에 대해 다양한 실험을 통해 최적화된 결과를 찾는다.

8) 벤처 캐피털과 자금 조달(Venture Capital and Fundraising)

창업 기업은 자금이 부족하기 때문에 자금을 외부 투자자(벤처 캐피털, 엔젤 투자자 등)로부터 조달하는 경우가 많다. 이를 통해 초기 사업을 확장하고 운영할 자금을 확보한다.

자금을 조달하는 과정에서 비즈니스 모델과 시장성에 대한 철저한 평가를 받게 된다.

9) 실패의 가능성(Failure Possibility)

창업은 실패할 가능성도 매우 높다. 많은 스타트업이 자금 부족, 시장의 반응 부족, 또는 팀 내 갈등 등으로 인해 실패한다.

그럼에도 불구하고 창업자는 실패를 통해 배우고, 이를 다시 도전의 기회로 삼기도 한다.

10) 팀워크와 문화(Teamwork and Culture)

창업은 대개 작은 팀으로 시작되며, 팀원들 간의 협업이 중요한 역할을 한다. 팀워크는 빠르게 성장하고 문제를 해결하는 데 필수적이다.

또한, 스타트업은 유연한 조직 문화를 강조하며, 창의적인 아이디어가 자유롭게 표현될 수 있는 환경을 제공한다.

창업은 혁신적이고 창의적인 아이디어를 바탕으로 한 위험과 불확실성의 도전적인 활동이다. 그러나 빠른 성장과 확장성, 고유의 차별화된 가치 등을 바탕으로 성공적인 비즈니스를 만들 수 있는 큰 가능성을 내포하고 있다. 창업자는 이러한 특성을 고려하며 비즈니스를 시작하고 운영한다.

한국의 미래사회 변화로 고령화에 진입하고 있다.

2070년 세계와 한국의 인구현황 모형으로 피라미드 구조 모양－항아리 구조 모양－현재는 버섯 구조 모양으로 전환되고 있다.

세계 인구 중 고령인구 구성비는 2024년 10.2%에서 2072년 20.3%로 증가하고 있다.

한국의 고령인구 구성비는 2024년 19.2%로 1970년(3.1%) 대비 6배 수준으로 증가하였으며, 2072년에는 47.7% 수준으로 높아질 것으로 전망된다고 밝혔다.

[출처: 2024. 9. 23. 통계청 자료]

미래사회 변화로의 실버시장 성장으로 인인케어의 사례로 인지증 환자의 자녀가 인지증 환자의 부모를 간병하며, 노인 돌봄 시스템인 노인 데이케어 센터의 노치원 이용률이 높아진다고 한다. 고령화 진행으로의 관광형태도 증가되어 실버관광, 시니어관광의 산업분야도 증가될 전망이라고 미래출현 황준원 저자는 안내하였다.

한국의 미래사회의 변화로 1인 가구 증가로 뉴노멀 인간관계의 결혼하지 않는 젊은 층의 확대로 가정간편식이 증가하고 있다. 1인 가구가 증가하는 이유로 개인의 라이프 스타일에 따라 레저문화와 스포츠 산업의 지속적인 성장요인과 고객맞춤화 전략으로 더욱 세분화된다. 또한, 2022년 수도권 인구는 2,605만 3천 명으로 전체 인구의 절반을 넘으며, 수도권 인구 집중 현상은 앞으로 지속될 것으로 전망한다.

세계의 합계출산율은 2023년 2.25명으로 1970년 4.83명에 비해 2.57명 감소한 수준이다.

한국의 합계출산율은 2023년 0.72명으로 1970년 4.53명에 비해 3.81명 감소한 수준이다.

그리고 세계의 기대수명은 2022년 72.6세로 1970년 56.3세에 비해 16.4세 증가하고, 한국의 기대수명은 2022년 82.7세로 1970년 62.3세에 비해 20.5세 증가하였다.

[출처: 2024. 9. 23. 통계청 자료]

우리의 미래사회의 변화로 친환경 산업, 대체단백질 산업, 친환경의 생활인 환경위기 및 기후위기에 관한 관심도 높다. 환경, 친환경의 사례로 대나무 빨대와 스테인리스 빨대를 사용한다. 그리고 밀로 만든 일회용 접시는 버려도 30일 안에 분해되는 환경보호 접시도 증가한다. 생분해성 친환경 대나무 칫솔은 손잡이 부분은 대나무이며, 칫솔모는 자연에서 분해되는 재질의 친환경 생활로의 친환경 제품들이 다양하게 개발되고 있다.

반려동물시장의 확대로 반려동물 동반가능 여가의 숙박시설, 펫케어 상품 수요가 급증하고 있다. 개인의 라이프 스타일에 따라서 자전거, 골프, 캠핑 등의 레저문화와 스포츠 산업도 지속적으로 성장하고 있다. 2050년에는 우리나라의 1인 가구는 905만에 달할 것이라는 통계청에서 발표하였다. 2020년 647만 가구 대비 39.6%가 증가한 수치이다. 특히, 한국은 1인 가구의 증가와 고령 인구 증가로 반려동물 관련 산업에 영향이 있을 것이다.

3. 창업의 유형

창업은 다양한 방식으로 분류될 수 있다. 창업의 유형은 주로 사업 아이디어, 비즈니스 모델, 시장 접근법 등에 따라 구분된다. 주요 창업 유형을 살펴보면 다음과 같다.

1) 제품 및 서비스 창업

제품 창업: 새로운 제품을 개발하여 시장에 출시하는 창업이다.

새로운 기술을 바탕으로 한 전자기기나 소비자 제품을 만드는 것이 이에 해당한다.

서비스 창업: 기존에 없거나 부족한 서비스를 제공하는 창업이다.

온라인 교육 서비스나 배달 서비스와 같은 새로운 서비스 모델이 이에 해당한다.

2) 기술 기반 창업

기술 창업은 혁신적인 기술이나 연구 개발을 바탕으로 새로운 제품이나 서비스를 창출하는 창업이다.

인공지능(AI), 빅 데이터, 바이오 기술 등의 분야에서 기술을 활용하여 창업을 시작하는 경우가 해당된다.

이러한 창업은 고도의 기술력을 요구하며, 초기에는 큰 자본과 연구 개발이 필요할 수 있다.

3) 아이디어 창업

아이디어 창업은 창업자가 기존 시장에서 해결되지 않은 문제를 발견하고, 그 문제를 해결할 수 있는 창의적 아이디어를 통해 시작하는 창업이다.

일상에서 불편하거나 문제를 겪고 있는 소비자들이 필요로 하는 솔루션을 제공하는 창업이 해당된다.

4) 사회적 기업

사회적 가치를 창출하는 것을 목표로 하는 창업이다. 사회 문제를 해결하기 위한 제품이나 서비스를 제공하며, 사회적 기업(Social Enterprise)으로 분류된다.

예를 들어, 환경 문제를 해결하는 제품이나 사회적 약자를 위한 서비스를 제공하는 창업이 이에 해당한다.

5) 프랜차이즈 창업

프랜차이즈 창업은 이미 성공적인 비즈니스 모델을 제공하는 대기업이나 브랜드의 일원으로서 사업을 시작하는 형태이다. 창업자는 본사의 브랜드와 운영 시스템을 활용해 사업을 운영한다.

패스트푸드 체인이나 커피 전문점과 같은 프랜차이즈가 이에 해당한다. 초기 비용이 들어가지만 이미 검증된 비즈니스 모델을 바탕으로 시작할 수 있다는 장점이 있다.

6) 온라인/디지털 창업

온라인 창업은 인터넷을 활용한 비즈니스 창업이다. 전자상거래, 온라인 교육, 디지털 콘텐츠 등을 제공하는 창업이 해당된다.

디지털 창업은 웹사이트나 애플리케이션을 통한 서비스를 제공하거나, 다양한 디지털 제품을 온라인에서 판매하는 형태로 이루어진다.

7) 벤처 창업

벤처 창업은 기술적 혁신이나 고위험, 고수익을 목표로 하는 창업이다. 벤처 캐피털로부터 자금을 조달하여 빠르게 성장할 수 있는 가능성을 추구한다.

이 유형은 스케일 업을 목표로 하며, 빠르게 시장에서 입지를 다지려고 하는 경우가 많다. 스타트업이 해당된다.

8) 마이크로 창업

마이크로 창업은 소규모 자본과 적은 자원으로 시작하는 창업이다. 비교적 소규모로 시작하여 운영이 간단하고, 리스크가 낮은 형태의 창업이다.

프리랜서, 소규모 온라인 쇼핑몰, 컨설팅 서비스 등이 이에 해당할 수 있다.

9) 지속 가능한 창업(지속 가능한 비즈니스 모델)

지속 가능한 창업은 환경적으로나 사회적으로 지속 가능한 방식을 통해 사업을 운영하려는 창업이다. 친환경 제품이나 재활용, 자원의 효율적 사용 등을 통해 지속 가능성을 추구한다.

친환경 제품 제조, 에너지 절약 기술 개발, 제3세계에서의 공정 무역 등이 이에 해당할 수 있다.

10) 합작 창업(Joint Venture)

합작 창업은 여러 기업이나 개인이 공동으로 투자하여 새로운 사업을 시작하는 방식이다. 여러 창업자가 자원을 모아 공동의 목표를 위해 창업을 진행한다.

두 회사가 협력하여 새로운 시장에 진출하는 형태의 창업이다.

11) 임팩트 창업

임팩트 창업은 사회적·환경적 영향을 고려한 창업이다. 기업이 경제적 이익뿐만 아니라 사회적 책임도 중요하게 생각하는 형태의 창업이다.

사회적 기업이나 환경 보호를 위한 비즈니스 등이 이에 해당한다.

창업의 유형은 아이디어, 시장 상황, 자원 등에 따라 매우 다양하다. 각 창업 유형은 목표, 성장 전략, 리스크가 다르기 때문에, 창업자는 자신이 가진 자원과 비즈니스 목표에 맞는 적절한 창업 유형을 선택하는 것이 중요하다.

* 창업의 유형

- 기술 창업: 기계, 재료, 전기, 전자, 정보, 통신, 화학, 섬유, 식품, 환경, 에너지, 디자인 등
- 아이디어 창업: 틈새 유형제품, 틈새 서비스 상품, 틈새 유통
- 지식 서비스 창업: 만화, 게임, 영화, 방송, 전자출판, 정보, 서비스 등
- 일반 창업: 통신 판매업, 인터넷쇼핑몰, 유통업, 프랜차이즈 등
- 자영 창업: 소규모 형태로 도소매 음식, 서비스업종의 소상공인 창업 등
- 청년 창업: 39세 이하의 지식서비스, 문화 콘텐츠, 제조업 등
- 시니어 창업: 50대 전후의 직장 퇴직자의 창업 등

4. 창업 마케팅의 중요성

창업 마케팅은 스타트업의 성공에 있어 매우 중요한 요소이다. 창업 초기 단계에서 마케팅 전략을 잘 수립하고 실행하는 것이 비즈니스의 성장과 생존을 좌우할 수 있다. 창업 마케팅의 중요성은 여러 가지 측면에서 강조된다.

1) 브랜드 인지도 구축

창업 초기에는 제품이나 서비스에 대한 브랜드 인지도가 거의 없기 때문에 마케팅을 통해 시장에 대한 인식을 높이는 것이 중요하다. 효과적인 마케팅 전략을 통해 타겟 고객에게 브랜드를 알리고, 고객의 관심을 끌어야 한다. 브랜드가 잘 알려지면, 제품을 구매하거나 서비스를 이용할 확률이 높아진다.

2) 시장 및 고객 분석

창업 마케팅은 고객의 니즈를 이해하고, 시장 트렌드를 파악하는 데 중요한 역할을 한다. 이를 통해 창업자는 제품을 개발하거나 서비스를 제공하는 방향을 고객의 요구에 맞출 수 있다. 초기 마케팅 활동은 실제 고객의 반응을 얻고, 이를 바탕으로 제품 개선이나 서비스 변경을 신속하게 할 수 있도록 도와준다.

3) 고객 확보 및 유지

고객 확보는 창업 기업이 가장 중요한 목표 중 하나이다. 마케팅 활동을 통해 잠재 고객을 유치하고, 첫 번째 고객을 확보하는 것이 비즈니스의 성패를 가를 수 있다. 또한, 고객과의 지속적인 관계를 유지하는 것이 중요하다. 충성도 높은 고객을 확보하면 장기적인 수익을 기대할 수 있다. 마케팅을 통해 고객의 만족도를 높이고, 리피트 고객을 늘려가는 전략이 필요하다.

4) 차별화된 경쟁력 확보

창업 마케팅은 경쟁사와의 차별화를 돕는다. 시장에서 이미 경쟁자들이 존재할 수 있지만, 마케팅을 통해 자사의 독창적인 강점과 차별화된 요소를 강조하고, 경쟁 우위를 점할 수 있다. 시장 내 위치를 확립하고, 고객이 자사 제품이나 서비스를 선택하도록 유도하는 데 마케팅이 중요한 역할을 한다.

5) 효율적인 자원 배분

창업 초기에는 자원이 부족할 수 있기 때문에 마케팅 전략을 효율적으로 세우는 것이 중요하다. 마케팅 예산을 어떻게 분배할지, 어떤 채널을 활용할지, 어떤 콘텐츠가 가장 효과적인지 등을 면밀히 분석하여 자원을 낭비하지 않도록 해야 한다. 또한, 디지털 마케팅과 같은 비용 효율적인 방법을 통해 마케팅 효과를 극대화할 수 있다.

6) 소셜 미디어와 디지털 마케팅 활용

최근에는 소셜 미디어와 디지털 마케팅이 창업 마케팅에서 중요한 역할을 한다. 소셜 미디어를 통해 저비용으로 많은 사람들에게 빠르게 노출될 수 있고, 타겟 광고를 통해 특정 고객층을 정확하게 공략할 수 있다.

콘텐츠 마케팅이나 SEO(검색엔진 최적화), 이메일 마케팅 등 다양한 디지털 전략을 통해 효율적으로 고객과 소통하고 제품이나 서비스에 대한 관심을 끌 수 있다.

7) 투자 유치와 관계 구축

창업 초기에는 외부 투자자의 관심을 끌기 위한 마케팅 전략도 필요하다. 잘 설계된 마케팅 전략은 투자자들에게 시장성과 성장 가능성을 보여줄 수 있다.

마케팅 활동을 통해 브랜드 가치와 성장 가능성을 입증하면, 벤처 캐피털이나 엔젤 투자자들에게 매력적인 비즈니스로 다가갈 수 있다.

8) 피드백과 개선의 기회 제공

마케팅 활동을 통해 얻은 고객의 피드백은 매우 중요하다. 고객이 무엇을 좋아하고, 무엇을 개선해야 하는지에 대한 정보를 제공받을 수 있다. 이를 바탕으로 제품 개선이나 서비스 최적화를 진행할 수 있으며, 더 나은 고객 경험을 제공하게 된다.

9) 초기 판매 촉진

창업 초기에 판매 촉진을 위해 마케팅 활동은 필수적입니다. 판매가 이루어지지 않으면 기업의 생존이 어려워질 수 있기 때문에 프로모션이나 할인 행사 등을 통해 고객을 유도하고, 초기 매출을 올리는 데 도움이 된다.

창업 마케팅은 단순히 제품이나 서비스를 광고하는 것이 아니라, 브랜드 구축, 고객 확보, 경쟁력 강화, 시장 분석 등 비즈니스의 성장과 지속 가능성을 위한 전략적 도구이다. 초기 단계에서 강력한 마케팅 전략을 세우고 이를 실행하는 것은 창업이 성공적으로 자리 잡는 데 결정적인 역할을 한다.

창업의 중요성으로는 부의창출, 일자리창출, 생활공간의 창조, 자원의 활용, 경제 활동, 기술 활용, 새로운 환경의 영향으로 풍요로운 삶의 퀄리티도 중요한 창업의 요인이기도 하다.

* 창업의 6하 원칙

(1) 창업을 왜 하는가? - 사업목적(조직, 구성, 비전, 정보수집, 적성, 경력)
(2) 누가 할 것인가? - 창업, 경영주체(아이템 선정)
(3) 무엇을 할 것인가? - 제품목록(사업계획서 구체적 작성)
(4) 언제 할 것인가? - 때(시기, 시간, 계절, 주말, 주중)
(5) 어디서 할 것인가? - 장소(위치, 크기, 설비, 인테리어 등)
(6) 어떻게 할 것인가? - 경영의 방법(회사설립, 법인, 주식회사, 개인, 체인점)

5. 창업 단계

창업은 아이디어를 시작으로 실현을 거쳐 성장에 이르는 다양한 단계로 진행된다. 각 단계마다 요구되는 전략과 자원, 목표가 다르다. 창업의 일반적인 단계를 아래와 같이 나눌 수 있다.

1) 아이디어 구상(Idea Generation)

창업 아이디어를 구상하고, 이를 통해 해결하고자 하는 문제나 시장의 기회를 파악한다. 시장 조사 및 트렌드를 분석하고 타겟 시장과 고객 세그먼트 정의하여 문제 해결을 위한 아이디어 도출하고, 경쟁자를 분석한다. 유망한 아이디어를 찾고 이 단계에서 시장성과 차별화된 가치를 확보하는 것이 중요하다.

2) 기획 및 전략 수립(Planning and Strategy)

사업 계획을 수립하고, 구체적인 비즈니스 모델과 전략을 설계한다. 사업 계획서 작성은 비즈니스 목표, 시장 분석, 경쟁 분석, 운영 계획, 마케팅 전략 등을 포함한 상세 계획을 작성한다. 자금 계획은 초기 자금 조달 방안 및 예산을 수립한다. 수익 창출 방법, 가격 정책, 제품 또는 서비스 제공 방식 결정하고 실현 가능한 비즈니스 모델과 전략을 세우는 것, 자금 조달 계획을 구체화하는 것이 중요하다.

3) 설립 및 실행(Launch and Execution)

사업을 실제로 시작하고, 초기 운영을 시작한다. 사업 등록, 회사 설립, 상표 등록, 관련 인허가 절차 등을 완료하고 필요한 핵심 인재를 확보하고, 팀과 조직을 구성한다. 제품 개발로 프로토타입 개발 또는 최소 기능 제품을 출시한다. 초기 마케팅 캠페인 및 고객 확보 전략 실행하여 초기 고객을 확보하고, 시장 반응을 확인하며, 제품 및 서비스를 테스트하고 개선하는 것이 중요하다.

4) 초기 성장(Early Growth)

사업 모델을 검증하고, 초기 시장 반응을 기반으로 비즈니스를 성장시킨다. 고객의 피드백을 반영해 제품 및 서비스를 개선한다. 더 많은 고객을 유치하기 위한 마케팅 활동을 강화하여 시장을 확대한다. 판매 채널 확대, 제품 라인업 확장 등 비즈니스를 확장하며, 수익 모델을 점검하고, 자금 흐름을 관리한다. 초기 비용을 회수하고 안정적인 수익 구조를 만들어가며, 마케팅 및 운영 효율성을 높이는 것이 중요하다.

5) 성장 및 확장(Scaling and Expansion)

사업을 급격히 확장하고, 시장 점유율을 확대하는 단계이다. 벤처 캐피털(VC) 또는 엔젤 투자자 등을 통해 추가 자금을 조달을 확보한다. 조직을 확장하고, 다양한 부서와 인재를 확보하여 팀 구성을 한다. 운영 효율성을 높이고, 비즈니스 규모를 키우기 위한 시스템을 구축하여 프로세스를 최적화한다. 지역적 또는 국제적 확장을 고려시장을 확장한다. 급격한 성장을 관리하고, 내부 시스템을 확장하는 과정에서 품질과 일관성을 유지하는 것이 중요하다.

6) 성숙기(Maturity)

안정적인 운영을 통해 지속적인 수익 창출과 시장 지배력을 유지하는 것이다.

브랜드 인지도 및 충성도 구축하여 브랜드를 강화한다.

제품 및 서비스의 다각화나 새로운 시장으로의 진출하여 다양화 전략을 한다.

운영과 비용을 최적화하여 이익을 극대화하여 효율성을 극대화 한다.

사회적 기업으로서의 역할 강화로 사회적 책임을 진다.

시장에서의 경쟁을 계속해서 이겨내고, 안정적인 성장을 유지하는 것이 중요하다.

7) 고도성장 또는 혁신(High Growth or Innovation)

지속 가능한 경쟁 우위를 확보하고, 새로운 혁신을 통해 시장을 선도한다.

기존 제품이나 서비스를 혁신하거나, 새로운 기술을 도입하여 제품을 혁신한다.

해외 시장에 진출하거나 글로벌 브랜드로 자리 잡기 위하여 글로벌 시장으로 확장한다.

기업 문화 및 리더십 강화로 지속 가능한 성장과 혁신을 위한 조직 문화를 확립한다.

계속해서 시장을 혁신하며, 기존의 성공을 넘어서 새로운 성장 동력을 찾는 것이 중요하다.

8) 정체 또는 쇠퇴(Stagnation or Decline)

시장 변화에 적응하거나, 비즈니스 모델을 혁신하여 쇠퇴를 방지한다.

새로운 시장 기회를 찾아 기존 제품이나 서비스를 재조정한다.

변화하는 시장 환경에 맞추어 비즈니스 모델을 혁신한다.

지속적인 비용 절감으로 효율성을 높이고, 자원을 최적화하여 유지한다.

시장 변화에 대응하지 못하면 기업이 쇠퇴할 수 있기 때문에 끊임없는 혁신이 필요하다.

창업은 단순히 사업을 시작하는 것에서 끝나는 것이 아니라, 각 단계에서의 지속적인 개선과 적극적인 대응이 필요하다. 창업자는 각 단계에서 직면하는 도전 과제를 해결하기 위해 철저한 준비와 전략적인 접근이 요구된다.

* 창업자 예비 단계

아이템에 대한 상권 분석과 사업전반에 관한 사업 타당성 분석을 정확하게 파악한다.

창업자 예비 단계는 창업을 시작하기 전, 사업 아이디어를 구상하고, 창업에 대한 준비를 철저히 하는 초기 단계이다. 아이디어의 유효성을 평가하고, 시장과 고객에 대한 이해를 높이며, 창업자로서의 준비가 잘 이루어졌는지 점검하는 중요한 시점이다. 예비 단계는 창업의 성공적인 출발을 위한 기초를 다지는 과정이다.

예비 단계에서 해야 할 주요 활동은 다음과 같다.

(1) 아이디어 구상 및 검증(Idea Generation & Validation)

창업자는 시장에서 해결되지 않은 문제를 찾고, 이를 해결할 수 있는 창의적인 아이디어를 구상하고 발굴한다. 아이디어는 제품, 서비스, 또는 새로운 비즈니스 모델이 될 수 있다.

아이디어 검증은 아이디어가 실제로 시장에서 수요가 있는지 파악한다. 초기 시장 반응을 파악하기 위해 설문조사, 인터뷰, 피드백을 수집하거나 최소 기능 제품을 통해 시장에서의 반응을 살펴본다.

(2) 시장 조사(Market Research)

타겟 시장 분석으로 목표 시장을 명확히 정의하고, 고객의 특성, 행동, 요구를 파악한다.

타겟 시장의 크기, 성장 가능성, 경쟁 상황 등을 분석하여 사업 아이디어가 시장에서 성공할 수 있는지 평가한다.

경쟁사 분석은 경쟁 업체가 제공하는 제품이나 서비스와의 차별점을 분석한다.

경쟁자가 제공하지 못하는 부분을 찾아 경쟁 우위를 확보할 수 있는 기회를 모색한다.

고객 세분화로 고객을 연령, 성별, 소득 수준, 지역 등으로 세분화하여 타겟 고객을 구체적으로 분석하고 파악한다.

(3) 비즈니스 모델 구상(Business Model Development)

비즈니스 모델 설계로 창업 아이디어가 어떻게 수익을 창출할지를 정리한다. 이것은 수익 모델(판매, 구독, 광고 등)을 포함하며, 사업이 어떻게 운영될 것인지에 대한 전략을 세우는 과정이다. 사업이 시장에 제공할 가치를 정의하고, 이를 통해 고객이 어떤 문제를 해결할 수 있는지 명확히 파악한다.

핵심 자원 및 파트너로 사업을 운영하는 데 필요한 핵심 자원(인력, 기술, 자금 등)과 주요 파트너(공급업체, 협력사 등)를 파악한다.

(4) 자금 계획 및 재정 준비(Financial Planning & Fundraising)

창업 초기에 필요한 자금을 파악하고, 자금 조달 방법을 계획한다.

개인 자금, 가족 및 친구의 자금, 투자자 또는 정부 지원 프로그램 등 다양한 자금 출처를 고려할 수 있다.

예산 수립으로 사업을 시작하고 운영하기 위한 예상 비용을 산출한다. 창업 초기 비용, 마케팅 비용, 인건비, 생산 비용 등을 포함한다.

자금 조달 전략은 벤처 투자자나 엔젤 투자자 등 외부 자금을 유치하려는 계획을 세운다. 이때 사업 계획서가 중요한 역할을 하며, 투자자에게 사업 아이디어와 성장 가능성을 설득할 수 있어야 한다.

(5) **법적 준비**(Legal Preparation)

법인 설립은 사업을 법적으로 등록하고, 사업 형태(주식회사, 개인사업자 등)를 선택한다.

사업 형태에 따라 법적 책임과 세금 등이 달라지므로 신중하게 결정해야 한다.

상표 및 특허 등록은 제품이나 서비스의 상표, 특허를 등록하여 지적 재산권을 보호한다.

법적 계약은 필요한 계약서를 작성하고, 고용 계약서, 파트너십 계약서, 판매 계약서 등을 준비하여 법적 분쟁을 예방한다.

(6) **네트워킹 및 관계 구축**(Networking & Relationship Building)

창업 경험이 풍부한 멘토와의 상담을 통해 유용한 조언을 받고, 실수를 줄일 수 있다.

멘토는 사업을 시작하는 과정에서 중요한 가이드를 제공할 수 있다.

네트워킹은 창업 관련 행사나 컨퍼런스에 참석하여 다른 창업자나 투자자들과의 네트워킹을 강화하고, 협력자나 파트너를 찾을 수 있다.

시장 동향 파악은 업계의 최신 트렌드와 변화하는 시장을 모니터링하여, 비즈니스 아이디어가 시장에 적합한지 확인한다.

(7) **마케팅 및 고객 확보 전략**(Marketing & Customer Acquisition Strategy)

마케팅 계획 수립: 사업을 시작하기 전에 마케팅 전략을 구상한다.

온라인 마케팅, 소셜 미디어, 광고 캠페인 등 다양한 마케팅 채널을 고려해야 한다.

브랜딩 전략은 사업 아이디어에 맞는 브랜드 아이덴티티를 구축한다.

로고, 색상, 슬로건 등을 포함하여 브랜드 이미지를 확립한다.

고객 확보 계획은 초기 고객을 유치할 수 있는 프로모션 전략을 마련하고, 소셜 미디어를 활용한 고객과의 소통 방법을 계획한다.

(8) 사업 계획서 작성(Business Plan Writing)

사업 아이디어와 목표를 구체적으로 서술하는 사업 계획서를 작성한다.

이 계획서는 투자자들에게 사업 아이디어를 설명할 때 중요한 역할을 한다.

주요 내용으로 사업 개요, 시장 분석, 경쟁 분석, 비즈니스 모델, 자금 계획, 마케팅 전략, 운영 계획 등이 포함되어야 한다.

예비 단계의 중요성으로는 창업자가 사업을 성공적으로 시작할 수 있도록 하는 기초 작업을 다지는 시기이다. 이 단계에서 충분한 조사와 준비가 이루어지지 않으면, 사업 초기에 많은 어려움을 겪을 수 있다. 창업자는 아이디어의 유효성을 검증하고, 시장과 고객에 대한 정확한 이해를 바탕으로 사업을 시작하는 것이 중요하다. 철저한 계획과 준비를 통해 창업의 성공 가능성을 높일 수 있다.

* 창업 시작 단계

창업 마케팅 과정은 사업을 성공적으로 론칭하고 성장시키기 위한 필수적인 단계이다. 창업 시작 단계에서 음식점의 경우 신 메뉴 개발, 점포운영에 대한 조언도 필요할 것이며, 점포 홍보와 마케팅을 파악한다. 영업이 잘 될 경우 프랜차이즈화, 경영 전반에 걸쳐 컨설팅을 지원한다. 창업 마케팅 전략은 창업자가 타겟 시장에 제품 또는 서비스를 효과적으로 전달하고, 브랜드 인지도를 높이며, 고객을 확보하는 데 중요한 역할을 한다. 창업 초기부터 성장을 위한 마케팅 전략을 잘 구축하는 것이 중요하다. 창업 마케팅 과정은 일반적으로 아래와 같은 단계로 나눌 수 있다.

(1) 시장 조사(Market Research)

시장의 규모, 트렌드, 경쟁 상황 등을 파악하여 타겟 시장에 대한 깊은 이해를 바탕으로 마케팅 전략을 수립한다.

고객 세분화로 타겟 고객을 정의하고, 그들의 행동, 요구, 선호도를 파악한다.

고객을 연령, 성별, 지역, 관심사 등으로 세분화한다.

경쟁 분석은 주요 경쟁자를 분석하여 그들의 강점, 약점, 가격 정책, 마케팅 활동 등을 파악하고, 차별화 전략을 개발한다.

현재 시장의 트렌드, 변화, 혁신적인 기술 등을 모니터링하여 시장에 적합한 전략을 수립한다.

(2) 브랜드 전략 수립(Brand Strategy)

브랜드를 정의하고, 고객에게 전달하고자 하는 핵심 가치를 확립한다.

브랜드 아이덴티티 구축은 브랜드의 비전, 미션, 가치를 정의한다.

브랜드가 시장에서 어떤 이미지로 자리 잡기를 원하는지 명확히 설정한다.

로고 및 디자인은 브랜드 아이덴티티를 시각적으로 표현하는 로고, 색상, 슬로건, 디자인 요소를 결정한다.

브랜드 메시지는 고객에게 전달할 핵심 메시지(고객이 왜 이 브랜드를 선택해야 하는지)를 설정한다. 특히, 차별화된 가치를 강조해야 한다.

(3) 마케팅 목표 설정(Setting Marketing Goals)

마케팅 활동의 목표를 구체적이고 측정 가능한 방식으로 설정하여, 효율적인 실행이 가능하도록 한다.

주요 활동으로 SMART 목표 설정은 Specific(구체적), Measurable(측정 가능), Achievable(달성 가능), Relevant(관련성), Time-bound(기한)에 맞춰 설정해야 한다.

사례로, “3개월 내에 웹사이트 방문자 수 20% 증가”와 같은 목표를 설정할 수 있다.

단기 및 장기 목표로 초기 고객 확보, 브랜드 인지도 구축, 매출 증대 등의 목표를 단기와 장기로 나누어 설정한다.

(4) 마케팅 전략 수립(Marketing Strategy)

고객을 타겟팅하고, 효과적인 마케팅 채널과 메시지를 통해 시장에서의 위치를 강화한다.

디지털 마케팅 전략은 소셜 미디어, 이메일 마케팅, 콘텐츠 마케팅, 온라인 광고 등을 활용해 브랜드 인지도를 높이고, 고객을 유치한다.

4P 전략(Product, Price, Place, Promotion) 주요 활동

- Product(제품 및 서비스): 시장에서의 요구를 충족할 수 있는 제품/서비스를 정의하고, 차별화된 가치를 제공하는 방법을 모색한다.
- Price(가격): 타겟 시장과 경쟁 상황을 고려하여 적절한 가격 책정을 한다.
- Place(유통): 제품 및 서비스가 고객에게 어떻게 전달될지 유통 전략을 수립한다. 온라인, 오프라인 채널 등 다양한 방법을 고려한다.
- Promotion(홍보): 마케팅 커뮤니케이션 전략을 수립하고, 고객에게 제품 및 서비스를 어떻게 홍보할지 결정한다. 광고, 이벤트, PR 등을 포함할 수 있다.

(5) 마케팅 실행(Marketing Execution)

수립한 마케팅 전략을 실제로 실행하고, 브랜드와 제품을 시장에 소개한다.

광고 캠페인 시작은 광고, 소셜 미디어 캠페인, 이벤트 등을 통해 타겟 고객에게 브랜드와 제품을 알린다.

소셜 미디어 활용은 페이스북, 인스타그램, 트위터, 유튜브 등 다양한 소셜 미디어 채널을 통해 고객과 소통하고, 브랜드 메시지를 전파한다.

콘텐츠 제작은 블로그 글, 동영상, 인포그래픽 등 고객에게 가치를 제공할 수 있는 콘텐츠를 만들어 공유한다.

이메일 마케팅은 뉴스레터, 프로모션 이메일 등을 통해 고객과 지속적인 관계를 유지하고, 매출 증대에 기여한다. 웹사이트의 노출을 높이고, 고객이 검색을 통해 브랜드를 발견할 수 있도록 한다.

(6) 고객 관리 및 피드백(Customer Management & Feedback)

고객의 경험을 지속적으로 개선하고, 충성도 높은 고객을 확보한다.

고객 피드백은 고객의 의견과 피드백을 수집하여, 제품 및 서비스 개선에 반영한다.

설문조사, 리뷰, 고객 서비스 채널 등을 통해 피드백을 받는다.

고객 서비스는 고객과의 소통을 원활히 하고, 문제 해결을 통해 고객 만족도를 높인다.

또한, 고객의 요구를 충족시키는 다양한 서비스를 제공한다.

리워드 프로그램은 충성 고객을 위한 리워드 프로그램을 통해 고객의 재구매를 유도하고, 브랜드 충성도를 높인다.

(7) **성과 분석 및 조정**(Performance Analysis & Adjustment)

마케팅 활동의 효과를 측정하고, 전략을 최적화하여 더 나은 성과를 도출한다.

마케팅 성과 분석은 구글 애널리틱스, 소셜 미디어 분석 도구 등을 통해 마케팅 캠페인의 성과를 측정한다. 웹사이트 방문자 수, 전환율, 클릭률 등을 분석하여 개선점을 찾아낸다.

가장 효과적인 마케팅 채널에 집중하여 분석 결과를 바탕으로 마케팅 전략을 조정하고, 새로운 접근법을 시도하여 지속적으로 개선한다.

창업 마케팅 과정은 사업의 성공적인 출발을 위해 매우 중요하다. 시장 조사부터 시작하여, 브랜드 전략, 디지털 마케팅과 같은 다양한 활동을 통해 고객을 유치하고 브랜드 인지도를 강화하는 것이 핵심이다. 초기 창업자는 효율적인 마케팅 전략을 통해 예산을 아끼고, 성과를 측정하며 전략을 점진적으로 최적화하는 접근이 필요하다.

* 폐업 단계

폐업 절차, 관련 법률에 의한 컨설팅을 받을 수 있고 폐업 시에는 철거 비용지원과 컨설팅은 컨설턴트가 직접 방문을 하여 점포 영업 부진의 문제점을 진단하고 솔루션을 제공하는 형태로 컨설팅이나 멘토링 시스템을 찾는다.

폐업 단계는 사업을 종료하거나 중단하는 과정으로, 창업자가 더 이상 사업을 지속할 수 없거나 원하지 않을 때 발생한다.

폐업은 사업을 철수하는 복잡한 절차를 포함하며, 각 단계마다 신중하게 처리해야 할 법적, 재정적, 그리고 운영적인 요소가 있다. 폐업 단계는 다음과 같은 주요 단계로 나눌 수 있다.

(1) 폐업 결정(Decision to Close the Business)

사업을 종료하기로 결정하고, 이를 실행할 계획을 수립한다.

활동으로 사업의 지속 가능성을 재검토하고, 여러 요인(재정적 어려움, 시장 변화, 경쟁 심화 등)을 고려하여 폐업을 결정한다. 직원, 투자자, 파트너 등 주요 이해관계자에게 폐업 결정을 알리고, 그에 따른 후속 조치를 계획한다.

폐업 후에도 사업자 개인의 재정적 책임이나 법적 의무가 남을 수 있기 때문에, 전문가(회계사, 변호사)와 상담하는 것이 중요하다.

(2) 법적 절차 및 등록 해지(Legal Process and Deregistration)

법적으로 사업을 종료하고, 필요한 법적 절차를 진행한다.

주요 활동으로 사업 등록 해지는 사업을 등록한 관할 기관에 폐업 신고를 한다.

사업체 유형(주식회사, 개인사업자 등)에 따라 각기 다른 절차가 필요하다.

세무 신고 및 정산은 세금 신고 및 부가가치세, 소득세 등 미납된 세금이 있다면 정산한다. 폐업에 따른 세무 처리를 위해 세무사와 상담을 권장한다.

상표 및 특허 취소는 상표, 특허, 브랜드 등록 등 지적 재산권이 있는 경우 취소하거나 양도 절차를 밟는다.

사업자 등록증 반납은 사업자 등록증을 관할 세무서에 반납하여 사업자 등록을 공식적으로 취소한다.

(3) 자산 처분 및 부채 정리(Asset Liquidation and Debt Settlement)

사업 자산을 처분하고, 미지급 부채를 정리하여 폐업 후의 재정적 책임을 종료한다.

주요 활동으로 자산 매각은 사업에 사용했던 자산(기계, 차량, 재고, 사무기기 등)을 매각하거나 처분한다. 매각 금액은 부채 상환에 사용될 수 있다.

부채 상환은 사업 운영 중 발생한 모든 부채를 정리한다. 대출, 미지급 금액, 세금 등을 상환하고, 채권자와 협의하여 최종적인 부채 상환을 마친다.

퇴직금 지급은 직원이 있었다면 퇴직금을 지급해야 하며, 퇴직금, 미지급 급여 등 법적 의무를 해결해야 한다.

세금 정리는 사업을 종료하면서 남아있는 세금 신고 및 납부를 진행하는 것이다.

세금 문제가 남지 않도록 주의한다.

(4) 고객 및 공급업체와의 정리(Customer and Supplier Settling)

고객과 공급업체와의 관계를 원만하게 종료하고, 미지급된 금액이나 계약 문제를 정리한다.

주요 활동으로 고객 통지는 고객에게 폐업 사실을 알리고, 계약 및 서비스 종료 사항에 대해 안내한다. 이미 지급된 금액이 있거나 미수금이 있다면 정리한다.

미납금 정산은 고객으로부터 미수금이 있다면 회수하고, 미지급된 금액이 있다면 해결한다.

공급업체 계약 종료는 공급업체와의 계약을 종료하고, 미지급된 대금을 결제한다. 또한, 앞으로 공급이 이루어지지 않도록 공식적으로 미리 통지한다.

(5) 직원 처리(Employee Management)

직원들과의 계약을 종료하고, 법적 요구사항을 이행하여 직원들의 권리를 보호한다.

해고 절차는 직원들에게 폐업 사실을 알리고, 해고 절차를 밟는다.

해고를 위한 법적 절차와 보상금 지급이 필요할 수 있다.

퇴직금 지급은 직원들의 퇴직금을 지급하고, 사회보험 및 연금 정산을 완료한다.

기타 법적 의무 이행은 직원들과의 고용 계약 해지에 따른 법적 절차를 준수한다.

(6) 회계 및 재무 정리(Accounting and Financial Closure)

폐업 후 회계 기록을 정리하고, 세무 신고를 마무리하여 모든 재정적 의무를 완료한다.

재무제표 작성은 사업 종료 후 최종 재무제표를 작성하여 재정 상태를 명확히 정리한다.

세금 신고는 사업 종료를 포함한 마지막 세금 신고를 진행한다.

소득세, 부가가치세 등을 정확히 신고하고 납부한다.

세무 감사 준비는 필요 시, 세무 감사가 있을 수 있으므로, 관련 서류 및 기록을 보관한다.

(7) **사업 종료 후 관리**(Post-Closure Management)

사업 종료 후 발생할 수 있는 후속 문제를 처리하고, 폐업 후에도 신중하게 모든 법적 책임을 마무리한다.

사업 종료 후 사업과 관련된 모든 회계 및 세무 서류를 최소 5년간 보관해야 한다. 추후 세무 감사나 법적 문제가 발생할 경우 대비하기 위함이다.

폐업 후 개인 책임은 법적으로 개인적으로 책임을 져야 할 부분(사업자 보증금, 개인 채무 등)을 확인하고 해결한다.

회계 정산은 남은 자산이나 부채 정리가 완료되었는지, 모든 비용과 세금이 처리되었는지 최종 점검한다.

폐업은 사업을 종료하는 과정에서 다양한 법적, 재정적 문제를 처리해야 하는 중요한 단계이다. 창업자는 각 단계를 신중하게 처리하여 법적 책임을 지지 않도록 하고, 모든 이해관계자와의 관계를 원만하게 정리해야 한다. 또한, 창업 초기부터 잘 준비된 사업 종료 계획을 통해 폐업 후 발생할 수 있는 문제들을 최소화할 수 있다.

소상공인 시장진흥공단, 서울신용보증재단 등 지자체 다양한 방향으로 컨설팅 지원, 태도, 정서 등의 마음가짐이 중요하며, 배달 앱이나 SNS 마케팅이 점점 기술집약적으로 활성화 되고 있어 재교육도 필요하며, 창업의 트렌드 흐름도 잘 파악해야 한다.

1장 CASE STUDY

배달의 민족: "배달의 불편함을 해결하라"

Chapter 01. 창업 Process - 창업 아이디어 개발과 실현

1. 창업 배경 및 문제 인식

2000년대 후반, 배달 음식은 한국에서 일상적인 식문화였지만, 주문 방식은 여전히 아날로그적이었다.

- 사용자는 종이 전단지를 모아두고 전화로 주문
- 메뉴와 가격 정보의 불확실성
- 업주와의 직접 통화 부담(전화 끊김, 말투 스트레스 등)

▸ 문제 인식: "왜 배달 주문은 이렇게 불편해야 할까?"

2. 창업 아이디어 도출

김봉진 대표는 이 문제를 "디자인으로 해결"하고자 했음.

- 스마트폰 앱 기반의 배달 통합 플랫폼 구상
- 사용자는 앱 하나로 다양한 음식점 확인, 클릭 한 번으로 주문
- 디자인 중심의 UI/UX로 누구나 쉽게 사용 가능하도록 설계

▸ 기존 전화 기반 → 모바일 기반의 간편성과 정보 투명성 제공이 핵심 가치

3. MVP(최소 기능 제품) 출시

- 2010년, '배달의 민족' 베타 버전 론칭
- 초기에는 소수 음식점만 등록, 무료로 앱 개방
- 광고 없이 앱의 사용자 경험 개선에 집중
- 푸드 스타일 사진, 감성 문구, 시각 디자인으로 차별화
  ▸ 이 시기 "신뢰할 수 있는 정보" + 즐거운 사용자 경험을 동시에 제공

4. 시장 반응 및 피드백 기반 개선

- 소비자들은 앱 UI와 정보의 명확성을 극찬
- 자영업자들 역시 "무료 홍보 채널"로 인식하며 자발적 참여 증가
- 피드백 기반으로 '리뷰', '찜하기', '카테고리 분류', '주문 히스토리' 등 기능 개선
  ▸ 시장과 고객 피드백을 빠르게 수용하며 제품-시장 적합성(PMF) 확보

5. 본격 성장과 브랜딩

- '이런 마케팅은 처음이야': '이상한 나라의 배달부', '치킨은 살 안 쪄요. 살은 내가 쪄요' 등 감성 카피
- "배달의 민족"이라는 네이밍 자체가 유쾌하고 기억에 남음
- 2014년 기준, 월간 사용자 300만 명 돌파
  ▸ 창업자는 브랜드 네이밍과 고객 경험을 '차별화 포인트'로 활용

6. 시사점 및 학습 포인트

문제 인식: 불편한 전화 주문 → 모바일 간편성 필요

아이디어 도출: 디자인 중심 배달 앱

MVP 설계: 기본 기능 중심 앱 론칭, 사용자 피드백 반영

브랜딩 전략: 유쾌한 언어·시각 아이덴티티로 브랜드 구축

성장 전략: 자영업자와 소비자 모두의 '고객 경험' 최적화

토의 질문

1. 배달의 민족이 성공한 이유는 무엇이라고 생각하는가?

2. '사용자 경험'이 창업 아이디어 검증과 성장에 어떻게 작용했는가?

3. 다른 업종에서 이런 "불편함의 발견 → 해결" 접근이 적용될 수 있을까?

Work Sheet - 01

학번: ______________________

이름: ______________________

Chapter 01 창업 마케팅 Process

1. 창업(start-up)이란?

2. 창업의 특성

3. 창업의 유형

4. 창업 마케팅의 중요성

5. 창업 단계

CHAPTER 2

창업 트렌드 분석

학습목표

1. 2025년 창업 트렌드
2. 2025년 소비 트렌드
3. 2025년 창업 전략
4. 성공적인 창업으로의 요인 분석
5. 성공한 창업의 특성
   - **Work Sheet 작성**

CHAPTER 02

창업 트렌드 분석

최근 창업 트렌드(start-up trend)는 빠르게 변화하는 시장 환경과 기술 발전을 반영하고 있다.

새로운 기술과 소비자의 변화하는 요구에 맞춰 창업자들이 다양한 방식으로 혁신적인 아이디어를 실현하고 있다. 창업을 준비하는 창업자들은 트렌드를 이해하고, 기술 혁신과 지속 가능성을 기반으로 한 비즈니스 모델을 구축하는 것이 중요하다. 새로운 창업 아이템을 고민하는 창업자라면 AI, 친환경 비즈니스, 디지털 시대에 발맞춰 변환 및 변신을 적극적으로 고려해볼 만하다. 특히, 디지털적인 모든 것으로 인해 발생하는 다양한 변화에 디지털 기반으로 기업의 전략, 조직, 프로세스, 문화, 커뮤니케이션, 시스템, 가치사슬, 비즈니스 모델을 근본적으로 변화시키는 경영전략이 무엇보다 중요한 시대이다.

디지털 기술의 확산으로 기존과 다른 새로운 고객, 새로운 프로세스, 새로운 경쟁의 변화(Change)가 일어나고 있다. 기업들은 디지털 변화에 대응하기 위하여 기존과 다른 조직, 프로세스, 가치사슬, 비즈니스 모델을 탈바꿈(Transformation)시키기 위하여 노력을 통해 디지털화 된 기업으로 재탄생(Creation)하는 것이 핵심이라고 할 수 있다. 2025년의 경제 전망과 창업 시장 트렌드로 다양한 주요 경제 및 사회적 변화를 반영하며 다음과 같은 요소들이 주목받을 것으로 보인다. 2025년은 저비용, 간단한 운영 모델로 경제 불확실성 속에서 원가가 낮고 운영이 효율적인 비즈니스 모델이 주목받을 것이다. 사례로 간소화된 메뉴와 인건비 절감 전략을 채택한 음식점이나 소규모 매장이 대표적일 것이다. 2025년 창업 시장은 기술, 지속 가능성, 그리고 소비자 요구 변화에 따라 크게 재편될 전망이다.

창업 기회를 발굴하려면 이러한 주요 트렌드에 민첩하게 대응할 필요가 있다. 2025년 창업 시장에 대한 조사와 트렌드 분석은 주요 경제적 변화, 기술 혁신, 소비자 요구, 정책 동향 등을 종합적으로 고려해야 한다. 최신 데이터와 트렌드 예측에 기반한 2025년 창업시장 조사와 주요 트렌드를 개인적으로 관심 있는 분야에서 분석하길 추천한다[출처: https://ko.wikipedia.org/wiki]

글로벌 경제는 긴축적 통화정책의 여파로 저성장이 지속될 전망이다. 특히, 기술 중심의 고부가가치 산업이 창업시장의 주요 축으로 떠오를 가능성이 크다.

정부 및 국제기구는 탄소중립, 디지털 전환 등을 우선순위로 설정하며 스타트업과 중소기업에 대한 정책적 지원을 확대할 계획이다. 녹색 경제 및 스마트시티 개발 관련 창업 기회가 증가할 것이다.

1. 2025년 창업 트렌드

창업 트렌드는 창업자들에게 새로운 아이디어와 전략을 통해 기회를 탐색할 수 있는 환경을 제공한다. 특히 저비용, 브랜딩, 그리고 디지털 전환의 중요성을 강조한 모델은 2025년의 창업 시장에서 성공 가능성을 높일 핵심 요소로 꼽힌다.

2025년 창업 시장 조사는 경제적 환경, 기술 발전, 소비자 행동 변화, 그리고 정책적 요인을 중심으로 이루어져야 한다. 아래는 주요 분석 내용과 트렌드로 2025년은 기술 혁신과 지속 가능성을 기반으로 창업자들에게 새로운 기회를 제공하는 해가 될 것이다.

2025년 창업 트렌드는 기술 혁신과 지속 가능성, 변화하는 소비자 행동에 맞춰 다양한 분야에서 새로운 비즈니스 기회를 제공한다. 다음과 같은 핵심 트렌드가 주목받고 있다.

1) 디지털 및 AI 기반 혁신[AI 및 빅데이터 활용]

인공지능(AI), 빅데이터, 클라우드 기술을 활용한 스마트 비즈니스가 가속화될 전망이다.

AI를 통한 맞춤형 소비자 경험 제공, 디지털 금융 혁신, 핀테크와 블록체인 기술이 급성장하고 있다.

- AI를 활용한 고객 경험 최적화, 자동화 서비스, 예측 분석 시장 확대.
- AI로 구동되는 생산성 도구, 생성형 AI(Generative AI) 기반 콘텐츠 제작 플랫폼의 성장.
- 탈중앙화 금융(DeFi), NFT 기반 콘텐츠, 블록체인 인증 서비스가 주요 창업 분야로 주목.

2) ESG 경영과 지속 가능한 창업[친환경 기술 및 제품 개발]

환경, 사회, 지배구조(ESG)에 대한 기업의 책임이 강조되며 친환경 제품, 재활용 소재 활용, 탄소 배출 감소가 필수 요건이 되고 있다. 친환경 경영과 기후 감수성을 기반으로 한 사업 모델이 중요해질 것이다.

- 에너지 효율 기술, 재활용 및 업사이클링 제품에 대한 소비자 요구 증가.
- 환경적 지속 가능성을 강조하는 창업, ESG(환경·사회·지배구조) 연계 비즈니스의 확장.
- 탄소배출권 거래 플랫폼, 전기차(EV) 충전 인프라, 그린테크 스타트업이 주목.

3) 소비자 중심 창업 트렌드[웰니스 및 헬스케어]

고령화 사회가 심화되면서, 노년층을 대상으로 한 헬스케어, 스마트 홈, 맞춤형 서비스가 주목받고 있다. 또한, 노동 시장에서는 유연 근무제와 원격 근무가 표준화될 가능성이 크다.

- 고령화 및 건강에 대한 관심 증가로 건강 관리, 원격의료, 디지털 헬스케어 서비스 확산.
- 웨어러블 기기 및 AI 기반 헬스 데이터 분석 도구의 성장.
- 정기 구독 기반의 소비모델(음식, 의류, 디지털 콘텐츠 등)의 지속적 성장.
- 소비자 맞춤형 경험과 서비스를 제공하는 플랫폼 스타트업이 유망하다.

4) 로컬라이제이션과 니치 마켓[지역 기반 사업 활성화]

- 글로벌 공급망 위기 이후 지역 내 생산과 소비를 촉진하는 창업 모델 강화.
- 소규모 제조업과 커뮤니티 중심 비즈니스가 부활할 것으로 예상.
- 소비자 참여 플랫폼: 고객이 제작 과정에 참여하는 공동 창작 플랫폼이 각광받을 전망.

5) 공유 경제와 구독 비즈니스

자산 공유 모델과 구독 서비스는 안정적인 수익 창출을 돕고 있다. 공유 오피스, 차량 공유, 주거공간 렌탈과 같은 서비스가 확산될 전망이며, 구독형 서비스는 고객과의 장기적 관계를 강화하는 전략이 될 것이다.

6) 경험 경제와 오프라인 체험

디지털 기술이 발전할수록 실질적인 경험에 대한 수요도 높아지고 있다. 팝업 스토어, 체험형 이벤트와 같은 물성 경험 기반의 마케팅이 각광받고 있다.

다문화 트렌드를 반영한 제품과 서비스, 인플루언서 협업 기반의 커머스 모델, 소규모 미니멀리즘 시장 등이 새로운 비즈니스 기회를 창출할 것으로 보이며, 지속 가능한 혁신과 고객 중심의 서비스 제공이 2025년 창업 성공의 핵심 전략이 될 것이다

창업 전략 수립 시 경제적 흐름과 소비자 행동 변화를 철저히 분석하여 경쟁력을 갖춰야 한다.

주요 창업 분야

(1) AI 및 자동화 솔루션

생산성과 효율성을 높이는 AI 기반 서비스 및 소프트웨어.

(2) 지속 가능한 에너지 및 기술

태양광, 풍력 등 신재생 에너지와 연계된 제품 및 서비스.

(3) 스마트 헬스케어

질병 예방, 정신건강 관리, 노인 돌봄 기술.

(4) 교육 기술(에듀테크)

온라인 교육 플랫폼, VR/AR 기반 학습 콘텐츠.

(5) 푸드테크 및 스마트 농업

대체 단백질, 수직 농업, 식물성 식품 개발.

2. 2025년 소비 트렌드

소비 트렌드에 따라 돈의 흐름이 결정되고 창업 시장의 트렌드도 변하기 마련이다.

새로운 소비트렌드는 창업자들에게 새로운 아이디어와 전략을 통해 기회를 탐색할 수 있는 환경을 제공합니다. 특히 저비용, 브랜딩, 그리고 디지털 전환의 중요성을 강조한 모델은 2025년의 창업 시장에서 성공 가능성을 높일 핵심 요소로 꼽힌다.

2025년의 소비 트렌드는 기술 발전, 사회적 변화, 그리고 개인의 가치관에 따라 다양하게 형성되고 있습니다. 주요 트렌드를 아래와 같이 정리할 수 있다.

트렌드는 소비자들의 가치관과 생활 방식의 변화를 반영하며, 기업들은 제품과 서비스를 개발하고 마케팅 전략을 수립하는 것이 중요하다.

현대 사회의 빠른 변화와 소비자 행동의 다양성을 잘 포착하고 있으며, 여러 가지 트렌드를 통해 앞으로의 방향성을 제시한다.

소비자들은 가치와 취향, 윤리적 소비를 더욱 중시한다.

성공 사례들은 소비자와의 공감을 기반으로 트렌드에 적합한 혁신과 가치를 제공하며 성과를 거두었다.

2025년 주요 소비 트렌드 10가지

1. 옴니보어, 2. 아보하, 3. 토핑경제, 4. 페이스테크, 5. 무해력,

6. 그라데이션 K, 7. 물성매력, 8. 기후감수성, 9. 공진화 전략, 10. 원포인트업.

이러한 트렌드들은 2025년 소비자들의 변화하는 가치관과 행동 양식을 반영하며, 기업과 마케터들에게 새로운 기회와 도전을 제공하고 있다.

2025년 주요 소비 트렌드 10가지 키워드[출처: 김난도 『트렌드 코리아 2025』].

1) 옴니보어(Omnivore)

나이, 성별, 소득 등 기존의 경계를 허물고 다양한 취향을 수용하는 잡식성 소비자들이 증가하고 있다. 옴니보어는 계절이 바뀌면 다시 싹 틔우는 퍼레니얼(다년생 식물)에 비유한다.

오늘날엔 나이와 시대, 성별을 구분 짓지 않고 끊임없이 상생한다.

자유롭게 자신만의 스타일과 가치관에 맞는 소비를 추구하는 특징이 있다.

소셜 미디어, 다양한 콘텐츠 플랫폼을 통해 폭넓은 정보를 얻으면서 다채로운 선택지를 자유롭게 탐색하며 자신만의 취향을 정의하고 경험을 중시한다. 이에 기업은 정형화된 마케팅보다 더 개별화된 경험과 취향을 반영한 맞춤형 접근이 필요하다.

옴이보어(Omnivore)의 성공 사례: 무신사(MUSINSA)는 나이, 성별, 체형 구분 없이 다양한 소비자층을 수용할 수 있는 패션 카테고리와 맞춤형 스타일링 서비스를 제공하며 성장했다. 특히, 젠더리스 패션 라인과 AI 추천 코디 기능을 강화해 폭넓은 고객층의 사랑을 받고 있다.

2) 아보하(Aboha: 아주 보통의 하루)

특별한 일이 없어도 평범한 하루에 만족하며, 일상 속에서 작은 행복을 찾는 경향이 부각되고 있다. '아주 보통의 하루'라는 말의 약자로 소확행과 비슷하다.

삶 속에 행복관이 바뀌면서 웰빙 소비가 늘고 있다.

'치열하게 노력하지 않아도 괜찮다. 오늘 하루를 살아 냈다는 사실로도 충분히 대단하다', '평범한 일상은 가장 특별하고 성공한 사람에게도 기본으로 깔려야 하는 가장 안온한 안전지대다', 특별한 행복이 찾아오지 않아도 오늘, 아주 보통의 오늘이 중요하다.

아보하(Aboha: 아주 보통의 하루)의 성공 사례: 브런치 카페 '어반스토브' 특별하지 않아도 일상의 여유를 강조하는 메뉴 구성과 공간 디자인으로 20-30대 소비자층의 큰 호응을 얻었다. 소박한 브런치 메뉴와 따뜻한 인테리어로 SNS에서 큰 인기를 끌며 로컬 브랜드에서 전국 프랜차이즈로 성장했다.

3) 토핑 경제(Topping Economy)

기본 제품에 개인의 취향을 반영한 추가 요소를 더하여 자신만의 스타일을 완성하려는 소비 패턴이 확산되고 있다. 토핑 경제, 상품과 서비스의 본질보다 선택해 꾸미는 매력포인트를 어필하는 상품이 뜨고 있다. 본 제품에 개성을 더하는 토핑 경제는 남들과 똑같지 않은 독창성과 개성에 주력한다. 이러한 트렌드는 소소하지만 자신의 개성을 드러내는 데 집중하는 소비자들의 심리를 반영한다. 토핑 경제는 단순히 음식에만 국한되지 않고, 패션, 여행, 심지어 엔터테인먼트 콘텐츠까지도 포함하며, 기업들은 이를 반영한 맞춤형 상품과 서비스를 개발하는 데 주력하고 있다.

토핑 경제(Topping Economy)의 성공 사례: 써브웨이(Subway)는 고객이 원하는 재료를 자유롭게 선택해 나만의 샌드위치를 만들 수 있는 커스터마이징 서비스가 다시 주목받았다. 특히, 다양한 토핑 옵션과 건강식 재료를 추가하며 맞춤형 건강식 브랜드로 자리 잡았다.

4) 페이스 테크(Face Tech)

얼굴 인식 기술을 활용한 개인 맞춤형 서비스와 인증 시스템이 보편화되며, 다양한 분야에서 활용되고 있다. 사람의 표정을 인식하고 맞춤형 경험을 제공하는 페이스 테크는 기술력이 높아져 기계 스스로 고유의 표정을 만들어 내기도 한다. 페이스 테크는 얼굴 인식 기술을 통해 고객의 신원을 즉각적으로 확인하고, 그 사람의 취향이나 선호에 맞춘 서비스를 제공하는 방식으로 발전하고 있다. 페이스 테크는 소비자에게 더 나은 경험을 제공하면서도, 기술적 안전망을 강화해 데이터 보호를 확보하는 것이 앞으로의 중요한 과제가 될 것으로 보인다.

페이스 테크(Face Tech)의 성공 사례: 스타벅스 '페이스페이 결제'는 얼굴인식 기술을 활용한 비접촉 결제 시스템(페이스페이)를 도입하여 결제 편리성을 극대화했다. 초기 우려를 딛고 높은 보안성과 속도를 인정받아 소비자들로부터 큰 호응을 얻었다.

5) 무해력(Power of Harmlessness)

자극적이지 않고 부드러운 콘텐츠나 서비스가 주목받으며, 공격적이지 않은 영향력이 중요시되고 있다. 귀엽고 순수하며 스트레스 주지 않는 콘텐츠의 인기가 높아지고 있다.

억지스러운 것은 반감을 사기에 오히려 진정성이 중요하다.

진정성을 보이기 어렵다면 차라리 가만히 있으라고 말하고 있다.

사람들이 일상에서 많은 스트레스를 받으며 더 이상 자극적이거나 도전적인 것에 피로감을 느끼기 시작했다. 따라서 작은 위안이 되는 존재들이 점점 더 각광받게 되는 것이다.

무해력(Power of Harmlessness)의 성공 사례: 마켓 컬리(Market Kurly)는 고객들에게 자극적이지 않고 신뢰감을 주는 간결한 제품 설명과 친환경 포장으로 좋은 반응을 얻었다. 무농약, 무첨가 제품군을 확대하며 소비자에게 '해를 끼치지 않는 기업' 이미지를 확립했다.

6) 그라데이션 K(Gradation K)

한국 문화의 글로벌화가 더욱 뚜렷해지며, 한국적인 요소가 세계와 융합되는 경향이 강화되고 있다. 한국 문화의 다양화와 다문화 사회로의 변화 양상을 강조하는 키워드다.

외국인 비율이 전체 인구의 5% 다문화적 요소가 점점 일상에 스며들고, K-팝, K-드라마 등 세계적으로 주목받는 한국 문화를 다양성과 융합의 측면에서 접근한다. 단일민족 국가로서의 정체성에서 벗어나, 다양한 문화와 국적이 공존하는 사회로 변화하며 새로운 한국 문화를 만들어 가는 모습을 '그라데이션'이라는 점진적이고 다채로운 전환으로 표현한 것이다. 이와 같은 현상은 외국인 대상 서비스나, 외국 문화를 수용하는 제품과 경험들이 더욱 다양화되는 시장 기회로 이어지고 있다.

그라데이션 K(Gradation K)의 성공 사례: 넷플릭스 'K-콘텐츠 강화'로 넷플릭스는 2025년 한국 드라마와 영화 제작에 대규모 투자를 단행해 글로벌 시장에서 K-콘텐츠 열풍을 이어갔다. 특히, '그라데이션 K' 트렌드에 맞춰 한국 문화의 다양성과 독창성을 살린 콘텐츠가 큰 성공을 거뒀다.

7) 물성 매력(Physicality Appeal)

디지털 시대에 오히려 실질적인 물성을 느끼고자 하는 욕구가 증가하며, 만질 수 있고 느낄 수 있는 제품과 경험에 대한 선호가 높아지고 있다. 로봇이 발달해도 실물이 있어야 오래 기억이 남는다. 소유보다 체험 중심의 공급이 주를 이루는데 돈과 추억을 물성으로 남기고 싶어하는 사람들의 심리가 반영되어 있다. 실제로 만지고 느낄 수 있는 물성 있는 경험을 중시하게 되는 현상을 다루며, 물질적인 제품과 서비스에 대한 수요가 증가할 것이다. 소비자들이 만질 수 있는 물건, 오프라인 체험, 감각적인 자극을 추구 한다. 음식과 같은 취향과 관련된 체험, 소규모 공예품을 직접 만드는 체험 등 '손에 잡히는' 경험이 각광받는다. 디지털 콘텐츠가 아무리 빠르고 널리 확산된다 하더라도 물리적 상호작용을 통해 기억에 더 오래 남는 실제 경험의 가치는 계속해서 중요해질 것으로 보인다.

물성 매력(Physicality Appeal)의 성공 사례: 모나미 한정판 볼펜 시리즈로 디지털화된 시대에도 물성을 중시하는 소비자를 위해 출시된 고급 한정판 볼펜 시리즈는 큰 인기를 끌었다. 소비자들에게 오랜 시간 소장할 수 있는 가치와 감성을 제공하며 판매량이 급증했다.

8) 기후 감수성(Climate Sensitivity)

환경과 기후 변화에 대한 민감도가 높아지면서, 지속 가능성과 친환경적인 소비에 대한 관심이 증대되고 있다. "트렌드 코리아 2025"에서 다룬 '기후 감수성'은 기후변화에 대한 민감성과 적극적인 대응을 강조한다. 기후 감수성은 미래의 문제가 아니라, 일상적인 문제로 인식되어야 한다. 예를 들어, 서울시는 '기후 동행카드'를 도입하여 대중교통 이용을 장려하고 시민의 기후 감수성을 높이고 있다. 이를 통해 교통비를 절감하고 온실가스를 줄이는 효과를 거두고 있다. 기후 감수성은 일상에서의 작은 선택에서부터 정책 및 기업 전략까지 다양한 영역에서 중요한 가치로 부각되고 있다.

기후 감수성(Climate Sensitivity)의 성공 사례: 패션 브랜드 '파타고니아'는 지속 가능한 친환경 의류 제작과 리사이클링 프로그램을 강화하며 2025년에도 환경 보호를 선도했다. 고객들이 기부한 오래된 옷을 재활용해 새로운 상품으로 제작하는 캠페인이 큰 성공을 거뒀다.

9) 공진화 전략(Coevolution Strategy)

기업과 소비자가 함께 발전하고 상호작용하며, 공동의 가치를 창출하려는 노력이 강조되고 있다. 공진화 전략은 서로 다른 산업이나 기업들이 경쟁이 아닌 협력을 통해 공동 성장을 이루는 방식을 의미한다. 현대 경제에서 상호연결성이 높아짐에 따라 더욱 중요해지고 있으며, 기업들이 지속 가능한 발전을 위해 사회적 책임을 다하고 소비자의 요구에 부합하는 방향으로 나아가야 한다는 점을 강조한다. 공진화 전략은 기업들이 변화하는 시장 환경에서 어떻게 적응하고 서로 협력하여 더 나은 성과를 내는지를 보여주는 중요한 요소로 자리 잡는다.

공진화 전략(Coevolution Strategy)의 성공 사례: 카카오 '함께 성장 프로그램' 중소기업과 창작자를 위한 플랫폼을 통해 동반 성장을 추구했다. 크리에이터 지원 펀드와 중소 비즈니스 맞춤형 솔루션을 제공하여 소비자와 파트너로부터 긍정적 평가를 받았다.

10) 원 포인트 업(One Point Up)

작은 변화나 개선을 통해 제품이나 서비스의 가치를 높이고, 소비자의 만족도를 향상시키려는 전략이 부각되고 있다. 원 포인트 업은 개인이 작은 목표를 설정하고 이를 지속적으로 달성해 나가는 새로운 자기계발 방식을 의미한다. 지나치게 큰 목표를 설정하기보다는, 쉽게 도달할 수 있는 작은 변화를 통해 자신을 발전시키는 데 중점을 둔다.

사람들은 경쟁과 비교의 시대에서 벗어나 자신만의 목표와 성장을 지향하게 되며, 이는 개인의 만족도와 삶의 질 향상에 기여할 것으로 기대된다.

작은 목표를 세우고 이를 달성하며 개인의 성장과 만족을 추구하는 방법론을 제시해, 실질적인 자기계발에 대한 새로운 시각을 제공한다.

원 포인트 업(One Point Up)의 성공 사례: CJ제일제당의 '비비고 만두' 업그레이드, 기존 만두 제품에 트렌디한 맛과 프리미엄 재료를 더한 업그레이드 라인을 출시해 성공했다. 특히, 만두 크기와 식감, 소스의 차별화를 통해 글로벌 시장에서도 매출이 급성장했다.

2025년 국내 외식산업 트렌드 키워드는 다양한 트렌드와 키워드로 변화하고 있다.

주요한 트렌드를 아래와 같이 정리할 수 있다.

(1) 스마트 세이버(Smart Saver)
소비자들이 가성비 높은 외식을 선호하며, 집밥을 대체할 간편식을 찾는 경향이 두드러지고 있다.

(2) 먹는 김에 세계일주
다양한 국가의 음식을 경험하려는 소비자들의 욕구가 높아지며, 글로벌 푸드 트렌드가 확산되고 있다.

(3) 최적화 외식
개인 맞춤형 서비스와 효율성을 중시하는 외식 형태로, 소비자 경험을 최우선으로 고려하는 경향이 있다.

(4) 푸드 쇼퍼(Food Shopper)
맛 집을 찾아다니는 소비자들이 증가하며, 외식이 단순한 식사를 넘어 쇼핑과 같은 경험으로 여겨지고 있다.

(5) 나의 친절한 AI
인공지능 기술을 활용한 스마트 레스토랑이 확산되며, 개인화된 서비스를 제공하는 외식업체들이 주목받고 있다.

(6) 소비 결정의 다각화

소비자들의 외식 결정 과정이 다양화되며, 가격, 품질, 경험 등 여러 요소를 고려하는 경향이 나타나고 있다.

(7) 밴드왜건(Bandwagon) 현상

유행에 동조하는 소비자들이 증가하면서, 트렌디한 메뉴와 마케팅 전략이 효과를 보고 있다.

(8) 푸드 밸런스(Food Balance)

건강식을 중시하는 소비자들이 늘어나면서, 영양 균형을 고려한 메뉴 구성이 중요해지고 있다.

(9) 승자독식(Winner-Takes-All)

경쟁이 치열해지면서, 우수한 품질과 서비스를 제공하는 업체들이 시장을 선도하는 현상이 나타나고 있다.

이러한 트렌드들은 2025년 국내 외식산업의 변화를 보여주며, 소비자들의 다양한 요구와 시장 환경에 대응하는 외식업체들의 전략이 필요함을 시사한다(출처: FOODBANK.CO.KR).

3. 2025년 창업 전략

2025년은 기술 혁신과 지속 가능성을 기반으로 창업자들에게 새로운 기회를 제공하는 해가 될 것이다. 창업 전략 수립 시 경제적 흐름과 소비자 행동 변화를 철저히 분석하여 경쟁력을 갖춰야 한다.

(1) 혁신적이고 유연한 비즈니스 모델 개발

경제 불확실성을 대비해 적응력이 높은 사업 구조 구축.

(2) 브랜딩과 고객 경험 강화

개인화된 경험 제공과 스토리텔링 중심의 마케팅이 중요.

(3) 기술 중심의 차별화된 경쟁력 확보

기술과 데이터 분석을 활용해 시장의 요구를 선제적으로 파악하고 해결.

(4) 고객 경험 및 개인화

고객 맞춤형 서비스와 편의성을 강조한 전략이 성공의 핵심 요소가 될 것.

(5) 지속 가능성과 사회적 가치

환경 보호와 사회적 책임을 사업 모델의 중심으로 설정.

* 2025년 창업 시장 현황

2025년 창업 시장 조사는 경제적 환경, 기술 발전, 소비자 행동 변화, 그리고 정책적 요인을 중심으로 이루어져야 한다. 아래는 주요 분석 내용과 트렌드이다.

(1) 경제 및 정책적 요인

- 글로벌 경제의 저성장 기조

주요국의 긴축적 통화정책 지속과 공급망 불안 등으로 세계 경제는 저성장을 지속할 것으로 보인다. 창업은 자본 효율성과 시장 적응력을 기반으로 하는 사업 모델이 유망할 전망.

- 정책 지원 강화

국내외에서 스타트업 지원 정책이 확대될 것으로 예상이다.

특히 녹색산업과 디지털 전환 관련 창업에 대한 지원이 강화될 것이다.

(2) 기술 발전과 산업 변화

- 인공지능(AI)과 자동화

AI 기반 솔루션과 자동화 기술을 활용하는 스타트업이 다양한 산업에서 큰 기회를 창출할 것이다.

* 미래의 창업 트렌드

(1) 디지털 트랜스포메이션(Digital Transformation)

AI와 머신러닝 활용: 인공지능(AI)과 머신러닝 기술을 활용하여 업무 효율성을 극대화하고, 고객 맞춤형 서비스를 제공하는 창업들이 많아지고 있다. AI 기반의 고객 서비스 챗봇, 데이터 분석을 통한 맞춤형 제품 추천 등이다.

자동화와 로봇 기술: 창업자들은 제조업, 물류, 서비스 등 다양한 산업에서 자동화 기술을 도입하여 비용 절감과 업무 효율성을 높이고 있다.

(2) **지속 가능한 창업**(Sustainability)

친환경 제품 및 서비스: 환경 문제에 대한 관심이 커짐에 따라, 지속 가능한 제품을 제공하거나, 환경에 미치는 영향을 최소화하려는 창업들이 증가하고 있다. 플라스틱 대체 제품, 재활용 가능한 자원을 활용한 제품들이 주목받고 있다.

탄소 배출 감소: 탄소 발자국을 줄이는 데 집중하는 창업들이 늘어나고 있으며, 이를 통해 "그린 비즈니스" 모델을 구축하는 기업들이 등장하고 있다.

(3) **헬스케어 및 웰니스**(Healthcare & Wellness)

디지털 헬스케어: 건강 관리 앱, 원격 진료, 피트니스 관련 기술(웨어러블 기기) 등을 활용한 창업이 활발히 이루어지고 있다. 개인 맞춤형 운동 프로그램이나, 온라인 헬스케어 플랫폼 등이 인기를 끌고 있다.

정신 건강과 웰빙: 정신 건강을 중요시하는 경향이 강해지며, 명상 앱, 정신 건강관리 서비스, 스트레스 완화 프로그램 등이 트렌드로 떠오르고 있다.

(4) **구독 경제**(Subscription Economy)

구독 기반 서비스: 소비자들이 제품이나 서비스를 한번에 구매하는 대신, 일정한 금액을 지불하고 주기적으로 제품을 받는 형태의 구독 경제가 확장되고 있다. 음악, 영화 스트리밍 서비스(Spotify, Netflix), 식사 배달 서비스, 화장품, 의류 구독 서비스 등이 인기를 끌고 있다.

소형화된 제품 구독 서비스: 특정 분야나 취미에 맞춘 소형 구독 서비스가 다양화되고 있으며, 고객 맞춤형 서비스가 큰 주목을 받는다.

(5) **블록체인과 암호화폐**(Blockchain & Cryptocurrency)

분산형 금융(DeFi): 블록체인 기술을 활용한 탈중앙화 금융 시스템이 큰 주목을 받고 있으며, 이를 기반으로 한 창업이 늘어나고 있다. 암호화폐 거래소, NFT(대체불가능한 토큰) 플랫폼 등이다.

디지털 자산 관리: 비트코인, 이더리움과 같은 암호화폐를 포함한 디지털 자산 관리 서비스를 제공하는 창업들이 등장하고 있다.

(6) 원격 근무와 협업 툴(Remote Work & Collaboration Tools)

원격 근무 솔루션: 코로나19 이후, 원격 근무가 보편화되었고, 원격 근무를 지원하는 협업 툴이나 프로젝트 관리 시스템의 수요가 급증했다. 창업자들은 Slack, Zoom, Trello, Asana와 같은 툴을 기반으로 새로운 비즈니스 모델을 구축하고 있다.

원격 근무 효율성 향상: 시간 관리, 팀워크, 생산성 향상 등을 위한 원격 근무 최적화 서비스들이 창업 트렌드로 떠오르고 있다.

(7) 소셜 미디어와 인플루언서 마케팅(Social Media & Influencer Marketing)

인플루언서 기반 마케팅: 창업자들은 인플루언서와의 협업을 통해 더 많은 소비자에게 도달하고, 빠르게 브랜드 인지도를 높이고 있다. 특히 틱톡, 인스타그램 등에서 활동하는 인플루언서들과의 파트너십이 중요한 마케팅 전략이 되고 있다.

UGC(사용자 생성 콘텐츠): 소비자들이 자발적으로 브랜드와 관련된 콘텐츠를 생성하고 이를 활용하는 마케팅 전략이 확산되고 있다.

(8) AI 기반 개인화 서비스(Personalization with AI)

개인 맞춤형 추천 서비스: 데이터 분석과 AI 알고리즘을 통해 고객에게 맞춤형 제품이나 서비스를 추천하는 창업들이 인기를 끌고 있다. 패션 추천, 영화 추천, 음악 추천 등이 AI를 통해 개인화되고 있다.

고객 경험 최적화: 고객의 행동 데이터를 기반으로 실시간으로 서비스를 최적화하는 방식이 창업 트렌드로 자리 잡고 있다.

(9) 메타버스와 가상현실(Metaverse & Virtual Reality)

메타버스 플랫폼: 가상현실(VR), 증강 현실(AR), 그리고 블록체인 기술을 결합한 메타버스 플랫폼에서의 창업 기회가 늘어나고 있다. 메타버스 공간에서의 가상 상품 판매, 디지털 자산 거래 등 다양한 사업 모델이 등장하고 있다.

가상 회의 및 이벤트: 메타버스 환경에서 가상 전시회, 콘서트, 회의를 개최하는 창업들도 늘어나고 있다.

(10) **로컬화 된 창업**(Localization)

지역 특화 서비스: 글로벌화가 진행되면서도, 각 지역의 고유한 문화와 취향을 반영한 로컬화 된 제품과 서비스가 점점 더 중요해지고 있다. 창업자들은 지역 맞춤형 서비스나 제품을 제공하여, 보다 타겟화 된 소비자층을 형성하고 있다.

로컬 기반 커뮤니티 구축: 지역 사회와의 연결을 강화하는 창업들이 많아지고 있으며, 지역 커뮤니티 서비스나 로컬 비즈니스 지원 플랫폼 등이 인기를 끌고 있다.

시장기회 발견, 모표시장 환경 분석과 창업 아이디어 창출로 사업계획서 작성과 타당성 검토, SWOT분석의 도입기-성장기-성숙기-쇠퇴기의 마케팅 전략과 창업가 정신 등의 창업 process를 필수적인 검토로 챕터별로 뒤 페이지에서 자세히 살펴보자.

창업 아이템을 발굴하는 것은 산업의 흐름, 분야를 파악하여 문제를 인식하고 해결책을 보완하며, 경쟁사와의 차별화된 제품 및 서비스를 타겟고객에게 제공하여 전문성 확보로 운영 및 개발능력이 성공된 창업이라고 할 수 있다.

현재와 미래의 창업 트렌드는 기술 혁신과 소비자의 변화하는 요구를 반영한 다양한 분야에서 발생하고 있다. 디지털 기술, 지속 가능성, 헬스케어, 원격 근무 등 다양한 트렌드가 결합되어 창업자들에게 새로운 기회를 제공하고 있다. 트렌드를 활용한 창업은 빠르게 성장할 수 있으며, 앞으로도 이러한 트렌드들은 지속적으로 발전할 가능성이 크다. 창업자들은 시장 변화를 민감하게 반영하고, 창의적이고 혁신적인 방법으로 변화에 대응하는 것이 중요하다.

4. 성공적인 창업으로의 요인 분석

성공적인 창업은 다양한 요인들이 맞물려 이루어진다. 창업자가 사업을 시작하고 성장시키기 위해서는 단순히 좋은 아이디어만으로는 부족하며, 여러 가지 전략적 요소와 실행력이 결합되어야 한다. 성공적인 창업을 이루는 주요 요인들을 아래와 같이 분석할 수 있다.

1) 창업 아이디어의 혁신성 및 차별성

핵심 요인으로 창업 아이디어가 시장에서 경쟁자들과 차별화될 수 있는 혁신성과 고유성을 갖추는 것이 중요하다. 단순히 기존 시장에 단순히 진입하는 것보다 새로운 문제를 해결하는 방식이나 기존 문제를 더 효율적으로 해결할 수 있는 방법을 제시하는 것이 성공의 핵심 요소가 된다. 시장에서 미충족된 요구를 파악하고, 그 요구를 해결할 수 있는 제품이나 서비스를 제공하며, 독특하고 혁신적인 비즈니스 모델을 개발하여 경쟁 우위를 확보한다.

2) 시장 조사 및 타겟 시장 분석

핵심 요인으로 성공적인 창업을 위해서는 시장 조사와 타겟 시장 분석이 필수적이다. 고객의 요구, 시장의 크기, 경쟁 구도, 경제적 환경 등을 철저히 분석하고, 그에 맞는 전략을 수립하는 것이 중요하다. 시장 세분화로 타겟 고객의 특성에 맞춘 세분화된 전략을 세운다.

경쟁자의 강점과 약점을 분석하여 시장에서 차별화할 방법을 모색한다.

3) 비즈니스 모델 및 전략

핵심 요인으로 사업의 수익 모델과 운영 전략이 성공적인 창업을 위한 중요한 요소이다. 비즈니스 모델이 명확하고 지속 가능할 때 창업은 안정적으로 성장할 수 있다. 가치 제안을 명확히 하고, 고객이 제공받을 혜택을 명확히 전달한다.

수익 창출 방법(판매, 구독, 광고 등)을 명확히 설정하고, 사업이 자생적으로 성장할 수 있는 전략을 마련한다.

4) 자금 조달 및 재정 관리

핵심 요인: 자금은 창업이 시작되고 성장하는 데 있어 중요한 요소이다. 자금 조달 방법과 함께 재정 관리가 잘 되어야 사업이 원활하게 운영된다.

자금 조달을 위해 자기 자본을 활용하거나, 벤처 캐피털 또는 엔젤 투자자로부터 투자 유치 방안을 마련한다.

현금 흐름 관리와 비용 통제를 통해 사업이 재정적으로 지속 가능하도록 만든다.

5) 팀 구성과 인적 자원

핵심 요인으로 창업 팀의 역량은 성공적인 창업에 큰 영향을 미친다. 적절한 팀 구성과 핵심 인력 확보가 필수적이다. 창업자가 리더십을 발휘하고, 각 분야의 전문가들을 팀에 영입하여 분업화된 팀을 구성한다. 팀 내에서 효율적인 커뮤니케이션과 협력을 통해 사업을 운영한다. 인재 관리와 직원 동기 부여가 중요하며, 조직이 빠르게 성장할 수 있다.

6) 마케팅 전략

핵심 요인으로 브랜드 마케팅과 고객 확보 전략은 사업의 성공에 결정적인 영향을 미친다. 좋은 제품이나 서비스가 있어도 효과적인 마케팅 없이 시장에서 주목받기 어려울 수 있다. 디지털 마케팅(SEO, 소셜 미디어, 이메일 마케팅 등)을 활용해 타겟 시장에 빠르게 접근한다. 고객의 입소문을 활용하는 추천 마케팅 전략을 마련하고, 고객 충성도를 높일 수 있는 방법을 모색한다.

7) 리스크 관리

창업에는 다양한 리스크가 따르므로, 리스크를 예측하고 관리하는 능력이 성공적인 창업에 필수적이다. 리스크 관리가 잘 되어야 사업이 지속적으로 성장할 수 있다. 비상 계획을 마련하여 예기치 않은 상황에 대응할 수 있도록 준비한다.

사업 환경 변화에 빠르게 적응할 수 있도록 유연한 전략을 가지고 운영한다. 재정적, 법적, 시장적 리스크를 사전에 예측하고 최소화할 방법을 고려한다.

8) 고객 서비스 및 피드백

핵심 요인으로 고객 만족도가 높은 사업은 지속적으로 성장할 가능성이 크다. 고객 서비스가 뛰어나고, 고객의 의견을 반영하여 제품이나 서비스를 개선하는 것이 중요하다.

고객 피드백을 적극적으로 수집하고, 이를 기반으로 제품과 서비스를 지속적으로 개선한다. 고객 지원 시스템을 통해 고객 문제를 신속하고 효과적으로 해결한다. 고객 만족도를 높이는 리워드 시스템이나 충성도 프로그램을 도입하여 반복적인 구매를 유도한다.

9) 네트워킹 및 외부 지원

창업자는 네트워크를 잘 활용해야 사업을 빠르게 성장시킬 수 있다. 투자자, 파트너, 멘토와의 네트워킹은 사업을 성장시키는 중요한 요소이다. 다양한 창업 관련 컨퍼런스나 네트워킹 이벤트에 참여하여 업계 전문가와의 관계를 강화한다.

멘토를 통해 창업의 어려운 순간에 유용한 조언을 얻고, 사업을 성장시키는데 필요한 방향을 찾는다. 사업을 위한 파트너십을 맺고 협력하여 상호 윈-윈을 도모한다.

10) 꾸준한 학습과 성장

창업자는 지속적으로 학습하고 개발해야 한다. 시장의 변화와 새로운 트렌드에 맞춰 빠르게 변화하는 능력이 필요하다. 지속적인 교육과 업계 동향 파악을 통해 창업자가 발전할 수 있도록 한다. 성공적인 창업을 위해서는 창업 아이디어의 혁신성, 시장 분석, 비즈니스 모델, 자금 관리, 마케팅 전략 등 여러 요소가 잘 맞물려야 한다. 사업의 성패는 철저한 준비와 전략적 실행에 달려 있으며, 창업자는 더 많은 기회를 창출하고, 사업을 지속적으로 성장시킬 수 있다. 성공적인 창업자는 이러한 요인들을 고려하여 체계적으로 사업을 구축하고, 지속적으로 개선하는 모습을 보여야 한다.

* 성공적인 창업으로의 요인

(1) 즐거운 아이템을 찾아 창업을 즐겨야 한다

본인의 기질이나 근성, 성향에 맞는 콘셉의 창업을 선도한다.

직업적성검사(職業適性檢査)로 개인이 어떠한 직업에 알맞은 자질이나 능력을 지니고 있는가를 조사하는 검사와 신체검사, 일반 지능 검사, 특수 성능 검사, 성격 검사 등을 포함한다. 나에게 맞는 적성 검사 사이트, MBIT검사, 나에게 맞는 직업 찾기 등의 사이트에서 나의 적성과 자질을 평가하여 관심도와 이해심이 높은 분야의 아이템을 발견하여 창조적인 창업으로 개발하는 것이 그 무엇보다 중요한 포인트이다.

모든 지식을 활용하여 자신의 취미와 적성에 딱 맞는 분야의 업종을 선택하여 사업으로 연결시키는 방법이야말로 성공을 부르는 훌륭한 창업 분야이다.

고도의 친밀성과 감각이 탁월하여야만 차별화 될 수 있다.

본인 스스로가 좋아하는 창업 아이템에서는 스트레스가 낮으며 성공률이 높다.

사업을 즐겨라. 개인의 취미와 관심도가 높은 창업이 성공의 지름길로 인도한다.

(2) 나의 풍부한 경험과 지식을 활용하라

자신만의 풍부한 경험이 결합되어 훌륭한 창업 아이디어가 탄생할 수 있다.

풍부한 경험을 통해 업무처리의 노하우가 능숙할 때에 유통경로, 불편사항, 민원사항의 일들이 발생 시 대처하는 능력이 강점으로 이어진다.

창업자들은 본인이 잘 알고, 잘 할 수 있는 분야에서 새로운 것을 제공할 수 있어야 한다.

경력과 전문지식이 풍부한 분야, 직무능력이 풍부한 형태의 업태를 찾아야만 한다.

자신의 능력 초과는 부실경영의 요인이 될 수 있다.

직접근무 경험, 간접적 경험이 탁월하며 폭 넓은 사고와 체계적인 조사로 꼼꼼히 체크하여야만 한다. 다양한 환경 분야에 있어서 고객의 반응에 신속히 대처하며, 제품 또는 서비스에 충족되지 않은 욕구를 채울 수 있다. 나의 역량과 가족, 친구의 좋은 경험에서도 배우고 익히며 아이디어를 얻고 조언을 구하여 성공으로 이룰 수 있다.

(3) 공급업체, 잠재고객, 유통경로에 대하여 잘 알아야 한다.

생산, 관리, 유통, 판매 경험이 능숙한 창업가야 말로 중요한 핵심 포인트이다.

중요한 공급업체, 잠재고객의 대상은 누구인지, 유통채널에 대해 이미 터득하고 있어야만 실수하지 않는다.

시장조사, 관련된 세미나 참석, 체계적인 조사를 통해 관심을 가지며, 그 분야에 자료와 정보를 수집하고 충분히 연구와 학습을 해야만 한다. 폭 넓은 사고로 사업에 접근하며 틈새 시장을 잘 포착하여 적극적인 기회를 가져야 한다. 자신만의 탁월한 경험과 전문성을 충분히 습득한 후에 실행에 옮겨야만 실패하지 않을 것이라고 본다.

* 성공적인 창업을 위한 요인

창업이 성공적인 경로로 나아가려면 다양한 요소들이 잘 맞물려야 한다. 여기에 대해 몇 가지 주요 요인을 분석해야 한다.

(1) 시장 조사와 기회 포착

시장 분석으로 시장에 대한 철저한 조사는 창업 성공의 첫 번째 단계이다. 수요와 공급을 정확히 파악하고, 경쟁 업체들을 분석하여 어떤 차별화된 제품이나 서비스를 제공할 수 있는지 파악해야 한다.

고객의 니즈 파악: 고객이 실제로 필요로 하는 것이 무엇인지를 파악하고, 그것을 해결할 수 있는 방안을 제시하는 것이 중요하다. 고객 피드백, 설문 조사 등을 활용할 수 있다.

(2) 혁신적이고 차별화된 아이템

독창성: 창업 아이템이 기존의 제품이나 서비스와 어떻게 차별화될 수 있을지 고민해야 한다. 고객의 눈에 띄는 독창적인 아이템이나 서비스가 창업의 성공 가능성을 높인다.

가치 제공: 단순히 새로운 것을 만드는 것이 아니라, 고객에게 실질적인 가치를 제공하는 것이 중요하다. 고객이 문제를 해결할 수 있도록 돕거나, 그들의 삶을 개선하는 방식으로 가치를 제공해야 한다.

(3) 강력한 비즈니스 모델과 전략

수익 모델: 수익을 창출하는 방법을 명확하게 설정해야 한다. 제품 판매, 구독 서비스, 광고 등 다양한 모델을 고려할 수 있으며, 비즈니스가 성장하는 데 맞는 모델을 선택하는 것이 중요하다.

스케일링 전략: 창업 초기에는 작은 규모에서 시작할 수 있지만, 사업이 성장하기 위한 전략도 마련해야 한다. 마케팅 전략, 유통 채널, 파트너십 등을 고려해야 한다.

(4) 팀워크와 인재 관리

강력한 팀 구축: 창업은 혼자서 해결하기 어려운 부분이 많다. 신뢰할 수 있는 팀원을 모으고, 각자의 전문성을 살려 협력하는 것이 성공적인 창업의 중요한 요소이다.

리더십과 문화: 창업자가 팀을 잘 이끌고, 긍정적인 기업 문화를 형성하는 것이 중요하다. 팀원들이 자발적으로 참여하고 성장할 수 있는 환경을 만들어야 한다.

(5) 자금 관리와 재정적 안정

초기 자금 확보: 창업 초기에는 자금이 부족할 수 있기 때문에, 적절한 자금 조달 방법(투자자 유치, 대출 등)을 고려해야 한다.

효율적인 자금 관리: 창업이 성공하려면 자금을 효율적으로 관리하는 것이 필수적이다.

비용 절감, 예산 관리, 수익성 분석 등을 통해 재정적 안정성을 확보해야 한다.

(6) 적응력과 지속적인 학습

시장 변화에 적응: 창업 과정에서 예기치 못한 상황이나 변화가 일어날 수 있다. 이런 상황에서 빠르게 적응하고 변화를 수용하는 능력이 필요하다.

지속적인 개선과 학습: 창업자는 항상 새로운 기술과 트렌드를 학습하고, 비즈니스 모델이나 제품을 개선하려는 노력을 기울여야 한다. 실패에서 배우고, 더 나은 방향으로 나아가는 것이 중요하다.

(7) 마케팅과 브랜드 전략

브랜드 아이덴티티 확립: 강력한 브랜드를 구축하는 것이 장기적으로 중요한 성공 요소이다. 브랜드의 가치, 이미지, 메시지를 명확히 하고, 이를 일관되게 전달하는 것이 중요하다.

디지털 마케팅 활용: 현대의 창업은 디지털 마케팅 없이는 성공하기 어렵다. 소셜 미디어, 검색 엔진 최적화(SEO), 콘텐츠 마케팅 등을 통해 더 넓은 시장에 접근할 수 있다.

(8) 네트워크와 파트너십

업계 네트워킹: 다른 기업가나 전문가들과의 네트워킹을 통해 새로운 아이디어를 얻고, 협력할 기회를 만들 수 있다. 사업 파트너십도 중요한 역할을 한다.

멘토링과 지원: 경험이 풍부한 멘토나 전문가들의 조언을 받을 수 있는 기회를 마련하는 것도 성공적인 창업에 큰 도움이 된다.

(9) 법적 및 윤리적 문제

법적 준수: 창업 시에는 각종 법적 규제와 세무 문제를 신경 써야 한다. 상표권, 저작권, 특허 등을 관리하고, 법적으로 문제가 없도록 사업을 운영해야 한다.

윤리적 경영: 사회적 책임을 다하는 기업 문화를 유지하는 것이 중요하다. 지속 가능한 경영, 공정한 노동 환경, 친환경적 접근 등이 기업 이미지에 긍정적인 영향을 미친다.

이외에도 다양한 요인이 성공적인 창업에 영향을 미칠 수 있지만, 위에서 언급한 요소들은 창업이 성장하는 데 가장 중요한 기반이 될 수 있다. 각 창업자나 사업 모델에 따라 우선순위는 달라질 수 있지만, 전반적인 균형을 맞추는 것이 중요하다.

성공적인 창업을 위한 요인 분석은 매우 중요하다. 그 이유는 창업이 단순히 아이디어 하나로 끝나는 것이 아니라, 여러 복합적인 요소가 맞물려 성공을 이루기 때문이다. 이를 분석하는 과정은 창업자가 비즈니스를 안정적으로 성장시키고 지속 가능한 경쟁력을 확보하는 데 필수적인 전략적 도구이다. 성공적인 창업을 위한 요인 분석의 중요성을 다음과 같이 정리할 수 있다.

(1) 위험 최소화

창업은 본질적으로 불확실성을 동반한다. 시장 변화, 경쟁 환경, 자금 부족 등 다양한 리스크가 존재한다. 요인 분석을 통해 이러한 리스크를 미리 파악하고 대비할 수 있다. 시장의 수요를 정확히 예측하고, 경쟁사와의 차별화를 명확히 함으로써 사업 실패의 위험을 줄일 수 있다.

(2) 효율적인 자원 배분

창업자는 제한된 자원(시간, 돈, 인력)을 효과적으로 사용해야 한다. 요인 분석을 통해 어떤 부분에 더 많은 자원을 투입해야 하는지, 우선순위를 정할 수 있다. 사업 초기부터 효율적인 자원 배분을 할 수 있으며, 리소스를 낭비하지 않고 목표 달성에 집중할 수 있다.

(3) 사업 전략의 명확화

창업자는 시장과 고객의 요구에 맞는 전략을 세워야 한다. 요인 분석을 통해 창업자는 자신이 제공할 제품이나 서비스가 시장에서 어떻게 자리 잡을 수 있는지, 어떤 방식으로 고객을 타겟팅할 것인지를 명확히 할 수 있다. 목표 달성에 필요한 전략을 수립할 수 있다.

(4) 시장 변화에 대한 빠른 적응

시장 환경은 지속적으로 변화한다. 창업 초기에는 예기치 못한 변화가 발생할 수 있으며, 이에 대한 적절한 대응이 중요하다. 요인 분석은 시장 변화에 미리 대비하고, 창업자가 변화에 빠르게 적응할 수 있도록 돕는다. 소비자의 취향 변화나 기술 발전을 예측하고 이에 맞는 제품 개선이나 마케팅 전략을 마련할 수 있다.

(5) 경쟁 우위 확보

창업 시장에는 수많은 경쟁자가 존재한다. 경쟁 우위를 확보하기 위해서는 자신만의 차별화된 요소를 명확히 파악해야 한다. 요인 분석을 통해 경쟁사와의 차별점을 명확히 하고, 시장에서 유리한 위치를 차지할 수 있다. 고객의 문제를 해결하는 혁신적인 방식이나, 뛰어난 고객 서비스를 통해 경쟁자들보다 앞서 나갈 수 있다.

(6) 지속 가능한 성장 기반 마련

성공적인 창업은 단기적인 이익을 넘어서 지속 가능한 성장을 목표로 해야 한다. 요인 분석을 통해 창업자는 자신의 사업이 성장할 수 있는 기반을 마련할 수 있다. 사업 확장 전략, 고객 충성도 확보, 브랜드 구축 등 장기적인 성장을 위한 계획을 수립할 수 있다.

(7) 정확한 자금 계획과 재정 관리

사업 운영에 있어서 자금은 매우 중요한 역할을 한다. 사업 초기에 발생할 수 있는 자금 부족 문제를 해결하려면 철저한 자금 계획과 관리가 필요하다. 요인 분석을 통해 자금 조달 방법과 지출 항목을 명확히 하고, 재정적 어려움을 피할 수 있는 전략을 마련할 수 있다.

(8) 고객 만족도와 신뢰 구축

고객의 만족도와 신뢰는 사업의 지속 가능성을 좌우하는 핵심 요소이다. 요인 분석을 통해 고객의 니즈를 정확히 파악하고, 그에 맞는 제품과 서비스를 제공하는 것이 중요하다. 고객 피드백을 반영하여 제품을 개선하고, 고객과의 관계를 강화하는 전략을 세울 수 있다.

(9) 법적 및 윤리적 문제 예방

창업 시 발생할 수 있는 법적 문제나 윤리적 갈등을 예방하기 위해서도 요인 분석이 필요하다. 상표권, 저작권, 계약 문제 등을 사전에 파악하고 법적인 리스크를 최소화하는 것이 중요하며, 윤리적인 비즈니스 운영을 통해 브랜드 이미지와 신뢰를 구축할 수 있다.

(10) 성과 평가 및 개선의 기회

요인 분석은 창업자가 자신의 성과를 평가하고, 이를 바탕으로 개선할 기회를 제공한다.

성공적인 창업을 위해서는 지속적인 성과 평가와 피드백이 필요하며, 이를 통해 더 나은 방향으로 나아갈 수 있다. 정기적으로 사업 진행 상황을 점검하고, 목표 달성도를 평가하는 것이 중요하다.

성공적인 창업을 위한 요인 분석은 창업자가 전략적 결정을 내리는 데 필요한 중요한 도구이다. 시장 조사, 경쟁 분석, 자원 배분, 고객 니즈 파악 등을 통해 창업자는 사업의 방향성을 명확히 할 수 있고, 위험을 최소화하며 효율적으로 성장할 수 있다. 창업자가 이 과정에서 중요한 요인들을 잘 분석하고 활용하면, 장기적으로 성공을 이룰 가능성이 높아진다.

5. 성공한 창업의 특성

성공한 창업은 다양한 특성들이 잘 결합되어 이루어진 결과물이다. 각 창업이 다르지만, 성공적인 창업에는 공통된 특성이 존재한다. 이러한 특성들은 창업자가 사업을 잘 이끌어 나가고, 지속적으로 성장할 수 있도록 돕는 중요한 요소들이다. 성공한 창업의 특성을 아래와 같이 정리할 수 있다.

1) 명확한 비전과 목표 설정

성공적인 창업은 창업자가 명확한 비전과 목표를 가지고 사업을 이끌어 나가는 경우가 많다. 비전은 사업의 방향성을 제시하고, 목표는 그 비전을 실현하기 위한 구체적인 기준을 마련해준다. “시장에서 혁신적인 기술로 소비자 문제를 해결하는 회사가 된다”라는 명확한 목표와 비전이 성공적인 창업을 뒷받침할 것이다.

2) 차별화된 제품 및 서비스

성공적인 창업은 시장에서의 차별성을 중요시한다. 독창적이고 경쟁력 있는 제품이나 서비스를 제공하여 고객의 문제를 해결하고, 경쟁자와 구별될 수 있어야 한다.

사례: 테슬라는 전기차 분야에서 혁신적인 기술과 디자인을 통해 다른 자동차 제조업체와 차별화된 위치를 차지하게 되었다.

3) 고객 중심의 접근

성공한 창업은 고객의 니즈를 중심에 두고 비즈니스를 운영한다. 고객의 문제를 해결하고, 가치를 제공하는 것이 핵심이다. 이를 위해 고객의 피드백을 적극적으로 반영하고, 그들의 기대를 초과하는 서비스를 제공한다.

사례: 아마존은 고객 중심의 서비스를 강조하며, 고객의 편의와 만족도를 우선시하는 비즈니스 모델로 성장했다.

4) 효율적인 자금 관리와 투자

자금 관리는 창업에서 중요한 요소 중 하나이다. 성공적인 창업은 자금 관리에 철저하고, 투자자와의 관계를 잘 유지한다. 초기 자금을 효율적으로 활용하고, 자금 부족을 예방할 수 있는 전략을 세운다.

5) 혁신적인 사고와 지속적인 개선

성공적인 창업은 혁신적인 사고를 바탕으로 계속해서 변화를 추구하고, 기존 방식을 뛰어넘는 방법을 찾는다. 기술이나 서비스 개선을 지속적으로 시도하며, 사업이 성장하는 과정을 끊임없이 혁신한다.

사례: 애플은 디자인과 기술 혁신을 통해 기존 시장의 경계를 넘어서며 성공을 거두었다.

6) 강력한 네트워크와 파트너십

창업자는 다양한 인맥과 네트워크를 통해 자원, 정보, 기회를 확보할 수 있다. 성공적인 창업은 사업의 성장을 돕는 강력한 파트너와의 관계를 구축하고 이를 활용하는 데 능숙하다.

사례: 구글은 대학 연구팀과의 파트너십을 통해 초기 기술 개발을 이어가며, 이후 글로벌 기업으로 성장할 수 있었다.

7) 적응력과 유연성

시장과 환경은 빠르게 변화한다. 성공적인 창업은 예상치 못한 도전과 변화에 유연하게 적응할 수 있는 능력을 가지고 있다. 빠르게 사업 모델이나 전략을 조정하여 위기를 기회로 바꾼다.

사례: 넷플릭스는 DVD 대여 서비스에서 스트리밍 서비스로 전환하면서 산업의 변화를 선도하며 성공적인 창업을 이뤘다.

8) 탄탄한 팀워크와 리더십

성공적인 창업은 훌륭한 팀을 구성하고, 효과적으로 팀을 이끌어 나가는 능력을 갖추고 있다. 리더는 팀원들에게 비전을 공유하고, 각자의 역할을 명확히 하여 전체적인 협력 체계를 구축한다.

사례: 스타벅스는 강력한 리더십과 기업 문화를 통해 직원들의 몰입을 이끌어내어 성공적인 창업을 이뤘다.

9) 시장과 경쟁 분석 능력

창업자가 시장과 경쟁 상황을 분석하고, 이에 따라 적절한 전략을 세울 수 있는 능력이 중요하다. 경쟁자와의 차별화, 시장의 수요와 공급을 예측하는 능력은 창업이 성공할 수 있는 중요한 요소이다.

사례: 우버는 택시 산업에 대한 시장 분석을 통해 기존의 비효율적인 시스템을 개선하고 새로운 모델을 도입하여 성공을 거두었다.

10) 지속 가능한 경영과 사회적 책임

최근에는 기업의 사회적 책임과 지속 가능한 경영이 점점 더 중요해지고 있다. 성공적인 창업은 환경, 사회, 경제적인 측면에서 지속 가능한 방식으로 사업을 운영하며, 사회적 책임을 다하는 경영을 실천한다.

사례: 파타고니아는 환경 보호를 중심으로 한 브랜드 철학을 통해 소비자에게 신뢰를 얻고 지속적인 성장을 이어왔다.

11) 성과 평가와 피드백 반영

성공적인 창업은 사업의 성과를 주기적으로 평가하고, 이를 바탕으로 개선점을 찾는다.

고객의 피드백이나 내부적인 데이터 분석을 통해 사업을 지속적으로 개선해 나가는 것이 중요하다. 사용자의 피드백을 적극적으로 반영하여 서비스 기능을 개선하고, 직장 내 협업 툴로 성공적으로 자리 잡을 수 있었다.

성공한 창업은 단지 좋은 아이디어에서 출발하는 것이 아니라, 다양한 요소들이 잘 결합된 결과이다. 명확한 비전, 차별화된 제품, 고객 중심의 접근, 지속적인 혁신, 강력한 팀워크, 그리고 유연한 적응력 등이 성공적인 창업을 이끄는 중요한 특성들이다. 창업자가 이러한 특성들을 잘 갖추고, 전략적으로 운영한다면 장기적인 성공을 이룰 수 있다.

2장 CASE STUDY

트렌비(Trenbe): "명품 소비의 새로운 흐름을 잡다"

Chapter 02. 창업 트렌드 분석 - 2025 소비 트렌드와 창업 전략

1. 소비자 트렌드 변화: '명품은 더 이상 사치가 아니다'

- MZ세대의 가치소비 트렌드: 플렉스 소비 · 보복 소비 등 자신을 위한 '경험 중심 소비' 증가
- 명품 구매의 대중화: 예전에는 백화점 VIP층 대상
  → 요즘은 20~30대도 중고거래 · 병행수입 활용
- 모바일 쇼핑 익숙함 + 리셀 플랫폼 인기: 번개장터, 크림 등으로 '중고'에 대한 거부감도 낮아짐
  ▸ 소비자는 "신뢰할 수 있는 가격+정품 인증"을 원함
  → 신뢰 중심의 럭셔리 커머스 시장 등장

2. 창업 아이디어 도출

트렌비는 '해외 명품을 보다 싸게 사고 싶다'는 소비자 니즈에 주목

- 기존 병행 수입 플랫폼은 사용자 경험이 부족하고, 가격은 들쭉날쭉
- "전 세계 명품 사이트를 비교해주는 가격비교 + 중개 플랫폼이 있다면?"
- 핵심 가치: 명품 구매의 정보 비대칭 해소 + 편의성 향상
  ▸ 가격 트래킹 + 정품 보증 + 쉽고 빠른 결제까지 연결

3. 비즈니스 모델 구상

- 크롤링 기술 기반 명품 가격 비교(전 세계 80개 명품 사이트 실시간 정보 수집)
- 구매대행 모델: 소비자는 트렌비에서 직접 결제
  → 트렌비가 해외몰에서 대신 구매 후 배송
- 정품 감정 + 보상제도: 소비자 신뢰 확보
- 데이터 기반 개인화 추천: 고객의 검색·선호 기록 기반 상품 추천 시스템 구축
  ▸ 고객의 '시간·정보·품질' 리스크를 모두 줄여주는 플랫폼 설계

4. 시장 반응 및 성장

- 2017년 창업 → 2021년 누적 거래액 1,500억 원 돌파
- 2023년 기준 MZ세대 여성 고객층 중심으로 폭발적 성장
- 시리즈 A/B 투자 유치 성공, 브랜드 앰버서더 활용(예: 한소희 마케팅 캠페인)
  ▸ 소비자 '가성비 + 안심소비' 심리를 정조준한 명품 버티컬 커머스의 선두주자

5. 창업 시사점 및 학습 포인트

- 소비 트렌드 분석: 명품의 대중화 + 가치소비 확산 + 리셀/구매대행 수요 증가
- 아이디어 도출: "가격 비교 + 정품 보장" 기반 명품 큐레이션 플랫폼
- 차별화 요소: 전 세계 가격 실시간 수집 + 감정 시스템 + 간편결제
- 성장 전략: 데이터 기반 맞춤형 큐레이션 → 고객 확인 강화
- 브랜드 전략: 감성 마케팅 + 광고모델 + 정품신뢰 브랜딩

토의 질문

1. ‘트렌비’는 어떤 소비 트렌드에서 사업 기회를 발견했는가?

2. 기존 명품 소비 방식과 트렌비의 방식은 무엇이 다른가?

3. 이와 유사한 방식으로 다른 업종에도 응용할 수 있을까?

Work Sheet - 01

학번: ______________________

이름: ______________________

Chapter 02 창업 트렌드(start-up trend) 분석

1. 창업 트렌드 분석

2. 소비 트렌드 분석

3. 나만의 창업 전략

Work Sheet - 02

학번: ______________________

이름: ______________________

성공한 창업의 특성을 체크한다(O, X).

1) 명확한 비전과 목표가 설정되어 있다.

2) 높은 사업의 몰입도가 있다.

3) 확실한 결단력이 있다.

4) 나는 인내심을 가지고 있다.

5) 강한 성취욕구와 성장욕구가 있다.

6) 기회 및 목표지향적인 성향이다.

7) 나는 주도적이다.

8) 강한 책임감이 있다.

9) 끈질긴 문제해결 능력이 있다.

10) 긍정적인 현실주의적 마인드이다.

11) 지위나 권력에 대한 강한 욕구가 많지 않다.

12) 정직과 신뢰도가 높다.

13) 신속한 실천력이 있다.

14) 실패에 대해 두렵지 않다.

15) 혁신적인 사고력이 있다.

16) 강력한 네트워크와 파트너십이 있다.

17) 적응력과 유연성이 있다

18) 성공한 경쟁사를 분석한다.

CHAPTER 3

시장 환경 분석 및 사업 환경 분석

학습목표

1. 창업 시장 환경 분석
2. 창업 사업 환경 분석
   - **Work Sheet 작성**

CHAPTER 03
시장 환경 분석 및 사업 환경 분석

1. 창업 시장 환경 분석

창업 시장 환경 분석은 창업자가 사업을 시작하기 전에 시장의 동향, 경쟁 상황, 소비자 요구 등을 파악하여 사업 전략을 세우는 중요한 과정이다.

창업 시장 환경 분석의 목적으로 첫째, 창업 아이템의 성공 가능성 평가하고 둘째, 목표 시장의 기회와 위협을 파악하고 셋째, 경쟁 우위를 확보할 수 있는 차별화 전략을 수립한다.

창업 시장 환경 분석의 주요 요소

1. 거시 환경 분석(PEST)
   - 정치(Political): 정부 정책, 창업 지원 제도 등
   - 경제(Economic): 경기 동향, 소비자 구매력
   - 사회(Social): 소비자 트렌드, 라이프 스타일 변화
   - 기술(Technological): 기술 발전 속도, IT 인프라
2. 산업 환경 분석(5 Forces)
   - 산업 내 경쟁 강도
   - 잠재적 진입자 위협
   - 대체재의 위협
   - 구매자의 교섭력
   - 공급자의 교섭력
3. 고객 분석
   - 타깃 고객의 특성, 니즈, 구매행동
   - 시장 세분화, 페르소나 설정

4. 경쟁자 분석
   - 주요 경쟁자 현황
   - 경쟁사의 강점과 약점
   - 차별화 전략 도출
5. 자사 분석(SWOT)
   - 강점(Strengths), 약점(Weaknesses)
   - 기회(Opportunities), 위협(Threats)

창업 시장 환경 분석은 주로 외부 환경 분석과 내부 환경 분석을 포함하며, 다음과 같은 주요 요소를 고려할 수 있다.

(1) 시장 트렌드

기술 혁신으로 최신 기술이 창업 시장에 미치는 영향을 파악한다. 사례로 인공지능(AI), 블록체인, 사물인터넷(IoT), 전자상거래 등과 같은 혁신적인 기술이 특정 산업에 어떻게 영향을 미치고 있는지 분석한다.

소비자 변화는 고객의 소비 패턴과 요구가 어떻게 변화하고 있는지 파악한다. 사례로 지속 가능한 소비나 맞춤형 제품에 대한 수요가 증가하고 있는 추세이다.

사회적 변화로 환경 보호, 사회적 책임, 윤리적 소비 등 사회적인 트렌드가 창업 시장에 미치는 영향도 중요하다.

(2) 소비자 분석

타겟 시장의 제품이나 서비스를 대상으로 할 표적고객을 정의하고, 그들의 특성인 연령, 성별, 직업, 라이프 스타일 등을 분석한다. 소비자 니즈로 현재 무엇을 필요로 하고 있는지, 어떤 불편함을 겪고 있는지 파악한다.

구매 행동은 소비자들이 제품이나 서비스를 구매할 때 어떤 기준을 가지고 있는지 가격, 품질, 브랜드 등을 분석한다.

(3) 시장 진입 장벽

창업자가 시장에 진입하는 데 필요한 자본, 기술력, 인프라 등의 장벽을 분석한다. 사례로, 대기업의 시장 지배력이나 높은 초기 투자비용 등이 있을 수 있다. 이러한 요소들을 종합적으로 분석하여 창업 시장 환경을 평가하고, 창업자가 성공적으로 사업을 시작할 수 있는 전략을 수립하는 것이 중요하다.

고객을 알고 이해하는 것은 사업에 필수적인 성공사례이다.

대상, 장소, 욕구, 행동, 구매능력 등을 적극적으로 파악하여야만 한다. 특히, 목표고객이 얼마나 많이 존재하는가가 가장 중요한 핵심이다. 기업이 재화나 용역에 관련되는 자료를 통계적으로 수집·기록·분석하는 것이다. 시장에 대하여 조사하는 내용에 가설을 세우고 설문지, 직접 인터뷰, 전화 조사를 통해 설정한 가설을 검증하는 방법이다. 현지 경영 시장에서 기업의 상품 또는 서비스의 생산, 유통, 수요에 대한 자료를 수집하거나 기록하여 분석하는 일을 시장 상황 분석이라고 한다.

시장조사(市場調査)는 상품이나 서비스가 어떻게 구입되며 사용되는가, 또 어떤 평가를 받는지를 조사하는 것이 '시장조사'(market research)라 한다. 첫째, 구입사용 실태조사는 시장조사 중에 기본적인 조사이다. 둘째, 판매계획조사는 구체적으로 어떤 판매계획을 세웠을 때 매출이 최대가 되고, 또 이윤이 최대가 될 수 있는지 소비자의 조사가 중요하다. 셋째, 제품계획조사로는 신제품의 개발이나 기존 제품을 위한 소비자가 적극적으로 구입하여 사용하는 제품의 차이점의 실태가 도시와 시골, 또 지역이나 계절에 따라, 개인의 사회적 환경, 이슈에 따라 성별, 연령, 학력, 직업 등에 의해 어떻게 변화하는지의 기초조사에 의해서 밝혀지는 것이며 제품계획을 위한 기본적 자료로 활용된다. 특히 제품 테스트를 하는 것이다. 넷째, 수요예측조사로는 섬세하고 정교한 조사가 계획됨으로써 표본수가 많아진다는 점, 조사결과의 분석처리에 고도의 통계적 방법이 적용된다는 것이 특징이다. 경제적 지표와 상품에 대한 태도, 이미지, 평가는 심리적 요인이나 계급, 계층, 집단규범의 역할이며 정확도, 정밀도를 높이는, 여론조사나 시장조사를 수요 예측에 도입하여 자료화한다.

시장조사의 방법으로는, 특정 상품의 기능, 판매, 유통, 소비자의 수준, 판매될 수량 등을 파악하여 판매 상황의 요인을 분석하고 조사하여 파악한다. 경제적인 요인, 정책적인 요인과 사회적인 요인을 분석하여, 시장의 동향과 추세를 연구하여 핵심을 산출한다.

세분 시장별 시장 매력도 평가 사항으로 첫째, 시장 규모와 성장성을 보면, 시장의 규모는 시장 잠재력, 현재 시장의 침투 정도를 파악하며, 시장의 성장성은 시장 성장 추정치, 시장의 포화도를 평가한다. 둘째, 시장의 구조적 요소로의 경쟁은 진입장벽, 경쟁자들의 지위 및 보복전략, 특허, 가능성이며, 환경적 요소로는 경제적, 정치적, 기술적 변화의 평가요소이며 셋째, 상품과 시장의 적합성으로는 자사의 강점 및 이미지와 일관성 여부이며, 관계로서는 자사의 기존 상품과 시너지, 이미지 충돌 여부, 장식 효과 등, 수익성으로서는 진입비용, 이익수준, 투자 수익률 등의 시장의 매력도를 중점적으로 평가한다.

시장 분석으로, 거시 환경 분석으로는 경제적, 정치 법률적, 기술적, 사회문화적 분석과, 시장 분석의 인구 통계학적, 경쟁사, 트렌드이며, 표적 시장 분석으로는 고객 세분화, 고객 프로필로, 경쟁사 분석 및 경쟁우위 전략이다. 유통채널로는 대안, 리스크, 혜택 등의, 초기 시장 진입 전략 및 지속 가능성 분석의 시장 분석이 핵심이다.

* 시장 분석 항목

(1) 시장의 성격은 어떠한가?

시장 활동: 빈번한 시장인가? 전통적 정적 시장인가?

시장 수요: 안정적? 주기적? 계절적?

(2) 주요 경쟁자가 얼마나 있는가?

(3) 시장의 경쟁력: 다수의 참여자로 분산? 소수에게 집중?

(4) 시장에 중요한 가격 제약조건이 있는가?

(5) 경쟁자들은 공격적 인가? 수동적 인가?

(6) 유사한 기술의 개발활동을 진행 중인 사람들이 있는가?

- 경쟁적인 연구, 개발노력이 존재하는가?
- 기술을 복제하기가 얼마나 용이한가?
- 다른 경쟁사 팀의 연구는 어느 단계인가?

(7) 해당 기술은 단일 품목을 위한 것인가?

(8) 진입 장벽은 얼마나 큰가?

(9) 사업목적을 달성하려면 시장점유율은 얼마나 되어야 하는가?

(10) 소비자는 신속하게 인지하고 반응을 보일 것인가?

* 시장 수요 영향 요인

- 제품 요인: 기능, 성능, 가격, 용도, 규격, 상표, 디자인, 이미지 등
- 공급 요인: 생산량, 공급량, 공급지역, 경로, 등
- 정보 요인: 광고, 홍보, 인적 매체 등
- 경쟁 요인: 경쟁제품, 대체품의 유무, 보급상황
- 소비자 요인: 수요자의 소득, 구매패턴, 연령, 직업, 라이프 스타일 등
- 기타 요인: 사회, 문화, 기술, 법, 제도, 경제 등

고객 시장 분석은 대상, 장소, 욕구, 행동, 구매능력 등 얼마나 많이 존재하는가를 사전에 시장조사를 하는 항목을 살펴보자. 목표시장의 총 매출과 이익, 기업의 수와 선두기업들 목표시장과 관련된 트렌드, 계절적 특성, 경제적 주기의 시장분석을 밀도 있게 분석하자.

미래 성장률을 중심으로 전망과 예측, 중요한 공급업체, 관련협회, 출판물 등의 기술적, 사회적, 유통경로상의 영향 요인도 정확히 추정해본다.

목표고객 시장 조사현황(제품이나 서비스)으로는 지난 수년간의 성장률, 기업의 수, 선두 기업들, 총 종사자 수, 기업별 시장 점유율, 잠재고객의 특성을 이해하고 구매하는 항목과 이유, 장소, 목표시장의 트렌드, 고객의 행동, 선호도, 기호, 형태 등을 조사한다.

목표 시장의 환경적 요인으로는 인구 통계적 환경, 경제적 환경, 자연적 환경의 변화, 기술적 환경, 정치적, 법률적 환경, 사회 및 문화적 환경, 경쟁 환경, 글로벌 환경 등을 아래에서 자세히 살펴보자.

1) 인구 통계적 환경

인구 통계적 환경은 일반적으로 특정 지역이나 국가의 인구 구조와 관련된 요소들을 의미한다. 보통 인구의 연령, 성별, 교육 수준, 직업, 가족 구성, 출

생률, 사망률, 이주 패턴 등 다양한 요소를 포함한다. 인구 통계적 환경은 경제, 사회, 문화적인 변화를 이해하고 예측하는 데 중요한 역할을 한다. 연령 분포로 어떤 나라나 지역의 인구가 어린이, 청소년, 중년, 노년층 등으로 어떻게 나뉘는지, 남성과 여성의 비율, 출생률 및 사망률로 얼마나 많은 사람들이 태어나고 얼마나 많은 사람들이 사망하는지, 사람들이 다른 지역이나 국가로 이동하는 경향인지, 핵가족, 다세대 가족 등 가족 구성의 형태들은 정부 정책, 경제 계획, 시장 조사 등에서 중요한 데이터로 활용된다. 또한, 고령화 사회에서는 노인 복지와 건강관리 시스템이 중요해지고, 출생률이 낮다면 인구 증가를 위한 정책이 필요할 수 있다. 인구 통계학적 변화를 이해하는 것은 기업이나 정부가 미래의 필요를 예측하고 적절한 전략을 세우는 데 많은 도움이 된다.

세계와 한국의 인구규모

- 세계 인구는 2024년 81억 6천만 명에서 2072년 102억 2천만 명으로 증가
- 한국 인구는 2024년 5천 2백만 명에서 2072년 3천 6백만 명으로 감소

세계와 한국의 인구구조

- 세계 인구 중 고령인구 구성비는 2024년 10.2%에서 2072년 20.3%로 증가
- 한국 인구 중 고령인구 구성비는 2024년 19.2%에서 2072년 47.7%로 증가

세계와 한국의 인구변동 요인

- 2023년 한국의 합계출산율(0.72명)은 세계 합계출산율(2.25명)보다 1.53명 낮은 수준
- 2022년 한국의 기대수명(82.7세)은 세계 기대수명(72.6세)보다 10.1세 높은 수준

출처: https://kostat.go.kr/통계청

2070년 세계와 한국의 인구현황 및 전망을 통계청 자료를 살펴보면, 한국은 젊은층의 인구가 점점 감소하며 노년층의 인구는 점점 증가하는 추세이다.

한국의 인구 구조모형이 피라미드 구조 모양에서, 항아리 구조 모양으로, 현재는 버섯 구조 모양으로 전환되었다.

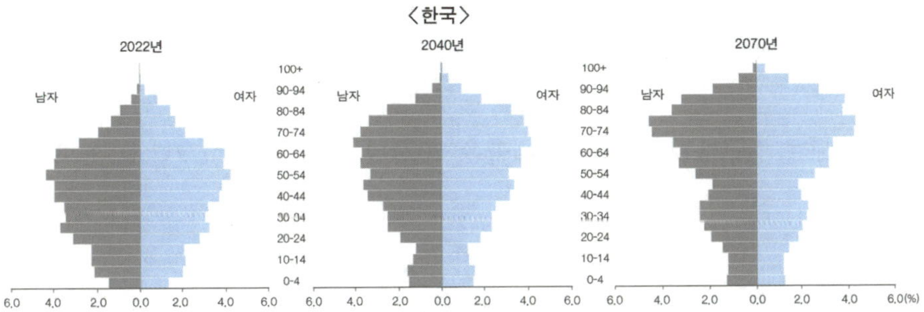

출처: 통계청 한국의 인구 피라미드

세계 인구는 2024년 81억 6천만 명에서 2072년 102억 2천만 명으로 증가
한국 인구는 2024년 5천 2백만 명에서 2072년 3천 6백만 명으로 감소

2024년 세계 인구는 81억 6천만 명으로 추정되며, 이후 계속 증가하여 2072년에는 102억 2천만 명에 이를 것으로 전망됨.

2024년과 2072년의 대륙별 인구 전망

- 아프리카 인구는 2024년 15억 2천만 명(18.6%)에서 2072년 32억 1천만 명(31.4%)으로 2024년 대비 2.1배 수준으로 증가할 것으로 전망됨
- 아시아 인구는 2024년 48억 1천만 명(58.9%)에서 2072년 51억 5천만 명(50.4%)으로 2024년 대비 1.1배 수준으로 증가할 것으로 전망됨
- 유럽 인구는 2024년 7억 5천만 명(9.1%)에서 2072년 6억 4천만 명(6.3%)으로 2024년 대비 0.9배 수준으로 감소할 것으로 전망됨
- 라틴아메리카 인구는 2024년 6억 6천만 명(8.1%)에서 2072년 7억 1천만 명(6.9%)으로 2024년 대비 1.1배 수준으로 증가할 것으로 전망됨
- 북아메리카 인구는 2024년 3억 9천만 명(4.7%)에서 2072년 4억 5천만 명(4.4%)으로 2024년 대비 1.2배 수준으로 증가할 것으로 전망됨
- 오세아니아 인구는 2024년 4천 6백만 명(0.6%)에서 2072년 6천 5백만

명(0.6%)으로 2024년 대비 1.4배 수준으로 증가할 것으로 전망됨

한국 인구

2024년 5천 2백만 명에서 지속적으로 감소하여
2072년에는 3천 6백만 명에 이를 것으로 전망됨

- 세계 인구에서 차지하는 비율은 2024년 0.6%에서 2072년 0.4%로 감소

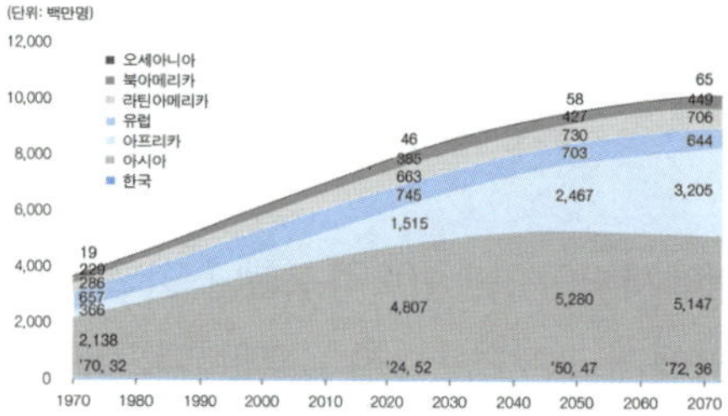

대륙별 인구규모

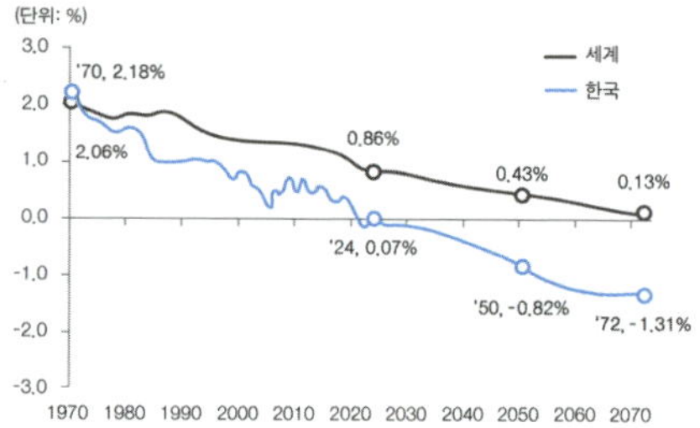

세계와 한국의 인구성장률 추이

세계 인구 중 고령인구 구성비는 2024년 10.2%에서 2072년 20.3%로 증가
한국 인구 중 2024년 인구규모가 큰 국가는 인도(14억 5천만 명), 중국(14억 2천만 명)
2024년 한국 인구는 29위, 북한 인구는 56위, 남북한 인구는 20위 고령인구 구성비는 2024년 19.2%에서 2072년 47.7%로 증가

- 2024~2072년 기간 중 세계와 한국의 유소년인구 구성비는 각각 6.5%p, 4.0%p 감소하고, 생산연령 인구는 각각 3.6%p, 24.4%p 감소할 것으로 전망됨
  - 반면, 고령인구 구성비는 각각 10.1%p, 28.5%p 증가할 것으로 전망됨

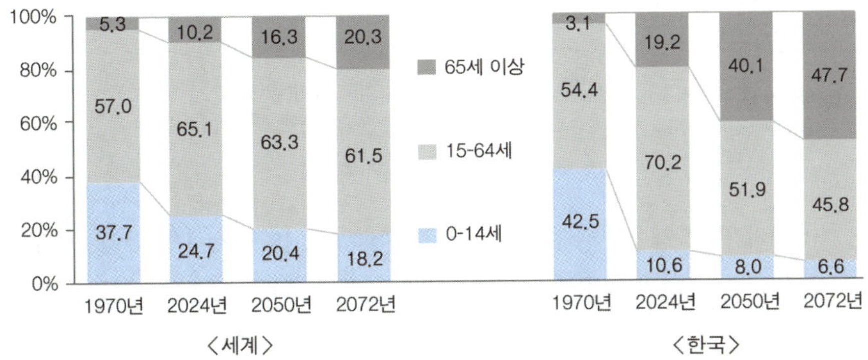

세계와 한국의 인구구조

- 한국의 유소년인구 구성비는 2024년 10.6%로 1970년(42.5%) 대비 31.9%p 감소하였으며, 2072년에는 6.6% 수준으로 낮아질 것으로 전망됨
- 한국의 생산연령인구 구성비는 1970년 54.4%에서 2012년(73.4%)을 정점으로 감소하여 2024년 70.2%, 2050년 51.9%, 2072년에는 45.8% 수준으로 낮아질 것으로 전망됨
- 한국의 고령인구 구성비는 2024년 19.2%로 1970년(3.1%) 대비 6배 수준으로 증가하였으며, 2072년에는 47.7% 수준으로 높아질 것으로 전망됨

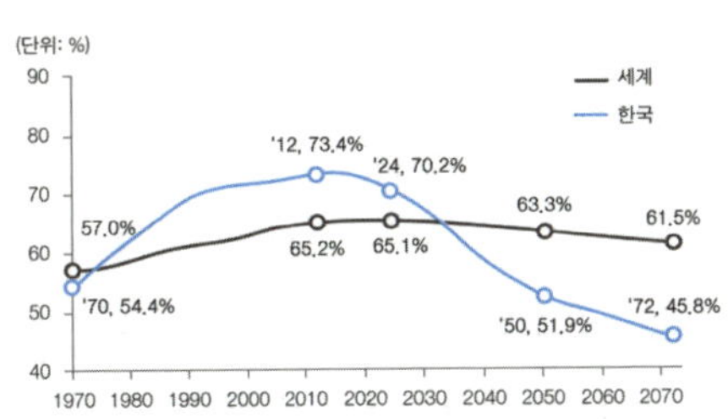

세계와 한국의 생산연령인구 구성비 추이

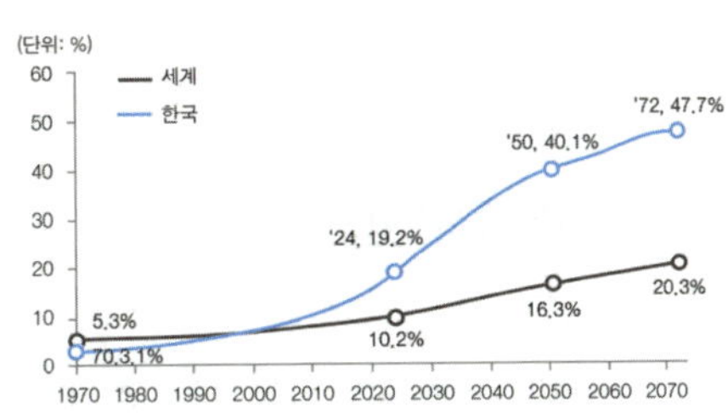

세계와 한국의 고령인구 구성비 추이

2023년 한국의 합계출산율(0.72명)은 세계 합계출산율(2.25명)보다 1.53명 낮은 수준

2022년 한국의 기대수명(82.7세)은 세계 기대수명(72.6세)보다 10.1세 높은 수준

- 세계의 합계출산율은 2023년 2.25명으로 1970년 4.83명에 비해 2.57명 감소한 수준임
  - 한국의 합계출산율은 2023년 0.72명으로 1970년 4.53명에 비해 3.81명 감소한 수준임
- 세계의 기대수명은 2022년 72.6세로 1970년 56.3세에 비해 16.4세 증가함
  - 한국의 기대수명은 2022년 82.7세로 1970년 62.3세에 비해 20.5세 증가함

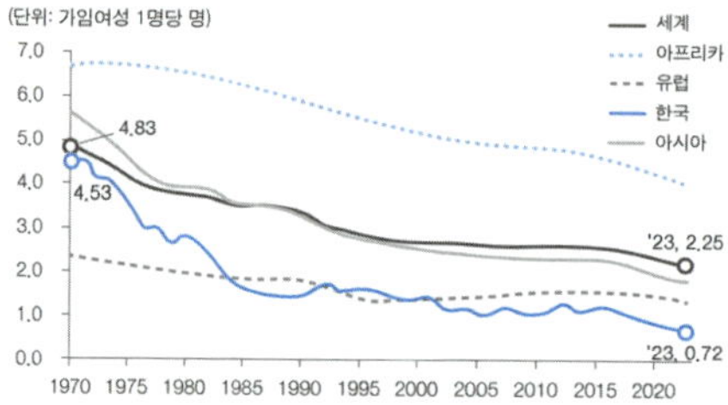

세계와 한국의 합계출산율 추이

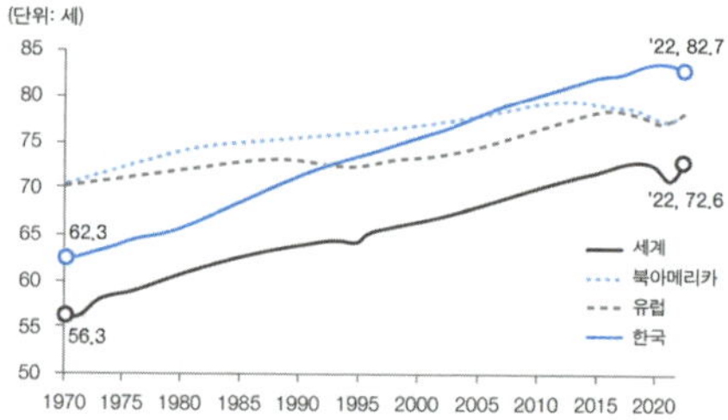

세계와 한국의 기대수명 추이

출처: 통계청 자료

2) 경제적 환경

경제적 환경은 특정 지역이나 국가의 경제적 상황과 관련된 요소들을 의미한다.

경제 성장, 실업률, 인플레이션, 소득 수준, 재정 정책, 산업 구조, 금융 시스템 등 다양한 경제적 요소를 포함한다.

경제적 환경은 기업의 경영 전략, 정부의 정책, 개인의 소비 및 투자 결정 등에 큰 영향을 미친다. 경제적 환경을 이해하는 데 중요한 요소들은 다음과 같다.

- 경제 성장률: 경제가 얼마나 성장하고 있는지, 즉 GDP(국내총생산)의 증가율을 의미한다. 경제가 성장하고 있다면 소비와 투자가 증가할 가능성이 높고, 반대로 경제 성장률이 낮거나 마이너스일 경우 경제 위기가 있을 수 있다.
- 실업률: 노동 시장에서 일자리를 구하지 못한 사람들의 비율이다. 실업률이 높으면 소비자들의 구매력이 감소하고, 경제 성장에 부정적인 영향을 미칠 수 있다.
- 인플레이션율: 물가 상승률을 나타내며, 경제 전반의 물가가 얼마나 오르고 있는지를 보여준다. 지나치게 높은 인플레이션은 구매력을 감소시키고, 반대로 디플레이션(물가 하락)은 경제 침체를 의미할 수 있다.
- 소득 분배: 사회 내에서 소득이 어떻게 분배되는지를 의미한다. 소득 불평등이 심화되면 사회적 갈등이 발생할 수 있으며, 정부의 재정 정책이나 사회 안전망의 중요성이 강조될 수 있다.
- 금융 시스템: 은행과 금융 시장의 안정성, 대출 금리, 자본의 흐름 등 금융 시장이 어떻게 운영되고 있는지에 대한 부분이다. 안정적인 금융 시스템은 경제 성장에 중요한 역할을 한다.
- 정부 정책: 정부의 재정 정책(세금, 지출)과 통화 정책(금리, 통화 공급량)이 경제에 미치는 영향을 포함한다. 정부가 경제 성장을 촉진하기 위해 세금을 낮추거나, 중앙은행이 금리를 낮추는 등의 정책을 취할 수 있다.
- 산업 구조: 어떤 산업이 경제에서 중요한 역할을 하는지, 예를 들어 제조업, 서비스업, 농업 등의 비중이 어떻게 되는지에 대한 정보이다. 산업 구조가 변화하면 경제의 성장 패턴도 달라질 수 있다.

경제적 환경은 기업이 시장에 진입하거나 전략을 수립할 때 중요한 역할을 한다.

경제가 침체기에 있을 때는 소비자들의 구매력이 감소하여 기업이 가격을 낮추거나 비용을 절감하는 전략을 취할 수 있다. 반대로 경제 성장기에는 더 많은 투자와 고용 창출이 이루어질 수 있다.

경제적 환경은 소비자의 소득수준, 저축수준, 채무 등을 알아야 소비자의 지출패턴을 확인할 수 있다. 경제 활동과 관련된 사회적 모든 환경, 경제 체제, 산업 구조, 정부 재정, 금융 정책, 경기의 흐름, 시장 구조, 소비자 성향, 등의 환경을 뜻한다. 소득의 변화로 GNP 수준은 증가하였으나 실질소득은 감소되었다. 그로 인해 소비자의 지출패턴의 변화 추이를 살펴보면 점포별 브랜드, 자사브랜드, 노브랜드의 인기가 상승되고 있다. 살펴보면 소득 증가에 따라 엥겔의 법칙(Engel's law), 식료품은 필수품으로서 소득의 높고 낮음에 관계없이 반드시 얼마만큼은 소비하여야 하며, 어느 수준 이상은 소비할 필요가 없는 재화이며, 식료품비가 가계의 총 지출액에서 차지하는 비율, 즉 엥겔계수는 소득수준이 높아짐에 따라 점차 감소한다. 반면 주거비용, 의복, 교통비, 오락, 취미, 건강에 관련된 헬스케어, 웰빙제품들은 증대된다. 경제 현상은 경제 순환주기에 따라서 순환한다.

호황기(번영기)는 높은 수준, 고용과 소득의 증가로, 후퇴기(불황기)는 저조한 수요, 고용 및 소득의 감소로, 회복기로 생산증대, 실업율 감소, 소득증대로 경제는 순환한다. 경제적 환경으로, 경제성장률, 이자율, 저축률, 물가상승률, 실업률, 환율 등 경제적 환경은 순환되며 변화한다.

3) 자연적 환경의 변화

자연적 환경의 변화는 자연적인 요인에 의해 발생하는 환경의 변화 과정을 의미한다.

기후 변화, 지질학적 변화, 생태계 변화 등 다양한 요소를 포함하며, 인간 활동 외에도 자연적인 원인으로 발생할 수 있다. 자연적 환경의 변화는 지구상의 생명체와 인간 활동에 큰 영향을 미치며, 자연 환경의 변화를 이해하는 것은 지속 가능한 발전과 자연 보호를 위한 중요한 기준이 된다.

자연적 환경의 변화에는 여러 가지가 있으며, 주요한 변화는 다음과 같다.

(1) 기후 변화

기후 변화는 지구의 평균 기온이나 강수량 패턴, 날씨 변화 등이 장기적으로 변하는 현상이다. 자연적 원인으로는 화산 활동, 태양의 변화 등이 있지만, 최근에는 인간 활동이 주된 원인으로 지목되고 있다. 기후 변화는 온도 상승, 해수면 상승, 극단적인 날씨 현상(폭염, 홍수, 가뭄 등)의 빈도 증가를 초래할 수 있다.

(2) 지질학적 변화

지질학적 변화는 지구의 지각이 시간이 흐르면서 일어나는 변화이다.

지진, 화산 활동, 대륙 이동, 산맥 형성 등이 포함된다. 이러한 변화는 수백만 년에 걸쳐 일어날 수 있으며, 지구의 지형과 생태계를 형성하는 중요한 요소로 작용한다.

(3) 생태계 변화

생태계는 다양한 생물들이 상호작용하는 자연 환경을 의미한다.

자연적인 원인으로 생태계가 변화하는 경우는 다음과 같다.

- 자연재해: 산불, 태풍, 홍수 등의 자연재해가 발생하면 생태계가 빠르게 변화할 수 있다. 화재 후 새로운 식물들이 자리를 잡고, 동물들의 서식지가 변경될 수 있다.
- 종의 진화 및 멸종: 생물의 진화와 멸종도 자연적인 환경 변화의 일환이다. 시간이 지나면서 서서히 일어나며, 환경에 적응한 생물들이 살아남는다.

(4) 해양 변화

해양 환경의 변화도 중요한 자연적 환경 변화에 포함된다.

해류의 변화, 해양 산성화, 수온 변화 등은 생태계에 큰 영향을 미친다.

해양의 수온 상승은 산호초를 위협하고, 해양 생물들의 분포를 바꿀 수 있다.

(5) 자연적 재해

자연적 재해는 대규모 환경 변화를 초래할 수 있다.

지진, 태풍, 홍수, 산사태, 화산 폭발 등이 포함된다. 자연적 재해는 즉각적인 환경 변화를 일으키며, 장기적인 생태적 영향을 미칠 수 있다.

자연적 환경 변화는 시간에 따라 천천히 일어나는 경우도 있고, 자연재해처럼 급격하게 변화하는 경우도 다. 하지만 이러한 변화는 생태계와 인간 사회에 중요한 영향을 미치기 때문에, 이해하고 예측하는 것이 중요하다. 최근에는 인간의 활동이 자연 환경에 큰 영향을 미치고 있기 때문에, 자연적 환경의 변화와 함께 인간의 활동이 상호작용하는 복합적인 환경 변화를 고려하는 것이 필수적이다.

자원의 부족, 에너지 비용의 증가, 자연 및 자원 관리비용의 증가 등에 대하여 지속적인 관심을 가지고 있어야만 한다. 모든 국가의 정부기관은 자연을 보호하고 자원을 아끼는데 적극적 역할을 수행하며, 기업은 자사의 에너지 비용 절약에 대한 정당한 해결방안을 모색해야 한다. 대부분의 산업은 자연환경에 위협을 가하며 생태계를 손상시키고 있다. 소비자들은 경제적 성장을 이루면서 환경문제에 더욱 민감하게 반응한다. 유한 킴벌리 '우리강산 푸르게', 등 친환경 기업 활동에 무게를 두고 있다. 한정된 자원은 점차 고갈되고 있으며, 에너지 수급과 사용비용은 계속 증가하기에 대체에너지 개발(태양열, 원자력, 풍력, 조력에너지)에 주목한다. 원료의 부족 및 고갈로 인하여 무한자원(공기, 물)의 장기적 자원과, 유한자원(산림, 식량, 토양의 보호, 목재 수요 공급)과 재생불능 유한자원(석유, 석탄)의 자원개발, 한정된 자원은 점차 고갈되고 에너지 수급과 사용비용은 계속 증가한다. 대체에너지 개발(태양열, 원자력, 풍력, 조력에너지)로 에너지 비용은 상승한다. 대부분의 산업은 자연환경에 위협을 가하며 생태계를 손상시키며 훼손한다. 소비자들은 경제적 성장을 이루면서 환경문제에 더욱 민감하게 반응한다. 친환경 활동의 기업이나 사회적 기업에 관심이 높다.

미세먼지로 인한 공기 청정기, 황사용 마스크, 피부 관리, 황사에 좋은 음식(명태, 마늘, 파, 양파, 돼지고기, 클로레라, 과일, 녹차, 칡, 도라지, 더덕, 미역, 굴, 전복), 물 하루에 8잔 마시기, 길거리음식NO, 등의 소비의 흐름으로 변화되고 있다.

업 사이클링(Up cycling)이란, 업그레이드(upgrade)와 리사이클링(recycling)의 합성어로 폐품을 재활용(recycling)하여 버려지는 물건을 새로운 가치의 제품으로 만드는 것, 필요 없는 물품을 재생하고 재사용하는 리사이클링(Recycling)의 개념으로, 물품에 디자인의 가치를 둔다. 버려지는 물건, 옷을 활용하여 창의력과 디자인을 통해 새롭고 높은 가치를 가진 물건으로 재활용품으로 재탄생시킨 것이다. 낡은 청바지를 이용한 의류나 가방, 그리고 액세서리 등 생활용품의 제품을 일컫는다. '친환경'으로는 부족하다. 하면 좋은 것에서 반드시 지켜야 하는 것으로 바뀌고 있는 필 환경시대. 앞으로 더욱더 글로벌 트렌드로 가속화될 전망이다. 더 나은 우리의 삶을 위해 환경을 생각하는 소비, 살아남기 위해 반드시 실천해야 할 친환경의 '필(必)환경'의 시대이다.

환경을 위한 생존의 문제라는 생각으로 물건을 아끼고, 나눠 쓰고, 바꿔 쓰고, 다시 쓰고, 재활용하는 소비행태로 앞으로 인류가 살아남기 위해 반드시 실천해야 한다. 장바구니 사용 필수, 전기 차, 공유자전거, 버려지는 빈병을 활용한 조명, 나무로 만든 그릇과 대나무 섬유로 만든 수건, 옥수수로 만든 양말 등의 자연 소재를 사용한 생활용품에 집중한다.

4) 기술적 환경의 변화

기술적 환경의 변화는 새로운 기술이 개발되고, 기존의 기술이 발전하거나 사라지는 과정을 의미한다. 기술적 환경은 산업, 경제, 사회 전반에 큰 영향을 미치며, 기업의 경쟁력, 사람들의 삶의 질, 정부 정책 등에도 중요한 영향을 미친다. 기술 발전은 다양한 분야에서 혁신을 촉진하고, 일자리와 경제 구조의 변화를 일으킬 수 있다.

기술적 환경의 변화는 여러 가지 형태로 나타난다. 주요한 변화 요소는 다음과 같다.

(1) 자동화와 인공지능(AI)

인공지능 AI(Artificial Intelligence)는 인간과 같은 지능적인 논리적 추론이나 동작 등 시스템을 개발하는 컴퓨터 분야를 말한다. 기계두뇌와 인간의 뇌를 결합하면 정보의 저장을 획기적으로 늘리고 네트워크로 연결할 수 있어 인간의 두뇌기능을 업그레이드 할 수 있다.

자동화와 인공지능 기술의 발전은 특히 제조업, 서비스업, 물류, 의료, 금융 등 여러 산업에서 중요한 변화를 이끌고 있다.

로봇, AI 시스템, 빅 데이터 분석 등을 통해 반복적인 작업을 자동화하고, 더 나아가 예측과 의사 결정을 지원하는 시스템이 만들어지고 있다.

- 자동화: 사람의 노동을 대체하거나 보조하는 기술, 생산성과 효율성을 크게 높일 수 있다. 제조업에서는 로봇이 작업을 대신하고, 물류에서는 드론이나 자동화된 창고 시스템이 활용된다.
- 인공지능: AI는 데이터 분석, 의사 결정, 자연어 처리, 이미지 인식 등 다양한 분야에서 활용되고 있다. AI는 더욱 스마트한 시스템을 만들어주며, 인간의 능력을 보완하는 역할을 한다.

(2) 정보 기술(IT)과 디지털화

정보 기술의 발전은 디지털화된 사회를 만들어가고 있다. 인터넷, 클라우드 컴퓨팅, 모바일 기술의 발전은 비즈니스와 개인 생활을 혁신적으로 변화시키고 있다.

- 인터넷과 연결성: 고속 인터넷과 무선 네트워크의 발전은 사람들과 기업들이 언제 어디서나 서로 연결될 수 있게 만들어준다. IoT(사물인터넷)의 발전으로 다양한 기기들이 서로 통신하며 정보를 공유하고 있다.
- 클라우드 컴퓨팅: 기업들은 서버나 데이터를 클라우드로 옮기고, 원격으로 작업할 수 있는 환경을 구축하고 있다. 비용 절감과 유연한 업무 환경을 가능하게 한다.
- 모바일 기술: 스마트폰과 다양한 모바일 앱의 사용 증가로 사람들이 언제 어디서나 정보를 얻고, 소통하며, 쇼핑을 하는 등의 변화가 일어나고 있다.

(3) 빅데이터와 분석 기술

빅데이터는 대규모의 데이터를 수집하고 분석하여 유용한 인사이트를 도출하는 기술이다.

기업들은 고객의 행동, 시장 동향, 생산성 등을 데이터로 분석하여 더 나은 의사 결정을 내리고 있다.

- 데이터 분석: 기업은 고객 데이터를 분석하여 맞춤형 서비스를 제공하고, 효율적인 마케팅 전략을 수립할 수 있다.
- 예측 분석: 빅데이터를 사용해 미래의 트렌드나 위험 요소를 예측할 수 있으며, 기업이나 정부의 전략적인 계획에 중요한 역할을 한다.

(4) 생명 공학과 헬스케어 혁신

생명 공학과 헬스케어 분야에서의 기술적 발전은 의학과 치료 방법에 큰 혁신을 가져오고 있다. 유전자 편집 기술, 맞춤형 의약품, 원격 진료 등의 기술이 등장하면서 사람들의 건강 관리 방식이 변화하고 있다.

- 원격 진료: 원격 의료 시스템을 통해 환자가 집에서 진료를 받을 수 있는 환경이 만들어졌다.

(5) 에너지 기술의 발전

청정에너지와 효율적인 에너지 사용 기술의 발전은 환경 보호와 지속 가능한 발전을 위한 핵심적인 요소이다.

- 재생 가능 에너지: 태양광, 풍력, 수력 등 청정에너지 기술이 발전하고 있으며, 이에 따라 화석 연료 의존도를 줄이고 있다.
- 에너지 저장 기술: 배터리 기술의 발전은 효율적인 에너지 저장을 가능하게 하여, 전력망의 안정성을 높이고, 재생 가능 에너지의 활용도를 증가시킨다.

(6) 사물인터넷(IoT)

사물인터넷은 다양한 장치와 기기들이 서로 연결되어 데이터를 주고받는 기술이다.

스마트 홈, 스마트 시티, 스마트 농업 등 새로운 서비스와 제품들이 등장하고 있다.

- 스마트 홈: IoT 기술을 통해 가전제품, 조명, 보안 시스템 등이 인터넷으로 연결되어 원격으로 제어할 수 있다.
- 스마트 시티: IoT는 도시의 교통, 에너지, 환경 관리 등을 최적화하는 데 사용되며, 시민들의 생활을 더욱 편리하고 안전하게 만든다.

기술적 환경의 변화는 빠르게 이루어지고 있으며, 이에 따라 개인의 생활, 기업의 비즈니스 모델, 정부의 정책 등이 지속적으로 변화하고 있다. 이러한 변화에 적응하는 것이 중요한데, 기업과 개인은 변화하는 기술 환경을 기회로 활용하거나, 변화에 대응할 전략을 마련해야 한다.

기술적 환경의 발전은 새로운 기술의 창조나 새로운 제품의 개발, 시장 기회의 창출 등을 의미한다. 기술변화의 가속화로 생명공학, 로봇공학 등 급속한 기술발전으로 제품 수명주기가 급속도로 짧아지고 있다. 항암치료제, 전기자동차, 인공지능 로봇 제품이 주목받고 있다.

기술개발이 기업 경쟁력의 가장 핵심이라는 인식 아래 기술발전을 위한 정책적 노력이 강화되며, 우주, 해양, 에너지, 정보, 생명 공학, 첨단기술개발의 추진의 기술적 욕구를 충족하는 새로운 기술의 발달로 알맞은 기술을 활용한 창업, 인력, 시설, 장비에 대한 대규모의 초기 투자가 아닌 소수의 인원으로도 창업할 수 있다. 소자본 투자로도 창업의 폭이 넓어졌다.

관리시스템들이 자동화되고 소규모의 기업을 위한 자문 프로그램을 제공하는 기업들이 있다. 시장조사 전문가, 웹 디자인기업, 정보기술 용역서비스 등 다양한 전문기업들이 기회를 제공하고 있다. 기계, 재료, 전기, 전자, 정보, 통신, 화학, 섬유, 생명, 식품, 환경, 에너지, 공예, 디자인과 이동통신, 페이스북, 소셜미디어 등 인터넷기술은 새로운 산업을 만들었다.

사례로는 스마트 거울은 옷을 입은 모습을 저장해 다른 옷을 입어 볼 때 비교해 주며, 스마트 약통은 빛을 발산해 복용 시간을 알려주고 반응이 없으면 노래나 문자로 메시지를 전달하며, 스마트 우산은 비 올 것을 예상하면 손잡이에 불빛을 발산하여 준다. 또 스마트 커피메이커는 손을 얹으면 최적의 카페인 함량을 계산해주며, 스마트 콘택트렌즈는 당뇨환자의 혈당 수치를 모니터로 접시 위에 음식 칼로리 섭취량과 몸무게 증가량을 알려준다. 아울러 3D제품 등 기술개발이 기업 경쟁력의 핵심이며 기술 연구와 기술 개발의 복잡화, 다양화로 소비자는 기업이나, 창업자에게 높은 안정성을 요구하게 된다. 따라서 정부기관은 안정성에 대한 규제를 강화해야 한다. 기술 사업에 영향을 미치는 기술적 진보를 정확히 예측하여야 새로운 산업의 기술로 미래의 핵심 키워드이다.

4차 산업혁명의 이해(Mastering the Fourth Industrial Revolution)로 핵심 목표는 디지털, 물리적, 생물학적 영역의 경계가 없어지면서 기술이 융합되는 것으로 인류가 한 번도 경험하지 못한 새로운 시대를 접하게 될 것, '디지털, 물리적, 생물학적 영역의 경계가 없어지면서 기술이 융합되는 것', 사물인터넷(IOT), 인공지능(AI) 등 ICT와 결합한 '완전 자동화 공장'이 등장해 '1인 1제품' 생산이 가능할 정도로 완전 자동생산체제를 갖추게 될 것으로 정의한다. 사물인터넷을 통해 휴지, 커피, 쌀을 주기적으로 구매해야 할 상품으로 등록해 놓으면, 개인의 사용주기를 자동으로 파악해서, 구매를 언제 해야 할지의 알림으로 구매해준다(가족 수, 과거 구매 빈도, 현재 보유 수량 등을 인공지능으로 컴퓨터가 계산).

• 산업혁명의 변화

- 제1 산업혁명 = 증기
- (석탄 석유), 면방직 공업과 철강 공업 분야, 기계혁명
- 제2 산업혁명 = 전기
  기계의 발명과 기술의 혁신, 대량생산 구축
- 제3 산업혁명 = 컴퓨터
  정보통신기술(ICT)디지털 시대, 1969년 반도체 '자동화 시대'
  텔레비전, 냉장고, 세탁기 등 인터넷의 등장으로 IT(정보기술)혁명
- 제4 산업혁명 = 인공지능, 사물인터넷
  인간과 사물의 모든 데이터가 수집·축적·활용
  인공지능, 로봇공학, 사물인터넷(IOT), 자율주행차량, 3D프린팅, 나노기술, 바이오기술, 재료과학, 양자 컴퓨터공학(퀀텀 컴퓨팅)

개인로봇은 상호작용, 여가전용 로봇, 교육용 로봇, 비서로봇, 웹 4.0 시대로 점점 진화하는 인터넷 환경으로 컴퓨터가 곧 사람인 시대로 전개되고 있다.

웹 1.0 : 일상생활에서 사용하는 인터넷 서비스(1990~2000년)

웹 2.0 : 네티즌이 서로 참여해 정보를 공유하고 정보가치를 높이는 것(2000~2010년)

웹 3.0 : 컴퓨터가 우리를 위해서 필요한 정보를 알아서 찾아주는 기술(2010~2020년)

미래 4.0 : 컴퓨터가 곧 사람인 시대(2020~2030년) 컴퓨터 스스로 학습하고 행동하며 판단력과 적응력을 갖게 되는 시대로 흐르고 있다.

미래시대가 요구하는 것은 정보수집이 아닌 정보 분석 능력이며 큰 그림을 구상하며 이질적인 부분들을 서로 결합해 내는 융합 능력이다.

인간 정신의 체력강화, 속도증가, 뇌 기능에서의 분노억제, 비만방지 등과 같은 조건을 달성하기 위해 화학물질을 가지고 유전자 개입을 통해 연구되고 있다.

사물인터넷, '모든 사물'이 중심이 된 진정한 스마트 세상. 기술과 지식으로의 시대, 미래사회는 평등의 질서, 협력과 협업이 빛을 발하는 사회로의 전략과 로드 맵을 구체적으로 세워야 한다.

기술이 바꾸는 미래의 모습으로 사물인터넷의 시대로 시공간을 초월하는 시대와 인터넷 시대로 유비쿼터스 시대(언제 어디서나 존재)와 디지털컨버전스 시대(제품+기술의 융합)의 스마트시대로 이어지고 있다. 주목받는 분야가 사물인터넷, '모든 사물'이 중심이 된 진정한 스마트 세상으로 변화한다. 지식과 정보가 빛의 속도로 변하는 가속화 시대로 현실과 가상현실의 경계가 사라지는 시대, 언제 어디서나 정보와 접근할 수 있고 처리할 수 있는 유비쿼터스 시대, 모든 산업과 학문의 영역 경계가 무너지는 융합의 시대, 하이컨셉 하이터치의 감성화 시대, 소수의 엘리트 보다 다수의 군중, 집단지성의 위력이 커지는 평등의 시대, 나눔과 봉사를 최고의 가치로 강조하는 영성의 시대, 기술과 지식으로 무장한 대중들이 리더인 시대 미래의 4.0시대로 컴퓨터가 곧 사람인 시대(2020~2030년)로 컴퓨터 스스로 학습하고 행동하며 판단력과 적응력을 갖게 되는 시대이다.

* 차세대 IT 응용 기술

4차 산업의 핵심기술

(1) 센서(Sensor): 열, 빛, 온도, 압력, 소리의 물리적인 양이나 변화를 감지하여 알려주는 부품이나 기구(저울, 온도계, 심장박동, 손동작인식, 지문인식, 온도, 습도, 가속도)

(2) 무선인식(Radio Frequency Identification): 무선 주파수를 이용하여 초소형 칩에 저장된 상품 정보를 읽어 내는 일(입고재료선별-태그발급-재료 입고등록-가공공정관리)

(3) 위치기반 서비스(Location Based Service): 휴대폰이나 PDA와 같은 이동통신망과 IT기술을 종합적으로 활용한 위치정보 기반의 시스템과 서비스(GPS: 위치추적 서비스, 공공안전 서비스, 위치기반정보 서비스), (POI: 주요 시설물, 역, 공항, 터미널, 호텔 등을 좌표로 전자 수치 지도에 표시하는 데이터, 목적지 검색에 사용되는 검색)

인공지능(Artificial Intelligence)

인간의 학습능력과 추론능력, 지각능력, 자연언어의 이해능력 등을 컴퓨터 프로그램으로 실현한 기술

(1) 자연언어처리(natural language processing) 분야: 자동번역

(2) 전문가시스템(expert system) 분야: 의사 진단, 광물의 매장량 평가, 화합물의 구조 추정, 손해 배상 보험료의 판정 등

(3) 컴퓨터가 TV 카메라를 통해 잡은 영상을 분석: 영상 및 음성 인식은 문자 인식, 로봇 공학 등 기술

(4) 이론증명(theorem proving)은 수학적인 정리를 이미 알려진 사실로부터 논리적으로 추론하여 증명하는 과정

(5) 신경망(neural net): 인간의 두뇌를 모방하여 수많은 간단한 처리기들의 네트워크로 구성된 신경망 구조

인공지능이 만드는 새로운 시장(Artificial Intelligence) AI 인공지능

인간의 학습능력과 추론능력, 지각능력, 자연언어를 컴퓨터 프로그램으로 실현한 기술

- 자율주행
- 차세대제조업: 운송트럭, 자동제조, 맞춤형 제조
- 인텔리전트(최첨단) 스마트홈: 거주공간의 지능화, 노인네이지도
- 인텔리전트 메디컬케어: 바이탈데이터, 유전자정보, 건강관리
- 인텔리전트 인프라: 전력, 수도, 가스자동조절, 다리, 발전소
- AI 기반 스마트 농업: 드론 이용 정밀농업, 기상예측, 농협보험 등장
- 비즈니스 업무환경 변화: 서류관리, 데이터분석, 자동화, 번역, 법률 등
- 인텔리전트 시큐리티: 빅데이터 분석으로 범죄예측/예방, 이상행동 사전 감지
- 맞춤형 스마트 교육: 맞춤형 교육컨텐츠 제공, 대학 커리큘럼 설계
- 자율형 안전보장 로봇: 재해 구조활동, 극한 환경 자율적 행동
- AI기반 핀테크: 주식, 투자상품, 은행대출, 금융상품 지원업무
- 인텔리전트 커머스: 얼굴인식 자동추천 서비스, 구매데이터 분석으로 맞춤형 광고
- 자율배송, 유통: 자율화물 배송, 무인화물선, 드론 자율배달, 물류창고 내 AI로봇 이용

출처: 미래학 미래경영, 이주헌

로봇, 지능형 로봇

- 로봇(Robot): 서비스 로봇, 개인용 로봇, 전문 로봇, 산업용 로봇
  스스로 보유한 능력에 의해 주어진 일을 자동으로 처리하거나 작동하는 기계(강아지 로봇, 청소, 가사지원, 퓨처로봇)
- 지능형 로봇(Intelligent Robot): 인간처럼 시각·청각 등을 이용해 외부 환경을 스스로 탐지하고, 필요한 작업을 자율적으로 실행. 환경에 따른 능동적 실행으로 장소, 상황에 맞는 서비스를 제공한다.
  전자, 정보, 기계, 센서, 소프트웨어, 반도체, 인공지능 등의 첨단기술

의 결합체

- 인공지능 로봇
- 효순이: 외로움을 달래주는 인공지능 로봇: 식사, 운동 약복용시간, 대화, 노래 등
- 클로바 육아 도움 로봇: 구구단, 책읽어주기, 날씨, 알람, 집중력 음악, 등
- 치킨로봇: 정확한 시간과 온도
- 쉐이크 봇: 칵테일 제조, 바텐더
- 바리스타 봇: 조리에 서빙까지 놀라운 로봇, 점원이 없는 무인 카페: 커피�
- 서빙 봇: 식사, 음료서빙

가상현실(Virtual Reality)

항공기의 조종법 훈련, 가구의 배치 설계, 수술 실습, 게임 등 다양, 인간 참여자와 실제 및 가상 작업공간이 하드웨어로 상호 연결한다. 가상적인 환경에서 시각으로 느끼도록 하며 청각, 촉각 등을 사용한다.

증강현실(Augmented Reality)

사람들이 보는 현실세계에 3차원의 가상물체를 띄워서 보여주는 기술이다.

사용자가 지각하는 것에 컴퓨터가 만든 정보를 추가하는 것으로 '확장현실'(擴張現實)이라고도 한다. 가상현실은 100% 가상이라면 증강현실은 50:50 이라고 한다.

메타버스(Metaverse)

현실세계를 의미하는 영어 단어로 '초월', '가공' 의미하는 '메타'(Meta)와 '세계' 또는 '가상우주'를 뜻하는 '유니버스'(Universe)의 합성어이다.

가상세계와 현실세계가 융합된 3차원 가상세계로의 공간을 의미하는 신조어이다.

가상현실(VR) 컴퓨터로 만들어 놓은 가상의 세계에서 사람이 실제와 같은 체험을 할 수 있도록 하는 최첨단 기술보다 한 단계 더 진화한 개념, 아바

타를 활용하여 게임과 가상현실을 즐기고 실제의 현실과 같은 사회 및 문화적 활동을 할 수 있다는 특징이 있다.

직업, 금융, 의료, 학습, 산업현장에서의 안전교육 등이 연결된 가상 세계의 사례이다.

지능형 자동차, 자율주행차(self-driving car)

운전자가 핸들과 가속페달, 브레이크 등을 조작하지 않아도 정밀한 지도, 위성 항법시스템(GPS)의 각종 센서로 상황을 파악해 스스로 목적지까지 찾아가는 자동차이다.

미국자동차기술학회(SAE)는 자율주행자동차 발달 수준 레벨 0부터 5까지 6단계 레벨을 소개하였다.

0단계 - 자율주행 기능 없는 일반차량

1단계 - 자동브레이크, 자동속도조절 등 운전 보조기능

2단계 - 부분자율주행, 운전자의 상시 감독 필요

3단계 - 조건부 자율주행, 자동차가 안전기능 제어, 탑승자 제어가 필요한 경우 신호

4단계 - 고도 자율주행, 주변 환경 관계없이 운전자 제어 불필요

5단계 - 완전 자율주행, 사람이 타지 않고도 움직이는 무인주행차라고 한다.

3차원인쇄(3D 프린팅)

프린터로 물체를 뽑아내는 기술을 의미한다.

3D 프린팅은 프린터로 평면으로 된 문자나 그림을 인쇄하는 것이 아니라 입체도형을 찍어내는 것으로 종이에 글자를 인쇄하는 기존 프린터와 비슷한 방식이다.

입체모형을 만드는 기술로 3D 프린터 안에 잉크 대신 플라스틱, 나일론, 금속, 입체 도형을 만들 수 있는 재료들로 기술이 개발된 이후에는 고무나 종이, 콘크리트, 음식을 넣어 인쇄하는 방법의 산업 혁명(의료, 생활 용품, 자동차 부품, 축구화에 쓰일 천을 인쇄하거나 무인항공기, 뼈대 · 인공 뼈, 총기, 주택, 가구, 피

부이식, 제약, 만능열쇠, 휴대형발전기, 농기구, LED, 생체공학적 귀, 우주식품, 등) 제품을 제작하는 다양한 분야이다.

헬스 케어(health care)

기존의 치료 부문 의료 서비스에다 질병 예방 및 관리 개념을 합친 전반적인 건강관리 사업, 원격 검진이나 방문 건강컨설팅 등의 사업이다. 헬스 케어의 넓은 의미로 질병의 예방에서 치료까지의 건강관리의 모든 과정을 포함한 것이다. 좁은 의미는 원격 진료 및 건강 상담을 뜻한다. 헬스 케어와 IT 기술이 융합하면 폭넓은 의료 서비스를 활용할 수 있다.

사례로 의료 서비스와 유비쿼터스의 IT기술을 이용하면 u-헬스 케어라 부른다. 어디에서든 건강관리를 받을 수 있고, 원격 의료 서비스를 제공받을 수도 있다. IT 기술을 활용하여 진료를 받기 곤란한 지역에서는 영상 통화를 통하여 진료를 받을 수 있는 병원에서 실시간으로 질병 및 건강 상담에 대한 진료를 받을 수 있다.

미래 헬스 케어는 건강관리에 있어서 시간 및 공간의 제약이 필요하지 않을 것이 장점이다.

최근 휴대용 스마트 기기를 활용한 헬스 케어도 늘어나고 있다.

손목에 착용하는 웨어러블 디바이스로는 운동량 및 수면 시간, 수면의 퀄리티 등을 확인하여 자신에게 맞는 필요한 운동량과 건강에 관한 예비건강 상식을 알려주며, 관리해주는 기능이다. 헬스 케어 부분에서 스마트 기기가 발전 할수록 더욱더 원활하게 이루어질 것이다.

질병 예방 및 치료에서 전체적인 건강관리를 받을 수 있는 헬스 케어는 IT 기술의 발전과 같이 u-헬스 케어 및 스마트 기기를 통하여 건강생활에 편리한 방향으로 발전하고 있다.

블록체인(Block Chain)

블록에 데이터를 담아서 체인 형태로 연결하여 많은 컴퓨터에 동시에 이것을 복제하여 저장하는 분산형 데이터의 저장 기술로 공공 거래 장부라고도 한다. 수많은 컴퓨터가 기록을 검증하여 해킹을 막으며, 사람들 누구든 열람

할 수 있는 장부에 거래 내역을 투명하게 기록한다. 다양한 참석자들이 정보를 공유하여 이것을 대조하여 데이터 위조를 변조할 수 없도록 한다. 블록체인(Block Chain)은 '블록'(Block)을 잇따라 '연결'(Chain)한 모음을 뜻한다.

블록체인 기술의 유명한 사례는 가상화폐인 '비트코인'(Bitcoin)이다.

화물 추적 시스템, P2P, 대출, 원산지에서 부터 유통까지의 전체적인 과정을 추적하거나 예술작품의 진품 감정, 위조화폐 방지, 전자투표, 전자시민권 발급, 차량 공유, 부동산 등기부, 병원 간 공유되는 의료기록 관리 등 신뢰성이 요구되는 다양한 분야에 활용된다.

출처: 4차 산업혁명 시대의 창의적인 IT 경영론, 임춘성

다양한 산업과 4차 산업의 융합기술

- 자동차+IT: 스마트 카, 자동차 원격진단 서비스, 전기자동차, 자율형 자동차
- 조선+IT: 디지털화 작업, 스마트 안전시스템, 지능형 조선기자제
- 건설+IT: 지능형 빌딩, 친환경 빌딩, 스마트도시, 3D가상건설
- 섬유+IT: 스마트섬유, 스마트 의류, 3D피팅, 3D프린팅
- 기계+IT: 지능형 공작기계, 공정의 지능화, 자동화, 스마트 팩토리, 드론 등
- 항공+IT: 항공기 실시간 진단시스템, 특수항공기, 항공VR
- 국방+IT: 네트워크중심 관리, 전투지휘통제체계, 로봇병사, 무인차량, 무인정찰기, 드론
- 에너지+IT: 에너지 저장 및 재생, 신재생에너지, 배출모니터링 시스템
- 로봇+IT: 산업용 로봇, 가사용 로봇, 교육용 로봇, 초지능 로봇, 퓨처로봇 등
- 유통+IT: 미래형 유통매장(생산자정보), 자율주행 교통, O2O
- 물류+IT: 녹색물류, 온라인배달의 혁신(드론배달)
- 금융+IT: 맞춤형 금융서비스, 핀테크, 블록체인
- 교육+IT: 개인 맞춤형 학습러닝, 전자책, 교육용 로봇, 화상강의
- 관광+IT: 가상관광, 학술대회, 국제회의, 관광 상품 연계

- 의료+IT: 원격진료, 수술용 로봇, 유전자 기반의 나노와 바이오신약, 불치병 치료

미래사회 변화 요인으로는 노년층의 확대 및 사회복지비용의 팽창, 핵가족 편성, 개인주의 중시, 초지능의 연결, 스마트경제 사회 확대, 제품 및 서비스의 산업화, 유통, 물류채널의 확대, 사물인터넷, 4차 산업혁명의 확산, 융합의 혁신을 통하여 소비자요구 및 충족방안을 트렌드에 맞추어 파악하는 것이 빠르게 변화하는 미래사회의 요인을 파악하는 것이다.

미래사회에 현존하는 융합으로는 기술의 재조합 융합, 아이디어, 창의, 창조의 융합, 스마트기기로의 비즈니스형 융합, 4차 산업혁명에 부합하는 융합 또한 미래에 발맞추는 융합기술이다.

미래사회 융합의 유형은 소비자의 요구사항을 충족하는 방안이다.

IT제품 간 융합, 네트워크, 서비스 간 융합, 사물 기기 간 융합, 산업 간 융합, 홈네트워크형 및 가전기기 간 융합, 융합기술형 신사업 등이 융합의 유형이다.

한국형 제4차 산업혁명의 전략과 로드 맵

인공지능은 우리가 살고 일하는 방식을 상당부분 바꾸어 놓을 것이며, 인공지능을 어떻게 사용할지는 우리에게 달려 있다.

미국은 '산업 인터넷 컨소시엄', 미래 제조업의 핵심인 IOT를 비롯해 CPS(사이버 물리시스템) 과 독일의 '인더스트리 4.0 플랫폼', 2025년 lOT와 3D 프린팅, 센서기술, 인공지능(AI) 프로젝트 환경을 실시간으로 파악하고, IT를 기반으로 맞춤형으로 생산한다.

기계, 로봇, 인공지능의 발전이 인간에게 유토피아를 제공할 것인가(완벽하고, 평화로운 사회), 디스토피아를 제공할 것인가, 로봇, 기계의 발전이 인간 모두에게 부와 풍요, 권력을 가져다 줄 것인가, 소수의 권력자들 전문 엘리트들에게 부와 풍요, 권력을 집중시킬 것인가, 인공지능 기술의 로봇, 자율주행차, 드론, 가상현실(VR) 등 미래 산업을 이끌 핵심 기술로 다보스의 '미래일자리보고서'(Future of Jobs)는 전망하였다.

인간의 일자리가 사라지고 똑똑한 로봇이 그 자리를 대신할 가능성이 높으며, 인공지능의 기술로 촉발되는 기술혁명은 인간의 삶과 생계수단을 근본적으로 변화시키면서 노동자에게는 큰 재앙이 될 가능성이 높다.

인공지능 기술로 인하여 가속화될 노동시장의 불안과 소득 불평등에 대해서도 고찰하면서 이를 해결하기 위해 경제 체계와 사회 정책에 자유시장을 수정한 혁신적인 정책을 도입해야 한다고 미래전문가들은 강조한다.

어떤 직업이 살아남고 소멸되는가, 그런 미래를 어떻게 대비하고 준비해야 하는가, 생계수단과 재산의 붕괴에 관심을 갖는다. 대안을 찾기 위해 실마리를 얻어야 한다.

'클린 미트'(clean meat)

미국 샌프란시스코의 스타트업 기업 '멤피스 미트'에서 만들어낸 '클린 미트' 인공육은 과학자들이 가축의 생체 조직에서 줄기세포를 수집해 실험실에서 몇 주 간의 배양으로 생성된 것. 우리가 고기를 먹기 위해 사육하는 돼지는 10억 마리, 닭은 500억 마리, 소는 15억 마리에 이른다고 한다. 인공 고기(artificial meat)라고 부르기보단 '클린 미트'(clean meat)로 브랜딩을 깨끗한 고기라는 이름을 붙여 인위적으로 만들어낸 고기라는 거부감을 희석시킨다. 최근 식품산업에서 대두하는 지속 가능성과 윤리적 소비(친환경·동물복지 등)에 대한 이슈를 중심으로 식물성 원료를 기반으로 한 '식물성 대체 식품', 동물성 세포 배양 기술로 혁신적 기술과 트렌드이다.

5) 정치적·법률적 환경

정치적 환경"과 "법률적 환경"은 기업과 사회가 활동하는 데 중요한 영향을 미치는 요소로, 정책, 법률, 규제 등이 경제, 사회, 기업 운영 등에 어떤 영향을 미치는지를 설명한다.

이 두 가지 환경은 밀접하게 연결되어 있으며, 국가와 지역 사회의 법적·정치적 구조가 변화하면 기업의 전략이나 사회의 전반적인 동향도 변화할 수 있다.

(1) 정치적 환경

정치적 환경은 정부의 정책, 정치 체제, 정치적 안정성, 국제 관계 등을 포함하는 요소로, 국가 내외에서 발생하는 정치적 사건이나 변화가 기업과 사회에 미치는 영향을 다룬다.

- 정부 정책: 정부의 정책은 경제, 산업, 세금, 노동 시장 등에 직접적인 영향을 미친다.
  정부가 친환경 정책을 강화하면, 환경 관련 산업이 성장할 수 있다.
  반대로, 보호무역주의 정책이 강화되면 수출입에 영향을 줄 수 있다.
- 정치적 안정성: 정치적으로 안정된 국가에서는 경제와 기업 환경이 예측 가능하고 안정적이다. 반면, 정치적 불안정성(군사 쿠데타, 정부 교체, 사회적 시위 등)은 투자자들에게 위험 요소로 작용할 수 있다.

(2) 법률적 환경

법률적 환경은 국가나 지역에서 제정된 법률, 규제, 법 집행 등의 요소로, 기업과 개인의 행동을 규제하는 법적 틀을 형성한다. 기업의 운영, 제품 생산, 마케팅, 인사 관리 등 모든 측면에 영향을 미친다.

정치적 환경과 법률적 환경은 서로 밀접하게 연결되어 있다.

정치적 환경이 변하면 법률적 환경도 변할 수 있으며, 반대로 법률적 변화가 정치적 분위기나 사회적 반응을 이끌어낼 수도 있다. 정부가 새로운 정책을 시행하면 이에 따라 새로운 법률이나 규제가 제정될 수 있고, 특정 산업에 대한 법적 요구 사항이 변화할 수 있다.

또한, 법률이 기업 활동에 미치는 영향을 정부가 어떻게 관리하는지에 따라 정치적 안정성에도 영향을 미칠 수 있다. 정치적 환경과 법률적 환경은 기업의 전략과 운영 방식에 중요한 영향을 미치며, 면밀히 분석하고 예측하는 것이 기업의 성공적인 경영에 필수적이다.

사회 내부에 존재하며 개인과 조직에 영향력을 행사하고 압력을 가한다. 정부, 소비자, 경쟁자, 지역사회, 지방자치 기관, 등 법률적 테두리 안에 존재한다. 기업 규제 법률로는 기업 간의 공정한 경쟁률 유도와 기업을 보호, 허위광고, 과대광고, 기만광고, 포장(소비자 보호 사회적 이익을 보호하기 위함), 정부

규제(윤리와 사회 책임 증대)로 점차 완화되는 것이 추세이지만 정부규제는 마케팅 의사결정의 중요한 요인이며 정책과 지침을 세워 마케팅 활동을 추진한다. 소비자 지향적, 사회 지향적, 가치 지향적인 행동규범이 중요하다.

정부, 지방 자치단체, 대학 창업보육센터, 창업지원과 기술혁신 지원 사업, 시장 개척을 위한 지원 사업, 경영 지원 사업 등 다양한 정보를 활용하여 창업자 지원 기관을 만들며 규제를 완화하고, 세금 혜택을 제공하는 활동들이 풍부하다.

6) 사회적 · 문화적 환경

사회 · 문화적 환경은 사회제도나 사회적 영향력의 기본 가치나 지각, 선호 및 행동 등에 영향을 미치는 환경을 말한다. 문화적 가치란 한 사회의 구성원인 소비자들이 가지고 있는 지속적인 신념과 가치관, 규범 등에 영향을 미친다. 마케팅 관리자는 문화적 가치를 변화시킬 수 있는 새로운 기회의 창출이다.

성공적인 국제기업의 경영자가 되기 위한 문화적응 자세를 알아보자.

문화를 넘나드는 다양한 의사소통 능력을 갖으며, 인간의 행동에 영향을 주는 문화적 차이에 따른 충돌을 이해한다. 생활 습관을 비롯한 다른 문화차이에 따른 충돌을 이해한다. 문화이해와 경영방식, 전략, 경영아이디어, 전환상의 한계를 인정한다. 타국가의 직원들을 문화적 관점으로 동기를 부여하고, 공정하게 평가한다. 사업지침이나 내부규칙, 인사고과 등 문화적 차이를 인정하고 반영한다. 다양한 문화의 업무분담과 그룹 간의 시너지 창출을 모색 한다.

대부분의 국가는 고유한 언어, 가치, 신념, 라이프 스타일을 가지고 있기 때문에, 문화적 차이의 다양성을 파악하자.

사례로는 LG전자의 유럽지역의 냉동고 판매, 육류중심 식생활이므로 제품을 변형하여 성공한 사례이다. 코카콜라 또한 각국의 문화나 생활양식, 전통에 맞게 광고를 제작하여 큰 성공을 이루었다. 글로벌 종합음료회사, 코카콜라 컴퍼니(Coca-Cola Company)는 전 세계 200여 개국 이상에 진출해 있는 글로벌 종합 음료회사로 탄산, 스포츠음료, 생수, 주스, 차, 커피 등의 총 500

여 개 이상의 브랜드, 4,100여 개 종류의 제품을 보유하고 있다. 그 가운데 10억 달러(약 1조 1,400억 원) 이상의 매출을 올리는 브랜드 21개이며, 소비자들이 취향에 따라 선택할 수 있도록 19개 브랜드에서 저칼로리 또는 제로 칼로리로 옵션을 제공하고 있다. 코카콜라의 빨간색이 성공의 결정적인 역할을 한다.

빨간색은 안전을 의미하는 색으로 소화기, 경보기 등에 쓰이고 심리적으로 부정적인 생각을 극복할 수 있는 활기를 주는 특징이 있다. 그리고 초코파이 포장지색상 또한 각 나라마다 차별화하여 성공한 사례이다. 한국은 붉은색 주제로 정(情)이라는 감성을 자극하여 '마음을 전하는' 수단으로 광고 시리즈로 인간적인 감성에 호소하여 소비를 이끌어 내는 마케팅 전략으로 사랑받으며, 중국은 인(仁)을 주제로 붉은색으로 홍보하고 있으며, 일본은 노란색과 하얀색이 어우러진 디자인으로 주제를 미(美)로, 간결하고 부드러운 색감을 선호하기에 각 나라마다 정서에 맞는 디자인으로, 현지화에 성공한 사례이다.

동양인과 서양인의 사고와 세상을 보는 기본적인 인식의 차이를 비교하여 보자.

동사로 보는 동양인

동양인 A : 전체적으로 꽃잎이 둥글고 잎사귀가 존재하기 때문

- 세상을 부분이 아닌 전체로서 바라본다.
- 전체적인 관계성을 중심으로 사물을 바라본다.
- 전체의 연결을 통하여 사물이 존재한다는 인식의 사고.

명사로 보는 서양인

서양인 B : 모두 줄기가 곧기 때문

- 세상을 각 개체로 나눠서본다.
- 사물에 대한 분석력이 발달되었다.
- 개개의 사물이 모여 전체를 구성한다는 인식의 사고

동양인은 배경에, 서양인은 대상에 초점을 둔다. 동양인은 전체적인 관점으로, 세상을 부분이 아닌 전체로서 바라보기 때문에 전체적인 관계성을 중심으로 사물을 바라본다. 전체의 연결을 통하여 사물이 존재한다는 인식의 관점과 사고로 가족, 조직과 같은 집단문화를 선호하며, 충성이나 헌신을 우선시하는 경향이 있다. 유교의 인(仁), 의(義), 예(禮), 지(知), 신(信)을 바탕으로 종합적 사고(숲 전체를 하나로 인식)로 인간도, 자연도 하나, 자연에 귀속된 인간으로 생각하며 사회와 관계를 중요시한다. 상대적, 포괄적, 구심적, 수동적, 내향적, 외향적, 직관적, 종합적 가치를 존중하는 문화 형태로 발전하며 조화를 추구하고 관계를 중요시하는 체계로 발전되어 왔다. 자기소개를 할 때 소속회사명, 부서명, 직위, 이름순으로 '우리'라는 관계를 중요시 여겨 '우리', '같이', '함께', 공동체적인 단어, '우리가족'이라는 단어의 형식과 내용으로 표현한다. 너무 복잡하고 거시적으로 생각하는 경향이 있다. 식사 때 수프도 숟가락을 밖에서 몸 안쪽으로(폐쇄적, 보수적 문화) 시작하며, 공자사상이 기본(유교문화 형식)이며 장유유서, 공경, 예의에 중점을 둔다. 사장(CEO) 중심의 의사결정 문화에, 가부장적인 대화 문화를 가지고 있는 경향이 있다. 수직적인 문화로 인사할 때도 몸을 숙여 상대에게 예를 행하며, 악수할 때 아랫사람이 약간 숙여주는 것을 예의라고 여긴다(왼손을 오른팔에 받힘). 음식문화에서는 농경문화의 중심으로, 탄수화물 중심의 식사로, 서로 나눠먹는 개념을 가지고 생활하고 있다. 성격이 급하고 감정적 이어서 잘 참지 못하는 성격이며 보수적인 경향으로 젓가락 두 개의 작대기로 사용하며, 공동의식(조화사상, 협동사상)에 중점을 두며, 한 상에 차려져 나오는 공간전개형(총체적이고 통합적, 관계적인 사고형성) 사고이며, 엄격한 예법, 인간의 기본적인 법도를 지키는 사람, 자기를 낮추고 남을 높이는 겸손함, 진실함에 무게를 둔다.

서양인은 세상을 각 개체로 나눠서 본다. 사물에 대한 분석력이 발달되어 있으며, 각각의 사물이 모여 전체를 구성한다는 인식으로, 자율성, 개인의 성취, 프라이버시 등에 높은 가치를 부여하는 관점으로 차이가 있다. 내 것은 내 것이고, 네 것은 네 것이라는 개념, 개인주의와 합리주의적이며 개방적 이다. 자유로운 사고방식에 엄격하며, 체계적인 면이 완벽한 조화를 이룬다. 남을 배려하고 존중하는 것(폐를 끼치지 않는다), 공중도덕에 엄격하며, 공중질서에 대한 교육이 철저하다. 상대방을 존중하며 배려심도 깊다. 선진적이고 현대적 사고에 충실하다. 자기소개를 할 때에 '나는 유쾌하다', '나는 캠핑하는 것을 좋아한다', 자신의 이름을 제일 먼저 말하고 소속팀, 소속회사 순으로 소개하며 '나'를 중요시한다. 모르는 사람과 눈길이 마주쳐도 미소로 인사하며, 형식논리에 익숙해 모순을 잘 찾아내고 개인주의적 자기표현이 강해 논쟁과 수사학에서 뛰어나다. 단순하게 생각하고 한 가지 요인만을 주시하며 새로운 분야에서 새로운 발견이나 혁신을 일으킨다. 자존감과 독립성이 강조되며 창조적이고 혁신적인 사고를 장려한다. 식사 때 수프는 숟가락을 안에서 밖으로 사용하며(개방적인 문화) 수평적인 문화로 삶의 다양성과 평등, 창의력 발달, 자유로운 의사전달, 민주주의적인 의사결정방식으로 인사하며, 악수할 때는 평등한 자세로 한다. 음식문화로는 유목문화 발달에 있어, 단백질 위주 중심의 식사로, 성격이 원만하고 급하지 않으며 이성적이고 사물을 체계적으로 생각하기를 좋아하고 모험심이 강하다. 포크, 나이프(한 짝씩 존재, 찌르고 자르는 개인주의 형성) 사용으로 공간전개형과 시간계열형 식사문화를 가졌으며, 미국의 경우 순서에 따라 하나씩, 시간계열형으로 구성(개성이 강하고 개성을 존중, 독립성)되었으며, 순차적이고 체계적, 논리적이며, 예절로는 기독교 정신, 적극적인 사고로 행동 지향적, 시민의식, 법의식 등이, 내면화 되어, 타인을 배려하고 존중하는 것, 레이디퍼스트 여성 존중 사상문화와 관습의 차이가 있다. 국가마다 특유한 문화적 관습과 종교(이슬람교: 돼지고기, 힌두교 : 쇠고기, 유대교 : 돼지고기, 갑각류, 미국 : 말고기) 금기를 고려한다. 문화 차이에서 오는 휴일문제, 휴가 기간, 조문 기간의 차이로 중동국가는 금요일 휴일, 라마단은 금요일 금식 기간이며, 프랑스, 서유럽국가로는 바캉스, 휴가 기간이 한 달 이상이며, 동아시아, 남태평양은 장례행사로 긴 애도의 기간을 갖는다. 일본 기업은 자회사의 고위 경영자를 현지에서 채용하기 보다는 본사직원 중에서 파견하는 것을 선호한다. 각 나라마다 문화에 대한 지식이 다르다. 협상의시기, 협상소요시간, 협상의 구성, 협상의 준비, 후속계약 및 관계 유지에서도 각각 다름을 인정하고 문화적 습관에도 인사문화, 식사문화, 음주문화, 선물 주기와 연회, 행사, 이벤트, 예의, 고유한 언어, 가치, 신념, 라이프 스타일에 따라 관찰하며 현지 문화 이해도에 관심을 가져야만 실패하지 않는다. 문화적 차이의 다양성을 파악하여 LG전자의 유럽지역의 냉동고 판매, 육류 중심 식생활을 파악하여 제품을 변형하여 성공하였으며, 코카콜라 또한 각국의 문화나 생활양식, 전통에 맞게 차별화 · 현지화 광고를 제작하며 성공한다.

선물 또한 문화 및 가치관 이념을 상징한다(대상은 가족, 연인, 친구 등). 선물의 의미를 살펴보고자 한다.

스카프: 당신을 영원히 사랑합니다.
편지: 당신을 그리워합니다.
꽃: 당신의 마음속에 담아두고 싶어요.
책: 당신을 믿습니다.
껌: 당신과 오래 사귀고 싶어요.
반지: 영원히 내 사람이 되어 주세요.
우산: 당신을 보호하겠습니다.
머리핀: 당신의 성공을 빌어요.
거울: 나를 잊지 말아요.
목걸이: 나의 곁에 두고 싶어요.
초콜릿: 사랑합니다.
열쇠고리: 당신의 행운을 기원합니다.
앨범: 당신과의 사랑을 간직합니다.
장갑: 진심을 담으세요.
빗: 좀 청결해지세요.
모자: 나를 감싸주세요.
선글라스: 당신의 비밀을 알고 있어요.
일기장: 추억을 담고 싶어요.
인형: 항상 생각해주세요. 선물의 의미를 부여한다. 등…

일본은 선물의 나라, 선물 문화를 중요시한다. 선물은 '주고받는' 관습이다. 실용적인 간단한 물건을 준비하며, 받은 선물의 포장을 뜯을 때도 조심스럽게 정성껏 개봉한다. 선물의 의미 부여를 하며, 선물 기간이 1년 내내의 일상이다.

오미야게: 신사참배 간 사람이 집에 있는 사람에게 신의 축복을 나누어 주기 위해 신사 주변 물건을 사옴(지방토산물, 식품종류)
데미야게: 남의 집을 방문 때 주인에게 직접 선물
프레젠토: 생일이나, 학교입학, 졸업, 주고받는 선물
오추겐: 평소에 신세진 사람에게 감사의 마음을 담아 선물

오봉: 조상을 기리는 연중행사(7월초~15일 사이, 친척)
오세보: 연말에 보내는 선물(상점, 백화점 배달가능 시스템)
오넨가: 연하장(12월 말에 보내면 1월1일 도착)
오스소와케, 오후쿠와케(받은 선물을 이웃에게 나눠 주는 것)
오카에시: 받은 선물에 대해 답례, 축하답례는 두 배로, 조문 시는 그 절반 정도
우치이와이: 출산이나, 결혼 축하
노시가미: 결혼식 등 경사 때 축하선물, 축하금, 답례품에 덧붙이는 장식품

선물을 주고 받는 매너로는 직접 가지고 가면, '변변치 못한 것입니다만'이라고 말한다.

선물의 사용 방법도 자세히 알려 준다.

선물을 받으면 가까운 시일에 보답을 꼭 하며 인사를 한다.

관혼상제의 경우 받은 액수의 절반을 다시 돌려준다.

* 선물을 할 때 주의사항

흰색은 죽음의 색깔, 흰 종이로 포장금지, 흰 꽃도 선물하지 않는다.
자살을 상징하는 칼은 삼가 한다.
짝수가 행운을 가져다준다고 여겨, 세트 선물(쌍)을 좋아 하지만, 죽음을 연상하는 4개는 삼가 한다.
신분이나 지위에 엄격 - 골동품 선물 선호
빗은 괴롭게 죽는다는 의미, 주고받지 않는다.
병문안 갈 때 화분금지, 뿌리를 내린다, 몸져눕는다.
꽃은 홀수, 백합은 삼가(죽음을 상징)
결혼선물: 유리잔과 같이 깨지거나 부서지는 물건 삼가
선호하는 선물로는 상대가 좋아 하는 것, 부담스럽지 않은 것, 여유로움을 즐길 수 있으며, 실용적인 것을 좋아한다. 선물 하고 싶은 물건으로는 맥주, 커피, 산지직송 특산품, 햄, 소시지, 조미료, 식용유이며, 특히 받고 싶은 선물로 상품권을 선호한다는 일본의 문화이다.

우리나라와 외국의 식사예절을 살펴보자

한국은 자리에 앉을 때는 윗사람보다 나중에 앉는다.
수저를 들 때 윗사람이 더 먼저 들고 나중에 든다.
식사에 필요치 않은 물건은 올리지 않는다(핸드폰).
식사 중 입 속 이물질이 나오지 않게 조심히 말한다.
음식을 씹는 소리나, 쩝쩝대는 소리를 내지 않는다.
식사속도는 함께 식사하는 상대방에게 맞춘다.
식사를 마치고 물로 소리 내어 가글하지 않는다.
아랫사람은 윗사람이 다 먹기 전에 먼저 자리에서 일어나지 않는다.
중요한 자리는 핸드폰을 꺼 놓거나 무음으로 한다.
숟가락과 젓가락을 동시에 사용하지 않는다(밥, 국: 숟가락 사용, 반찬: 젓가락 사용).

서양요리의 식사테이블은 꽃으로 장식한다(아름다움에 식욕 상승).
식사 순서로는 수프는 안에서 밖을 향해 가볍게, 양이 줄어들면 왼손으로 그릇을 잡고 약간 뒤쪽으로 기울여 먹는다.
빵은 스프와 같이 먹어서는 안 된다. 수프다음 먹기 시작하고 반드시 손으로 뜯어 먹는다.
생선요리는 생선 위에 레몬을 뿌려 먹는다. 머리는 왼쪽부터, 배는 안쪽부터 향하게 한다.
고기요리는 소스에 따라 개인의 기호에 맞게 첨가 한다(올리브기름, 소금, 후추, 겨자, 스테이크 소스). 디저트는 아이스크림, 케이크, 과일 등이 있다.

미국에서의 식사는 화합의 시간으로 시간을 가진다.
포크, 나이프는 바깥쪽 부터 사용하며, 입을 접시에 대고 먹지 않는다.
식탁 위에 팔꿈치를 올리지 않는다.
음식을 씹고 있는 상태에서 말하는 건 실례이다.
립스틱을 바르거나 코를 풀지 않는다.
식후: 포크와 나이프를 접시 위에 나란히 올려놓고 냅킨으로 입을 닦는다.

턱을 괴거나 팔꿈치를 올리면 안 된다. 가벼운 대화로의 분위기로 이야기한다.

중국에서는 식사에 초대한 주인이 손님의 자리를 정해준다.

예전에는 인원수보다 더 많은 양을 준비하며 풍족함을 중시하던 문화가 남아있어 음식을 남기는 문화가 보통이었는데, 요즘은 무리 없이 남기지 않고 맛있게 먹는다.

밥그릇은 들고 먹는다. 보통 계산은 제자리에서 하는 편이고, 술을 곁들인다면 건배는 제자리에서 하며 바닥에 잔을 탁하고 치는 관습이 있다.

젓가락이 사람을 향하게 하면 예의가 없는 행동으로 여기며, 맛있게 배불리 먹었다는 의사표시를 한다.

과일: 둘로 쪼개서는 안됨(헤어진다는 의미)

음식이 짝수로 나온다.

찬 것부터 더운 것으로 순서대로 먹는다.

담소를 얼마만큼 잘 하느냐가 제일 큰 예의다.\

프랑스는 삶을 즐기는 문화, 사교의 장소, 최고의 여가시간, '문화를 먹고 사는 민족'으로 식탁의 요리는 종합예술로, 문화의 중요한 한 부분이라고 생각한다.

식사 소요시간 2~3시간, 천천히 요리를 음미하며 즐긴다.

미국과는 반대로 손을 테이블 위에 두는 것이 좋다.

한 가족이 대화의 시선처리로 연이어 나란히 앉지 않는다.

잔에 음료를 받을 때는 그대로 둔 채 받는다.

생선요리는 뒤집지 않고 그대로 둔 채로 계속 먹으며 뼈만 제거하고, 생선가시는 입에서 직접 포크로 받아 테이블 위 안 보이는 곳에 둔다.

남은 음식은 포장하거나, 담을 용기를 달라는 것은 무례한 행동으로 보인다.

식전 빵은 칼로 자르거나 입으로 물지 않고 손으로 뜯어서 먹어야 한다.

포크, 나이프는 요리가 나올 때마다 바깥쪽부터 좌, 우 한 개씩 사용한다.

이탈리아는 길거리 피자를 제외한 피자는 포크와 나이프로 썰어서 먹는다.
치즈를 추가로 요구하는 것은 요리사의 실력을 모욕하는 행위로 인식한다.
와인이나 물을 마시기 전 냅킨으로 입을 한번 닦은 후 마신다.

독일은 어린아이처럼 여긴다고 생각하여 자신의 잔을 남이 채우는 것을 싫어한다.
트림하는 행동은 금기시되지만 감기 때의 코 푸는 행동은 예외로 생각해준다.
아침식사에 꿀을 즐기는 민족이다.

스위스는 대개 보수적이고 내성적인 경향의 준법정신이 철저하며, 외국인의 경계심 많은 편이며, 자신들이 세계최고라는 자부심이 강하며, 범죄율이 낮지만 소매치기는 주의하자.
매너를 중요시하고 양보하는 습관이 있어 이웃끼리도 피해를 주지 않는다.
유럽의 중심부에 위치하여, 독일, 프랑스, 이탈리아의 문화가 혼합된 다양성이 존재한다.
식생활 문화를 자랑하는 독일, 프랑스, 이탈리아 각 나라의 다양한 요리로 영향을 받아 달콤한 초콜릿, 유제품, 치즈, 샤브샤브의 요리를 많이 먹으며 이탈리아와 인접한 남쪽에서는 토마토와 양파를 즐겨먹으며, 프랑스 쪽에서는 치즈를 사용한 요리, 독일 문화권에서는 감자와 소시지를 요리에 많이 사용하며, 프랑스 요리처럼 화려하지는 않으나 서민적인 소박함과 따뜻함이 풍기는 것이 특징이다.
에멘탈, 아펜젤 치즈 등을 백포도주와 함께 잘게 썬 빵을 찍어 먹는 퐁듀(Fondue)와 라클레트 같은 치즈요리가 유명하고, 남부에서는 이탈리아의 영향으로 파스타, 피자, 등이 주식이며, 고품질의 수제 초콜릿은 세계적으로 널리 알려져 있다.
퐁듀는 프랑스의 "fondre(=melt)"에서 온 말로, 긴 꼬챙이 끝에 음식을 꿴 다음, 치즈 녹은 것이나 소스에 담갔다가 (소스에 찍어) 먹는 음식이다.
여행가면 초콜릿, 아미라이프, 시계를 선물로 많이 사오기도 한다.

터키는 최고의 예의가 집주인이 자켓을 벗겨 주는 행동이다.
왼손은 부정적인 의미하며 식탁 위에 양손을 모두 올려놓고 식사한다.
음식이야기, 시, 노래, 자기나라 이야기에 관심을 기울이며, 슬픈 이야기, 죽은 사람의 대화는 재수가 없다고 생각하기에 조심하여야 한다.

러시아는 빈 보드카 병을 바닥에 놓는다. (불운을 가져올 수 있다고 믿는다)

영국은 스프 그릇을 기울여 먹을 경우 자신과 먼 방향으로 기울인다. 스프를 저을 때도 안쪽방향이 아닌 바깥쪽으로 떠서 식사한다.

인도네시아는 물을 마실 때 컵에 입을 물지 않는다. 식사에 초대한 집주인이 음식을 권할 때 까지 기다려야 한다.

탄자니아는 약속시간보다 일찍 오는 것은 예의에 어긋나는 행동으로 20분 정도 늦게 도착한다.

일본은 젓가락만 사용하며, 세로가 아닌 가로로 수저를 둔다.
밥그릇은 한 손으로 들고 먹으며, 밑에 가라앉은 된장을 휘저어서 마신다.
밥을 국에 말아 먹지 않는다. 밥을 고슬고슬 담는다(꾹꾹 누르면 밥 자체의 맛을 떨어뜨린다), 젓가락 양쪽사용(먹던 쪽으로 집어오지 않고, 반대쪽으로 덜어다 먹는다).
개인상차림: 가이세끼 요리(서민적인 연회 요리)
에키벤의 날 행사로 4월 10일 최북단 홋카이도의 왓카나이역에서 최남단 가고시마의 야마카와까지, 열차역마다 그 고장의 도시락을 이색적으로 판매(역에서 파는 도시락)
일본 음식의 특징으로는 그 지방의 독특한 요리 방법을 중시 여긴다(전통요리).
주식: 쌀, 생선요리 발달
5가지 맛: 단맛, 신맛, 매운맛, 쓴맛, 짠맛

5가지 색: 흰색, 노랑, 빨강, 파랑, 검정 색을 잘 어울리게 담아낸다.
5가지 조리법 : 날것, 삶기, 굽기, 튀기기, 찌기
5가지 조미료: 설탕, 소금, 식초, 간장, 된장

* 세계 각국의 인사 법

(1) 악수 : 눈으로 하는 인사
- 미국 : 손을 힘 있게 잡고 두세 번 흔든다.
- 독일 : 언제나 강하고 짧게 흔든다.
- 프랑스 : 손에 힘을 주지 않는다.
- 한국 : 손을 잡는 그 자체에 의미를 둔다.

(2) 목례 : 중국, 아시아의 유교 영향권 나라에서 하급자, 연하자 일수록 먼저 더 낮추어 고개 숙인다

(3) 입맞춤 : 프랑스, 스페인 등 지중해 연안나라
- 러시아 : 키스를 하고 포옹을 한다.
- 사우디아라비아 : 악수를 한 후 양쪽 빰에 키스

(4) 와이(태국의 전통인사): 두손을 모으고 팔과 팔꿈치를 몸에 붙인채로 '와이'라고 말하면서 고개를 숙인다.

(5) 나마스테(인도의 전통인사) : 존경의 표시
'당신 앞에 절합니다 '의 뜻

(6) 살람(싱가포르의 전통인사) : 손을 잡지 않고 인사

(7) 아브라쏘(멕시코, 아르헨티나, 콜롬비아 등 중남미의 나라 인사) : 서로 껴안고 키스를 한 후 친근함의 표시로 어깨를 몇 번 두드리는 행위 , 키스보다 더 신체접촉이 많으며 시간도 길다.

(8) 침뱉기(아프리카 탄자니아의 마사이부족의 인사) : 존경과 친근함의 표시, 갓 태어난 아이에게도 축복과 행운의 의미, 장사꾼 상호간의 흥정을 위해서도 같이 침을 뱉는다.

(9) 코비비기(뉴질랜드 북부 로토루아 마오리족 섬) : '홍기'는 코를 서로 두 번씩 비비는 것이 반가움의 인사이다.

* 매너의 좋은 자기관리 5가지 요소

(1) 밝은 표정 갖기 : 미소 띤 표정

(2) 정감 있는 인사하기 : 인사는 매너의 시작이자 끝이다

(3) 부드럽고 상황에 맞는 말씨와 매너 지니기

(4) 단정한 용모와 복장 유지하기

(5) 바르고 절도 있는 자세 갖기

* 우리나라와 외국의 인사예절

한국

- 서로에게 안부를 전하고 반가움, 공경의 뜻
- 처음 만나 서로 안부를 주고받으며 자신을 소개하는 경우
- 사람들 사이에 지켜야 할 예의범절, 포괄적 의미, "선생님", "부인", "여사님", 등, 상대방의 이름 뒤에 "오빠 또는 형", "언니 또는 누나" 등을 붙여 부른다.
- 반어법을 사용하며 기쁨을 감추며 겸손한 감사인사
- 상봉, 이별, 문안, 안부 인사가 각기 다르다
- 가급적 피부를 대지 않는 것
- 상체를 굽혀 몸을 낮추거나 절을 하는 수직적 방식
- 농경문화 '공간의 문화', '우리' 학연, 지연, 혈연 특화
- 유교주의적, 남존여비사상, 남성우위

동양식 인사 문화는 경 기본(敬: 공경할), 공손 가치

서양식 인사 문화는 친 기본(親: 친할), 반가움 강조

서양

- 악수와 포옹 등 수평적인 인사형태
- 유목문화 '시간의 문화'
- 출신 보다는 능력을 중시하며
- 지연 보다는 현재의 관계를 중시

- 숙녀 우선주의 관습, 여성 보호의식

브라질 인사예절

- 비즈니스: 악수
- 평소: 여성, 양 볼에 키스
- 안면이 있는 남성: 어깨나 등을 툭툭 치거나 반 포옹
- 첫 만남: 낯설어 하지 않고 금세 친근감 표시
- 회의석상: 참석한 사람 일일이 악수
- 회의종료: 참석한 모두에게 인사
- 저녁식사 초대는 사업상이면 상담이 잘 되고 있다는 신호

일본 인사예절

- 오지기: 감사, 경의를 표시 할 때
- 에사쿠: (15도) 동료, 간편한 목례
- 경례: (30도) 거래, 면담, 의뢰시
- 최경례: (45도~60도) 경의, 사죄, 의사전달, 가장 정중한 오지기
- 남성: 팔을 몸 옆에 붙이고
- 여성: 양손을 앞으로 가지런히 포개서(악수, 포옹, 볼을 만지는 인사 삼가)

중국 인사예절

- 기쁨을 표하며 함박웃음으로 선물을 받는다(기쁨을 재차 표현).
- 5~6살 차이가 나도 서로 친구라고 부르기도 하며, 나이가 많은 사람을 만나 모두에게 똑같이 "니하오"라고 인사를 한다.

〈경사 시 인사말〉

- 출산: 순산을 축하드립니다 → 염려해 주신 덕분입니다.
- 결혼: 행복하시길 바랍니다 → 열심히 잘 살겠습니다.
- 생일: 생신축하, 만수무강 → 모두 염려해 주신 덕분입니다.
- 돌: 아기의 건강, 똘똘함에 축하 → 고맙습니다.

- 졸업: 큰 일 하셨네요 → 염려해 주신 덕분입니다.

* 우리나라와 외국의 초대복장

- 성공하는 사람은 복장과 용모가 다르다
- '옷을 입는다'는 것은 곧 아름다움과 덕을 바깥으로 내 보이는 것
- 사람을 새롭게 하고 선하게 만든다.

한국

- 집에 초대: 편안한 복장
- 돌잔치, 행사: 깔끔한 복장, 정장
- 결혼식: 신부를 돋보이게 하기 위해 흰색NO
- 장례식, 조문: 검정색(무채색 정장)
  맨발금지: 무채색, 단색양말
  남자: 무채색 정장, 단색
  여자: 치마길이(무릎 아래)
- 손의 위치로 남자는 오른손을 위로, 여자는 왼손을 위로 포갠다.
- 미국레스토랑 초대복장: 정장, 드레스
- 친구네: 캐쥬얼 복장
- 일본: 기모노 복장(양반다리NO)

남성 예복

- 모닝코트: 낮의 정식 예복
- 색 코트: 낮의 약식
- 연미복: 밤의 정식 예복
- 턱시도: 밤의 약식 예복
- 남성 평상복: 정장, 양복
- 회사 근무, 업무상 모임, 오찬, 만찬, 결혼식 예복

여성 예복

- 이브닝 드레스: 밤에 입는 여성예복
- 칵테일 드레스: 저녁에 입는 여성예복
- 애프터눈 드레스: 낮에 입는 여성예복

나라마다 선호하는 차 색깔도 다르다.

- 이탈리아 - 붉은색, 성실과 철저함으로 대변 되는 빨강색을 좋아한다.
- 독일 - 국민들은 은색을 선호한다.
- 문화를 사랑하는 프랑스 - 자유를 상징하는 파란색을 좋아한다.
- 미국, 아시아, 중동 지역 - 흰색과 담갈색(베이지) 차량이 많이 판매된다.
- 영국은 진한 청색(다크블루).
- 러시아, 브라질, 남미 - 실버 차량의 인기가 높다.
- 캐나다, 그리스, 터키, 북미, 일본, 인도 - 흰색.
- 노르웨이 - 브라운.
- 중국 - 실버, 블랙.

이러한 차이는 각국의 공항에 내리는 순간 한눈에 확인할 수 있다.

글로벌 기업에서는 각기 다른 인종, 문화와 종교를 가진 직원이 같은 공간에서 근무하고 다양한 구성원을 수용할 수 있는 조직 문화형태로 다양한 현지 문화이해도에 집중해야 한다.

7) 경쟁 환경

경쟁 환경은 특정 시장이나 산업 내에서 기업들이 서로 경쟁하는 상황을 의미한다.

경쟁 환경은 기업의 전략적 결정을 내리는 데 중요한 요소로 작용하며, 경쟁자의 행동, 시장 구조, 경쟁 강도 등이 기업에 영향을 미친다. 경쟁 환경을 분석하는 것은 기업이 시장에서 어떻게 경쟁할지, 어떤 전략을 사용할지를 결정하는 데 중요한 정보를 제공한다.

경쟁 환경을 이해하는 데 중요한 요소는 다음과 같다.

(1) 경쟁자의 수와 종류

경쟁자가 많을수록 시장에서의 경쟁은 치열해진다.

경쟁자의 수와 그들의 규모, 전략, 제품이나 서비스의 차별화 정도는 기업이 선택할 전략에 큰 영향을 미친다. 경쟁자의 특성에 따라 시장 점유율을 확보하기 위한 방식도 달라진다.

- 직접 경쟁자: 동일한 제품이나 서비스를 제공하는 기업들.
- 간접 경쟁자: 비슷한 요구를 충족시킬 수 있는 다른 제품이나 서비스를 제공하는 기업들(커피숍은 커피를 판매하지만, 차를 파는 카페도 간접적인 경쟁자가 될 수 있다).

(2) 시장 성장률

시장 성장률이 높은 산업에서는 경쟁이 치열할 수 있지만, 새로운 기회가 많아 경쟁자들이 진입하려는 유인이 커진다. 반대로 시장 성장률이 낮은 성숙기 시장에서는 기존 기업들 간의 경쟁이 더 심화될 수 있다.

- 성장 시장: 기업들이 시장 점유율을 늘리기 위해 경쟁하기 때문에 경쟁은 치열하지만 기회가 많다.
- 성숙 시장: 시장이 포화 상태에 이르렀을 때 경쟁자들은 시장 점유율을 빼앗기 위해 더 공격적인 전략을 사용할 수 있다.
- 쇠퇴 시장: 시장이 축소되고 있는 경우, 경쟁자들이 시장을 떠나기 시작하거나, 남아있는 기업들이 비용 절감 전략을 사용할 수 있다.

(3) 차별화와 경쟁 우위

제품이나 서비스의 차별화는 경쟁에서 중요한 역할을 한다.

차별화된 제품이나 서비스를 제공하는 기업은 가격 경쟁을 피할 수 있으며, 고객의 충성도를 높일 수 있다. 경쟁 우위를 유지하려면 지속적으로 혁신하고, 기술력, 품질, 고객 서비스 등에서 차별화된 가치를 제공해야 한다.

(4) 시장 구조

시장 구조는 경쟁 환경에 큰 영향을 미친다.

시장의 구조에 따라 기업들은 다양한 경쟁 전략을 사용한다.

시장 구조는 대개 다음과 같은 유형으로 나눌 수 있다

- 완전 경쟁 시장: 많은 공급자와 수요자가 존재하며, 제품이 거의 동일한 시장이다.
  가격은 시장에서 결정되며, 기업은 가격을 통제하기 어렵다.
- 과점 시장: 소수의 대기업이 시장을 지배하는 구조이다.
  주요 기업들은 상호작용을 하며 경쟁하고, 가격 결정에서 중요한 역할을 한다.
- 독점 시장: 하나의 기업이 시장을 지배하는 구조로, 경쟁자가 없으며 가격을 자유롭게 결정할 수 있다.
- 차별화된 경쟁 시장: 다양한 기업들이 차별화된 제품을 제공하며 경쟁하는 시장이다.
  기업들은 가격 외에도 품질, 서비스 등을 차별화하여 경쟁한다.

(5) 기술적 혁신과 변화

기술의 발전과 혁신은 경쟁 환경을 빠르게 변화시킬 수 있다.

새로운 기술이 등장하면 기존의 경쟁 구조를 바꿀 수 있으며, 기업들이 새로운 기술을 채택할 때 경쟁 우위를 얻을 수 있다.

- 기술 혁신: 새로운 기술이 기존 제품이나 서비스의 경쟁력을 높이거나, 새로운 시장을 열 수 있다. 전자상거래는 소매업 시장에서 경쟁 방식을 변화시켰다.
- 디지털 전환: 많은 기업들이 디지털 기술을 활용하여 경쟁력을 강화하고 있으며, 기존 시장의 경쟁 환경이 달라지고 있다.

경쟁 환경을 분석하는 것은 기업이 경쟁 우위를 확보하고, 시장에서 성공하기 위한 전략을 수립하는 데 필수적이다. 기업은 경쟁자의 행동을 예측하고, 자원을 효율적으로 배분하며, 시장에서의 기회를 포착할 수 있다. 경쟁 환경을 이해하는 것은 단순히 경쟁자를 파악하는 것뿐만 아니라, 전체 산업의 변화, 시장 트렌드, 고객의 요구 등을 종합적으로 고려하는 과정이다.

기업은 경쟁기업과의 경쟁형태라는 환경요인에 영향을 받는다. 기존의 제품과 서비스가 어떤 것이 있는지 가격을 파악해 본다. 경쟁기업의 판매액과 이익추정, 제품별 판매액 추정, 공급자와 잠재적 고객의 정보수집, 등 상호보완적인 기업을 발견한다. 전략적인 제휴도 고려해본다. 시장점유율, 제품비교, 경쟁적 지위, 진입 장벽, 주요경쟁자는 또 누구인지도 파악해본다. 그리고 어떤 측면에서 경쟁하는지, 잠재적 경쟁자는 누구인지, 진입장벽은 어떠한지, 경쟁업체도 분석한다. 배후세대, 교통, 주변시설, 유동인구, 접근 편의성에 대해 관찰한다.

남자들이 여자들의 직업에 뛰어드는 현상으로 플로 리스터는 꽃집 아가씨를 넘어, 남자들이 더 섬세하고 스케일도 크다는 장점이 있다. 백의의 천사인 간호사는 남성이 간호학과에 입학하는 남성도 점점 증가하고, 유치원 교사는 남자 선생님이 읽어주는 동화에 아버지의 역할을 아이들에게 느낄 수 있게 해주는 게 강점의 경쟁 환경도 변화하고 있다.

경쟁자 분석의 기준으로는 욕구별 경쟁, 소비자가 추구하는 근본적인 욕구에 대한 경쟁을 말하며, 품종경쟁은 소비자의 욕구를 충족시킬 수 있는 여러 가지 제품별 경쟁을 말한다. 또 제품형태별 경쟁은 소비자의 특정 욕구를 충족시킬 수 있는 각각의 다른 제품형태별 경쟁을 말한다. 상표별 경쟁은, 동일한 욕구를 충족시킬 수 있는 여러 상표별 경쟁을 한다.

경쟁자보다 우위를 획득하는 방법으로는 시장점유율, 고객 인식요소, 내부적 운영 우위, 재산적 가치가 있는 기술, 능력, 또는 관계, 판매채널, 선포기업우위, 브랜딩, 틈새시장 발견 등이 월등할 때 경쟁에서 우위를 획득한다. 경쟁의 유형에는 직접적 경쟁자(동일한 목표시장을 추구하는 기업), 대기업경쟁자(전국적 규모, 프랜차이즈), 온라인 경쟁자(독특한 제품믹스, 높은 수준의 서비스), 간접적 경쟁자(다른 유형의 제품), 미래경쟁자(미래에 발생할 경쟁자) 등의 경쟁자 유형이 있다. 경쟁자에 대해 효과적으로 대처하기 위한 전략적 분석으로는 전략적 지위(Strategic position)에 충분한 이해를 한다. 전략적 분석으로는 기업의 가치, 핵심역량, 경영방식, 자원, 자산에 대한 강점과 약점을 파악하며, 경쟁의 대상, 경쟁 환경, 고객의 선택사항, 차별화 요소, 핵심역량 유지, 변화에 유연하게 대응하는 매뉴얼을 가지고 있어야만 효과적으로 대처할 수 있다. 남자들이 여자들의 직업에 뛰어드는 현상으로 플로 리스터: 남자들이 더 섬세하고 스케일도 크다는 장점과 백의의 천사인 간호사: 남성이 간호학과에 입학하는 남성도 15배 증가하고, 유치원 교사: 남자 선생님이 읽어주는 동화에 아버지의 역할의 장점이 있다고 환경이 변화하고 있다.

8) 글로벌 마케팅 환경(Global Marketing Environment)

글로벌 마케팅 환경은 국제적으로 운영되는 기업들이 각국의 문화, 경제, 정치, 법률, 기술적 요소 등을 고려하여 마케팅 전략을 수립하고 실행하는 환경을 의미한다.

글로벌 시장은 다양한 국가와 지역을 포함하고 있으며, 각 시장에서의 소비자 행동과 요구 사항이 다르기 때문에 기업은 이러한 차이를 반영한 맞춤형 전략을 개발해야 한다.

글로벌 마케팅 환경을 이해하려면 다양한 요소들이 어떻게 영향을 미치는지 분석하는 것이 중요하다. 주요 요소는 다음과 같다.

(1) 문화적 환경

문화적 환경은 각국의 문화적 차이, 전통, 가치관, 언어, 소비 습관 등과 관련된 요소를 포함한다. 문화적인 차이를 이해하지 못하면 마케팅 전략이 실패할 수 있기 때문에 각 지역의 문화를 고려한 마케팅 활동이 필수적이다.

- 언어와 커뮤니케이션: 언어 차이는 마케팅 메시지와 브랜드 이름에 영향을 미칠 수 있다. 어떤 언어나 표현이 긍정적인 의미를 가질 수도 있고, 다른 문화에서는 부정적인 의미를 가질 수 있기 때문에 로컬화된 언어와 커뮤니케이션이 중요하다.
- 소비자 행동: 문화적 차이는 소비자들이 제품을 어떻게 소비하고, 어떤 브랜드를 선호하는지에 영향을 미친다. 일부 국가에서는 가격 민감도가 높고, 다른 나라에서는 품질이나 브랜드 이미지가 더 중요한 요소일 수 있다.

- 사회적 가치관: 일부 국가에서는 환경 보호나 윤리적 소비가 중요시되며, 기업은 이를 반영한 마케팅 전략을 수립해야 한다.

(2) 경제적 환경

경제적 환경은 각국의 경제 상황, 소득 수준, 소비 패턴, 경제 성장률, 인플레이션율 등 경제적 요소들이 글로벌 마케팅 전략에 미치는 영향을 말한다.

- 소득 수준: 고소득 국가에서는 고급 제품이나 서비스가 선호될 수 있고, 저소득 국가에서는 가격에 민감한 제품이나 서비스를 선호할 수 있다. 가격 책정 전략과 제품 개발에 영향을 미친다.
- 경제 성장률: 경제가 성장하는 국가에서는 소비가 늘어나고, 마케팅 기회가 많아지며, 반대로 경기 침체가 예상되는 국가에서는 비용 절감과 가격 경쟁력이 중요한 요소로 부각된다.
- 환율: 환율 변동은 해외 시장에서의 가격 책정 및 수익성에 큰 영향을 미친다. 환율 변화에 따라 가격 조정이 필요하며, 수출입 전략에도 영향을 줄 수 있다.

(3) 정치적 및 법률적 환경

정치적 환경은 각국 정부의 정책, 규제, 법률, 정치적 안정성 등을 포함하며, 글로벌 마케팅 전략에 큰 영향을 미친다. 또한 법률적 환경은 기업이 준수해야 할 법적 요구 사항과 규제를 다룬다.

- 정치적 안정성: 정치적 불안정성이 큰 국가에서는 기업들이 시장 진입을 망설일 수 있으며, 외환 통제나 정부의 규제 강화 등이 마케팅 전략에 영향을 줄 수 있다.
- 무역 및 규제: 각국의 무역 정책, 세금, 수입 제한, 수출 장벽 등은 마케팅 전략에 영향을 미친다. 고관세를 부과하는 국가에서는 가격 전략이 중요해질 수 있다.
- 지적 재산권: 글로벌 시장에서 지적 재산권 보호는 중요한 문제이다. 특히, 기술 중심의 기업들은 특허나 상표, 저작권 보호에 신경을 써야 한다.

(4) 기술적 환경

기술적 환경은 혁신적인 기술 발전, 인터넷 사용 증가, 디지털 마케팅, 자동화 등과 관련된 요소이다. 기술은 마케팅 활동의 효율성을 높이고, 새로운 마케팅 채널을 열어주는 중요한 요소이다.

- 디지털화와 인터넷 사용: 글로벌 인터넷 사용자의 증가로 기업들은 온라인 마케팅, 소셜미디어, 전자상거래 등 다양한 디지털 채널을 통해 소비자와 소통할 수 있게 되었다.
- 모바일 마케팅: 스마트폰 사용의 확산으로 모바일 마케팅은 중요한 전략적 요소가 되었다. 특히, 모바일 앱을 통한 소비자 참여나 위치 기반 마케팅이 활성화되고 있다.
- 기술 혁신: 새로운 기술의 등장(AI, 빅데이터 분석, 가상현실 등)은 마케팅 전략에 새로운 기회를 제공한다. 소비자 데이터를 분석하여 개인화된 마케팅을 할 수 있다.

(5) 사회적 환경

사회적 환경은 소비자들의 생활 방식, 가치관, 사회적 트렌드, 인구 통계적 변화 등을 포함한다. 사회적 환경은 소비자들의 선호도와 소비 패턴에 큰 영향을 미친다.

- 인구 변화: 인구 고령화, 출산율 감소, 도시화 등 인구 구조의 변화는 소비 패턴에 영향을 미친다. 고령 인구가 많은 국가에서는 노인을 위한 제품이나 서비스가 인기를 끌 수 있다.
- 건강 및 웰빙: 건강에 대한 관심이 증가함에 따라, 건강 지향적인 제품이나 서비스가 수요를 끌어모을 수 있다. 유기농 식품, 피트니스 기기, 웰빙 서비스 등이 인기를 끌고 있다.
- 지속 가능성: 환경 문제에 대한 관심이 높아지면서, 친환경 제품이나 지속 가능한 비즈니스 모델을 채택하는 기업들이 소비자들로부터 긍정적인 반응을 얻고 있다.

(6) 경쟁 환경

경쟁 환경은 각 국가 및 지역에서의 경쟁 강도와 경쟁자들의 전략에 따라 달라진다.

글로벌 기업들은 해외 시장에 진출하면서 현지 경쟁자들뿐만 아니라, 다른 글로벌 기업들과도 경쟁하게 된다.

- 현지 경쟁자: 특정 국가에서 현지 기업들이 더 잘 이해하는 시장을 타겟으로 하는 경우, 글로벌 기업들은 현지 경쟁자들과 경쟁해야 한다.
- 글로벌 경쟁: 글로벌 시장에서 대기업들이 서로 경쟁하는 환경에서는 가격, 품질, 서비스, 기술 등 다양한 경쟁 요소가 중요하게 작용한다.

* 글로벌 마케팅 전략 수립 시 고려해야 할 점

- 시장 조사: 각국의 소비자 행동, 시장 특성, 경쟁 환경 등을 파악해야 합니다.
- 로컬화 및 표준화: 각 시장에 맞는 로컬화 된 마케팅 전략을 채택할지, 표준화된 전략을 사용할지, 제품, 가격, 광고 등에서 로컬화가 필요한지 여부를 판단한다.
- 문화적 민감성: 각 지역의 문화적 차이를 이해하고, 그에 맞는 마케팅 메시지와 이미지를 사용해야 한다.
- 법적 준수: 각국의 법률과 규제를 준수하는 것이 중요하다. 특히 광고, 제품 안전, 소비자 보호 법규를 준수해야 한다.

글로벌 마케팅 환경은 매우 복잡하고 동적인 요소들이 상호작용하는 공간이다. 기업이 국제 시장에서 성공하기 위해서는 다양한 국가들의 문화적, 경제적, 정치적, 법적, 기술적 환경을 정확히 분석하고, 적절한 전략을 수립하는 것이 중요하다. 글로벌 시장에서의 경쟁력을 확보하려면, 각 지역의 요구에 맞는 맞춤형 전략을 개발하고, 동시에 글로벌 브랜드의 일관성을 유지해야 한다.

최근 인터넷의 발달과 국제적인 물류망 확보 등 세계를 하나의 경제체제로 통합시키게 하는 환경적 변화가 급속하게 형성되고 있다. 국제화 시대에 있어 자사의 기업이 어떻게 해당지역 또는 국가의 환경에 적응할 수 있는 마케팅 활동이 중요한 관건인지 알아보자.

* 국제경영전략에 성공한 네슬레(Nestle) 사례

네슬레가 다국적 기업으로 성공할 수 있었던 이유는 세계 각국의 사람들의 입맛에 맞는 커피를 현지인 입맛에 맞게 개발하였기 때문이다. 특히 식품시장은 매우 보수적이지만, 네슬레는 철저한 현지화 전략으로 해당 지역 환경에 적응하여 세계 최고식품 회사이다.

네슬레가 다국적 기업으로 성공할 수 있었던 이유는 세계 각국의 사람들 입맛에 맞는 커피를 현지인 입맛에 맞게 개발하였기 때문이다. 특히 네슬레는 철저한 현지화 전략으로 해당지역 환경에 적응한 성공 사례이다. 해외시장 진입 시 기업은, 각각의 국가마다 외국기업에 대한 정치/법률적 태도가 다르기 때문에 그 시장에 대한 이해도가 우선시 되어야 한다.

정치적인 안정성 경쟁에 관한 규정들을 고려하여야 한다. 글로벌 인터넷 마케팅 환경으로는 정보, 제품가격 비교, 제품 및 서비스, 탐색, 소요시간 절약, 직접매장 방문의 번거로움이 사라지는 장점이 있다. 기업은 새로운 시장 창출, 경제적 효용성 증대의 강점이 있고, 소비자는 원하는 제품을 직접 찾을 수 있어 거래비용이 낮고, 시간절약의 강점이 있다.

* 이케아(IKEA)의 글로벌 표준화 전략, 현지화 전략에 성공한 전략

1940년, 스웨덴 작은 마을에 최초로 IKEA 매장을 설립하여 자신의 성명, 농장명, 출생지명 따서 만들었다. 2015년 기준 세계 47개국 365개 최대 가구체인점 거대 매장으로 성장, 1960년 초반 스웨덴 시장이 포화상태, 1963년 노르웨이 최초 해외 점포 개설, 1969년 덴마크 두 번째 점포 개설, 1973년 스위스, 1977년도 해외매출은 본국의 9배, 50개 국에 걸쳐 2,000개의 공급자와 협력관계를 맺고 있다. 지침으로는 비용절감을 위한 기술과 경영지원 등 공급자의 경쟁력 향상에 지원, 독점계약 체결 요구, 독보적인 디자인과 품질을 유지, 표준화 제품을 생산(대량생산)/판매, 저생산비용, 저가격, 광고 캠페인에 스페인을 나타내는 파랑과 황금색 색채 적용, 매장크기를 크게 한다. 1985년 미국에서 1996년 10년 동안 북미지역 26개 개설하였다. IKEA 미국시장의 몇 가지 문제점이 발생, 스웨덴 침대는 미국 침대보다 5인치가 작다. 찬장은 미국에서 사용되는 대형 식기들을 수납하기에는 너무 작았다.

유리잔들은 주로 음료에 얼음을 넣어 마시는 미국인들에게는 너무 작고, 침실 서랍장은 그 안에 주로 스웨터를 수납하는 공간으로 좁으며, 커튼은 미국식 창에는 너무 짧아 창문을 다 덮지 못했다. 90년대 초반부터는 글로벌 표준전략을 수정하여 미국에 맞춘 전략을 수립하며 1990년에서 1994년 미국시장 판매액은 3배 증가로 48억 달러를 기록하였다. 목표시장의 전략적 특성으로는 대상 지역, 기호, 소비습관, 소득 수준 등의 구매의사 결정, 목표시장 선정, 트렌드와 규모를 계산하여 특성을 파악한다.

* 시장 환경 파악의 사례

자이리톨 껌: 치과의사회 공식 인증, 구강 보건 상 장점

- 경제적 환경: 경기 회복(건강에 대한 관심 증가), 2010년 중국시장 점유율 1위
- 강점 : 롯데제과의 명성, 기존 껌 시장에서의 브랜드 파워
  롯데제과의 영업력과 유통망, 선점업체, 자이리톨의 효능
- 약점 : 비싼 가격, 껌을 씹은 후 갈증, 단맛의 지속시간이 짧다
- 기회 : 경기회복, 식생활의 변화로 충치예방 필요성 증대, 인지도 상승
- 위협 : 1997년 1차 출시 실패, 껌 시장의 성장률 둔화, 모방제품의 등장
- 기능성 제품 : 충치 예방의 기능 껌, 차별화된 전략
  '잠자기 전에 씹는 껌', '양치 후에 씹는 껌'

2. 창업 사업 환경 분석

창업 사업 환경 분석은 창업자가 사업을 시작하기 전에 사업을 둘러싼 여러 환경 요소를 평가하여 전략을 세우는 중요한 과정이다.

사업 환경은 크게 외부 환경과 내부 환경으로 나눌 수 있으며, 각각에 대해 분석해야 한다.

1. 외부 환경 분석

외부 환경은 창업자가 직접 통제할 수 없는 외부 요인들로, 사업에 영향을 미칠 수 있는 다양한 요소들이 포함된다.

- 정치적 환경(Political): 정부의 정책, 규제, 세금, 노사 관계 등 정치적인 요소들이 창업에 미치는 영향을 분석한다. 사례로, 창업에 대한 정부의 지원 정책, 창업자에게 제공되는 세제 혜택, 규제 등이 중요하다.
- 경제적 환경(Economic): 국가 및 지역 경제의 성장률, 실업률, 인플레이션, 금리 수준 등이 사업 환경에 영향을 미친다. 경제 상황에 따라 소비자들의 구매력이 달라지기 때문에 사업의 수익성에 중요한 영향을 끼친다. 경기 불황과 호황: 경제 불황일 때는 소비자들의 소비 패턴이 변화하고, 창업자의 자금 조달이 어려울 수 있다. 금리와 대출 정책: 사업에 필요한 자금을 조달하기 위한 금리가 높은지 낮은지 분석하고, 정부의 금융 지원 정책을 파악하는 것이 중요하다.
- 사회적 환경(Social): 사회적 가치, 트렌드, 문화, 인구 구조, 교육 수준 등이 창업 사업에 영향을 미친다. 특히 소비자들의 행동과 태도는 사업 성공에 중요한 요소이다. 소비자 행동 변화: 환경 친화적인 제품에 대한 수요 증가나 디지털 기술에 대한 의존도가 높아지고 있는 변화 등을 분석해야 한다. 인구 구조: 특정 연령대나 직업군을 타겟으로 하는 사업에서는 인구 구조가 매우 중요한 요소가 될 수 있다.
- 기술적 환경(Technological): 기술 발전은 창업 사업의 경쟁력을 높이는 중요한 요소이다. 최신 기술을 사업에 어떻게 적용할 수 있을지, 기술 혁신이 어떤 기회를 제공하는지를 분석해야 한다. 디지털화 및 자동화: 클라우드 컴퓨팅, 인공지능, IoT(사물인터넷) 등 최신 기술을 활용한 사업 기회 분석이 필요하다. 기술 발전 속도: 빠르게 발전하는 기술에 따라 창업자는 기존의 방식으로 사업을 운영할 수 없게 될 수도 있으므로 지속적인 기술 동향을 파악해야 한다.

산업 환경은 창업자가 속하게 될 산업 내에서의 경쟁과 기회를 평가하는 것이다.

2. 내부 환경 분석

내부 환경은 창업자가 직접 통제할 수 있는 요소들로, 사업이 성공하기 위한 내부 역량과 자원들을 평가하는 것이다.

1) 자원 분석

사업을 시작하려면 인적 자원, 물적 자원, 재정적 자원이 필요하다. 각 자원을 어떻게 확보할지 계획해야 한다.

- 인적 자원: 창업자가 보유한 경험, 전문성, 인재 확보 능력, 조직 문화 등이 포함된다. 핵심 인재를 확보하는 것이 사업 성공에 큰 영향을 미친다.
- 물적 자원: 사무 공간, 장비, 기술 등 사업 운영에 필요한 물리적 자원들을 평가한다.
- 재정적 자원: 창업 자금을 어떻게 조달할지, 투자자나 금융기관으로부터 자금을 확보할 수 있는지 분석한다.

2) SWOT 분석

내부 환경을 분석하기 위해 SWOT 분석을 수행하여 사업의 강점, 약점, 기회, 위협을 평가할 수 있다.

강점(Strengths): 사업이 경쟁자들보다 우위에 있을 수 있는 강점들을 파악한다. 독특한 기술력, 유니크한 제품, 우수한 인재 등이 될 수 있다.

약점(Weaknesses): 창업자나 사업이 개선이 필요한 약점들을 파악한다. 브랜드 인지도가 낮거나 자금이 부족할 수 있다.

기회(Opportunities): 외부 환경에서 발생하는 기회를 파악한다. 시장의 변화나 새로운 트렌드를 이용할 수 있는 기회가 될 수 있다.

위협(Threats): 경쟁의 심화, 경제 불황, 규제 강화 등 사업에 영향을 미칠 수 있는 위협을 평가한다.

3) 경쟁 전략

내부 환경에서 경쟁우위를 확보하기 위한 전략을 세운다. 중요한 요소는 가격 경쟁력, 차별화된 제품/서비스, 고객 서비스, 마케팅 전략 등이다.

3. 시장 진입 전략

창업자가 진입하려는 시장의 특성을 분석하고, 그 시장에서 성공하기 위한 차별화된 전략을 세워야 한다. 경쟁이 치열한 시장에서는 가격 경쟁력이나 혁신적인 마케팅 전략이 필요할 수 있다.

창업 사업 환경 분석은 외부 환경(정치, 경제, 사회, 기술, 산업 등)과 내부 환경(자원, 경쟁력, SWOT 분석)을 종합적으로 평가하여, 사업이 성공할 가능성을 높이고, 예상되는 위험을 줄이는 전략을 마련하는 중요한 과정이다. 이러한 분석을 바탕으로 창업자는 보다 정확한 사업 계획을 수립할 수 있다.

시장 환경 3C 분석으로 경쟁자(Competitor), 자사(Company), 고객(Customer) 분석으로 고객 혹은 시장의 현재 욕구와 추세는 무엇인지, 경쟁자의 강점과 약점은 무엇인지 SWOT 분석: 강점(Strength), 약점(Weaknesses), 기회(Opportunities), 위협(Threats)을 분석하여 기업의 내·외부요인을 분석하고 강점과 약점, 기회와 위협을 찾아내어 강점은 강화하고 약점은 제거하거나 축소하며, 기회는 활용하고 위협은 억제하는 전략을 수립한다.

1) 경쟁사 분석(Competitor)

경쟁사 분석은 창업자가 시장에서 성공할 수 있도록 경쟁자들을 파악하고, 경쟁자들의 강점, 약점, 전략을 이해하는 중요한 과정이다.

경쟁사 분석을 통해 자사의 경쟁 우위를 점할 수 있는 기회를 발견하고, 더 나은 전략을 수립할 수 있다. 경쟁사 분석은 다음과 같은 주요 단계로 나눠볼 수 있다.

(1) 경쟁사의 선정

첫 번째 단계는 경쟁사를 선정하는 것이다. 경쟁사는 크게 두 가지로 나눌 수 있다.

- 직접 경쟁사: 같은 시장에서 비슷한 제품이나 서비스를 제공하는 기업

으로, 두 개의 같은 유형의 레스토랑이나 소프트웨어 제품을 제공하는 기업이다.

- 간접 경쟁사: 비슷한 소비자의 니즈를 충족시키는 다른 방식의 제품이나 서비스 제공자로, 패스트푸드와 테이크아웃 레스토랑은 직접 경쟁자는 아니지만, 비슷한 고객층을 대상으로 한다면 간접 경쟁자로 볼 수 있다. 경쟁사 리스트를 작성하고, 각각의 경쟁자가 제공하는 제품, 서비스, 가격대, 타겟 시장 등을 파악한다.

(2) 경쟁사의 제품 및 서비스 분석

- 제품 및 서비스의 특징: 경쟁사의 제품이나 서비스가 어떤 특징을 가지고 있는지 분석하고, 제품의 품질, 디자인, 기능, 사용 편리성 등을 분석한다.
- 차별화 요소: 경쟁사 제품이나 서비스가 차별화된 점을 파악한다. 가격, 품질, 서비스, 혁신적인 기능 등 어떤 점에서 차별화되고 있는지 분석한다.
- 제품 라인업: 경쟁사가 제공하는 다양한 제품군을 살펴보고, 그들이 어떤 시장 세그먼트를 타겟으로 하는지 분석한다. 제품의 다양성이나 특화된 제품이 있는지 평가한다.

(3) 가격 전략 분석

- 가격 책정: 경쟁사의 가격 책정 전략을 분석한다. 경쟁사 제품이 시장에서 어느 정도 가격 대에 형성되어 있는지, 자사의 가격 경쟁력을 확보할 수 있는지 평가한다.
- 할인 및 프로모션: 경쟁사가 제공하는 할인, 쿠폰, 프로모션 활동 등을 파악한다. 경쟁사가 얼마나 자주, 그리고 어떤 방식으로 가격을 조정하는지 확인한다.
- 가격 대비 가치: 가격이 높거나 낮은 이유가 무엇인지, 가격 대비 제공되는 가치는 어떤지 분석하여, 경쟁사보다 더 나은 가치를 제공할 수 있는 방법을 모색한다.

(4) 마케팅 전략 분석

- 광고 및 홍보: 경쟁사가 어떤 마케팅 채널을 사용하는지 분석한다. 온라인 광고, SNS 마케팅, 전통적인 TV 광고 등 다양한 광고 방식을 파악한다.
- 브랜드 포지셔닝: 경쟁사가 브랜드를 어떻게 포지셔닝하는지 분석한다. 고급 브랜드인지, 저렴하고 실용적인 브랜드인지 파악한다.
- 타겟 시장: 경쟁사가 어떤 소비자층을 타겟으로 하는지, 그들의 마케팅 메시지가 어떤지 분석한다. 경쟁사의 타겟 시장과 자사의 타겟 시장을 비교하고, 겹치는 부분이나 차별화할 수 있는 부분을 찾는다.

(5) 경쟁사의 유통 전략 분석

- 판매 채널: 경쟁사는 제품을 어디에서 판매하고 있는지 분석한다. 온라인 판매, 오프라인 매장, 대리점 등을 통해 어떤 유통 경로를 활용하는지 파악한다.
- 유통 파트너: 경쟁사가 어떤 유통 파트너와 협력하고 있는지 분석한다. 대형 마켓, 소매점, 글로벌 유통망 등을 통해 제품을 배급하는 방식에 대해 이해한다.
- 온라인과 오프라인: 경쟁사가 오프라인과 온라인 채널을 어떻게 통합하여 판매하고 있는지, 특히 이커머스(전자상거래) 활용 여부를 분석한다.

(6) 경쟁사의 고객 서비스 분석

- 고객 지원 시스템: 경쟁사가 제공하는 고객 서비스의 품질을 분석한다. 고객 지원 팀의 응답 시간, 문제 해결 능력, 사용자 후기 등을 통해 고객 서비스의 강점과 약점을 평가한다.
- 보증 및 반품 정책: 제품에 대한 보증 기간, 반품 절차, 고객이 제품을 반환하는 방식 등 경쟁사의 정책을 분석한다.
- 고객 충성도 프로그램: 경쟁사가 운영하는 로열티 프로그램, 할인 혜택, 멤버십 서비스 등이 있는지 분석한다. 경쟁사의 고객 충성도를 높이기 위한 전략을 파악한다.

(7) 경쟁사의 강점과 약점(SWOT 분석)

경쟁사의 강점과 약점을 분석하기 위해 SWOT 분석을 활용할 수 있다.

- 강점(Strengths): 경쟁사가 시장에서 성공하는 이유는 무엇인지, 어떤 자원이나 역량이 뛰어난지 파악한다. 특히, 독특한 기술, 강력한 브랜드, 풍부한 자본 등이 있을 수 있다.
- 약점(Weaknesses): 경쟁사의 부족한 부분은 무엇인지 분석한다. 제품 품질 문제, 고객 서비스 부족, 가격 경쟁력 약화 등이 있을 수 있다.
- 기회(Opportunities): 경쟁사가 활용하지 못하는 기회를 분석한다. 새로운 시장에 대한 접근, 고객의 변화하는 니즈 등을 파악한다.
- 위협(Threats): 경쟁사의 사업에 위협이 될 수 있는 외부 요인들을 파악한다. 시장의 포화 상태, 경제 불황, 새로운 경쟁자 출현 등이 있을 수 있다.

(8) 경쟁사의 성장 전략 분석

- 확장 전략: 경쟁사가 새로운 시장에 진입하거나 제품 라인업을 확장하는지, 또한 어떤 방식으로 성장을 추구하고 있는지 파악한다.
- 인수합병: 경쟁사가 다른 회사를 인수하거나 합병하는 전략을 취하고 있다면, 그들이 어떤 기업을 대상으로 인수합병을 진행했는지 분석한다.
- 혁신 및 R&D: 경쟁사가 혁신을 추구하는 방식이나 연구개발(R&D) 활동을 어떻게 진행되는지 분석한다. 기술적 및 새로운 아이디어를 기반으로 시장에 진입하는 방식도 중요하다.

(9) 경쟁사 분석 결과를 바탕으로 한 전략 수립

경쟁사 분석을 통해 얻은 인사이트를 바탕으로 자사의 경쟁 전략을 수립한다. 아래와 같은 접근을 고려할 수 있다.

- 차별화 전략: 경쟁사와의 차별화 포인트를 강조하여 자사의 제품이나 서비스를 차별화한다.
- 가격 경쟁력: 가격을 낮추거나 가격 대비 높은 가치를 제공하여 경쟁 우위를 확보할 수 있다.

- 고객 중심 전략: 고객 서비스나 고객 경험을 향상시키는 전략을 마련하여 고객의 충성도를 높인다.

경쟁사 분석은 단순히 경쟁자의 정보만 파악하는 것이 아니라, 경쟁사의 전략과 자사의 위치를 비교하여 향후 전략을 수립하는 중요한 과정이다. 이를 통해 경쟁사와 차별화된 사업 모델을 개발하고, 시장에서 경쟁력을 유지하는 데 도움이 된다.

직접적인 경쟁자로서 첫째, 서비스 형태에 의한 경쟁으로, 같은 서비스 형태로 인해 발생하는 경쟁을 뜻하며 둘째, 서비스에 의한 경쟁으로 유사한 속성을 보유한 서비스이며 셋째, 경쟁으로는 대체 서비스에 초점을 맞춘 경쟁분석이다. 넷째, 예산에 따른 경쟁은 고객이 어떤 서비스에 자신의 예산을 쓰는가에 대한 분석이라고 한다. 신규 고객을 지속적으로 발굴하는 것도 중요하지만 기존 고객을 유지하는 것도 기업의 입장에서는 매우 중요하다. 궁극적으로 경쟁기업의 강점, 약점 등을 파악한 후 차별화된 서비스를 제공하기 위함이며 이를 위해서는 목표고객을 명확히 파악한 후 차별화된 서비스를 제공하는 것이다.

경쟁사 분석이란 경쟁사의 생산능력, 표적고객, 판매 전략을 분석하는 것이다.

경쟁 환경 분석으로는, 경쟁자는 누구인지, 제품과 서비스는 무엇인지, 경쟁자가 제공하는 제품이나 서비스의 범위는 무엇인지, 판매를 확대, 축소, 얼마나 오랫동안하고 있는지, 경쟁자의 자원은 무엇인지를 경쟁제품을 분석하고 파악하여, 경쟁하고자 하는 경쟁제품을 선정하고, 경쟁제품의 표적고객, 제품범주, 선도제품, 제품수명주기, 핵심속성과 편익, 경쟁우위, 기술적 특성, 이미지나 스타일, 소비자가 평가하는 긍정적인 속성, 부정적인 속성, 규모, 수익, 고객은 경쟁제품과 비교해서 자사제품을 어떻게 보는지, 경쟁제품과 어떻게 다른지, 고객이 경쟁제품을 평가하는 정도는 어떤지, 경쟁제품의 가격은 적당한지를 분석한다. 경쟁분석으로 고객 중심의 관점에서 사용목적과 가치제공, 생산자 중심의 관점은 원료, 공정, 기술제공, 경쟁자 분류로는 직접경쟁자가 시장점유의 경쟁자를 뜻하며 잠재적 경쟁자로 미래에 경쟁관계가 될 경쟁자를 뜻하며 대체제로 수요를 대체하는 것을 말한다.

2) 자사 분석(Company)

자사 분석은 자사의 현재 상태와 자원을 정확하게 파악하여, 강점과 약점을 식별하고, 효율적인 전략을 수립하는 중요한 과정이다. 자사 분석은 내부적인 역량을 평가하여 경쟁 우위를 확보하고, 시장에서 성공할 수 있는 방향을 제시하는 데 중요한 역할을 한다.

자사 분석을 위한 주요 항목을 아래와 같이 정리할 수 있다.

(1) SWOT 분석

SWOT 분석은 자사 분석에서 매우 중요한 도구로, 자사의 강점(S), 약점(W), 기회(O), 위협(T)을 체계적으로 분석한다.

강점(Strengths): 자사가 경쟁사에 비해 우위에 있는 요소들을 파악한다.

고유한 기술력, 브랜드 인지도, 강력한 네트워크, 우수한 제품 품질, 충성도 높은 고객층 등이 될 수 있다.

약점(Weaknesses): 자사의 경쟁에서 약점을 나타내는 부분을 분석한다.

자금 부족, 마케팅 전략 부족, 낮은 브랜드 인지도, 품질 관리 문제, 기술력 부족 등이 있을 수 있다.

기회(Opportunities): 외부 환경에서 자사가 활용할 수 있는 기회를 파악한다.

시장의 성장 가능성, 새로운 소비자 요구, 규제 완화, 기술 혁신 등이 될 수 있습니다.

위협(Threats): 자사에게 잠재적인 위협이 될 수 있는 외부 요인을 분석한다.

경쟁 심화, 경제 불황, 변화하는 소비자 트렌드, 기술 발전으로 인한 시장 변화 등이 있다.

(2) 자원의 분석(자원 기반 분석)

자사의 내부 자원을 분석하여 경쟁력을 확보할 수 있는 자원들이 무엇인지 파악한다.

인적 자원: 창업자 및 직원들의 역량과 전문성을 평가한다. 예를 들어, 팀의 경험, 기술적 능력, 리더십, 교육 수준 등을 분석한다.

물적 자원: 자사의 물리적인 자원인 설비, 사무 공간, 생산 시설 등을 평가한다.

재정적 자원: 자본금, 현금 흐름, 투자자나 대출을 통한 자금 조달 능력, 자금 운용 능력을 분석한다.

기술적 자원: 자사가 보유한 기술적 자원(특허, 소프트웨어, 생산 기술 등)과 그 기술이 시장에서 어떤 경쟁력을 갖추고 있는지 평가한다.

네트워크 자원: 공급망, 협력 관계, 파트너십, 고객 네트워크 등을 평가한다.

(3) 핵심 역량 분석

자사의 핵심 역량(Core Competencies)을 분석하여, 무엇이 자사를 차별화시키고 경쟁 우위를 부여하는지 파악한다.

차별화된 기술력: 경쟁사와 다른 고유한 기술적 우위가 있다면, 이는 자사의 핵심 역량으로 활용될 수 있다.

브랜드 가치: 자사의 브랜드가 갖고 있는 가치와 고객 충성도를 평가하여, 브랜드의 경쟁력을 분석한다.

고객 경험: 자사가 고객에게 제공하는 서비스나 경험이 다른 경쟁사보다 뛰어난지 분석한다. 고객 대응 시스템, 사용자 인터페이스(UI) 개선, 빠른 배송 등.

운영 효율성: 생산 과정에서의 효율성, 공급망 관리 능력, 비용 절감 노력 등을 평가한다.

(4) 경영 성과 분석

자사의 과거 성과와 현재 상태를 분석하여 향후 성장 가능성을 평가한다.

매출 및 성장률: 자사의 매출, 순이익, 성장률, 시장 점유율 등을 파악하여, 사업이 얼마나 성장하고 있는지 분석한다.

ROI(투자 대비 수익률): 자사 투자에 대한 수익률을 분석하여, 자원의 배분이 효율적인지 확인한다.

시장 점유율: 자사의 시장 내 위치를 분석하여, 경쟁사와 비교한 자사의 점유율을 파악한다.

(5) 경영 전략 분석

자사의 비전, 목표, 전략적 계획을 분석하여, 현재와 미래의 목표가 얼마나 잘 일치하는지 평가한다.

단기 및 장기 전략: 자사가 설정한 목표를 달성하기 위한 전략을 분석한다.

가격 전략, 시장 진입 전략, 제품 혁신 전략 등.

전략 실행 능력: 자사가 전략을 얼마나 효과적으로 실행할 수 있는지, 자원의 배분이 적절한지 평가한다.

위험 관리: 자사가 직면할 수 있는 리스크를 관리하는 능력(경제 불황, 기술 변화, 경쟁 심화)에 대한 전략을 평가한다.

(6) 고객 분석

자사와 관계가 있는 고객층을 분석하여, 현재 고객의 요구 사항과 향후 변화하는 요구를 파악한다.

타겟 고객: 자사가 타겟팅하는 주요 고객층을 분석한다.

고객의 연령대, 성별, 직업, 지역, 구매 행동 등을 파악한다.

고객 만족도: 기존 고객의 만족도를 분석하고, 개선할 부분이 있는지 평가한다.

고객 충성도: 자사의 고객 충성도 수준을 분석하여, 고객 유지 및 재구매율을 높이기 위한 전략을 세운다.

(7) 경쟁 분석

경쟁사와 비교하여 자사의 경쟁력을 평가한다. 경쟁사 분석을 통해 자사와 경쟁사의 강점과 약점을 비교하고, 차별화된 전략을 개발한다.

가격 경쟁력: 자사의 가격이 경쟁사에 비해 어느 정도 경쟁력이 있는지

평가한다.

품질 경쟁력: 자사의 제품이나 서비스 품질이 경쟁사에 비해 얼마나 우수한지 평가한다.

마케팅 경쟁력: 자사의 마케팅 전략과 접근 방식이 경쟁사보다 우수한지 분석한다.

(8) 혁신 및 성장 가능성

자사의 혁신 역량과 미래 성장 가능성을 분석하여, 시장에서의 장기적인 성공 가능성을 평가한다.

연구 개발(R&D): 자사가 얼마나 혁신적인 기술이나 제품을 개발하고 있는지, R&D 투자 비율 등을 분석한다.

시장 확장 가능성: 자사의 제품이나 서비스가 새로운 시장에서 확장될 가능성, 글로벌 진출 전략 등을 평가한다.

지속 가능성: 자사의 비즈니스 모델이 지속 가능한지, 환경적/사회적 책임을 다하고 있는지 평가한다.

* 자사 분석의 중요성

자사 분석은 창업자가 자사의 강점과 약점을 이해하고, 성장 전략을 수립하는 데 중요한 역할을 한다. 강점을 극대화하고 약점을 보완하는 전략을 통해 경쟁 우위를 확보할 수 있다. 또한, 자사 분석을 통해 향후 시장에서의 경쟁력을 높이기 위한 방향성을 명확히 설정할 수 있다.

첫째, 자사 사업의 지속 가능성 평가 및 시장의 선택과 같은 전략적 의사결정으로 매출액, 이익, 시장점유율 등의 지표이며 둘째, 원가분석이다. 기업이 시장에서 경쟁우위를 확보하는 중요한 원천이며 셋째, 마케팅 전략의 SWOT분석으로 강점(Strength), 약점(Weakness), 기회(Opportunity), 위협(Threat)의 경영 전략을 수립하기 위한 분석을 파악한다.

강점(Strength)은 경영자원의 강점(장점), 약점(Weakness)은 경영자원의 약점(단점), 그리고 기회(Opportunity)로서의 경쟁, 고객, 거시적 환경에서 비롯된 기회를 말하며, 위협(Threat)으로서는 경쟁, 고객, 거시적 환경에서 비롯된 위협의 상황들을 의논한다. 외부로부터 온 기회는 최대한 살리고, 위협은 회피하는 방향으로 자신의 강점은 최대한 활용하고, 약점은 보완한다는 논리이다.

SWOT 분석에 의한 경영 전략으로, SO전략(강점-기회 전략) 강점을 살려 기회를 포착하며, ST전략(강점-위협 전략) 강점을 살려 위협을 회피하며, WO전략(약점-기회 전략) 약점을 보완하여 기회를 포착하며, WT전략(약점-위협 전략) 약점을 보완하여 위협을 회피하는 전략이다. 넷째, 기업 내부 능력의 분석을 통해 경영관리 능력을 평가하는 분석이다. 자사의 핵심가치와 기업의 사명, 사업목표, 기업이념, 인적자원, 재무적 자원, 인간관계, 정보, 기술자원, 생산능력, 경영관리 능력, 마케팅 능력 등, 자사의 사업전략이라고 본다. 사례로는 알리바바 마윈은 전자상거래 타오바오를 계획할 때 이미 존재하는 중국 이베이의 전자상거래 기업을 인수하여 시작하였다. 이베이를 철저히 분석하여 고객의 요구사항을 파악하고 시스템 중 결제에 대한 오류를 찾아 고객의 요구사항을 개선, 보완하면서 최대의 서비스를 제공하면서 성공한 프로젝트의 사례로 손꼽는다. 다음으로는 스티브잡스는 리사와 맥킨토시의 기계결함과 고객의 입장을 배려하지 않아 실패로 애플에서 퇴사한다. 시장과 고객의 요구사항과 반응을 분석하여 사전에 계획을 세우고 시장에 충분히 정확하게 시장에 접근하고 고객으로부터 피드백을 통한 개선점을 보완하여, 분석하여야 실패하지 않는다.

자사의 경영환경을 고려할 때 지속 가능성, 내구성, 핵심경쟁력, 자사가 고객에게 핵심가치를 설정하는 것이 효과적인 핵심가치라고 할 수 있다. 기업의 내부 분석으로는 시장 점유율과 시장성장률을 파악하여 전망성과 수익성, 시장점유율 파악, 적합한 제품과 서비스 개발로 사업을 확대하는 요인을 모색한다.

* 기업 외부 분석

도입기: 기업목표, 시장규모, 타겟고객, 매출, 경쟁사 분석을 파악하여 인지도 상승.

성장기: 시장 점유율, 성장 속도, 향상, 평균 등을 파악.

성숙기: 최고조, 재구매율, 재구매자 파악.

쇠퇴기: 신제품을 개발하여 입지를 향상시키고 업그레이드 하거나 축소, 또는 사업을 변경하기도 한다.

자사 3C분석으로 고객(Customer), 경쟁사(Competitor), 자사(Company), 구체적인 키워드분석이 성공적인 자사분석의 핵심요소이다.

3) 고객 분석(Customer)

고객 분석은 고객의 특성, 행동, 요구 사항 등을 파악하여 자사 제품이나 서비스에 대한 적합성을 평가하고, 고객의 니즈에 맞는 마케팅 전략을 수립하는 과정이다. 고객 분석은 사업 성공에 중요한 역할을 하며, 고객을 정확히 이해함으로써 마케팅, 제품 개발, 서비스 개선 등을 효과적으로 추진할 수 있다. 고객 분석을 체계적으로 수행하는 방법은 다음과 같다.

(1) 고객 세분화(Customer Segmentation)

고객을 여러 그룹으로 나누어 각 그룹의 특성에 맞는 전략을 세우는 것이 중요하다.

고객 세분화는 주로 인구통계학적, 심리적, 행동적 특성, 지리적 특성 등을 기준으로 나눈다.

- 인구통계학적 세분화(Demographic Segmentation)
  고객을 나이, 성별, 직업, 교육 수준, 소득 수준, 가족 구성 등과 같은 인구통계학적 특성에 따라 구분한다[젊은 세대, 중장년층, 고소득층, 학생, 직장인 등].
- 심리적 세분화(Psychographic Segmentation)
  고객의 라이프 스타일, 가치관, 성격 등을 기준으로 세분화한다[환경을 중요시하는 고객, 편리함을 추구하는 고객, 고급스러움을 선호하는 고객 등].
- 행동적 세분화(Behavioral Segmentation)
  고객의 구매 행동, 브랜드 충성도, 구매 빈도, 제품 사용도 등을 기준으로 세분화한다[자주 구매하는 고객, 한정판 제품을 선호하는 고객, 가격 민감도가 높은 고객 등].

- 지리적 세분화(Geographic Segmentation)

  고객을 지역, 도시/농촌 등 지리적 위치에 따라 구분한다[대도시 거주자, 특정 지역에서 선호하는 제품이 있는 고객 등].

(2) 고객 니즈 분석

고객의 요구사항을 이해하는 것이 중요하다. 고객이 무엇을 필요로 하고 원하는지 파악하면, 그에 맞는 제품이나 서비스를 제공할 수 있다.

- 기본적 요구: 고객이 제품이나 서비스에 대해 기대하는 기본적인 특성(품질, 가격, 기능 등).
- 소원적 요구: 고객이 제품에 대해 추가적으로 원하는 특성이나 서비스(혁신적인 디자인, 추가 서비스 등).
- 잠재적 요구: 고객이 인식하지 못했지만 자사의 제품이나 서비스로 해결할 수 있는 숨겨진 문제나 요구(특정 기술을 통해 해결할 수 있는 문제).

(3) 고객 행동 분석

고객이 자사의 제품이나 서비스를 어떻게 이용하고 있는지를 분석한다. 마케팅 전략이나 제품 개발을 더 잘 할 수 있다.

- 구매 패턴: 고객이 구매하는 빈도, 구매 시간대, 구매하는 제품 카테고리 등을 분석한다.
- 구매 채널: 고객이 주로 이용하는 판매 채널(온라인 쇼핑몰, 오프라인 매장, 모바일 앱 등)을 파악한다.
- 가격 민감도: 고객이 가격에 얼마나 민감한지 분석합니다(할인 이벤트에 반응하는지, 가격 비교를 자주 하는지 등).
- 재구매율: 고객이 자사 제품을 재구매하는 비율을 분석, 고객 충성도와 만족도를 평가.

(4) 고객 경험 분석

고객이 자사와의 접점에서 경험하는 전체적인 경험을 분석한다. 고객 경험은 브랜드 충성도와 직결되기 때문에 매우 중요하다.

- 구매 여정: 고객이 자사의 제품을 구매하기까지의 전 과정을 분석한다. 고객이 웹사이트나 매장에서 상품을 검색하고 결제하는 과정에서 느끼는 불편함을 개선하는 것이 중요하다.
- 서비스 품질: 고객이 자사와의 상호작용에서 느끼는 서비스 품질을 분석한다. 고객 지원, 배송 서비스, 문제 해결 과정 등을 포함한다.
- 브랜드 인식: 고객이 자사 브랜드를 어떻게 인식하는지 분석한다. 브랜드가 신뢰받고 있는지, 고객의 감정적 연결이 있는지 등을 파악한다.

(5) 고객 만족도 분석

고객 만족도를 분석하면 제품이나 서비스에 대한 고객의 반응을 평가하고, 개선할 수 있는 부분을 찾을 수 있다.

- 설문 조사: 고객에게 직접 설문을 통해 만족도를 평가한다. 설문 항목으로는 제품 품질, 가격, 서비스 만족도, 배송 만족도 등이 있을 수 있다.
- 고객 피드백: 고객의 피드백을 분석하여 불만 사항이나 제안을 파악한다. 소셜 미디어, 이메일, 리뷰 등을 통해 수집된 고객의 피드백을 확인할 수 있다.

(6) 고객 맞춤형 마케팅 전략 수립

고객 분석 결과를 바탕으로 맞춤형 마케팅 전략을 수립한다. 세분화된 고객 그룹에 대해 맞춤형 메시지, 프로모션, 제품 등을 제공하여 효과적인 마케팅을 추진할 수 있다.

- 타겟 마케팅: 특정 고객 세그먼트에 맞춘 맞춤형 광고나 프로모션을 전개한다.
- 개인화된 경험: 고객의 구매 이력이나 관심사를 바탕으로 개인화된 서비스를 제공하여 고객 만족도를 높인다.
- 로열티 프로그램: 충성도가 높은 고객을 위한 보상 프로그램을 도입하

여 고객의 지속적인 구매를 유도한다.

* 고객 분석의 중요성

고객 분석은 사업의 모든 측면에서 전략적 결정을 내리는데 중요한 기초 자료를 제공한다. 고객의 특성, 요구 사항, 행동 패턴을 이해함으로써, 마케팅 전략을 최적화하고, 제품과 서비스 품질을 개선하며, 고객 충성도를 높일 수 있다.

자사는 경쟁에서 우위를 점할 수 있으며, 지속 가능한 성장을 이룰 수 있다.

소비자는 구매행동을 함에 있어 다양한 요인들에 의해 영향을 받는다. 영향요인으로는 개인적 요인, 심리적 요인, 사회문화적 요인에 영향을 받는다. 표적고객의 시장규모, 연령, 소득수준, 학력, 소비자 성향, 자본금, 비전, 경쟁자, 공급자, 선호도, 소비자 욕구 분석, 제품의 정확한 위치, 고객요구사항, 대체제, 잠재시장, 미래 시장의 전망, 아이템 및 시기 선택 분석등 STP 분석, Segmentation(시장세분화), Targeting(타겟고객), Positioning(위치선정)을 통해(Segmentation, Targeting, Positioning) 전략 및 사례(시장세분화, 타겟팅, 포지셔닝)를 보자.

Segmentation(시장세분화)

시장세분화란, 전체시장을 비슷한 소비자 집단으로 나누어 자사가 제공하는 제품이나 서비스에 가장 적합한 고객 집단을 선정하는 과정이다. 비슷한 성향을 가진 사람들을 다른 성향을 가진 사람들과 구별해 하나의 집단으로 묶는 과정, 고객의 다양한 욕구를 제대로 충족시킬 수 있는 차별적 마케팅 프로그램을 통해 고객만족을 더욱 잘 실현하고, 자사 제품 간의 시장 잠식을 해소하고, 시장세분화를 통해 새로운 마케팅 기회를 얻고자 한다. 첫째, 측정 가능성(measurable)이다. 둘째, 규모의 적정성(substantial)이다. 셋째, 접근 가능성(accessible)이다. 넷째, 활동 가능성(actionable)이다.

Targeting(표적시장)

표적고객, 타겟고객의 서비스 기업은 각 세분시장들의 크기와 성장성,

구조적 매력도, 회사의 목표와 자원의 적합성 등의 세 가지 요인들을 고려하여 표적시장을 선택해야 한다. 표적시장(Targeting)은 세분시장 중에서 자사의 경쟁우위와 경쟁상황을 고려할 때, 자사에 가장 좋은 시장기회를 제공할 수 있는 특화된 시장을 뜻한다.

Positioning(포지셔닝)

포지셔닝이란 소비자들이 경쟁업체와 비교하여 브랜드의 결정이나 제품선택에 영향을 주는 영향력을 파악한다. 경쟁제품이나 경쟁 서비스들과 비교하여 소비자들이 갖고 있는 지각, 인상 등 조합이다. 고객의 입장에서 기업을 바라보는 평가 항목으로는, 독특한 제품이거나 특별한 서비스 제공인지, 차별성이 탁월한지, 성능에서도, 가격에서도, 디자인에서도 월등한지를 평가하고 고객은 선택한다. 지각형성을 위한 제품 및 브랜드를 소비자들에게 위치시키는 것을 비교분석한다. 포지셔닝을 위해서 소비자들의 라이프 스타일, 가격, 위치, 성능, 디자인, 제품속성 경쟁기업의 제품과 비교하여 평가한다. 경쟁자는 존재하는가, 제품구매나 이용 상황은 무엇인가, 실제사용자는 누구인가, 품질수준은 어느 정도인가 등을 고려해야 한다. 제품 포지셔닝 전략의 개발로 경쟁자의 정확한 위치분석이 필요하며 경쟁자와 비교한 자사의 장점 확인으로는 기업과 브랜드 이미지의 유리한 점(image advantage), 제품의 유리한 점(product advantage), 서비스에 대한 유리한 점(service advantage), 인적자원의 장점(people advantage)을 확인한다.

시장세분화 마케팅 전략의 등장배경으로 첫째, 대량 마케팅(mass marketing)의 시기로 대량 생산, 대량 유통, 대량 촉진, 대량 판매의 비차별적 마케팅 시기로 대량 생산시설 기반의 규모의 경제의 경험효과를 추구하는 기업전략과 둘째, 제품다양화(product-variety marketing)의 시기로 서로 다른 속성, 디자인, 품질 및 크기 등을 가진 제품을 생산 및 판매하는 전략의 시기이며 셋째, 표적마케팅(target marketing)의 시기로 고객의 재구매를 위해서 고객 욕구 충족을 위한 제품 및 서비스를 직접 개발해야 한다는 고객 지향적 사고의 시기이다.

시장세분화(market segmentation)로 표적고객의 집단을 선정하고, 소비 행동패턴의 집단화(비슷한 욕구집단)하고, 표적시장의 선정(targeting)으로는 세분시장의 평가와 표적 세분시장의 선정이며, 위치화(positioning)로서는 각 세분시장에 알맞은 제품을 위치화, 개념의 선정, 개발, 전달의전 과정이다.

시장세분화의 장점으로는 고객의 욕구를 구체적으로 파악할 수 있다, 둘째, 구매, 소비자행동 패턴의 성향과 소비자 집단을 구분할 수 있고 셋째, 시장세분화에서 얻어진 고객 집단 각각의 하위브랜드를 개발하여 고객에게 쉽게 인지시키고 다가설 수 있으며 넷째, 고객이 현재의 세분화된 시장에서 지속적으로 자사의 고객으로 유지시킬 수 있다.

시장세분화(Market Segmentation)의 단계와 세부과정을 살펴보자. 첫째, 조사단계(Survey stage)로 소비자 면접 또는 설문지의 수행으로 제품의 속성 및 중요도 평가, 상표 지명도와 상표의 평가와 제품사용 유형, 제품범위, 소비자들의 인구 통계적 세분화(demographic segmentation)로 연령, 성별, 가족 구성원, 소득, 인종, 국적, 종교, 직업, 교육수준 등이며 지리적 세분화(geographic segmentation)로 지역이나 인구밀도, 도시의 규모, 기후 등 시장의 위치에 따른 특징을 기준으로 전체시장을 여러 집단으로 나누는 과정으로 겨울이 긴 지역은 스키용품으로 포지셔닝하고, 여름이 긴 지역은 수영이나 수상스키 제품의 판매와, 심리적 세분화(phychographics segmentation) 특성으로는 소비자들이 스스로 느끼는 심리적인 부분에 의해 시장을 세분화하는 것이다.

제품에 대한 소비자 행동 또는 관련성에 근거한 세분화로 분석한다. 소비자들은 어떤 제품을 구매함으로 편익을 얻고자 한다. 편익에 대한 중요성의 인식으로 타겟소비자를 구분할 수 있다. 소비자들은 대부분 어떤 제품을 구매하게 되었을 때, 언제, 어떠한 이유로 사용할 것인지의 제품 이용 상황, 제품이 얼마나 필요하고 소비될 것인가의 문제로 시장을 세분화한다. 사례로 코카콜라(500ml, 700ml 포장, 1.5리터 PET) 등 제품의 사용 비율을 파악하고, 소비자들이 어떤 특정상표에 대하여 선호도가 높거나 선호하는 심리상태, 브랜드에 대한 신뢰 정도나 상표 충성도(Brand Loyalty)가 높을수록 반복적인 구매(담배, 맥주, 커피 등의 기호품이나 저 관여 제품 등) 상표 충성도를 분석하여 파악하며, 구매 전 단계에 있어 소비자들은 자신이 구매하고자 하는 제품의 인지정도, 관심정도, 구매욕구, 구매의도나 실제 사용자인가 유무 등의 영향을 미친다.

가격변화에 대한 민감성에 따라 소비자들은 현재 구매에 영향을 미친다. 둘째, 분석단계(analysis stage)로 소비자와 상관성이 높게 보이는 변수를 추출하기 위해 수집된 자료를 분석(요인분석), 세분화된 시장 분석(군집분석)을 파악한다. 셋째, 세부요약 설명단계로 소비자 집단별로 구분되는 태도, 행동특성, 심리적 특성, 광고매체별 선호유형, 소비자 습관 분석 세분시장의 규모와 성장률로 기업은 이윤을 남길 수 있다고 평가되는 세분시장이 얼마나 적절한 규모와 성장률을 보이는지 평가해야 한다. 그리고 세분시장의 매력성으로 각각의 세분시장이 충분한 규모를 가지고 있으며, 성장 가능성이 있다고 평가된다고 해도 수익성의 관점에서는 매력적이지 못할 수 있다.

또 기업목표와 자원의 적절성 세분시장이 자사에 있어 긍정적인 규모로 존재하고, 성장 가능성, 매력성이 보인다 하더라도 자사의 목표와 자원의 적절성을 고려해 보았을 때 일치하는 시장 또한, 기업목표가 적합하다 하더라도 자사가 가지고 있는 자원이나 기술력 등을 고려해 보았을 때, 시장 내 진입이 불가능하다면, 그 시장은 가능성은 있지만 진입이 불가능하다고 평가하여야 한다. 표적시장의 선정기준으로는 세분시장의 규모를 파악한다. 미래에 예상되는 성장의 정도를 파악한다. 경쟁사 파악, 경쟁상황을 파악하고, 세분시장에 마케팅 노력을 집중시키는 데 소요되는 비용을 파악하며, 자사의 기업목표와 보유한 자원, 기업의 강점, 장점을 파악한다.

제품과 서비스는 공장이 서비스 접점에서 생산되거나 생성되지만, 포지셔닝은 소비자의 마음속에서 만들어진다.

서비스 속성과 수준은 서비스 컨셉트 결정서비스 이용 목적, 의사결정자, 사용 시간(일, 주, 월, 계절, 분기 등), 개인, 단체, 소비자가 속한 그룹을 차별화하는 속성-항공서비스-안전 특정 대안을 결정하도록 만드는 속성-편리성, 기내식, 가격 등 가격과 서비스 수준을 결정한다. 포지셔닝의 필수 요건으로는 첫째, 고객에게 제품, 서비스, 목표고객의 마음속에 특정한 위치를 선정한다. 둘째, 그 위치는 차별화 되어야 하며, 단순하고 일관된 메시지를 제공하여야 한다. 셋째, 포지션은 경쟁사의 제품, 서비스와 구분이 될 수 있도록 설정하며 넷째, 하나의 서비스 기업이 모든 소비자들에게 만족하는 서비스를 제공할 수 없기에 선택과 집중이 필요하다. 목표고객의 제품전략 수립은 시장 세분화를 바탕으로 목표고객 및 제품전략을 수립한다. 목표고객 수립은 향후 고객 수, 소득 수준, 경쟁우위, 충성도 등을 감안하여 선정하며 핵심 고객을 선정하되, 개인고객은 연령별, 성별, 직업별, 소득수준별 등을 중심으로 선정한다.

* 고객의 심리를 파악한다.

'공간의 과학화', '진열의 과학', '진열의 마법'을 살펴보자[출처: 편의점 사회학 전상인 저자].

골든 존의 법칙: 70cm에서 125cm 높이, 좌우 시선 핵심 상품을 진열한다.

- 궁합상품: 샌드위치와 우유
- 보완상품: 술과 안주

골드라인 - 워크인 냉장고: 오른손으로 문을 열고 왼손으로 물건을 잡는다.

(왼쪽 두 번째 칸: 매출액이 가장 높은 위치)

부피가 크거나, 무거운 상품은 하단에 위치한다.

부피가 작거나, 가벼운 상품은 상단에 위치한다.

페이스 원칙: 입체 진열이나 전략 상품은 좌우로 나란히 진열한다.

선입선출: 유통기한이 짧은 상품은 앞쪽에, 긴 상품은 뒤쪽에 배치한다.

오른쪽 방향: 왼쪽에서 오른쪽으로 이동(인기상품, 전략상품 배치)

* 쇼핑 고객의 심리를 파악한다.

출처: 쇼핑의 과학, 파코언더힐

쇼핑을 과학으로 끌어올린 최초의 책'의 내용이다.

쇼핑이란 무엇인가?

쇼핑하는 사람은 누구이며, 쇼핑은 어떻게 이루어지는가?

어떻게 사람들이 이런 쇼핑 활동에 참가하게 되는가?

전략적 원칙은 남녀의 쇼핑 패턴 변화를 주목하라는 것이다.

1. 고객의 손을 자유롭게 하라.
   - 고객은 손이 자유로울 때 더 많은 구매 욕구를 느낀다.
2. 고객의 동선에도 법칙이 있다.
   - 동선에 맞게 배열된 상품만이 고객의 시선을 끈다.

3. 광고의 생사는 1미터로 결정된다.
   - 고객은 시야 1미터 안의 광고에만 눈길을 준다.
4. 고객의 본성에 섣불리 도전하지 말라.
   - 고객의 본성에 맞게 매장을 개혁하라
5. 남성은 마음 편한 쇼핑을 원한다.
   - 남성의 쇼핑 콤플렉스를 해소해 주는 매장은 반드시 성공한다.
6. 여성은 고급스런 쇼핑을 원한다.
   - 여성 고객을 붙잡는 핵심 포인트는 삶의 감성, 넓은 공간, 남성성이다.
7. 작은 것은 불편하고 큰 것은 아름답다.
   - 실버 마케팅쇼핑: 의 제 1원칙 : 노년층의 신체 조건을 배려하라.
8. 아이들의 쇼핑은 상품과 노는 것이다.
   - 상품과 즐겁게 노는 아이를 보면 부모의 구매 욕구가 높아진다.
9. 쇼핑은 체험이다.
   - 오감의 퍼포먼스를 제공하는 매장이 인터넷쇼핑몰을 이긴다.

* 성별, 연령에 관련된 쇼퍼들 간의 차이점

1) 남성의 쇼핑 콤플렉스를 해소하라(사냥꾼)

전형적인 자기 방식대로 물건을 사도록 내버려두어야 한다.

- 쇼핑 경험을 달가워하지 않지만 계산만큼은 흔쾌히 책임지고 있다.

2) 여성이 원하는 것들(채집인)

쇼핑에 대한 심리적, 감정적 측면이 존재한다.

사용할 물건을 바라보고, 비교하고, 마음속에 그리면서 의식에 참가하듯 쇼핑을 즐긴다.

- 구매할 물건의 이해득실을 냉정하게 따진 뒤 적절한 가격에 원하는 쇼핑을 한다.

3) 노년의 쇼핑

쇼핑의 세계가 가지고 있는 문제점은 모든 활자의 크기가 노년에게는 작다는 것이다.

포장과 표지와 광고는 가급적 선명한 대조를 이루도록 색상을 디자인해야 한다.

4) 아이의 쇼핑 - 오락거리를 제공한다.

* 좋아 보이는 것들의 비밀, 이랑주 저자의 책에서 고객의 심리를 살펴보자.

창업, 홍보, 광고, 마케팅 등 소비자에게 9가지 법칙을 안내한다.

1장 좋아 보이는 것은 잊히지 않는다: 사람의 기억 속을 파고드는 이미지의 비밀

2장 마법을 부리는 어울림의 비율 70: 25 : 5 : 스타벅스의 초록색은 5%

3장 보는 것만으로 감정이 생긴다: 색의 배열만으로 10배의 매출을 올린다

4장 아름다워지는 빛의 색온도 3500K: 어떤 곳이 사진 찍기의 명소가 되는가

5장 지나가는 사람들을 끌어당기는 힘: 충분히 어둡게, 충분히 밝게, 차이를 이용

6장 45°각도와 76cm 높이의 마법: 더 활기차게, 더 먹음직스럽게 보이게 하라

7장 10리를 걷게 만드는 동선의 비밀: 계속 고객들을 안에서 머물게 하는 '섬 진열'

8장 물건을 갖고 싶게 만드는 16cm의 비밀: 애플 매장에 가면 뭐든 만져보고 싶을까

9장 라이프 스타일까지 바꾸는 가치의 힘: 왜 서가를 치우고 5만년 된 나무 테이블 놓았나

3장 CASE STUDY

마켓컬리의 외부환경(특히 법 · 물류 규제) 대응 전략

Chapter 03. 시장 환경 분석 및 사업 환경 분석

1. 시장 진입 배경: 신선식품 온라인화의 도전

- 2010년대 중반, 신선식품 온라인 시장은 물류 인프라 부족과 법적 규제로 인해 발전이 더뎠습니다.
- 마켓컬리는 이러한 환경 속에서 샛별배송 서비스를 통해 새벽배송 시장을 선도하며 주목받았습니다.
  녹색경제신문+4아산 기업가정신 리뷰(AER) - 스타트업 케이스 스터디+4서울파이낸스+4

2. 물류 규제 대응 전략

- 콜드체인 시스템 구축: 마켓컬리는 자체적으로 냉장 · 냉동 · 상온을 아우르는 콜드체인 물류 시스템을 구축하여 신선식품 배송의 품질을 확보했습니다. 아산 기업가정신 리뷰(AER) - 스타트업 케이스 스터디
- 물류센터 확장: 김포, 평택, 창원 등지에 대형 물류센터를 설립하여 배송 범위를 전국으로 확대하고, 지역별 물류 규제에 대응하였습니다. 서울파이낸스
- 자동화 설비 도입: GTP(Goods To Person) 시스템 등 자동화 설비를 도입하여 물류 효율성을 높이고, 노동 관련 규제에 대한 부담을 경감하였습니다.

3. 법률 규제 대응 전략

- 정품 인증 및 품질 관리: 식품위생법 등 관련 법률에 따라 제품의 품질과 안전성을 확보하기 위해 정품 인증 절차를 강화하였습니다.
- 환경 규제 대응: 친환경 포장재 사용 및 재활용 가능한 포장 시스템을 도입하여 환경 관련 규제에 선제적으로 대응하였습니다.
- 데이터 보안 강화: 개인정보 보호법 등 데이터 관련 법률에 따라 고객 정보 보호를 위한 보안 시스템을 강화하였습니다.

4. 시사점 및 학습 포인트

외부 환경 분석: 물류 인프라 부족, 법률 및 환경 규제 등
대응 전략: 콜드체인 시스템 구축, 물류센터 확장, 자동화 설비 도입, 정품 인증 강화 등
결과: 전국 단위의 새벽배송 서비스 제공, 고객 신뢰 확보, 시장 점유율 확대

토의 질문

1. 마켓컬리가 외부 환경의 제약을 어떻게 기회로 전환하였는가?

2. 법률 및 물류 규제에 대한 마켓컬리의 대응 전략 중 가장 효과적이었던 것은 무엇이며, 그 이유는?

3. 다른 산업 분야에서 유사한 외부 환경 제약을 극복하기 위한 전략은 무엇일 수 있는가?

Work Sheet - 01

학번: ______________________

이름: ______________________

Chapter 03 시장 환경 분석 및 사업 환경 분석

1. 경쟁사 분석

- 강점(Strengths):
- 약점(Weaknesses):
- 기회(Opportunities):
- 위협(Threats):

2. 자사 분석

- 강점(Strengths):
- 약점(Weaknesses):
- 기회(Opportunities):
- 위협(Threats):

3. 고객 분석

- 인구통계학적 세분화:

- 심리적 세분화:

- 행동적 세분화:

- 지리적 세분화:

CHAPTER 4

목표시장 선정 및 전략적 특성

학습목표

1. 창업 목표시장 선정
2. 창업 목표시장의 전략적 특성
   - **Work Sheet 작성**

CHAPTER 04

목표시장 선정 및 전략적 특성

목표시장 선정(Target Market Selection)과 전략적 특성은 창업과 마케팅 전략에서 중요한 부분을 차지한다. 목표시장을 정확히 정의하고, 그 시장에 맞는 전략적 특성을 설정하는 것이 성공적인 사업 운영의 핵심이다.

목표시장을 선정하는 과정은 사업이 제공할 제품이나 서비스가 어떤 고객층을 대상으로 해야 가장 효과적인지를 결정하는 과정이다. 마케팅 전략과 브랜드 포지셔닝을 잘 설정하는 데 필수적인 첫 단계이다.

1. 창업 목표시장 선정(Target Market Selection)

목표시장을 선정하는 과정은 사업이 제공할 제품이나 서비스가 어떤 고객층을 대상으로 해야 가장 효과적인지를 결정하는 과정이다.

창업 목표시장 선정의 중요성으로 첫째, 제품 및 서비스의 핵심 고객을 정의하고 둘째, 효율적인 마케팅 전략 수립하며 셋째, 한정된 자원으로 최대의 효과 실현한다. 넷째, 경쟁 시장에서 차별화된 포지셔닝 전략이 중요하다.

시장 세분화(Market Segmentation) 기준

시장 세분화는 전체 시장을 서로 다른 특성을 가진 그룹으로 나누는 과정이다. 세분화는 고객의 특성, 요구, 행동에 따라 여러 가지 기준을 사용해 이루어진다. 일반적으로 시장 세분화는 다음과 같은 방식으로 이루어진다.

인구통계학적 세분화(Demographic Segmentation)

연령, 성별, 직업, 소득 수준, 교육 수준 등 인구통계학적 특성에 따라 시장을 나눈다.

지리적 세분화(Geographic Segmentation)

지역, 도시규모, 기후, 국가 등 고객이 살고 있는 위치에 따라 시장을 나눈다.

심리적 세분화(Psychographic Segmentation)

고객의 라이프 스타일, 성격, 가치관, 관심사 등을 기준으로 시장을 세분화한다.

행동적 세분화(Behavioral Segmentation)

고객의 구매 행동, 구매빈도, 사용 패턴, 브랜드 충성도 등으로 시장을 나누는 방법이다.

2. 창업 목표시장의 전략적 특성

창업 목표시장의 전략적 특성이란 창업자가 선택한 목표시장이 성장 가능성, 수익성, 경쟁 상황, 자사와의 적합성 등에서 전략적으로 얼마나 유리한지를 말한다.

목표시장을 선정한 후, 그 시장에 맞는 전략적 특성을 설정하는 것이 매우 중요하다.

전략적 특성은 각 시장의 요구에 맞는 사업 방향과 경쟁력을 확보하기 위한 전략을 포함한다. 마케팅 전략과 브랜드 포지셔닝을 잘 설정하는 데 필수적인 단계이다.

목표시장 선정은 고객의 니즈와 시장 환경을 정확히 이해하고, 그에 맞는 전략을 설정하는 것부터 시작된다. 그리고 전략적 특성은 목표시장에서 경쟁 우위를 점하고, 지속적으로 성장하기 위한 구체적인 계획을 세우는 과정이다. 각 시장의 특성에 맞는 전략을 세우고 실행하는 것이 사업의 성공 가능성을 높인다.

목표시장 선정의 주요 과정은 다음과 같다. 인구 통계적 특성, 지역적 특성, 라이프 스타일의 특성, 심리적 특성, 구매패턴의 특성, 구매 민감도의 특성이 무엇인지 아래에서 자세히 학습하여보자.

1) 고객의 인구통계적 특성(demographic)

세부적으로 마케팅 계획에 있어 광고, 홍보, 우편물 발송 등 마케팅 수단은 인구 통계적 계층을 갖는데 아주 효과적인 방법이다. 고객의 기호, 니즈, 구매력에 더욱더 연관성이 높다. 인구 밀집도, 연령층, 성별, 등이 인구통계적 특성 중의 하나이다. 인구 밀집도에 관련된 특성과, 쇼핑몰, 상가 지역, 산업단지 등의 특성을 파악한다.

- 연령에 의한 세부화

  사람들의 욕구나 취향은 변화한다. 어린이 시장(kid's market)에는 인형, 게임기, 패스트푸드를 좋아하며, 베이비 붐(baby boomer's) 시장은 주요 소비계층, 천연식품에 열광하며, 실버 시장으로는 활동적 제품의 건강식품, 의료기구, 약품, 보청기 등이 관심대상이 각각 연령에 따라 다르다.

- 성별에 의한 세부화

  세분화의 색상으로는 남성은 청색, 파란색을 선호하며, 여성은 핑크색, 빨간색 성별에 의한 세분화는 과거, 현재, 미래에도 색상에서는 일정한 패턴을 보여준다.

- 가족에 구조에 의한 세부화

  수명주기의 변화, 가족규모, 가족구성원의 변화로(이혼, 재혼 증가, 핵가족화, 여성 사회진출) 식비의 비중이 줄어들며, 문화생활에 증가하는 추세이다.

- 소득에 의한 세부화

  소득별 가격, 스타일, 품질 등에 따라 구매하고자 하는 고소득층의 경향은 상징성, 자아에 대한 긍지, 고품질 브랜드에 충성도를 보이며, 저소득은 할인판매, 견고성, 경제성, 실용성에 중점을 둔다.

- 인종, 종족, 국적, 종교에 의한 세부화

  인종, 종교적 신념 등에 따라 문화나 소비유형이 전혀 다름 인종, 종족, 국적, 종교의 문제로 세분화된다(이슬람문화에 사람들이 싫어하는 빵: 크루아상, 초승달 모양으로 만들어졌다 해서 붙인 이름. 터키, 말레이시아, 알제리, 파키스탄, 튀니지, 싱가포르 국기에 초승달 모양 상징, 알라신을 상징, 신성한 존재로 인식). 인종, 종족이 즐겨먹는 음식, 즐겨 입는 의복, 거주형태의 변화에도 관심을 가져야 한다.

2050년도는 백인 53%, 흑인 14%, 히스패닉계 25%, 아시안 8%로 추정한다.

- 직업에 의한 세분화

  전문직, 관리직, 사무직, 판매직, 서비스직, 생산직, 일용직, 주부, 학생, 비정규직 등.

- 교육수준에 의한 세분화

  정보에 대한 이해와 관심의 정도가 다르게 나타난다.

  교육수준 향상됨에 따라 사무직 인구(white collor)의 증가, 노무직 인구(blue collor)의 감소 서비스직 인구의 증가로 나타난다.

가정의 다양한 변화로는 독신가구, 1인가구의 추세로 2035년 35% 증가하였다. 보험, 증권, 상품, 레저, 여행, 가전제품의 증대를 보인다. 독거노인 증가로 건강에 관련된 제약, 건강 진단기, 임플란트, 보청기 등이 전망적인 미래의 트렌드이기도 하다. 그러므로 고령친화 8대 산업(의약품, 의료기기, 식품, 화장품, 고령친화 용품, 요양, 주거, 여가활동)의 인기가 점점 높아지는 흐름이다.

고령화 인구가 확대됨에 따라 노인 개인 간병, 장례관련, 위생용품, 혈압, 혈당측정계, 노인 돌봄 서비스 등의 산업이 확장되며, 미국에서는 캐어앳핸드(Care at Hand: 위급용 앰블러스 호출시계), 라이블리(Lively: 걸음, 행동패턴 파악), 독일에서는 은퇴자 슈퍼마켓 인기이며, 프랑스에서는 로미오(Romeo) 인공지능 로봇(노인부축, 의사소통 능력), 일본에서는 성인용 기저귀, 노인용 자동차 개발로 가정용 로봇 파페로(Papero)는 약의 복용시간, 혈압, 간호 서비스 기능의 신제품들이 인기를 끌고 있다.

2) 고객의 지역적 특성

고객의 지역적 특성은 각 지역의 문화, 경제, 사회적 특성, 소비자 행동 등 다양한 요소에 따라 다르다. 지역적 특성은 기업이 마케팅 전략을 수립할 때 매우 중요한 요소가 되며, 고객의 요구와 선호를 충족시키기 위해 지역적 차이를 이해하고 반영하는 것이 필요하다.

지역적 특성을 고려하는 것은 글로벌 마케팅에서 중요한 전략적 요소로, 기업이 각 시장에 적합한 제품이나 서비스를 제공하고, 효과적인 커뮤니케이션을 할 수 있도록 도와준다.

주요 지역적 특성은 다음과 같다.

(1) 문화적 특성

각 지역의 문화적 특성은 소비자의 행동, 취향, 가치관에 영향을 미친다.

문화적 차이는 제품이나 서비스에 대한 태도, 소비 패턴, 광고 메시지에 대한 반응 등 다양한 측면에서 드러난다.

언어는 가장 중요한 문화적 특성 중 하나이다. 같은 언어를 사용하는 지역이라도, 방언이나 표현법이 다를 수 있어 광고나 마케팅 메시지를 현지에 맞게 번역하거나 조정하는 것이 필요하다. 식문화의 사례로 아시아에서는 매운 음식을 선호하는 경향이 있을 수 있고, 서구에서는 식사의 종류나 조리 방법에서 차이가 있을 수 있다. 따라서 제품이나 서비스의 지역적 선호도를 반영해야 한다.

사회적 가치와 윤리의 사례로 환경 보호와 윤리적 소비가 중요한 문화에서는 지속 가능한 제품이나 친환경적인 브랜드 이미지가 선호될 수 있다. 반면, 다른 지역에서는 가격이나 기능이 더 중요한 요소로 작용할 수 있다.

(2) 경제적 특성

각 지역의 경제 상황은 고객의 구매력과 소비 패턴에 영향을 미친다.

경제적 특성은 소비자들이 어떤 제품이나 서비스를 선호하고 구매할 수 있는지에 대한 중요한 기준이 된다.

- 소득 수준: 고소득 국가나 지역에서는 고급 브랜드나 품질 중심의 제품이 선호될 수 있고, 저소득 국가에서는 가격이 중요한 요소로 작용할 수 있다.
- 경제 성장률: 경제가 성장하는 지역에서는 소비자가 더 많은 소비를 하고, 새로운 제품에 대한 수요가 증가할 수 있다. 반면, 경기 침체가 우려되는 지역에서는 절약적인 소비 패턴이 나타날 수 있다.

- 가격 민감도: 일부 국가에서는 소비자들이 가격에 매우 민감한 경향이 있으며, 가격에 대한 요구를 충족시킬 수 있는 전략을 필요로 한다. 다른 지역에서는 품질이나 브랜드가 더 중요한 기준이 될 수 있다.

(3) 사회적 특성

각 지역의 사회적 환경, 즉 생활 방식, 교육 수준, 여가 활동 등도 소비자의 구매 행동에 큰 영향을 미친다. 또한, 지역적 특성은 소비자가 어떤 유형의 제품이나 서비스를 선호하는지, 그리고 어떤 마케팅 전략에 반응하는지에 영향을 미친다.

- 인구 구조: 고령화 사회인 지역에서는 노인을 위한 제품이나 서비스를 선호할 수 있으며, 젊은 세대가 많은 지역에서는 트렌디하고 혁신적인 제품에 대한 수요가 높을 수 있다.
- 생활수준과 생활 스타일: 일부 지역에서는 보다 편리한 라이프 스타일을 추구하며, 다른 지역에서는 전통적인 라이프 스타일을 선호할 수 있다.
- 여가 활동과 취미: 지역별로 선호하는 여가 활동이나 취미가 다르기 때문에, 특성에 맞춰 마케팅 활동을 설계해야 한다.

(4) 기술적 특성

기술의 보급 정도와 사용 패턴은 지역마다 차이가 있을 수 있다.

각 지역에서 사용 가능한 기술이나 디지털 환경에 따라 마케팅 전략이 달라질 수 있다.

- 인터넷 사용: 선진국에서는 인터넷 사용률이 높고, 온라인 쇼핑, 디지털 광고가 활성화되어 있는 반면, 일부 개발도상국에서는 인터넷 사용이 제한적일 수 있으며, 오프라인 마케팅 전략이 더 효과적일 수 있다.
- 모바일 기술: 모바일 기기 사용에 대한 의존도가 높은 지역에서는 모바일 마케팅 전략을 강화해야 할 필요가 있다. 아시아 국가에서는 모바일 결제 시스템의 사용 비율이 높고, 모바일 광고가 중요한 채널로 사용될 수 있다.

- 디지털 미디어와 소셜 미디어: 소셜 미디어의 인기도 지역마다 다를 수 있다.
  미국에서는 Facebook과 Instagram이 주요 소셜 미디어 플랫폼으로 사용되고, 중국에서는 WeChat이나 Weibo와 같은 플랫폼이 더 인기가 있을 수 있다.

(5) 정치적 및 법률적 특성

정치적 안정성, 정부 정책, 법률과 규제는 지역적 특성에 중요한 영향을 미친다.

각 국가의 정치적 및 법적 환경은 소비자들이 어떤 제품을 구매할 수 있는지, 어떻게 마케팅할 수 있는지에 대한 제약을 형성할 수 있다.

- 정부 정책: 특정 국가에서는 친환경 제품을 장려하는 정책이나 규제가 있을 수 있으며, 다른 국가에서는 특정 제품군에 대한 세금 혜택을 제공할 수 있다. 이러한 정책을 반영하여 마케팅 전략을 수립해야 한다.
- 법적 규제: 각 지역에서는 제품 안전, 광고, 소비자 보호 등의 법적 규제에 차이가 있을 수 있다. 마케팅 메시지나 광고 방식에서 이를 준수하는 것이 중요하다.

(6) 지리적 특성

지역의 지리적 특성도 고객의 소비 패턴에 영향을 미칠 수 있다.

기후, 지리적 위치, 도시와 농촌의 차이 등은 소비자 행동에 영향을 미칠 수 있다.

- 기후와 날씨: 추운 기후 지역에서는 겨울 의류나 난방 제품에 대한 수요가 높을 수 있고, 더운 지역에서는 에어컨이나 시원한 음료가 인기를 끌 수 있다.
- 도시와 농촌의 차이: 도시 지역에서는 최신 기술이나 트렌디한 제품에 대한 수요가 높고, 농촌 지역에서는 더 실용적이고 전통적인 제품 선호도가 강할 수 있다.

고객의 지역적 특성은 마케팅 전략을 수립하는 데 중요한 기준이 된다.

각 지역의 문화, 경제, 사회적 환경, 기술적 발전 수준 등을 잘 파악하고 반영하여, 맞춤형 마케팅을 진행하는 것이 필요하다. 글로벌 시장에서 성공적인 마케팅을 하기 위해서는 각 지역의 특성을 이해하여 제품 개발, 가격 책정, 유통 전략, 광고 및 커뮤니케이션 방식을 현지화하는 것이 중요하다.

창업할 장소, 지역을 구체적으로 결정하여야 한다. 어느 지역, 어느 도시, 어디 근처 인지 장소를 선택하여야 한다. 어떤 형태의 건물, 어떤 형태의 상가, 주요 관공서가 주위에 위치하고 있는지, 학교나 교회 등의 장소에 대표적인 중심 건물이 자리 잡고 있는지도 살펴본다. 날씨의 특성도 구분한다. 지역적 상황에 따라 온라인 창업인 경우는 제품의 운송, 언어, 라이선싱(licensing) 주류 판매를 허용하는, 법적규제, 한계점, 시장수요에 집중적으로 파악한다.

제품 포트폴리오에서 전 세계 글로벌 전략으로 인도시장은 양고기버거와 닭고기버거(종교적 쇠고기 안 먹음)로 지역과 문화적, 종교적인 차이로 판매한다.

3) 고객의 라이프 스타일의 특성

고객의 라이프 스타일은 개인의 일상적인 생활 방식, 가치관, 관심사, 소비 패턴, 취미, 행동 양식 등을 포함하는 개념이다. 라이프 스타일은 각 사람의 성격, 사회적 지위, 문화적 배경, 경제적 상태 등 다양한 요인에 의해 영향을 받으며, 고객의 구매 결정과 소비 행동에 중요한 영향을 미친다.

기업은 고객의 라이프 스타일을 이해함으로써, 제품 개발, 마케팅 전략, 광고 등을 고객의 특성에 맞춰 더 효과적으로 설계할 수 있다. 고객의 라이프 스타일 특성은 다양한 차원에서 나타날 수 있으며, 그 주요 특성은 다음과 같다.

(1) 사회적 지위와 직업

고객의 사회적 지위와 직업은 라이프 스타일의 중요한 요소이다.

사회적 지위와 직업은 소비자의 소비 패턴에 큰 영향을 미치며, 그들의 선택하는 제품이나 서비스의 유형을 결정짓는 중요한 요인이 된다.

- 상류층: 상류층 고객은 고급 제품이나 서비스를 선호할 가능성이 높다. 브랜드 이미지와 품질을 중시하며, 가격보다 품질이나 사회적 지위를 우선시하는 경향이 있다.
- 중산층: 중산층 고객은 가성비를 중시하며, 가격과 품질 간의 균형을 중요하게 생각한다. 보통 신뢰할 수 있는 브랜드나 잘 알려진 제품을 선호하는 경향이 있다.
- 하류층: 저소득층이나 하위 계층의 고객은 가격에 민감하며, 저렴하면서 실용적인 제품을 선호하는 경우가 많다. 이들은 경제적인 이유로 할인, 프로모션 등을 자주 찾는다.

(2) 가족 구조와 생활 단계

고객의 가족 구조와 생활 단계도 라이프 스타일에 큰 영향을 미친다. 사람은 나이, 결혼 여부, 자녀의 유무 등에 따라 다양한 라이프 스타일을 형성한다.

- 싱글 라이프: 미혼인 소비자는 개인적인 욕구와 관심사에 맞춘 제품과 서비스를 선호한다. 패션, 개인 취미 활동, 여행 등 자기만족을 위한 소비가 많을 수 있다.
- 가족 중심 라이프: 결혼을 하고 자녀가 있는 가정에서는 가족의 필요와 편의를 고려한 소비가 늘어난다. 가전제품, 자녀 교육, 가정용품 등 가족 단위로 사용할 수 있는 제품을 선호한다.
- 노년층: 고령자나 은퇴한 소비자는 건강, 여가, 안전 등을 중심으로 한 제품과 서비스를 선호한다. 건강 보조 제품, 여행 패키지, 편리한 생활용품 등의 제품을 찾는다.

(3) 건강 및 웰빙

현대의 소비자는 건강과 웰빙에 대한 관심이 높아졌다.

소비자의 라이프 스타일을 결정하는 중요한 요소 중 하나이다.

- 헬시 라이프 스타일: 건강을 중시하는 소비자는 유기농 식품, 운동기

기, 건강 보조 식품, 저칼로리 음식 등을 선호한다. 신체적, 정신적 건강을 동시에 추구하는 경향이 있다.

- 피트니스 및 운동: 피트니스에 관심 있는 소비자는 헬스장 이용, 운동복, 운동 기구 등을 자주 구매한다. 활발하고 건강한 라이프 스타일을 추구하며, 관련 제품을 지속적으로 소비한다.
- 웰빙과 스트레스 관리: 정신적인 웰빙도 중요한 요소로, 요가, 명상, 스트레스 관리 제품과 서비스에 대한 수요가 증가하고 있다.

(4) 소비 및 지출 패턴

라이프 스타일에 따라 소비자의 지출 패턴은 크게 달라질 수 있다.

일부 고객은 절약을 중시하고, 일부는 적극적으로 소비를 추구하는 경향을 보인다.

- 절약형 소비자: 가격에 민감하고, 할인, 쿠폰, 프로모션 등을 자주 이용하는 소비자는 실용적이고 저렴한 제품을 선호한다.
- 소비형 소비자: 자주 쇼핑을 하고, 최신 트렌드와 패션에 맞는 고급 제품을 소비하는 소비자는 자신을 표현하는 제품과 서비스를 선호한다. 브랜드 이미지와 품질을 중요하게 생각한다.
- 체험 중심 소비자: 제품을 구매하기보다 경험을 중요시하는 소비자는 여행, 취미, 외식, 문화 행사 등 다양한 활동을 소비한다. 물질적 제품보다는 경험을 우선시하는 경향이 있다.

(5) 환경적 가치관

환경 문제에 대한 관심이 커지면서, 소비자들이 선택하는 제품이나 서비스가 환경 친화적인지 여부에 대한 고려가 중요해졌다. 친환경 제품, 재활용 가능한 자원, 에너지 효율이 높은 제품 등을 선호하는 소비자는 환경에 대한 책임감을 가지고 구매 결정을 내린다. 이들은 지속 가능한 브랜드와 기업을 선호한다.

(6) 여가와 취미 활동

고객의 여가 시간과 취미 활동은 라이프 스타일을 잘 나타내는 요소이다. 여가 시간에 무엇을 하느냐에 따라 소비의 성향이 달라진다.

- 여행: 여행을 즐기는 소비자는 다양한 여행 관련 상품, 패키지, 항공권 등을 선호한다. 새로운 장소를 경험하거나, 휴식을 취하는 것을 중요하게 생각한다.
- 문화 활동: 영화, 연극, 전시회 등을 즐기는 소비자는 문화 관련 소비가 활발하며, 티켓 구매, 전시회 관람 등의 소비 패턴을 보인다.
- 취미 활동: 운동, 독서, 요리, 공예 등 다양한 취미 활동을 즐기는 소비자는 이와 관련된 제품이나 서비스를 선호한다.

(7) 사회적 책임감

소비자가 사회적 가치에 대해 얼마나 민감하게 반응하는지도 중요한 라이프 스타일의 특성 중 하나이다. 사회적 책임감이 강한 소비자는 기업의 윤리적 관행과 사회적 기여를 고려한 소비를 한다. 윤리적 소비자는 공정 거래 제품, 지역 사회에 기여하는 브랜드, 사회적 기업에 대해 관심을 갖고, 이를 지지하는 소비자이다. 과도한 소비주의를 지향하는 소비자는 브랜드나 제품의 사회적 책임보다는 자아 만족과 편리성을 우선시하는 경향이 있다.

고객의 라이프 스타일 특성은 그들의 소비 행동을 이해하고, 이를 기반으로 마케팅 전략을 수립하는 데 중요한 기준이 된다. 고객의 가족 구조, 건강 및 웰빙, 기술 사용, 환경적 가치관, 사회적 지위 등 다양한 요소가 결합되어 각 고객의 고유한 라이프 스타일을 형성하고 있다. 기업은 이러한 라이프 스타일을 고려하여 맞춤형 제품과 서비스를 제공하고, 마케팅 활동을 최적화함으로써 소비자와 더 강력한 연결을 맺을 수 있다.

고객의 라이프 스타일을 공유, 관리하며 더 나아가 새로운 시장으로서 확장할 수 있다. 인생과 직업관, 어떻게 시간을 소요하는지, 누구와 어울리는지, 친구와, 친지들의 관계는 형성되는지, 집의 형태, 즐겨먹는 음식, 수면 시간은 어떤지, 음주 문화, 즐겨 입는 스타일은 어떤지, 자주 구매하는 상품은 어떤지, 보유한 차량, 생활하는 구체적인 라이프 스타일을 관찰해보고 정확히 파악해본다. 연령, 성별, 결혼 여부, 소득수준, 교육수준 등을 고려하여 고객의 활동시간, 잠재적 고객이 자주 보는 매체에서 어떤 기업이 광고, 홍보를 하고 있는지 TV, 영화 프로그램, 기사, 블로그, 댓글 등 어떤 유형인지를 구체적으로 면밀히 조사하고 파악 하여야 한다. 창업에 관련된 목표고객의 생활패턴에 대하여 온라인, 면접, 우편, 전화 등 설문하여 조사한다. 선호하는 대상, 가정에 머무는 시간, 경쟁 기업의 제품이나 서비스를 사용하고 있는지도 파악하고 조사한다. 고객의 욕구를 현실적으로 파악하고 잠재적 고객에게 알맞은 마케팅 전략기법을 잘 알아야한다. 고객의 라이프 스타일을 공유, 관리하며 더 나아가 새로운 시장으로의 확산할 수 있는 계기가 될 수 있다. 자신의 라이프 스타일을 꿈꾸며 행동에 옮기고자 창업을 희망한다. 시간의 자유로움, 취미활동, 흥미, 놀이, 재미, 가족과의 시간을 즐기기 등 개인의 삶과 목적에 수입 창출을 모색하고자 한다. 자신의 경력, 경험, 라이프 스타일에 따라 시간적 여유를 찾으며 성공된 창업을 선택하고 싶어 한다. 삶의 퀄리티, 삶의 공간 창출, 삶의 목적과 수입으로의 창출방법을 꿈꾸며 희망한다. 본인 자신만의 경험과 관심으로 자신만의 라이프 스타일을 추구하며 창업을 할 수 있다. 흥미로운 분야, 좋아하는 분야, 열정을 발휘할 수 있는 분야들이 개인의 만족도를 높일 수 있는 장점이 크다고 볼 수 있다. 개인의 삶의 목표와 가치관에 따라서 사업계획을 충분히 심사숙고(深思熟考)하여야만 성공된 창업이 기다릴 것이다. 웰빙, 유기농, 로하스족의 키워드로 문화는 발전하고 있다. "힐링" 여유의 키워드가 과거에 대한 향수로 번지면서(응답하라, 삼시세끼, 꽃보다 할배 - 꽃보다 누나-꽃보다 청춘, 내 친구의 집은 어디인가) 등의 프로그램들이 인기를 끌었다.

'반대가 끌리는 현상' 패스트푸드에 반대되는 슬로우 푸드에 열광하고, 바쁘고 스트레스가 과한 현대인들에게 힐링이 주목받는 추세이다. 그러기에 복잡한 상권이나 북적거리는 상업 지구를 벗어나 시간의 단면과 고즈넉함이 있는 한적한 '뒷길'도 급부상하고 있는 것도 한 부분이다. 경복궁의 서촌마을, 삼청동, 연희동, 한옥의 옛 골목, 서울의 옛 모습을 고스란히 담고 있는 소규모의 작은 갤러리, 공방과 카페거리로 독특한 분위기로 조성되어 발걸음이 잦다.

최근 좋은 직장의 조건으로 여겨지고 있는 '워라밸'(Work and Life balance), 일과 삶의 밸런스를 맞추며 살자라는 뜻으로 일과 삶의 균형을 뜻하는 영어 work and life balance의 발음을 우리말로 줄여 만든 신조어이다. (家政兩立), 이 개념은 원래 일하는 여성들의 일과 가정(family)의 양립에 한정되어 사용되다가 노동관(勞動觀)의 변화와 라이프 스타일의 다양화를 배경으로 남녀, 기혼·미혼을 불문하고 모든 노동자를 대상으로 하는 워크 라이프 밸런스라고 하는 개념으로 발전하였다. 일과 생활의 조화는 사원의 업무에 대한 만족감이나 기업에 대한 충성심, 사기를 향상시키기 때문에 기업은 우수한 인재를 확보하기 위해서라도 사원의 생활을 배려한 제도나 프로그램에 대처할 필요가 있다. 기업에 의한 워크 라이프 밸런스 지원에는 탄력적 근로시간제도나 보육이나 간호에 대한 지원, 건강촉진, 교육지원, 장기휴가 제도 등이 있다(자료: [네이버 지식백과] 일, 가정 양립[家政兩立]).

커스터마이징(Customizing)

커스터마이즈는 주문에 응하여 만들다, 맞춤 이라는 뜻으로 생산업체나 수공업자들이 고객의 요구에 따라 제품을 만들어주는 맞춤제작 서비스를 말한다. IT산업의 발전으로 솔루션이나 서비스를 소비자의 요구에 따라 원하는 형태로 재구성, 재설계로 판매하는 것으로 확장되었다. 커스터마이즈(Customize)란 '주문 제작하다'는 의미, 소비자가 사용 방법과 기호에 맞춰 하드웨어나 소프트웨어를 설정하거나 기능을 변경하는 것, 솔루션을 가져와 자사의 제품에 결합시켜 서비스하는 것을 말한다. '내 맛과 멋'대로 만들어요, 김치부터 화장품까지, 김치는 강원도 김치공장에서 고객맞춤형으로 인터넷으로 액젓(새우젓, 멸치액젓) 선택과 고추가루, 소금량 조절하여 선택하면 1주일 후 배달되며, 얼굴크기와 피부톤으로 안경을 선택하며, 운동화, 커피앱으로의 세분화 맞춤전략과, 아이스크림의 맛과 디자인을, 화장품은 수분과 유분의 균형을 맞추고, 피부톤에 맞는 립스틱을 182가지 중 내 취향에 맞는 색상을 선택하는 오직 나만의 맞춤서비스로 재구매율이 높다고 한다.

4) 고객의 심리적 특성

고객의 심리적 특성은 소비자가 제품이나 서비스를 선택하고 사용하는 과정에서 영향을 미치는 내적인 요인들을 말한다. 심리적 특성은 개인의 욕구, 동기, 인지, 태도, 신념 등 다양한 심리적 요소를 포함한다. 고객의 심리적 특성을 이해하는 것은 마케팅 전략을 수립하는 데 매우 중요하며, 고객의 구매 결정에 영향을 미치는 핵심적인 요소이다.

고객의 심리적 특성을 분석하는 것은 소비자 행동을 이해하고, 맞춤형 마케팅 전략을 수립하는 데 필수적이다. 주요 심리적 특성은 다음과 같다.

(1) 욕구와 동기

고객의 욕구와 동기는 소비자의 구매 행동을 이끄는 중요한 원동력이다.

소비자는 자신의 기본적인 욕구를 충족시키기 위해 제품이나 서비스를 구매한다.

이러한 욕구는 개인적이고 심리적인 특성에 따라 다르다.

- 기본적인 욕구: 음식, 의류, 주거 등 생리적 욕구는 소비자의 가장 기본적인 동기이다.
- 사회적 욕구: 친구와의 관계, 소속감, 사회적 지위 향상 등과 같은 욕구는 소비자가 사회적 인정이나 지위를 추구하는 동기가 될 수 있다.
- 자아실현 욕구: 자기 계발이나 성취감, 자아를 실현하는 욕구가 소비자의 행동을 이끌기도 한다. 고급 브랜드 제품을 구매하는 이유가 자신감을 얻거나 더 나은 삶의 질을 추구하기 위함일 수 있다.

(2) 지각(Perception)

지각은 소비자가 정보를 받아들이고 해석하는 방식이다.

사람들은 주변 환경이나 제품에 대한 정보를 자신만의 방식으로 인식하고 해석한다.

소비자의 지각은 제품의 이미지, 브랜드, 가격, 광고 메시지 등 다양한 요소에 의해 영향을 받는다.

소비자는 자신에게 중요한 정보만 선택적으로 받아들이는 경향이 있다.

가격에 민감한 소비자는 할인 정보에 더 많은 주의를 기울일 수 있다.

제품이나 서비스에 대한 정보가 왜곡되거나 소비자의 기존 신념과 맞지 않으면 이를 부정하거나 왜곡하여 받아들이는 경향이 있을 수 있다. 고급 브랜드의 제품을 선택할 때 가격을 비싸다고 느끼지만, 품질과 사회적 지위가 중요시될 수 있다.

(3) 태도(Attitude)

태도는 특정 대상이나 사람, 제품에 대해 소비자가 가지고 있는 감정적, 인지적, 행동적 반응을 의미한다. 소비자는 자신의 태도에 따라 구매 결정을 내리게 된다. 태도는 주로 경험이나 외부 영향에 의해 형성되며, 소비자의 행동에 큰 영향을 미친다.

- 긍정적 태도: 고객이 제품에 대해 긍정적인 태도를 가지고 있다면, 이는 구매 행동으로 이어질 가능성이 높다. 친환경 제품에 대해 긍정적인 태도를 가진 소비자는 지속 가능한 제품을 구매할 가능성이 크다.
- 부정적 태도: 반대로, 부정적인 태도를 가진 소비자는 해당 제품이나 브랜드에 대해 구매를 꺼리게 된다. 개선하기 위해 마케팅 메시지를 바꾸거나 신뢰를 구축하는 방법을 사용할 수 있다.
- 중립적 태도: 태도가 중립적인 소비자는 제품을 구매하기 전에 추가적인 정보나 유인 요소가 필요하다.

(4) 신념(Beliefs)

신념은 소비자가 가지고 있는 사실에 대한 확신이나 이해를 의미한다.

고객은 특정 브랜드나 제품에 대해 긍정적인 신념을 가질 수 있으며, 이러한 신념은 구매 결정을 크게 좌우할 수 있다.

- 브랜드 신뢰도: 소비자는 자주 사용한 브랜드나 품질이 입증된 브랜드에 대해 신뢰를 가지며, 신뢰는 브랜드 충성도와 직결되며, 고객이 반복적으로 구매하게 만든다.
- 제품의 효능과 효과에 대한 신념: 고객이 제품에 대해 가지는 신념은 구매 결정에 중요한 영향을 친다. 유기농 제품에 대한 신념을 가진 소비자는 유기농 제품을 선호할 수 있다.

(5) 개인적 특성

개인의 나이, 성별, 직업, 사회적 지위 등 개인적 특성도 고객의 심리적 특성에 영향을 미친다. 개인적 특성은 고객의 선호도, 관심사, 소비 패턴 등에 영향을 미친다.

- 연령: 연령대에 따라 소비자의 관심사와 구매 패턴이 달라진다. 20대는 패션이나 최신 기술 제품에 관심이 많고, 50대 이상은 건강 관련 제품에 관심이 많을 수 있다.
- 성별: 남성과 여성의 소비 패턴에는 차이가 있을 수 있다. 여성 소비자는 화장품과 패션에 더 많은 관심을 가질 수 있고, 남성 소비자는 기술 관련 제품에 더 많은 관심을 보일 수 있다.
- 사회적 지위: 높은 사회적 지위를 가진 소비자는 고급 브랜드나 프리미엄 제품을 선호할 수 있다. 반면, 가격에 민감한 소비자는 가성비가 좋은 제품을 선호할 수 있다.

(6) 감정(Emotions)

감정은 소비자 행동에서 중요한 역할을 한다. 소비자는 감정적인 상태에서 구매 결정을 내릴 때가 많으며, 이러한 감정은 마케팅 활동을 통해 유도될 수 있다.

- 감성 마케팅: 광고나 브랜드 경험을 통해 소비자의 감정을 자극하여 구매를 유도하는 전략이다. 행복한 순간을 강조하는 광고나, 감동적인 이야기로 소비자와 정서적 연결을 맺는 전략이 있다.
- 즉각적인 감정적 반응: 소비자는 즉각적인 감정적 반응에 따라 충동구매를 할 수 있다. 시즌 한정 판매나 특별 할인 등의 마케팅은 소비자에게 감정적인 유인책을 제공하여 즉각적인 구매를 유도할 수 있다.

고객의 심리적 특성은 그들이 구매 결정을 내리는 과정에서 중요한 역할을 한다.

욕구, 동기, 지각, 태도, 신념, 감정 등의 심리적 요소들은 고객이 어떤 제품을 선택할지, 그리고 그 제품에 대해 어떻게 반응할지에 큰 영향을 미친다. 마케팅 전략을 수립할 때 이러한 심리적 특성을 충분히 이해하고, 고객의 감정이나 사고방식을 자극할 수 있는 맞춤형 전략을 설계하는 것이 매우 중요하다.

서비스고객을 대상으로 서비스고객들의 심리와 구매행동이 잠재고객의 구매 결정에 영향을 끼친다. 고객들의 소비행동에 대한 심리적 이해를 바탕으로 고객만족도 관리, 신뢰관리, 충성도 관리, 목표고객의 욕구에 부합하는 편익을 제공함으로써 고객의 만족도를 높이는 '신뢰성'을 기반으로 한 고객과의 관계는 사업의 핵심적인 자원이다. 고객의 입장에서 바라보는 서비스나 기업의 이미지, 사회적 기여도, 고객에 대한 배려 등 '인간 지향적' 신뢰도가 고객의 자발적 '충성심'을 유발한다. 2010년 미국 도시별 거주자들의 심리적 특성이며 미국 50대 대도시에 거주하는 시민 4만 7,000명의 성격을 조사하였다. 학구열, 친절도, 협동심 등 긍정적 기질 차이를 알아보았다. 지성적(머리)이며 호기심, 창의력이 높은 도시로는 샌프란시스코, 시애틀이 강하고, 정서적(가슴)인 도시는 감사와 용서의 마음이 많은 도시로 앨패소가 조사되었다. 도시 규모가 작은 도시는 물가가 더 저렴하며, 기온이 따뜻하고, 가족 수가 많은 가정이, 외출이 많고, 이웃들과 자주 어울린다고 하였다. 아울러 긍정적인 정서와 인생의 의미를 더 강하게 느끼며, 더 친절하고, 더 상냥하며, 더 친밀한 관계를 유지하며 삶이 더 유쾌하다고 한다.

5) 직업관의 다양화 특성

직업관의 다양화는 사회, 경제, 문화적 변화에 따라 개인들이 직업을 바라보는 방식과 직업에 대한 기대가 점차 다양해지고 있다는 현상을 의미한다. 과거에는 직업이 주로 안정성과 소득을 중심으로 선택되었지만, 오늘날에는 개인의 가치관, 관심사, 라이프 스타일 등 다양한 요소가 직업 선택에 영향을 미친다. 특히 최근의 사회적, 경제적 변화와 더불어 더욱 두드러지게 나타나고 있다.

직업관의 다양화 특성은 다양한 방향에서 나타나며, 그 주요 특성은 다음과 같다.

(1) 개인의 가치관과 우선순위 변화

과거에는 안정적이고 고정된 직업이 중요한 요소였으나, 현재는 개인의 가치관과 삶의 질이 중요한 직업 선택 기준으로 떠오르고 있다. 직업은 단순히 생계를 위한 수단이 아니라, 개인의 자아실현과 행복을 추구하는 수단으로 여겨진다. 많은 사람들이 직업을 통해 자신의 능력을 발휘하고, 개인적인 성취감을 얻고자 한다. 단순히 급여를 넘어서, 직업에서의 만족도와 성장 가능성을 중시한다. 직장 내 스트레스와 과도한 업무에서 벗어나 일과 삶의 균형을 추구하는 사람들이 많아졌다. 특히 워라벨(Work-Life Balance)을 중요시하는 경향으로 나타나며, 유연한 근무시간, 원격 근무 등 직장에서의 유연성을 원하는 경향이 커졌다.

(2) 유연한 근무 형태의 확산

기술의 발전과 함께 원격 근무와 프리랜서와 같은 유연한 근무 형태가 증가하고 있다.

전통적인 9시-6시의 근무 시간을 벗어나, 보다 자유롭고 자율적인 직업 형태를 추구하는 사람들이 늘어났다. COVID19 팬데믹을 계기로 원격 근무가 확산되면서, 자택에서 일할 수 있는 직업에 대한 수요가 급증했다. 직업 선택의 기준을 지리적 위치와 시간의 유연성을 고려하는 방향으로 바꿨다. 프리랜서나 계약직 근무를 통해 자기 주도적인 일을 선호하는 사람들이 많아졌다. 안정성을 중시하는 전통적인 직업관과는 다른, 독립적이고 자율적인 직업관을 나타낸다.

(3) 다양한 직업군과 경로

과거의 직업군은 한정적이고 특정한 경로에 따라 직업을 선택하는 경향이 있었으나, 현대 사회에서는 다양한 직업군과 경로가 존재한다.

디지털 시대가 도래하면서 창의적 직업으로 크리에이터나 인플루언서, 콘텐츠 제작자 등 전통적인 직업군을 벗어난 새로운 형태의 직업이 떠오르고 있다. 다양한 직업들은 전통적인 직업의 틀을 깨고, 사람들의 개인적인 취미나 창의성에 기반 한 직업적 가능성을 제공한다.

한 직업을 평생 지속하는 경향이 강했으나, 지금은 다양한 직업을 경험하며 직업의 전환이 빈번해지고 있다. 한 사람이 다양한 산업과 직업을 넘나들며 경력을 쌓는 경향이 많아졌다.

(4) 기술과 자동화의 영향

기술 발전과 자동화의 확산은 많은 전통적인 직업을 변화시키거나 없어지게 만들고, 동시에 새로운 직업군을 창출하고 있다. 기술 중심 직업에 대한 관심이 증가하고 있으며, 직업관의 다양화가 더욱 심화되고 있다.

IT 및 기술 관련 직업으로 프로그래머, 데이터 분석가, 인공지능(AI) 전문가, 클라우드 엔지니어 등 디지털 및 기술 기반 직업에 대한 수요가 급증하고 있다. 또한, 기술 발전에 따라 일부 전통적인 직업은 자동화되고, 새로운 형태의 직업이 만들어지고 있다.

기술 변화와 직업의 융합으로 IT와 다른 분야들이 융합되어 새로운 직업이 등장하고 있다. 헬스케어 IT 전문가, 디지털 마케팅 전문가, 게임 디자인 전문가 등이 그 사례이다.

(5) 직업에 대한 사회적 책임과 윤리적 가치

사회적 책임과 윤리적 가치를 중시하는 사람들이 늘어나면서, 직업 선택 시 사회적 기여와 윤리적 가치를 고려하는 경향이 있다.

사회적 기업은 많은 사람들이 사회적 가치를 창출하는 기업이나 단체에서 일하고자 한다. 환경 보호, 사회적 불평등 해소, 지속 가능한 발전을 추구하는 직업이 선호되고 있다.

환경 및 윤리적 직업으로 환경 문제와 윤리에 대한 관심이 높아짐에 따라 지속 가능한 직업이나 친환경 산업에 대한 수요가 증가하고 있다. 재활용 산업, 친환경 건축, 지속 가능한 농업 등에서의 직업 선택이 활발해지고 있다.

(6) 직업에 대한 직업적 정체성의 변화

직업에 대한 정체성과 자아의 관계가 변하고 있다. 과거에는 직업이 개인의 정체성을 결정하는 중요한 요소였으나, 현재는 직업 이외의 활동도 개인의 중요한 정체성을 구성한다.

많은 사람들이 직업 외에도 개인적인 관심사나 사회적 활동을 통해 자신을 정의한다.

자원봉사, 창작 활동, 여행 등이 직업 외의 주요 활동으로 자리 잡고 있다.

직업과 개인적인 관심사나 취미가 결합되면서, 자신의 직업을 삶의 일부로 정의하는 것이 아니라, 여러 가지 활동을 통해 다양한 정체성을 형성하는 경향이 나타난다.

직업관의 다양화는 사회적, 경제적 변화와 함께 개인들의 가치관, 기술의 발전, 사회적 요구 등에 따라 점점 더 복잡하고 다채로워지고 있다. 자아실현, 유연한 근무, 기술 중심 직업, 윤리적 가치 등 다양한 요소들이 직업 선택에 영향을 미치고 있으며, 개인들이 직업을 선택하는 기준을 단순한 생계 수단을 넘어서는 방향으로 이끌고 있다. 따라서, 직업관의 다양화는 고용시장과 사회 전반에 걸쳐 변화와 혁신을 촉진하는 중요한 요소가 되고 있다.

한 직장에서 오래 근무하지 않고(종신 고용) 연봉제, 계약제, 기간제, 파트타임 등 고용형태의 도입으로, 정리해고, 명예퇴직 등의 다양한 직업관의 변화로, 창업을 희망하는 사람들이 증가하고 있다. 경력, 직업을 바라보는 관점 또한 많이 달라졌다. 대다수의 사람들이 이직을 기대하며 선호한다. 미국의 경우 1946년에서 1964년에 태어난 7,200만 명의 베이비붐 세대에 사람은 18세에서 44세 사이 평균 11개(미국 노동부 산하 노동통계국 자료)의 직장을 다녔다고 한다. 직업에 대한 안정성이 낮아 창업할 기회를 필요로 하고 있다. 창업이 실업문제 해결, 창업이 새로운 일자리 창출을 주도하고 있다.

6) 아이디어 창업의 특성

아이디어 창업은 창업자가 새로운 아이디어나 혁신적인 개념을 바탕으로 사업을 시작하는 것을 의미한다. 전통적인 창업 방식이 기존의 비즈니스 모델을 활용하거나 시장의 요구를 충족시키는 데 초점을 둔다면, 아이디어 창업은 주로 창의성과 혁신, 차별화된 접근 방식에 의해 특징지어진다.

기존 시장에 없는 새로운 제품, 서비스, 혹은 비즈니스 모델을 제시하려는 목표를 가지고 있으며, 기술적 발전, 사회적 변화, 문화적 트렌드와 밀접하게 연결될 수 있다.

아이디어 창업의 특성은 여러 가지 면에서 두드러지며, 주요 특징들이 있다.

(1) 혁신적이고 창의적인 아이디어

아이디어 창업의 가장 큰 특징은 혁신적이고 창의적인 아이디어를 바탕으로 시작된다는 점이다. 창업자는 기존에 없었던, 혹은 기존 제품이나 서비스의 문제점을 해결하는 새로운 솔루션을 제시하려고 한다. 이러한 창업은 단순히 시장의 수요를 충족시키는 것을 넘어, 새로운 가치를 창출하려는 목표를 가지고 있다.

기존의 문제나 불편함을 해결하려는 아이디어에서 시작하는 경우가 많다.

모바일 결제 시스템이나 공유 경제와 같은 새로운 비즈니스 모델은 기존의 경제적, 기술적 문제를 해결하려는 창의적인 접근이었다.

새로운 니즈 창출로 소비자의 기존 요구와는 다른 새로운 니즈를 발굴해내는 경우도 많다. 인공지능을 활용한 맞춤형 서비스 제공이나, 헬스케어 기술 등을 통해 미처 예상하지 못한 시장의 요구를 만들어낼 수 있다.

(2) 차별화와 경쟁 우위

아이디어 창업은 경쟁이 치열한 시장에서 차별화를 중요한 요소로 삼는다. 창업자는 기존 제품이나 서비스와의 차별성을 명확히 하여 시장에서의 경쟁 우위를 확보하려고 한다.

아이디어 창업은 기존의 제품이나 서비스를 개선하는 것보다는 완전히 새로운 개념을 제공하는 독창성을 중요시하는 경우가 많다. 고객에게 새로운 가치를 제공하거나 기존의 불편함을 해결할 수 있는 기회를 창출한다. 또한, 독특한 아이디어를 바탕으로 차별화된 브랜드를 구축하려는 노력이 중요하다. 고객은 혁신적이고 독창적인 아이디어를 제공하는 브랜드에 대해 높은 충성도를 가질 수 있다.

(3) 창업자의 열정과 비전

아이디어 창업은 창업자의 강한 열정과 비전이 중요한 요소이다. 새로운 아이디어가 사업으로 성공하려면 창업자가 그 아이디어를 믿고, 어려운 상황에서도 포기하지 않으며 추진할 수 있는 강한 의지와 열정이 필요하다.

비전은 창업자는 자신의 아이디어가 사회에 미칠 영향을 믿고, 이를 실현하기 위해 끊임없이 노력해야 한다. 이것은 장기적인 목표를 가지고 사업을 추진하는 데 중요한 역할을 한다.

아이디어 창업자는 창의적인 문제 해결과 독립적인 결정을 내려야 하며, 지속적으로 사업을 성장시켜 자기 주도적으로 나가야 한다.

아이디어 창업의 특성은 혁신, 위험과 불확실성, 기술적 기반, 차별화 등을 중심으로 전개된다. 창업자는 기존의 문제를 해결하거나 새로운 시장의 니즈를 발굴하려는 창의적 접근을 바탕으로 사업을 시작하며, 높은 시장 경쟁력을 확보할 수 있는 기회로 연결될 수 있다.

그러나 초기 자금 조달의 어려움과 시장 반응에 대한 불확실성 등의 장애물이 존재하므로, 철저한 시장 검증과 피드백 반영이 중요한 요소로 작용한다. 아이디어 창업은 그 자체로 도전적이고 기회의 땅이 될 수 있으며, 창업자의 비전과 열정에 따라 성공 가능성이 커질 수 있다.

유대인들의 창의성과 도전정신이 구글 성공에 결정적 기여를 한 사람이다.

고객이 검색하는 정보를 가장 중요한 순서대로 검색 창에 뜨게 하는 알고리즘을 당시 스탠퍼드대학교 박사과정 학생인 래리페이지와 세르게이브린이라는 유대인이 만들어 하버드 여학생들의 사진을 올려 등수를 매긴 유대인 악동 마크 저커버그는 자신의 아이디어를 발전시킨 페이스 북은 순식간에 검색시장을 평정하였다. 유대인 부모들은 남과 다르게 아이들을 창조하는 것을 의무라고 생각하며 "오늘 무엇을 질문 하였느냐?"라고 자녀에게 묻는다고 한다. 교육은 질문과 대화를 적극적으로 장려하는 방식이 빛을 발한다. 유대인 인구는 500만 명, 전 세계 인구의 0.25%에 불과한데다 20세기 초까지 국가조차 갖지 못했던 유태인이 현재는 전 세계 약 40%, 100대 기업 소유주 가운데 30~40%를 차지한다. 동양에 화교자본이 있다면, 서양에는 유태인자본이 있다. 모국인 이스라엘을 포함해 전 세계에 흩어져 살고 있는 유태인 수는 1,500만 명. 인구 700만 명에 달하는 이스라엘을 제외하고 유태인이 가장 많이 살고 있는 미국은, 530만 여명. 유태인에게 미국은 제2의 고향. 유럽에도

200만 명. 러시아(80만 명)이며, 프랑스(60만 명), 영국(27만 명), 독일(22만 명), 이탈리아(3만 명) 순. 캐나다에 37만 명, 아르헨티나에 25만 명, 호주에 12만 명. 전 세계에 뿔뿔이 흩어져 살고 있지만, 윌리엄 셰익스피어의 대표적 희극 <베니스의 상인>에 등장하는 유태인 고리대금업자 샤일록처럼 화교자본 못지않게 전 세계 정치경제에 막강한 영향력을 행사한다.

유태인 기업인 페이스북의 공동설립자 마크 주커버그, 2대 마이크로소프트의 CEO 스티브 발머(퇴임), 현재 나델라(인도) 구글의 공동창업자 세르게이 브린과 래리 페이지, 스타벅스의 CEO 하워드 슐츠, 골드만삭스 등 세계적 투자은행, 법률회사, 각종 언론과 엔터테인먼트 기업, 대형 병원과 학교 등에도 유태인자본이 미국 내 유태인의 싹쓸이 현상은 정치, 경제의 역할과 영화감독 스티븐 스필버그, 영화배우 나탈리포트만도 유태인, 미국은 전체 인구의 2%도 채 안 되는 530만 여명의 '유태인의 제국'이라고 해도 과언이 아니다. 아인슈타인, 노벨수상자 25% 비중, 노벨경제학상 수상자는 40%를 차지하며, 캘빈클라인, 던킨도너츠, 에스티 로더의 창업자도 유대인이다. 또 <스타워즈>, <ET>, <라이언 일병 구하기> 천재영화 감독 스티븐 스필버그로 미래사회에 필요한 새로운 아이디어를 받아들여 도전적 자세로 혁신을 이끌며 창의적 인재들의 능력을 극대화할 수 있는 창조적인 사고 능력이 요구된다.

7) 여성 창업의 특성

여성 창업은 여성들이 창업 활동에 참여하는 것으로, 남성과는 다른 독특한 특성과 경험을 반영할 수 있다. 여성 창업은 사회적, 경제적, 문화적 배경에 따라 다양한 특성을 가지고 있으며, 여성들이 직면하는 여러 가지 도전과 기회가 존재한다. 여성 창업의 특성은 사업을 운영하는 데 있어서 여성만의 강점, 독특한 접근 방식, 그리고 특정한 어려움 등을 반영한다.

여성 창업은 그 자체로 고유한 특성과 도전을 내포하고 있으며, 사회적 책임, 협력적 리더십, 디지털 활용 등 다양한 측면에서 독특한 특징을 보여준다.

여성 창업자들은 사업을 운영하는 데 있어 창의성, 사회적 가치, 장기적 안정성을 추구하며, 때로는 가족과 일의 균형을 맞추는 방식을 채택한다. 또한, 디지털 기술의 발전과 네트워크 중심의 협력을 통해 경쟁력을 갖추고 있으며, 앞으로도 이러한 특징들이 여성 창업을 더욱 발전시킬 수 있는 중요한 요소로 작용할 것이다.

인류의 삶을 보장하고 자연을 책임지며 가치, 의견, 편견, 신념, 이해, 관계로 부터 영향을 받으며 '여권 주도적' 패러다임의 방향으로 전환한다. 주디 로즈너(Judy B. Rosner)는 여성이 "여성임에도 불구하고 성공하는 것이 아니라 여성적이기 때문에 성공 한다"고 주장한다.

나넷 폰다슨(Nanette Fondas)은 "감정이입, 도움, 보살핌, 섬세한 대인관계로부터 상대에 대한 관심과 수용, 위계적이기 보다는 개방적이고 평등주의적이고 협력적인 관계를 의미 한다고 주장한다." 섬세함과 의사소통이 중시되는 현대의 정보사회에서는 여성적인 섬세한 감성과 부드러운 의사소통능력이 사회를 이끌어 갈 차세대 여성 리더의 키워드이다.

여성적인 감성능력, 심미적 능력, 관계 지향적 능력, 친밀감, 적절한 의사소통, 여성의 돌봄과 배려, 사랑과 포용, 헌신, 개별적 배려와 정보통신의 기술, 생명과학기술, 나노기술, 융합기술, 혁명적변화, 기술변화는 새로운 위기이자 도전이며 여성 고급인재를 성공적으로 양성하여 다른 나라보다 경쟁력을 확보하고, 교육열과 근면성을 발휘하며, 산업구조의 변화로 물리적 힘보다 두뇌가 요구되며, 여성적 특성을 활용하여, 글로벌 경영환경과 문화적 다양성의 효과에 기업의 관리직 성별 다양성이 기업의 성공지표이다. 여성의 재택근무와 다양한 근무여건에 배려와 관심을 기울여야 한다. 여성 1인 가구 증가로 보안업체의 유형도 증가하다.

알파걸(Alpha Girl)은 학업, 운동, 리더십에서 성취욕과 자신감을 가진 여성을 뜻한다. 사회 각 분야에서 왕성하게 활동하며 넉넉한 수입을 번다. 미국 하버드대 아동심리학 교수 댄킨들러의 2006년 그의 저서 『새로운 여자의 탄생-알파걸』에서 처음으로 사용되었다.

댄킨들러 교수는 알파걸을 '학업과 운동, 인간관계와 리더십에서 탁월한 능력을 보이며 남성을 능가해 질주하는 여성'이라고 설명했다. 엘리트집단 여성을 지칭하며 성실하고, 낙천적이고, 실용적이고, 이상주의적이며, 개인주의자이면서 동시에 평등주의자, 인생의 모든 가능성에 열린 마음을 갖고 있는 유능한 소녀집단이라 할 수 있다. 섬세함과 의사소통이 중시되는 현대의 정보사회에서는 여성적인 섬세한 감성과 부드러운 의사소통능력이 사회를 이끌어 갈 차세대 리더십의 키워드이다. 사회적 분위기, 여성근로자 임금은 남성근로자의 63%수준에 불과하며 OECD 국가 평균은 85%, 저임금 근로자 중 여성비중 2014년 38.9%의 저임금의 요인도 있다. 가정환경(한 자녀)의 패러다임으로 20대 · 30대 여성창업의 증가 추세이다. 여성 창업지원센터 정보와 여성 경진대회수상자 경험들로 여성 소비자를 겨냥한 네일샵, 헤어샵, 피부관리, 다이어트 관련, 여성 전용 휘트니스, 여성 전용 찜질방, 여성 카페형 카센터, 여성 전용물 쇼핑몰, 산소캡슐 전용방, 가구를 새롭게 제작하는 업체 등이 호황을 이루고 있다.

여성리더가 성공하기 위해 필요한 요인으로 지적 능력, 분석능력으로 독립심이 강하고, 스타일과 외모, 매너, 부드럽고, 융통성 있는, 대응적(대인관계 능력)이며, 편하고, 우아하고, 느긋하며, 자연스럽고, 진실된 성격의 요인을 말한다.

성공한 여성에게 필요한 교훈으로 모리슨은 지혜를 강조한다. 조직문화와 가치를 배워라, 자신감을 가져라. 단호하면서도 인간적인 균형상태를 유지하라고 말한다. 글로벌(global) 사회는 고도의 민주화, 사람들의 개성과 감성을 감각적으로 읽을 줄 알고, 창의성과 다양성, 감수성과 유연성이 요구되는 리더가 필요하다.

8) 1인 창업의 특성

1인 창업은 창업자가 혼자서 모든 사업 활동을 수행하는 형태로, 사업 아이디어에서부터 운영, 관리, 마케팅, 고객 서비스 등 모든 과정이 창업자의 책임 하에 이루어진다. 이러한 형태의 창업은 초기 자본이 적고 조직 운영에 대한 부담이 덜한 장점이 있지만, 동시에 창업자가 모든 업무를 독립적으로 처리해야 하므로 다양한 도전과 특성이 존재한다.

1인 창업의 주요 특성은 자기 주도적 운영이다.

1인 창업은 창업자가 모든 결정을 독립적으로 내리고 사업을 운영하는 방식이다.

창업자는 사업 아이디어부터 실행까지의 모든 과정에서 자기 주도적으로 활동하며, 외부의 지원 없이 혼자서 모든 일을 처리해야 한다는 책임감이 있다.

1인 창업은 창업자가 모든 일을 독립적으로 처리하는 형태로, 자기 주도적 운영, 비용 효율성, 빠른 대응력 등 장점이 있지만, 고립감과 업무 과중, 자원의 부족 등의 어려움도 동반한다. 1인 창업자는 초기 자본이 적고 경영 리소스가 부족할 수 있지만, 유연하고 빠른 결정과 실행이 가능하여 시장 변화에 민첩하게 대응할 수 있는 강점을 가진다. 성공적인 1인 창업을 위해서는 효과적인 시간 관리와 업무 분배가 필수적이며, 필요한 경우 외부 자원이나 협력자를 활용하는 것도 중요하다.

1인 창업(솔로 프리너, Solo-preneur)의 특성은 일반적인 창업과는 차별화된 몇 가지 고유한 특징을 가지고 있다.

1인 창업의 주요 특성

① 독립성: 혼자서 의사결정과 실행을 모두 담당하므로 높은 자율성과 책임감을 지님.

② 유연성: 근무시간, 장소, 사업 방향 등에서 비교적 자유롭게 조정 가능함.

③ 낮은 초기 자본: 규모가 작기 때문에 상대적으로 낮은 비용으로 시작할 수 있음.

④ 전문성 기반: 본인의 전문 기술, 경험, 지식 등을 바탕으로 한 창업이 많음(디자이너, 개발자, 작가 등).

⑤ 디지털 활용: 온라인 플랫폼, SNS, 쇼핑몰, 프리랜서 마켓 등을 적극 활용하여 사업 전개.

⑥ 리스크 집중: 인력 분산이 어려워 경영 리스크와 책임이 개인에게 집중됨.

⑦ 멀티태스킹 요구: 기획, 마케팅, 재무, 고객 응대 등 모든 역할을 혼자서 수행해야 함.

⑧ 성장 한계: 인력 확장이 없으면 일정 수준 이상의 매출/성장에 제한이 생길 수 있음.

혼놀, 혼영, 혼술, 1인 비디오방, 1인 노래방, 1인 음식점, 1인 가구 아이템, 심부름센터, 혼놀 아이템, 애완동물 관련, 1인 창업, 가족창업, 무점포 창업, 인터넷 창업 등 환경의 변화로 소자본 창업, 창업 연령의 변화로 젊은 창업도 느는 추세 중 한 분야이다.

1인 가구 증가로 개인화, 다원화 경향으로 1인 창업 또한 트렌드이다.

미래유망 기술 분야를 보면 정보 IT, 생명공학, 보건 의료, 나노 기술, 우주항공, 에너지 및 환경, 문화 컨텐츠, 이동물류, 재해재난 예측과 사회 안전 분야, 금융 분야, 인터넷, 금융자동화기기를 통해 수집된 고객의 금융이용 행태 등이 있다.

다양한 관련 정보들 Big Date를 분석하고 고객의 수요에 새로운 금융서비스를 개발할 때 성공을 이룰 수 있다.

9) 시니어 창업의 특성

50대 전, 후의 직장 퇴직자, 도·소매업 음식점, 소자본 창업, 안전창업이라고도 한다. 실버(Silver)고령친화 산업, 한국의 경우 1955년에서 1963년에 태어난 베이비붐 세대, 소비의 핵심세대 이다. 액티브 시니어(active senior), 시간적, 경제적 적극적인 소비의 중심세대로 자리매김하고 있다.

시니어 창업은 50대 이상, 또는 은퇴 후에 창업을 시작하는 사람들이 포함되는 창업 형태로, 이들 세대는 보통 경험과 지혜가 풍부하지만, 젊은 창업자들과는 다른 도전과 특성을 갖고 있다. 시니어 창업자들은 독특한 장점과 함께 특유의 어려움을 겪을 수 있다. 이들의 창업 특성은 경험과 전문성이 풍부하다. 오랜 직장 생활이나 경영 경험을 바탕으로 시장 이해도가 높고, 사업을 운영하는 데 필요한 기술적, 전략적 지식을 이미 보유하고 있다.

시니어 창업은 풍부한 경험과 자원, 사회적 책임감, 안정성 지향 등의 장점을 가질 수 있지만, 디지털 기술이나 업무 부담에 대한 어려움도 동반한다. 창업자들이 자아실현, 사회적 기여, 경제적 독립을 목표로 창업을 진행하면서, 장기적인 안정성과 사회적 가치를 중요시하는 경향이 있다. 이러한 특성을 바탕으로, 시니어 창업자들은 창업을 통해 자신의 경험을 살리고, 더 나아가 사회에 기여할 수 있는 기회를 창출할 수 있다.

사회경륜 및 전문지식이 풍부하며 행동보다는 지식과 경험이 우선인 세대이다.

평균 수명이 1975년 62.7세에서, 2015년 81.3세로, 2060년에는 88.6세로 수명이 연장되고 있다. 인구노령화 속도는 더욱 가속화 될 것으로 전망된다. 133개 국가 중 한국은 고령인구 비중순위, 2060년도 전 세계에서 2번째로 늙은 국가가 된다.

한국 인구 동향에 비추어 고령친화 8대 산업(의약품, 의료기기, 식품, 화장품, 고령친화 용품, 요양, 주거, 여가활동)에 문화, 스포츠, 여행의 규모가 2010년 26조 2천억 원, 2012년 27조 4천억 원에서 2015년 39조 3천 억 원으로 43.4% 증가하는 추세이다.

고령친화 8대 산업으로 2020년 72조 8천억 원 규모로 확대되며, 앞으로는 노인의 개인간병, 장례관련, 위생용품, 혈압, 혈당 측정계, 노인 돌봄 서비스 등이 압도적인 성공의 지름길이기도 하다.

미국에서는 캐어 앳 핸드(Care at Hand: 위급용 앰블러스 호출시계), 라이블리(Lively: 걸음, 행동패턴 파악)해주는 것이 인기이다. 독일에서는 은퇴자 슈퍼마켓이 인기이기도 하며, 프랑스에서는 로미오(Romeo) 인공지능 로봇: 노인부축, 의사소통이 인기이며, 일본에서는 게임센터 및 성인용 기저귀, 노인용 자동차 개발로 2013년 가정용 로봇 파페로(Papero): 약 복용시간, 혈압, 간호서비스가 대세를 이루고 있다. 한국에서는 2008년 7월1일 장기요양보험 시행으로 고령화 인구현황에 예의주시 하여야만 성공의 지름길이다.

10) 대학생 창업

대학생 창업의 개념은 대학생이 재학 중 창업 아이템을 기획하고, 실제로 창업을 실행하거나 창업 준비를 하는 활동. 학교와 외부 자원을 활용해 새로운 비즈니스를 시작한다.

대학생 창업의 주요 동기

- 창의적인 아이디어 실현
- 경제적 자립

- 진로 탐색 및 경력 개발
- 정부·학교의 창업 지원 제도

대학생 창업의 특징
- 혁신적 아이디어 중심(IT, 플랫폼, 콘텐츠 등)
- 학습과 병행하여 진행됨
- 자금·경험 부족 → 외부 지원 필요
- 실패에 대한 리스크 상대적으로 낮음(사회적 책임 부담 적음)
- 대학의 인프라 활용(창업 동아리, 창업보육센터, 창업 강좌 등)

지원 제도
- 대학 창업 동아리
- 정부 창업지원 사업(예: 초기창업패키지, 예비창업패키지)
- 창업선도대학 육성사업
- 각종 창업 경진대회 및 멘토링 프로그램 등

대학생 창업의 장점 및 한계
- 젊고 도전적인 정신
- 아이디어가 유연함
- 실패해도 리스크가 작음
- 경영·마케팅 등 실무 경험 부족(한계)
- 자금 확보의 어려움(한계)

대학생 창업의 환경 및 한계
- 학교·정부의 지원 제도 활용 가능
- 네트워크와 커뮤니티 활발
- 지속 가능한 팀워크 부족(한계)
- 학업 병행의 어려움(한계)

대학생 창업은 대학생들이 학문적 활동 외에도 비즈니스 아이디어를 실현하고 실제 기업을 창출하는 과정이다. 창의성과 도전 정신을 바탕으로 한 젊은 창업자들이 주도하는 혁신적이고 유망한 창업 활동을 의미한다. 대학생 창업은 자신의 비즈니스를 시작하는 것뿐만 아니라 창업 과정에서 얻는 경험 또한 매우 중요한 자산이 될 수 있다.

대학생 창업은 창의성, 도전 정신, 자원의 효율적 활용 등을 바탕으로 성장할 수 있는 유망한 기회로 비록 자금이나 경험 부족 등의 도전 과제가 있을 수 있지만, 학교 내 창업 지원, 네트워킹, 디지털 도구 활용 등을 통해 이를 극복할 수 있다. 창업 경험은 실패를 통해 배우고 성장하는 과정이기도 하며, 대학생 시절에서 얻는 지식과 네트워크는 향후 직업적 성공에 큰 자산이 될 것이다.

대학생 창업은 대학에 재학 중인 학생들이 사업 아이템을 개발하고 운영하는 창업 형태를 말한다. 대학생 창업은 특히 창의적이고 혁신적인 아이디어를 바탕으로 빠르게 성장할 수 있는 기회를 제공하며, 여러 도전과 특성이 존재한다.

대학생 창업의 주요 특성은 다음과 같다.

(1) 창의적이고 혁신적인 아이디어

대학생들은 창의력과 혁신적인 사고를 바탕으로 새로운 아이디어를 사업화하는 경우가 많다. 기존 시장에 없던 새로운 서비스나 제품을 개발하려는 열정이 강하고, 기술, 트렌드, 문화 등을 잘 반영한 아이템을 창출할 수 있다. 대학생들은 최신 사회적, 기술적 트렌드에 민감하고, 이를 사업 아이템에 잘 반영할 수 있다. IT 기술, 게임 산업, 소셜 미디어 활용 등을 사업 모델에 적극적으로 적용할 수 있다. 새로운 시장을 타겟으로 한 혁신적이고 창의적인 접근을 시도할 수 있다. 기존 산업의 문제를 해결하거나 기존 제품을 개선하는 아이디어를 생각해낼 수 있다.

(2) 자원의 제한

대학생 창업은 자금, 인력, 경험 등 여러 자원의 제한을 겪을 수 있다.

대학생들은 대부분 창업을 위한 초기 자금이 부족하고, 창업 경험이 부족하여 사업을 운영하는 데 어려움을 겪을 수 있다. 대개 대학생 창업자들은 개인 자본이 부족하기 때문에 외부 투자나 정부 지원 프로그램, 스타트업 액셀러레이터, 크라우드 펀딩 등을 통해 자금을 조달하는 경우가 많다. 또한, 팀을 구성하는 데 어려움이 있을 수 있으며, 인력 자원을 확보하거나 필요에 따라 전문가를 고용하는 데 한계가 있을 수 있다. 특히, 사업 운영에 대한 실전 경험이 부족하여, 사업을 어떻게 운영할지에 대한 실무적 지식을 쌓는 데 시간이 걸릴 수 있다.

(3) 학업과 창업의 병행

대학생 창업자들은 학업과 창업을 동시에 병행해야 하므로, 시간 관리가 중요한 요소로 작용 한다. 대학생들은 창업 외에도 수업, 과제, 시험 준비 등 여러 가지 일이 많기 때문에 효율적인 시간 관리와 업무 분배가 중요하다. 창업을 하면서 학업에 소홀하지 않도록 균형을 맞추는 것이 매우 중요하다. 사업 활동의 우선순위를 설정하고, 일정을 잘 조정하는 능력이 필요하다. 창업을 통해 실제 경험을 쌓고자 하는 대학생들이 많지만, 학업이 중요한 우선순위이므로 두 가지를 동시에 관리하는 데 어려움이 있을 수 있다.

(4) 대학 내 지원 프로그램과 네트워크

많은 대학들은 스타트업 지원 프로그램이나 창업 경진대회를 통해 학생들의 창업을 지원하고 있다. 창업 자금이나 멘토링, 네트워크 구축 등 다양한 기회를 얻을 수 있다.

스타트업 인큐베이터 및 액셀러레이터: 대학 내에서 창업을 지원하는 다양한 프로그램이 있다. 스타트업 인큐베이터나 창업 액셀러레이터 프로그램을 통해 창업자들은 멘토링, 자금 지원, 네트워킹 기회를 얻을 수 있다. 대학 내 창업 동아리나 다양한 네트워크를 통해 같은 꿈을 가진 학생들과 교류하며 경험과 아이디어를 공유할 수 있다면 창업에 큰 도움이 된다.

(5) 리스크 관리와 실패에 대한 두려움

대학생 창업자들은 아직 많은 경험이 없기 때문에 사업을 시작하는 데 있어 불확실성과 위험에 대한 두려움이 클 수 있다. 그러나 실패를 두려워하지 않고, 실패를 통한 배움을 중요한 경험으로 삼는 자세가 필요하다. 대학생 창업자들은 대부분 젊기 때문에, 실패에 대한 두려움이 있지만 실패를 통해 배우고 성장하는 중요한 경험을 쌓을 수 있다. 창업을 통해 얻는 교훈은 이후의 커리어에 큰 도움이 될 수 있다. 그 실패를 바탕으로 아이디어를 개선해 나가는 접근법이 성장할 수 있는 기회를 얻을 수 있다.

(6) 젊은 소비자층의 이해

대학생 창업자들은 젊은 세대의 소비 패턴이나 관심사에 대해 잘 이해하고 있기 때문에, 젊은 소비자층을 표적타겟으로 한 사업을 시작할 경우 유리하다. 소셜 미디어나 디지털 마케팅을 잘 활용하여 빠르게 확장할 수 있는 기회를 제공한다. 디지털 친화성으로 대학생 창업자들은 디지털 기술에 익숙하고, 소셜 미디어, 온라인 마케팅, 전자상거래 등의 플랫폼을 잘 활용할 수 있다. 브랜드 인지도와 소비자와의 소통을 강화하는 데 효과적이며, 최신 트렌드나 젊은 세대의 관심사에 맞춘 사업 아이템을 창출하여 빠르게 성장할 수 있는 가능성이 크다.

(7) 멘토와 전문가의 지원

대학생 창업자들은 멘토링과 전문가의 조언을 받을 수 있는 기회가 많다.

대학 내에서 창업 교수나 전문가 멘토와 연결될 수 있는 기회가 주어지며, 창업에 대한 방향을 잡을 수 있다.

멘토링 프로그램으로 창업 관련 경험이 많은 멘토로부터 조언을 받는 것은 매우 중요하다. 많은 대학들은 창업자를 지원하기 위해 멘토링 프로그램을 제공하며, 중요한 사업적 통찰을 얻을 수 있다.

창업에 관한 이론적 배경을 학문적으로 배울 수 있기 때문에, 학문적 접근을 통해 창업에 필요한 기초 지식이나 전략을 학습할 수 있다.

대학생 창업은 창의적이고 혁신적인 아이디어를 바탕으로 새로운 사업을 시작할 수 있는 기회를 제공한다. 그러나 자금 부족, 경험 부족, 학업과 창업 병행 등 다양한 도전이 존재한다.

이를 극복하기 위해서는 멘토링과 대학 내 지원 프로그램, 효율적인 시간 관리가 중요하며, 디지털 마케팅과 젊은 소비자층을 타겟으로 하는 전략을 잘 활용해야 한다. 대학생 창업은 실패를 경험으로 삼고, 사회적 가치와 지속 가능한 모델을 중요시하는 창업을 통해 큰 성장을 이룰 수 있는 기회를 제공한다.

젊은 세대의 라이프 스타일이 이전 세대보다 개인주의적인 성향을 띠고 있고, 4차 산업이 발달하면서 사람들의 수요가 다양해지고 있기 때문이다. 싱글족, 1인 가구가 늘면서 배달, 가정 간편식 등에 관련된 창업 아이템이 급속 성장하고 있다.

배달 가능 품목의 '국선생', '더반찬' 등 1인 경제시대에 최적화된 다양한 간편식으로, 코인노래방, 만화 카페 혼자서도 재미있게 놀 수 있는 공간, 세탁물, 원룸이사업체 등 다양한 생활편의 서비스를 제공하는 생활물류 스타트업이 빅데이터, 사물인터넷 등 신기술을 접목한 기술형 창업이 확산되고 있다. 국토부에 따르면 생활물류 스타트업은 성장하고, 최근 정부에서 가장 지원에 힘쓰고 있는 분야이기도 하다.

11) 공유경제 창업의 특성

공유경제 창업(Sharing Economy)은 개인이나 기업이 자산, 서비스, 기술 등을 공유하고, 이를 통해 자원을 효율적으로 활용하려는 경제 모델이다. 소유보다는 사용과 공유를 강조하며, 디지털 기술을 기반으로 한 새로운 비즈니스 형태이다. 최근에는 우버(Uber), 에어비앤비(Airbnb)와 같은 플랫폼들이 대표적인 공유경제 기업으로 자리 잡았다.

공유경제(Sharing Economy)는 사람과 사람의 연결 사업으로 자산, 지식, 서비스 등을 나눠쓰는 신개념 경제로 공감대를 형성하였다.

공유플랫폼(platform), 저렴한 비용으로 재능을 거래하는 신개념 재능거래, 오픈 마켓으로 고객신뢰, 경제적, 합리적 욕구를 충족한다.

공유경제 창업은 자원, 서비스, 상품 등을 소유하지 않고 공유하거나 임대하는 방식으로 이루어지는 창업 형태이다. 전통적인 소유 개념을 넘어, 효율적인 자원 활용과 공동체의 이익을 중시하는 모델이다. 공유경제는 주로 디지털 플랫폼을 통해 이루어지며, 경제적, 사회적, 환경적 이점을 제공한다. 공유경제 창업의 주요 특성은 자원의 공유와 효율적 활용이다.

공유경제는 자원을 소유하는 대신에 공유하거나 임대하는 모델이다. 창업자는 자원을 소유하지 않거나 최소화하여 비용을 절감하고, 자원을 효율적으로 활용할 수 있다.

자원의 활용 최적화로 차량 공유 서비스나 숙박 공유 서비스는 자원을 효율적으로 활용하여 더 많은 사람들이 해당 자원을 사용할 수 있도록 한다. 사용하지 않는 자원을 유휴 상태로 두지 않고, 다른 사람들과 공유하여 경제적 가치를 창출한다.

고정 비용 절감으로 자원을 소유하는 대신 사용자의 필요에 맞게 자원을 임대하는 방식으로 운영되므로, 고정 비용이 적어 사업 초기 투자 부담이 상대적으로 적다.

공유경제는 유연한 서비스 이용을 가능하게 하며, 사용자는 자신이 원하는 시간과 장소에서 자원을 이용할 수 있는 편리함을 누릴 수 있다. 이로 인해 사용자들의 접근성이 높아지고, 특정 자원에 대한 수요가 유연하게 충족된다.

공유경제 창업은 자원이나 시설을 소유하지 않고 다른 사람들의 자원을 중개하는 방식이기 때문에 비용 효율적이다. 적은 초기 자본으로 시작할 수 있다는 장점이 있다.

공유경제는 자원의 과잉 소비를 방지하고, 지속 가능성을 추구하는 데 도움을 준다. 자원을 나누어 쓰면서 환경에 미치는 영향을 줄일 수 있다. 공유경제 창업은 플랫폼 기반이기 때문에 빠른 확장성을 자랑한다. 한 지역에서 성공적인 모델을 구축한 후, 다른 지역으로 쉽게 확장할 수 있는 장점이 있다. 공유경제 모델은 전통적인 산업과는 다른 특성으로 인해 법적 및 규제 문제가 발생할 수 있다. 창업자는 이에 대해 충분히 이해하고 준비해야 한다.

공유경제 창업은 자원의 효율적인 활용, 비용 절감, 디지털 플랫폼을 통한 확장성 등 많은 장점이 있다. 그러나, 자원의 관리, 법적 문제, 신뢰 구축 등의 도전 과제가 존재한다. 성공적인 공유경제 창업을 위해서는 네트워크 효과를 활용하고, 소유의 개념을 넘어서는 혁신적인 사고가 필요하며, 사회적 책임과 지속 가능성을 고려하는 것이 중요하다.

* 공유경제 사례

- 숙박공유 서비스: 에어비앤비(Airbnb), 여행객 온라인 민박 정보
- 콜택시: 우버(uber), 승차공유, 전세계 630개 도시, 한국퇴출, 쏘카(8천대)
- 사무실 공유: 위워크(wework)
- 무인 렌트차량 공유: 집카(zipcar), 시티카셰어(Citycarsshare)
- 매장, 회의실, 주차장: 리퀴드 스페이스(Liquid space), 저스트 파크
- 재능공유: 청소, 수리, 지식, 경험-태스크태빗(Task Tabbit)
- 공유 주방, 공유 공방, 공유 스튜디오
- 공유미용실: 95% 예약, SNS 마케팅, 실력
- 생활용품 공유 서비스(명품가방, 대여료 2만원)
- 주차(낮, 밤) 공유
- 숙박업체 공유
- 매장 공유: 교육, 의료 제공
- 공유 부업: 원룸족, 1인 가구(12,000원 재료비)
- 대학교재 공유 서비스(책주인-이용자) 교재구입비, 창업비용 대여료 10% 받고, 30~40% 지불(책 상태)

공유경제 창업은 자원의 효율적 활용, 디지털 플랫폼 기반, 낮은 초기 비용, 글로벌 확장성 등 여러 장점을 가지고 있으며, 소유에서 사용으로 경제적 패러다임을 변화시키고 있다. 하지만 법적 규제, 사용자 신뢰 구축, 경쟁의 심화 등 다양한 도전 과제를 안고 있기 때문에, 잘 극복할 수 있는 전략이 필요하다. 공유경제 모델을 기반으로 한 창업은 혁신적인 아이디어와 기술을 활용하여 새로운 기회를 만들어갈 수 있는 유망한 사업 분야이다.

4장 CASE STUDY

지그재그(ZigZag): "20대 여성, 그들의 취향을 정조준하다"

Chapter 04. 목표시장 선정 - 고객 세분화와 타깃팅 전략

1. 문제 인식

20대 여성 고객은 '쇼핑몰은 많은데, 어디가 나한테 맞는지 모르겠어'라는 피로감을 느낌.

▶ "쇼핑몰 큐레이션이 필요하다!"

2. 타깃 시장 전략

- 성별, 연령: 20대 여성 중심
- 라이프 스타일: 모바일 기반 쇼핑, 트렌디한 스타일 선호
- 심리적 특성: 빠르게 고르고, 비교하고, 저렴하게 사고 싶어 함

3. 솔루션 제시

- 개인 취향 기반 추천 알고리즘 탑재
- 수백 개 쇼핑몰을 한 번에 탐색 가능
- 앱 하나로 '찜, 결제, 배송 추적'까지 올인원

4. 성장 결과

- 론칭 3년 만에 누적 다운로드 2,000만+
- 20대 여성 쇼핑앱 점유율 1위
- 카카오 인수(2021년)로 대형 플랫폼으로 도약

학습 포인트

타깃 분석: 20대 여성의 소비 방식과 심리 파악

차별화 전략: 큐레이션 + 맞춤 추천으로 피로감 해소

브랜드 포지셔닝: '나만의 쇼핑 앱'이라는 개인화 전략

토의 질문

1. 왜 이 앱은 20대 여성에게 열광적인 지지를 받았을까?

2. 고객 세분화가 어떻게 마케팅 전략으로 이어졌는가?

Work Sheet - 01

학번: ____________________

이름: ____________________

Chapter 04 목표시장 선정 및 전략적 특성

전략적 특성 중 고객의 인구 통계적 특성, 고객의 지역적 특성, 고객의 라이프 스타일의 특성, 고객의 심리적 특성, 아이디어 창업의 특성, 1인 창업의 특성, 대학생 창업공유경제 창업 등 구체적으로 분석한다.

1. 표적 고객 시장에서 본인이 창업하고자 하는 전략적 특성을 구체적으로 분석한다.

5

CHAPTER

고객 만족, 고객의 특성 파악

학습목표

1. 고객 만족의 정의
2. 고객의 특성 파악
3. 고객과의 긍정적 서비스 커뮤니케이션
4. 혈액형별 유형의 특성과 아이템
5. MBTI 성격 유형별로 창업 특성 및 장점
6. 심리 묘사적 세분화
    - **Work Sheet 작성**

CHAPTER 05

고객 만족, 고객의 특성 파악

고객 만족과 고객의 특성 파악은 사업을 운영하는 데 있어 핵심적인 요소이다. 고객이 만족하면 기업의 충성도, 입소문 마케팅, 반복 구매율 등이 높아지고, 매출과 사업 성장에 직접적으로 긍정적인 영향을 미친다. 반대로 고객의 특성을 잘 파악하지 못하면 고객의 니즈를 충족시키기 어려워지며, 시장 내 경쟁력이 떨어질 수 있다.

고객 만족을 높이고 고객의 특성을 파악하는 것은 기업이 성공적인 마케팅 전략을 수립하고 지속 가능한 성장을 이루는 데 중요한 요소이다. 고객 만족은 고객이 제공받은 제품이나 서비스가 기대에 부합하거나 그 이상일 때 이루어지며, 고객의 충성도, 재구매율, 추천 등에 직결된다. 고객의 특성을 파악하는 것은 기업이 더 맞춤화된 서비스를 제공하고, 고객의 필요와 욕구를 충족시킬 수 있도록 도와준다.

고객 만족과 고객의 특성 파악은 성공적인 비즈니스 운영에 핵심적인 역할을 한다. 고객의 기대를 초과하는 경험을 제공하고, 고객의 특성을 정확히 파악하면, 고객 충성도와 매출 증가로 이어질 수 있다. 시장 조사, 세분화된 마케팅 전략, 고객 피드백 시스템 등을 체계적으로 활용하는 것이 중요하다.

1. 고객 만족의 정의

고객 만족(Customer Satisfaction)은 고객이 제품이나 서비스에 대해 가진 기대가 실제로 제공된 경험과 일치하거나 그것을 초과할 때 느끼는 긍정적인 감정을 말한다.

고객 만족은 기업의 장기적인 성공과 충성도를 결정짓는 중요한 요소로, 모든 비즈니스 활동의 핵심적인 목표이다. 고객 만족을 높이기 위해서는 고객의 기대를 충족하거나 초과하는 경험을 제공하는 것이 필수적이다. 고객 만족은 고객이 기대했던 바와 실제 경험한 바의 차이를 나타난다.

고객 만족은 단순히 제품이나 서비스의 질만이 아니라, 고객의 전반적인 경험에 달려 있다.

고객 만족을 높이기 위한 요소인 품질은 제품이나 서비스의 품질이 고객의 기대를 충족하거나 초과할 때 고객 만족도가 상승한다.

서비스는 친절하고 전문적인 고객 서비스는 고객 만족을 극대화한다.

가격은 가격 대비 가치가 뛰어나면 고객 만족도가 높아진다.

편리성은 구매나 서비스 이용 과정에서의 편리함은 고객 만족을 높이는 중요한 요소이다.

고객의 요구와 불만을 잘 듣고 반영하는 것, 소통하는 것도 중요하다.

* 고객 만족의 중요성

고객 충성도 강화

만족한 고객은 반복 구매를 할 가능성이 높고, 브랜드에 대한 충성도를 보인다.

장기적인 수익을 창출하는 데 중요한 역할을 한다.

입소문 마케팅

만족한 고객은 자발적으로 친구, 가족 또는 동료에게 긍정적인 경험을 공유하게 된다.

새로운 고객을 유치하는 데 도움이 된다.

가격 프리미엄

고객이 만족할 경우, 가격에 민감하지 않고 브랜드나 제품에 더 많은 가치를 부여할 수 있다. 가격 경쟁에서 벗어나 더 높은 가격을 책정할 수 있는 여지가 생긴다.

브랜드 평판

고객 만족도는 브랜드의 평판에 직접적인 영향을 미친다. 평판이 좋은 브랜드는 더 많은 고객을 끌어들일 수 있다.

경쟁 우위 확보

만족한 고객은 경쟁사의 제품이나 서비스로 쉽게 전환되지 않으므로, 고객 유지율이 높아진다.

2. 고객의 특성 파악

고객의 특성은 그들의 행동, 태도, 선호도를 이해하기 위해 파악해야 할 여러 가지 요소들을 포함한다. 고객의 특성을 정확히 파악하면, 기업은 맞춤형 마케팅 전략을 세울 수 있으며, 고객의 기대를 충족하는 제품과 서비스를 제공할 수 있다.

고객의 주요 특성은 다음과 같다.

1) 인구통계적 특성(Demographic Characteristics)

- 연령: 고객의 연령대는 소비 패턴과 선호도에 큰 영향을 미친다. 젊은 층은 최신 기술과 트렌드를 선호하고, 고령층은 안정적이고 직관적인 제품을 선호할 수 있다.
- 성별: 성별에 따라 제품 선호도나 브랜드에 대한 충성도가 달라질 수 있다.
- 소득 수준: 소득 수준에 따라 가격에 민감한 고객과 품질에 민감한 고객이 나뉘며, 고소득 고객은 프리미엄 제품을 선호할 수 있다.
- 교육 수준: 교육 수준이 높은 고객은 정보에 기반한 구매 결정을 내릴 가능성이 높다.

2) 심리적 특성(Psychographic Characteristics)

- 가치관: 고객이 중요하게 생각하는 가치나 윤리적 기준에 따라 소비 패턴이 달라진다. 사례로, 환경 친화적 소비나 사회적 책임을 중시하는 고객층을 타겟으로 하는 제품과 서비스를 개발할 수 있다.
- 라이프 스타일: 고객이 선호하는 활동, 취미, 라이프 스타일은 구매 결정에 영향을 미친다. 사례로, 스포츠를 즐기는 고객은 스포츠 관련 제품을 선호할 것이다.
- 성격: 고객의 성격 유형에 따라 제품과 서비스의 선호도가 달라진다. 사례로, 모험적인 성격을 가진 고객은 새로운 경험을 제공하는 제품을 선호할 수 있다.

3) 행동적 특성(Behavioral Characteristics)

- 구매 빈도: 고객이 얼마나 자주 구매하는지에 따라 반복 구매를 유도하는 전략을 세울 수 있다.
- 구매 방식: 오프라인 쇼핑을 선호하는지 온라인 쇼핑을 선호하는지에 따라 채널을 구분하고 맞춤형 전략을 수립할 수 있다.
- 구매 이유: 고객이 특정 제품을 구매하는 이유(필요, 욕구, 충동구매 등)에 따라 제품이나 서비스를 포지셔닝할 수 있다.
- 충성도: 고객이 브랜드에 얼마나 충성적인지에 따라 고객 맞춤형 마케팅을 강화할 수 있다. 재구매율이 높은 고객을 대상으로 한 로열티 프로그램을 도입할 수 있다.

4) 사회적 특성(Social Characteristics)

사회적 지위로 고객이 속한 사회적 계층에 따라 선호하는 제품이나 서비스가 달라질 수 있다. 상류층 고객은 프리미엄 브랜드와 고급 서비스를 선호할 수 있다.

문화적 배경은 고객이 속한 문화나 지역에 따라 선호하는 제품과 서비스가 달라질 수 있다. 특정 지역의 전통적인 취향이나 문화를 반영한 제품이 인기를 끌 수 있다.

5) 기술적 특성

기술 수용도는 고객이 새로운 기술을 얼마나 빨리 수용하고 사용하는지에 따라 마케팅 전략을 조정할 수 있다. 디지털 기기나 스마트폰 앱을 선호하는 고객에게는 최신 기술을 활용한 서비스를 제공하는 것이 중요하다.

온라인 활동으로 고객의 온라인 행동을 분석하여, 어떤 플랫폼을 통해 제품을 찾고 구매하는지에 따라 타겟팅 전략을 세울 수 있다.

고객 만족을 높이고 고객의 특성을 파악하는 것은 기업이 고객 중심의 마케팅 전략을 수립하고, 고객의 요구를 정확히 충족시킬 수 있도록 돕는다. 고객 만족도는 단순한 제품의 질을 넘어서 고객의 기대와 경험을 관리하는 것에 달려 있다. 고객의 인구통계적 특성, 심리적 특성, 행동적 특성 등을 분석하고, 맞춤형 서비스를 제공하는 것이 성공적인 전략이 될 수 있다.

『고객소멸시대 마케팅』 저자인 고사카 유지 일본인 작가는 고객을 모르면 상품 및 서비스를 만들 수 없다. 타겟고객을 얼마나 분석하고 있는지, 소비자와의 일상적인 소통을 통해 고객의 욕구는 무엇인지, 어떤 것을 원하는지, 또는 어떠한 서비스 및 제품을 받고 싶어 하는지, 고객과 실시간 커뮤니케이션 하는 것이 중요하다고 한다. 고객을 팬으로 만들라고 한다.

창업자의 가장 중요한 초점은 고객을 이해하는 것이다.

제품이나 서비스에만 초점을 두는 것은 실패하는 요인 중의 하나이다.

고객 만족도(customer satisfaction)는 고객이 상품이나 서비스를 구매했을 때 받게 되는 만족스러움이라는 사전적 의미이다. 상품을 구매하여 사용하거나, 서비스를 이용함으로써 얻게 되는 욕구충족의 정도에 대한 고객의 주관적인 평가라고도 정의된다. 고객 만족도는 기업과 직접적인 영향을 미치며, 현대에는 소비자 주권시대로 소비자가 만족하는 중요한 요인으로 인식되어진다. 고객 만족도 및 신뢰도를 파악하고 신뢰도를 높이기 위하여 고객과의 약속을 준수하며 고객의 필요 및 욕구에 대한 항목들을 모니터링하고 피드백할 수 있도록 하여야 한다. 고객 만족도를 추구하는 기업이, 창업이 성공의 핵심 키워드이다.

* 고객 만족과 고객 감동의 중요성

(1) 고객의 이해

고객(customer)이란, 기업에서 창출된 상품과 서비스를 구매하는 사람을 말한다.

고객의 이해는 기업이 성공적인 마케팅 전략을 개발하고, 고객의 요구를 충족시키며, 지속적인 관계를 구축하기 위한 중요한 과정이다. 고객의 특성을 이해하는 것은 제품 개발, 마케팅 캠페인, 고객 서비스 등 모든 분야에 영향을 미치며, 고객 중심의 접근 방식을 통해 경쟁력을 강화할 수 있다. 고객의 이해는 고객의 니즈, 욕구, 행동 패턴 등을 파악하는 과정을 포함한다. 고객의 니즈와 욕구 파악으로 고객은 기본적으로 필요를 충족시키기 위해 제품이나 서비스를 구매한다. 그러나 욕구는 필요를 더 구체적이고 개인화된 방식으로 표현한 것이다.

고객의 행동을 이해하는 것은 매우 중요하다. 고객이 어떻게, 언제, 왜 구매하는지에 대한 정보를 파악하면, 마케팅 전략이나 제품 개선에 도움이 된다.

고객을 이해하는 것은 단순히 제품을 파는 것 이상의 의미를 갖는다. 고객의 니즈, 욕구, 행동 패턴, 심리적 특성을 파악하고, 이를 기반으로 고객 맞춤형 전략을 세우는 것이 중요하다. 고객의 경험을 최우선으로 고려하고, 지속적인 소통과 피드백을 통해 관계를 강화하는 것이 성공적인 비즈니스의 핵심이다.

고객은 친절, 신속한 응대, 칭찬받기, 자신을 알아주기, 존중받기를 좋아하고 자존심이 강하며, 자기이익을 우선시하는 경향을 지니고 있다. 나 이외의 모든 사람은 가족 포함, 나의 고객이다. 궁극적으로 기업이 존재하는 이유이다. 또 가장 중요한 나의 애인이다. 왕(王)이고 신(神)이다(일본), 신 보다 위대하다(생존을 위한 수익), 항상 옳은 존재이고, 기업의 생사를 결정하며, 예측하기 어렵고, 고객은 항상 자기 중심적이다. '최고 기업은 고객을 만들지 않고 열광적인 팬을 만든다'라고 한다. '고객에게 더 적은 비용으로 더 많은 것을 줄 수 있는지 고민하는 것'이 중요하다.

(2) 고객 만족

고객 만족은 고객이 제품이나 서비스에 대해 가진 기대와 실제 경험 간의 차이를 기반으로 결정된다. 고객 만족을 높이는 것은 기업의 지속 가능한 성장과 충성도 높은 고객을 확보하는 데 매우 중요하다. 고객 만족이 높은 기업은 고객의 재구매율이 증가하고, 입소문 마케팅을 통해 새로운 고객을 유치할 수 있다.

고객 만족은 고객이 제품이나 서비스를 경험하면서 느끼는 기대와 실제 경험의 차이를 의미한다. 이 차이가 적을수록 고객 만족도가 높다. 즉, 고객이 제품이나 서비스를 사용하기 전에 기대한 바를 실제로 경험하고 그것이 만족스러우면 고객 만족도가 높다.

고객의 욕구(Needs)와 기대(Expect)에 충족될 때 상품과 서비스의 재구입이 이루어지고 고객의 신뢰감이 연속적으로 이루어지는 상태를 고객 만족 이라고 한다.

고객의 필요(Needs)와 욕구(Want), 기대(Expect)에 부응하여, 고객의 신뢰감이 연속적으로 이어지는 상태, 반복 구매 가능성, 충성고객이 될 가능성, 긍정적인 구전 광고 효과, 정보 및 아이디어 제공으로 효과를 보며 신규고객 창출, 판매의 이용증대로 매출이 증가된다. '만족한 고객은 7명의 손님을 데리고 온다', '가장 중요한 사람으로 대접받고 있는 것처럼 만들어라', 기업목표가 '고품질, 저가격, 최고의 서비스 제공'에서 '고객 만족 경영'으로 이어진다. 상품의 품질, 제품의 기회, 설계, 디자인, 제작, 사후서비스 등 기업문화 이미지와 함께 기업이념 등, 소비자의 만족감이 충족된다.

(3) 고객 인식 요소

특성: 제품, 서비스가 가진 고유한 요소들

가격: 실제구매가격, 설치비용, 필수적인 추가비용

품질: 구매시점에서 제품이나 서비스가 가진 장점

내구성과 유지관리: 장시간 이용에 걸친 품질의 수준과 수리의 용이성

이미지, 스타일, 인지된 가치: 디자인이나 포장, 무형적인 요소

고객관리: 고객 로열티나 판매원의 고객관리

사회참여: 환경운동, 시민운동 등 이슈에 대한 기업 반응

편의성: 지역, 운영시간, 반품정책 등 고객편의에 대한 요소들이 있다.

(4) 고객의 입장

목표고객 설정 및 상품판매에서 핵심고객이 주중고객 인지, 주말인지를 파악한다. 점포디자인은 매출과 직결된다. 고객과 종업원의 동선, 시설 및 상품진열, 인테리어, 간판, 출입구, 의자, 탁자, 조명, 표적고객의 연령층, 여성 인지, 남성 고객인지를 중점적으로 파악한다. 표적시장 구체화를 통한 최우선 고객 선정은 제품을 가장 필요로 하는 고객, 제품을 가장 좋아할 고객, 제품판매 확산력이 있는 고객, 창업 기업이 접근하기 쉬운 고객, 짧은 시간 내 점유율 1위, 만족도 1위를 할 수 있는 고객 등을 구체화 한다. 고객 만족은 저가격, 높은 품질, 편의성 높고 서비스 만족도가 크며, 경쟁사의 제품보다 더 좋거나, 더 빠르거나, 더 저렴한가에 초점을 두고 선택하게 된다. 고객의 기호, 선호도에 따라 장기적으로 충성고객이 생성된다. 누가 표적고객인지 인식하며, 과연 시장이 존재하는지 판단한다. 구매자, 최종 소비자, 유통업자를 구분하여 고객의 욕구와 충족을 정의한다. 목표시장의 기술을 판단하며 목표시장의 규모를 평가한다. 또 시장에 미치는 트렌드를 분석하고 수익성이 있는 틈새시장을 인식한다. 잠재고객이 누구인지를 파악하고 목표시장이 표적화 되면 대상 지역, 기호, 소비습관, 소득 수준 등의 구매의사 결정을 살펴보아야 한다. 목표시장을 선정하고 트렌드와 규모를 계산하고 전략적 특성을 살펴보자.

인구 통계적 특성, 지역적 특성, 라이프 스타일의 특성, 심리적 특성, 구매패턴의 특성, 구매 민감도의 특성이 무엇인지 인지한다.

(5) 커뮤니케이션(communication)이란?

고객과의 접점에서 소비자에게 신뢰감을 줄 수 있는 바른 자세, 동작과 소비자에게 호감을 줄 수 있는 커뮤니케이션의 능력을 말한다.

효과적인 커뮤니케이션의 응대 방법으로는 소비자를 이해하는 마음, 마음을 표현하는 공감 능력, 소비자와의 상호신뢰도, 소비자에게 전화응대의 기본자세(맑은 목소리로 분명하게), 긍정적이고 호감을 주는 이미지를 연출하며,

청결하고 편안한 사업장의 구조(동선), 소비자의 입장을 충분히 이해하는 역지사지(易地思之)의 자세와 의사소통할 수 있는 눈 맞춤, 경청하며 고개 끄덕여주기, 웃어주기 등의 긍정적 감정 커뮤니케이션이 대화의 스킬이다. 고객의 불만이나 항의를 표현하는 것에 대하여 경청하고, 공감하며, 고객의 감정을 파악하고, 그것에 초점을 맞춰 대응하는 것이다. 즉 고객의 입장에서 도울 수 있는 일을 제시하고 즉시 행동에 옮기기 때문에 고객은 자신이 존경받고 있으며 나를 위하여 노력하는 고마움을 느낌을 받을 때, 기업의 충성고객이 될 수 있음을 뜻한다.

3. 고객과의 긍정적 서비스 커뮤니케이션

고객과의 긍정적 감정 커뮤니케이션 4가지 분류
첫째, 호감과 존중 커뮤니케이션: 관심과 존중을 받는다는 느낌
둘째, 반영적 커뮤니케이션: 상대방의 말을 그대로 반복하는 대화법
셋째, 공감적 커뮤니케이션: 상대방의 입장을 이해하고 수용한다는 대화법
넷째, 경청적 커뮤니케이션: 말을 적극적으로 잘 들어주는 태도나 제스처

긍정적 감정 커뮤니케이션의 4가지 분류로 긍정적 감정 커뮤니케이션을 자세히 살펴보자.

1) 호감과 존중의 커뮤니케이션(관심과 존중을 받는다는 느낌을 갖게 하는 대화법)

호감과 존중의 커뮤니케이션은 사람들 간의 긍정적인 관계를 형성하고 유지하는 데 중요한 요소이다. 특히, 직장, 개인 관계, 고객 서비스 등 여러 상황에서 호감과 존중을 기반으로 한 커뮤니케이션은 상대방과의 신뢰를 쌓고, 갈등을 예방하며, 협력을 증진하는 데 크게 기여한다. 호감과 존중의 두 가지 요소가 포함된 커뮤니케이션 방식은 상대방의 감정을 배려하고, 진심으로 소통하려는 노력이 바탕이 된다.

호감의 커뮤니케이션

상대방에게 긍정적인 감정을 일으키게 하고, 친근감을 형성하는 방식이다.

상대방이 기분 좋게 느끼고, 소통하는 과정에서 더 열린 마음으로 대화에 참여하도록 유도하는 것이 핵심이다. 미소는 가장 간단하면서도 효과적인 호감의 신호로 웃는 얼굴은 상대방에게 따뜻한 인상을 주고, 상대방도 편안하게 느끼게 한다. 대화중에 상대방의 눈을 맞추는 것은 관심을 표현하고, 신뢰감을 형성하는 데 도움이 된다. 또한, 열린 자세와 몸의 방향도 중요하다. 상대방을 향해 몸을 돌리고, 팔짱을 끼지 않도록 노력하는 것이 좋다.

존중의 커뮤니케이션

상대방의 개인적인 의견과 감정을 존중하고, 자유롭게 표현할 수 있는 환경을 만들어주는 것이다. 상호 존중의 기본적인 바탕을 형성하며, 건강한 관계를 유지하는 데 필수적이다.

상대방이 이야기하는 동안, 끊지 않고 끝까지 듣고 반영하는 태도가 중요하다. 의견을 존중하고 있다는 신호를 보내는 것은 신뢰를 쌓는 데 큰 도움이 된다. 의견이 다를 때에도 상대방의 입장을 존중하는 태도를 보이는 것이 중요하다. "당신의 생각은 충분히 이해해요. 하지만 제 생각은 이렇습니다"라고 말하며 의견을 나누면 갈등을 줄일 수 있다.

호감과 존중의 커뮤니케이션은 긍정적인 관계를 구축하는 핵심적인 요소이다.

호감을 주는 커뮤니케이션은 친근하고 긍정적인 태도를 통해 상대방에게 좋은 인상을 남기고, 존중의 커뮤니케이션은 상대방의 생각과 감정을 중요하게 여기는 태도로 신뢰와 협력의 기반을 마련한다. 이 두 가지를 잘 결합하여 상호 존중과 신뢰를 바탕으로 하는 커뮤니케이션을 실천하면, 모든 관계에서 긍정적인 결과를 이끌어낼 수 있다.

2) 반영적 커뮤니케이션(상대방의 말을 그대로 반복하는 대화법)

서비스 접점에서 활용 가능한 커뮤니케이션의 방법으로 상대방의 말을 듣고 그대로 반복하거나 확인하는 대화로써 고객의 현재느낌과 과거의 느낌

등을 음성, 언어로 표현해주는 대화법으로 대화를 촉진할 때 도움이 된다. 첫째, 반복하기로 상대방이 한 말을 그대로 듣고 핵심을 반복하는 것이며 둘째, 바꾸어 말하기로 상대방이 한 말과 같은 뜻을 가진 다른 말을 사용하는 것과 셋째, 요약하기로 상대방이 말한 내용의 초점을 압축해 주제를 명확히 요약하는 방법의 대화법이다.

3) 공감하는 커뮤니케이션(상대방의 입장을 이해하고 수용하는 대화법)

상대방이 하는 말을 잘 듣고 이해했는지 알아보기 위해 확인하고, 상대방이 더 설명할 수 있는 기회를 주는 것으로 '공감적 경청'은 단순히 듣고 응해 주는 것이 아닌 상대방이 말할 때 감정이입을 통해 자신의 생각은 배제시키고 눈과 귀, 마음을 동원하여 듣는 것이다. 감정이입이란 상대가 필요로 하는 것, 상대방이 느낀 모든 감정을 내 자신의 것처럼 절실하게 느껴지는 것으로 공감적 반응을 통하여 고객은 자신의 말을 매우 관심 있게 경청하고 있으며 자신을 이해해주며 마음을 충분히 납득하고 있다는 사실을 깨닫게 된다. 듣는 훈련을 하다 보면 이전에는 들리지도 보이지도 않던 상대방의 말하는 느낌과 의미 등의 내용을 정확하게 이해할 수 있기 때문 고객은 자신의 말을 매우 관심 있게 경청하고 있으며 자신을 이해해주기를 갈망하는 그의 마음을 충분히 납득하고 있다는 사실을 깨닫게 된다. 대화를 촉진할 때와 서비스 접점에서 활용 가능한 커뮤니케이션 방법으로의 대화법이다.

고객 서비스 만족도 차원으로, 물리적 환경과 시설, 절차의 편리성, 인력의 기술수준과 전문성, 직원의 친절성, 정보제공으로 고객이 느끼는 만족의 정도는 결국 고객이 지각하는 서비스 퀄리티(Quality)에 의해 결정됨을 의미한다.

4) 경청적 대화법

상대방의 말을 적극적으로 잘 들어주는 태도나 제스처로 고객에게 믿음을 주는 차원은 신뢰성(reliability)은 서비스업체의 눈에 보이는 물질적인 장비, 시설, 직원의 용모와 유형성(tangibles)의 서비스 제공자가 고객을 돕고 신속한 서비스를 제공하고, 대응성(responsiveness)으로 고객에게 신뢰와 확신을 줄 수 있는 정도로, 확신성(assurance)의 고객에게 개별적으로 기대와 확신으로 서비스 만족은 기대보다는 지각된 성과가 더 큰 영향을 미친다. 소비자의 요구로 첫인상은 매우 민감하고, 많이 구매한 고객일수록 요구사항이 많다, 불평 들어주면 단골이 된다고 한다.

긍정적 서비스 커뮤니케이션의 유의사항

(1) 발음이 명확해야 한다.
(2) 말에 따라 알맞은 억양을 사용한다.
(3) 문장 가운데 강조할 부분은 세게 발음한다.
(4) 사투리 사용하지 않는다.
(5) 말과 말 사이에 알맞게 숨을 쉬어 사용한다.
(6) 발음은 같으나 뜻이 다른 용어는 피한다.
(7) 말 꼬리를 달아, 너무 긴 말이 되지 않게 한다.
(8) 말 머리는 부드럽게, 말의 끝은 확실히 발음한다.
(9) 먼저 숨을 깊이 들이쉰 후 말한다.
(10) 목소리의 크기는 처음부터 조절하여 말한다.

긍정적 서비스 커뮤니케이션의 기술

- 진실하게 말한다.
- 상대방의 말을 경청한다.
- 진심으로 칭찬한다.
- 다른 사람의 험담이나 비방을 하지 않는다.
- 짧게 웃는 얼굴로 대화한다.
- 분위기 있게 유쾌하고 유머 있게 말한다.
- 신선한 분위기를 만든다.
- 품위 있는 말을 사용한다.

고객의 심리

고객은 일반적으로 다음과 같은 행동을 원하는 심리가 있다.

(1) 기억되기를 바란다: 환영받고 싶어하는 기대심리
(2) 관심을 끌고 싶어한다: 독점하고 싶어하는 기대심리
(3) 중요한 사람으로 인식되고 싶어한다: 우월감을 느끼고 인정받고 싶어하는 심리
(4) 편안해지고 싶어한다: 편안하고, 즐겁게 살고 싶어하는 기대심리
(5) 기대와 욕구를 수용해 주기를 바란다: 자기존중의 심리
(6) 모방하고 싶어한다: 모방의 심리
(7) 손해보기 싫어한다: 손해보고 싶지 않은 심리

고객이 듣고 싶어 하는 8가지 말과 마음

(1) '어서오십시오'의 환영의 마음
(2) '안녕하십니까'의 밝은 마음
(3) '예'의 상냥한 마음
(4) '수고하셨습니다'의 위로하는 마음
(5) '미안합니다'의 겸손한 마음
(6) '덕분입니다'의 겸허한 마음
(7) '하겠습니다'의 봉사하는 마음
(8) '고맙습니다'의 감사하는 마음

4. 혈액형별 유형의 특징과 아이템

* 혈액형 A형의 특징

공과 사의 구분이 확실하며 신중하고, 이론적이며, 상식적이다.

안정적인 생활을 추구하며 노력파이다.

대의명분을 중시하며, 자존심이 강하며, 꼼꼼하고 실수가 없는 편, 가끔 던지는 말에 재미가 있으며, 애교, 눈치가 빠른 편이다.

창업 아이템

= PC방, 노래방, 미용실, 치킨전문점, 페스트푸드점, 포토아트, 냉장육

전문점, 등

* 혈액형 B형의 특징

형식과 관습에 얽매이지 않는 자유분방하고 틀에 박히기 싫어한다.

아이디어가 많아 창의적, 창조적이며, 이해심이 많고 집중력이 강하다.

임기응변(臨機應變)이 강하며, 지적인 면이 강하고 세련미가 있으며 재치가 있다.

평소에는 착하지만 건드리면 무섭다.

창업 아이템

= 편의점, 아이스크림판매점, 베이커리, 문구점, 팬시점, 피부 관리 전문점, 봉사하는 업종, 출판 아이디어 제공업, 애니메이션 관련 업종 등

* 혈액형 AB형의 특징

합리적인 사고력에 의무감, 도덕성, 분석능력이 빠르다.

자신의 역할을 찾아 남의 일을 적극적으로 돕는 사회봉사형이며, 예술적 감각이 우수하다.

효율적인 업무능력이 탁월하며, 복잡하고 미묘한 성향에, 응용력이 좋고, 엉뚱 발랄 성격의 소유자이며, 계획은 잘 짜지만 마무리는…, 조용히 불평하는 스타일의 특징이 있다.

창업 아이템

= 어린이 학원, 인력파견 도우미, 세탁업, 여행업, 광고업, 다이어트 전문점, 정보제공(IP), 광고 이벤트업 등

* 혈액형 O형의 특징

열정적, 현실적, 적극적, 자기주장이 강하며, 기억력이 탁월하다.

끈기와 오기, 고집이 강하며, 욕심이 있는, 승부욕이 강한, 싫은거 할 때 얼굴에 표시가 난다. 대인관계가 원만하며, 긍정적이고 활동적이며 자신감이 넘친다.

창업 아이템

= 지식산업 분야, 경쟁점포 조사 대행업, 향수 전문점, 주류전문점, 분식점, 선물용품, 유아용품 전문점 등

출처: 창업과 경영의 이해, 박한수 교수

5. MBTI 성격 유형별로 창업 특성 및 장점

MBTI는 16가지로 나뉘지만, 여기서는 대표적인 4가지 기질 유형(분류 기준) 기준 요약.

▸ MBTI 기질 대표 유형

1. 분석가형(NT)

(INTJ, INTP, ENTJ, ENTP) 전략가, 발명가, 지휘관, 논리학자

- 창업 시 강점
  - 독창적인 아이디어
  - 큰 그림과 전략 구상 능력
  - 기술 기반 창업에 강함
- 주의할 점
  - 실행보다는 아이디어에 몰두
  - 현실성 부족 가능성

2. 외교가형(NF)

(INFJ, INFP, ENFJ, ENFP) 중재자, 옹호자, 활동가, 선도자

- 창업 시 강점
  - 공감력, 브랜딩 감각 탁월
  - 사회적 가치 추구(사회적기업 선호)
  - 고객 중심 서비스에 강함
- 주의할 점
  - 감정에 휘둘리기 쉬움
  - 경영과 수익성 무시 가능

3. 관리자형(SJ)

(ISTJ, ISFJ, ESTJ, ESFJ) 청렴결백형, 수호자, 책임감, 집정관

- 창업 시 강점
  - 안정적 경영, 조직관리 능력
  - 계획적, 꾸준한 운영 강점
  - 프랜차이즈, 오프라인 비즈니스 적합
- 주의할 점
  - 변화에 대한 유연성 부족
  - 리스크 감수 회피 성향

4. 탐험가형 (SP)

(ISTP, ISFP, ESTP, ESFP) 장인, 모험가, 사업가, 연예인

- 창업 시 강점
  - 실행력, 현장 감각 뛰어남
  - 트렌드 파악 & 기회 포착 능력
  - 감각적 브랜드, 유통, 푸드트럭 등 적합
- 주의할 점
  - 장기 전략 부족
  - 즉흥적 결정으로 인한 실수
- 요약 포인트

  NT형: "전략적 사고 + 창의성" → 기술·스타트업

  NF형: "가치 중심 + 소통능력" → 콘텐츠, 교육, 사회적 기업

  SJ형: "계획성 + 안정성" → 프랜차이즈, 전통 서비스업

  SP형: "실행력 + 유연성" → 푸드, 유통, 이벤트성 비즈니스

6. 심리 묘사적 세분화

(1) 혁신자(innovator)

자존심 강함, 성공 지향적, 세련되고 활동적, 적소 지향적,

책임감 강함, 제품과 서비스에 정교한 취향, 고급품 구매성향.

(2) 사교자(thinker)

질서 지식, 책임에 대한 가치부여.

성숙, 만족적, 제품에서의 내구성, 기능성 및 가치추구 성향.

(3) 성취자(achiever)

경력과 가족에 집중. 성공적, 목표지향적인 사람

성공을 표출하는 고가 제품을 선호하는 성향.

(4) 경험자(experienced)

다양함과 흥분을 추구. 젊고 열정적, 충동적,

패션, 오락 및 사회화에 소득의 상당부분을 지출한다.

(5) 믿음자, 신봉자(believer)

확고한 신념. 보수적, 관습적, 전통적인 성향의 소유자.

잘 알려진 제품과 기존의 정평이 난 상표를 선호한다.

(6) 노력자(striver)

제한적, 추세적. 재미, 놀이를 좋아하는 사람.

구매를 모방하는 스타일리시한 제품을 선호하는 성향.

(7) 제조자(maker)

직접 일하기를 좋아하는 실용적, 현실적, 자기 충족적,

실용적이며 기능적인 목적을 가진 제품만 선호하는 사람.

(8) 생존자(survivor)

변화에 관심이 적고, 나이가 많고, 수동적인 사람.

자신이 선호하는 상표에 충성 고객이 많다.

* 다섯 가지 페르소나(Persona)

'인격', '위격(位格)'의 뜻으로 쓰이는 라틴어로 이성과 의지를 가지며 자유

로이 책임을 지고 행동하는 주체 본성(本性)을 가진 개별적 존재자를 가리킨다.

(1) 황제 페르소나 : 나폴레옹, 알렉산더 대왕, 벤츠, 코카콜라, 렉서스 등
선두기업, 다른 기업들이 모방, 최고의 품질, 도도할 만큼의 배짱이 스타일.

(2) 영웅 페르소나: 스티브잡스, 정주영(현대그룹) 이병철(삼성그룹), 샤넬 등
자부심, 실력자, 위상, 최고의 정평을 받는 스타일.

(3) 전문가 페르소나: 이수만 대표(보아, 소녀시대, 동방신기) 등
SM프로덕션(K-POP) 열풍으로 신뢰구축, 전문가평판, 자신감, 폭넓은 지식, 스포트라이트.

(4) 친구 페르소나: 풀무원, 웅진코웨이 등
친절, 공평, 존경, 신념, 사회적 가치 중시, 개방적, 수평적

(5) 의인 페르소나: 애플 매킨토시 등
적극적 참여, 마음에 공감대 형성, 사명 의식, 상황에 맞는 말과 행동의 소유자.

5장 CASE STUDY

밀리의 서재(Millie's Library): "책은 안 팔려도, 독서 경험은 판다"

Chapter 05. 고객 만족 및 고객 분석 - 고객 특성과 맞춤 전략

1. 문제 인식

"종이책은 사도 안 읽게 돼요"
→ 2030 세대는 책을 사는 것보다 '읽는 경험'을 원함

2. 고객 분석

- 연령: 20~40대 직장인
- 라이프 스타일: 출퇴근, 짧은 여가, 디지털 콘텐츠에 익숙
- 심리적 니즈: 지식·자기계발 욕구 있으나 시간 부족

3. 솔루션 제시

- 월정액 구독제 도입 → 비용 장벽 해소
- 오디오북 + 요약본 제공 → 짧은 시간에도 몰입 가능
- 개인 맞춤형 추천 기능으로 '읽을 책 고민 해결'

4. 고객 만족 전략

- 북큐레이터 추천, 출석 미션, 완독률 피드백 등으로 재미 + 동기 부여
- 유저 피드백 기반으로 UI 개선 및 콘텐츠 업데이트 반복

5. 성과

- 2023년 기준 가입자 500만+
- 80% 이상이 '재구독 의사 있음' 응답
- "책을 읽게 만드는 서비스"라는 차별적 포지셔닝 성공

학습 포인트

고객 특성 파악: 바쁜 현대인의 독서 방식과 심리 이해
맞춤형 전략: 오디오북, 요약, 큐레이션으로 만족도 제고
고객 유도: 피드백-업데이트-보상 구조로 재방문 유도

토의 질문

1. 밀리의 서재는 어떤 방식으로 고객의 '불편함'을 '만족'으로 바꿨는가?

2. 고객 분석이 제품 설계에 어떻게 반영되었는가?

MBTI 기반 창업 성향 테스트 워크

1단계: 나의 성향 체크하기

다음 항목들을 읽고, 각 항목에 가장 나와 가까운 쪽에 체크.

① 아이디어를 구상할 때

a 큰 그림을 그리고 전체 전략을 먼저 생각한다.

b 지금 당장 실행 가능한 것을 먼저 시도한다.

② 사람들과의 관계

a 혼자 일하는 게 더 편하고 집중이 잘 된다.

b 다양한 사람과 어울리며 일할 때 에너지가 생긴다.

③ 의사결정 방식

a 논리적이고 효율적인 방향을 중시한다.

b 감정과 인간관계를 중요하게 생각한다.

④ 업무 스타일

a 계획을 세워 체계적으로 진행하는 걸 좋아한다.

b 즉흥적이고 자유로운 방식이 잘 맞는다.

⑤ 창업 아이템 선정 기준

a 혁신적이고 미래지향적인 아이템 선호

b 감각적이고 트렌디한 아이템 선호

⑥ 실패에 대한 태도

a 위험을 분석하고 대비하며 천천히 추진

b 일단 부딪혀보는 것이 중요하다고 생각함

⑦ 일할 때 더 편한 방식

a 혼자 전체를 조율하고 관리

b 다양한 역할을 나누고 팀과 함께 진행

⑧ 창업 목표

a 세상을 바꾸는 아이디어 실현

b 당장 성과를 내고 수익을 얻는 것

A가 많은 사람은 → 분석형/관리형 창업 스타일

B가 많은 사람은 → 탐험형/외교형 창업 스타일

2단계: 나의 창업 유형은?

당신의 선택을 바탕으로, 아래에서 가장 가까운 MBTI 창업 유형을 확인해보세요.

유형/ 대표 MBTI

- 전략형(분석가) INTJ / ENTJ

  창업 키워드 - 기술, 기획, 혁신

  추천 아이템 - 앱 개발, 인공지능 서비스, 플랫폼 비즈니스

- 소통형(외교가) ENFP / INFJ

  창업 키워드- 감성, 소통, 가치

  추천 아이템- 콘텐츠 제작, 교육, 사회적 기업

- 실행형(관리자) ISTJ / ESTJ

  창업 키워드- 안정, 운영, 조직

  추천 아이템- 프랜차이즈, 행정 서비스, 헬스케어

- 감각형(탐험가) ESTP / ESFP

  창업 키워드- 트렌드, 현장, 속도

  추천 아이템- 푸드트럭, 유튜버, 셀러 마켓, 굿즈 사업

3단계: 나의 창업 비전 작성

Work Sheet - 01

학번: ______________________

이름: ______________________

나의 성향:

유형:

창업 아이템 선택:

창업 비전:

창업 목표:

"나는 　　　　 형 창업가로서 　　　　　　　　　　 사업을 통해 일상 속 즐거움을 주는 브랜드를 만들고 싶다."

CHAPTER 6

창업 아이디어 창출

학습목표

1. 창조적
2. 창의성
3. 창의성의 구성 요소
4. 아이디어의 발상
5. 디자인 싱킹
6. 창업 아이템 선정사례
   - Work Sheet 작성

CHAPTER 06

창업 아이디어 창출

창업 아이디어 창출은 창업을 시작하려는 사람에게 가장 중요한 첫 단계이다.

성공적인 창업 아이디어는 시장의 니즈를 충족시키는 동시에 창의성과 실현 가능성을 갖추고 있어야 한다. 창업 아이디어 창출은 단순히 독창적인 아이디어를 떠올리는 것 이상으로, 문제 해결, 시장 분석, 기술 발전, 소비자 행동 등을 종합적으로 고려해야 한다.

창업 아이디어 창출은 성공적인 창업을 위한 새로운 사업을 시작하는 데 있어 매우 중요한 과정이다. 창업 아이디어는 시장의 기회, 문제 해결, 또는 기존의 제품이나 서비스에 대한 혁신을 바탕으로 할 수 있다. 아이디어가 창출되는 과정은 창의성, 분석 능력, 시장 조사 등이 결합된 과정이다.

창업 아이디어 창출은 창의성과 실현 가능성의 균형을 맞추는 과정으로 문제 해결, 기술 혁신, 시장 조사, 고객의 요구 사항 등을 종합적으로 고려하며 아이디어를 구상해야 한다. 또한, 다양한 아이디어 발상 기법을 활용하여 창의적이고 혁신적인 아이템을 만들어가는 것이 중요하다. 빠르게 실행하고 고객의 피드백을 반영하는 과정이 성공적인 창업으로 이어질 수 있다.

* 창업 아이디어 창출을 위한 방법

문제 해결 접근법 창업 아이디어는 대부분 사람들의 문제를 해결하는 데서 출발한다.

일상생활에서 마주치는 문제, 불편함, 불만족을 해결하는 제품이나 서비스는 큰 기회를 제공할 수 있다. 바쁜 직장인들이 간편하고 건강한 식사를 원한다면, 이를 해결하기 위한 건강한 간편식을 창출할 수 있다. 고객 불만이나 불편을 발견하고 해결하는 방안을 모색하는 것이 중요하다. 성공적인 창업 아이디어는 시장과 소비자의 요구를 반영해야 한다. 시장 조사와 트렌드 분석을 통해 현재의 시장 상황과 향후의 변화 가능성을 파악할 수 있다.

산업 트렌드는 지속적으로 변하는 소비자 트렌드를 분석하여, 아직 충족되지 않은 시장 수요를 발견할 수 있다. 친환경 소비, 디지털 전환, 헬스케어와 웰빙 트렌드 등을 반영할 수 있다. 경쟁사 분석은 경쟁사들이 제공하는 제품과 서비스가 시장에서 어떤 반응을 얻고 있는지, 그리고 그들이 해결하지 못한 문제는 무엇인지 파악한다.

아이디어의 차별화 기존 시장에 이미 존재하는 제품이나 서비스의 개선점이나 차별성을 찾는 것이 중요하다. 기존 아이템의 혁신적인 개선은 큰 창업 아이디어가 될 수 있다. 기존의 음식 배달 서비스에 특화된 서비스나 차별화된 고객 경험을 추가하는 방식으로 창업 아이디어를 도출할 수 있다. 고객 피드백과 아이디어 개발 고객 피드백은 매우 중요한 창업 아이디어의 원천이다. 기존의 제품이나 서비스에서 불만을 느끼는 고객들의 목소리를 듣고, 그들이 필요로 하는 제품이나 서비스의 방향을 잡을 수 있다. 고객 인터뷰나 설문 조사를 통해 실질적인 문제를 파악하고 그 문제를 해결할 수 있는 창업 아이디어를 구체화할 수 있다. 사용자가 어려움을 겪고 있는 소프트웨어를 쉽게 사용할 수 있는 앱을 개발하거나, 특정 산업에 필요한 솔루션을 제공하는 서비스를 생각할 수 있다. 기술 혁신을 통한 창업 아이디어 기술의 발전은 새로운 창업 기회를 창출하는 중요한 요소이다. AI, 블록체인, IoT, 빅데이터 등 새로운 기술을 활용한 혁신적인 서비스나 제품은 시장에서 경쟁력을 가질 수 있다.

스마트홈 기기, AI 기반의 개인화된 서비스, 자동화된 관리 시스템 등 기술을 활용한 창업 아이디어로 기존의 산업에 기술적 혁신을 도입해 고객의 문제를 해결하거나 업무 효율성을 높일 수 있는 아이디어를 창출할 수 있다.

* 디자인 사고(Design Thinking)

디자인 사고는 사용자 중심의 문제 해결 접근법이다.

창업 아이디어를 구상할 때 사용자의 관점에서 문제를 정의하고 해결책을 찾아나가는 방식이다. 공감, 문제 정의, 아이디어 구상, 프로토타입 제작, 테스트의 단계를 통해 진행된다.

사용자에게 직접적인 경험을 제공하고, 그들의 피드백을 반영하여 아이디어를 점차적으로 개선한다. 고객의 필요와 요구를 가장 잘 반영한 창업 아이디어를 만들 수 있다.

창의적 사고 기법 창의적인 아이디어를 도출하려면 창의적 사고를 통해 문제를 바라보는 다양한 관점을 가져야 한다. 여러 가지 기법들을 활용하면 새로운 아이디어를 떠올리기가 쉬워진다. 브레인스토밍(Brainstorming)은 아이디어를 자유롭게 떠올리며 팀원과 함께 협력적인 아이디어 발산을 할 수 있습니다. 아이디어 스크리닝(Screening)은 다양한 창업 아이디어가 도출되었을 때, 실제로 실행 가능하고 성공 가능성이 높은 아이디어를 선별하는 과정이 필요하다. 아래의 질문을 뒤쪽 Work Sheet에서 작성을 해보자.

- 이 아이디어는 시장에서 실행 가능한가?
- 경쟁자들은 어떻게 대처하고 있는가?
- 이 아이디어를 사업으로 확장할 수 있는 가능성이 있는가?
- 투자와 자원을 고려했을 때 재정적으로 실현 가능한가?

창업 아이디어 창출은 시장의 요구를 충족시키고, 고객의 문제를 해결할 수 있는 혁신적인 생각에서 출발한다. 창의적인 사고, 시장 조사, 기술 혁신 등을 통해 독창적인 아이디어를 발전시킬 수 있으며, 그 후 아이디어를 검증하고 실행 계획을 세워 성공적인 창업을 이끌어낼 수 있다.

1. 창조적(creative)

새롭고도 유용한(new and useful)이란 뜻을 지닌 것으로 정의된다.

즉 어떠한 생각, 사람, 사물이 창조적이기 위해서 새로움이나 유용함만으로는 부족하며 두 가지 동시에 충족되어야 한다는 점이다. 유용함은 문제 의존적인 개념으로서 어떠한 문제를 해결하느냐, 못하느냐에 초점을 맞추고 있는 개념이다. 문맥 의존적 개념인 '새로움'과 마찬 가지로 창조성을 크게 세 가지로 나눈다. 첫째, 개인의 지평에서 새롭고 유용한 성취를 의미하는, 개인적 창의성과, 지역 공동체의 지평에서 새롭고 유용한 성취를 의미하는, 공동체적 창의성과, 인류의 역사적 지평에서 새롭고 유용한 성취를 의미하는 역사적 창의성으로 나눈다.

창조적(creative)은, 새로운 아이디어와 혁신, 새로운 제품과 서비스 창조, 새로운 일자리 창출, 신생기업, 틈새 유형 제품, 틈새서비스 상품, 틈새 유통 창업, 생명공학, 유전자 공학, 의료기기 산업 성장으로 기술진보에서의 기회들이 확장되어 충실한 아이디어의 사업에 전력투구(全力投球)하여 실행 가능하고 충실한 아이디어로 미래지향적이며, 창조할 수 있는 분야, 창의적이며 생소하지 않은 아이디어 이어야만 폭발적인 성공을 이룰 수 있다.

창조성에 대한 학자들의 정의로 오스본(Osborn)은 넓은 의미의 창의성은 인간 모두가 가지고 있는 보편적 능력과 특성이며, 창조성이란 일상생활에서 당면한 사태나 문제를 개인 나름으로 새롭고 독특한 방법으로 해결해 나가는 활동이다. 길포드(Guilford)는 새롭고 신기한 것을 낳는, 새로운 사고를 생산해 내는 것이라고 정의하였으며, 칙센미하이(Csikszentmihalyi)는 창조성은 세계를 새롭고 독특한 방식으로 경험하는 사람들, 또는 세계를 새롭게 인식하고, 영감에 찬 판단을 하며, 자신들만이 알 수 있는 중요한 발견을 하는 사람들이라고 하였으며, 프린스(Prince)는 임시적 조화, 기대하지 않은 놀라움, 특유의 폭로, 익숙한 놀라움, 넉넉한 이기주의, 사소한 것에도 활력이 있는, 훈련된 자유, 끈기 있음, 반복적인 시도, 어려운 기쁨, 예측할 수 있는 모험, 짧은 확실함, 차이를 통합하기, 민족을 구하기, 기적적인 기대, 익숙한 놀라움이라고 정의하고, 프란켄(Franken)의 창조성은 문제를 풀고 다른 사람들과 의사소통하고, 모두가 즐기는데 유용할 수 있는 아이디어, 대안, 가능성을 인식하고 생산하는 경향이라고, 또 에드워즈(Edwards)는 현재를 넘어가고자 하는 결단력 있는 충동, 독창성, 상상력, 환상으로 특징지어진다고 학자들이 정의하였다.

창조적 성격의 특성으로는 활기찬 에너지를 가지고 있으며 때로는 조용하고 휴식을 취하며, 지혜롭고, 장난스럽고, 절제되어 있으며, 상상이나 환상을, 또는 굳건한 현실감을 가지고 있고, 외향성과 내향성의 대조적 특성을 가지고 있다. 겸손하면서 자부심이 강하다.

고정관념을 피하고, 양성적인 특성을 가지고 있으며, 독립적이며 열정이 있다, 또한 매우 객관적이며, 개방성과 감수성으로 즐거운 성격의 소유자이다.

창조성과 자기실현으로는 자신의 삶에 자기 인식을 가지고 삶의 아름다움을 감상하며, 자상하며, 다른 사람들을 도울 의지를 가지고 있으며, 유머감각을 지닌 사람으로 남에게 상처를 주지 않으며, 사람들과의 관계를 잘 형성하며, 은유적 사고로 기회를 잘 준비한다.

창조적 과정으로는 아이디어를 시작으로, 사업 아이디어로 전환하고, 시장에서 아이디어를 탐색 창출하며, 구체적인 고객의 문제를 해결하는 방법을 도출하고, 아이디어를 구체화하고, 고객과 시장을 파악하며, 타당성을 분석하여, 창조성이 창업가 정신의 근원이라면 혁신은 창업가 정신의 과정이라고 볼 수 있다.

창조적인 마인드를 가지기 위해서는 도전정신, 호기심, 모험심, 사물을 다른 시각으로 보는 관점, 신기함, 재미, 즐거움, 흥미, 끈기, 제품의 개선, 개발, 신제품의 아이디어 정신 등이 창조적인 마인드를 가지는 것이다.

* 창조성과 혁신

- 혁신(innovation): 새롭고 다른 것(new and different)을 창조하는 것
  (제품 또는 서비스가 사용되는 새로운 방법)
- 창조성: 고객가치를 구성하는 혁신적인 수단을 창출하는 능력

2. 창의성(creativity)

새로운 것을 발견하고, 새로운 것을 만들고 산출하는 것, Guilford(1977):

새롭고 신기한 것을 낳는 힘(인지능력), Lubart(1994): 새롭고 유용한 산출물을 생성하는 능력(인지능력), Seligman(2000): 독창적이고 가치 있으며 실행될 수 있는 사고과정 또는 산출물, 사물을 새롭게 탄생시키거나, 새로운 사물에 이르게 하는 개인의 지적 특성, 새롭고, 독창적이고, 유용한 것을 만들어 내는 능력의 확산적 사고(divergent thinking)와 수렴적 사고(convergent thinking)를 포함하는 다양한 지적 능력, 인성, 지식, 환경의 총체적인 관점이라고 정의한다.

창의성(creativity)

- 無 새로운 것을 발견
- 새로운 것을 만들고 산출하는 것
- 새롭고 신기한 것을 낳는 힘(인지능력)
- 산출물을 생성하는 능력(인지능력)
- 독창적이고 가치 있으며 실행될 수 있는 사고과정 또는 산출물
- 사물을 새롭게 탄생시키거나, 새로운 사물에 이르게 하는 개인의 지적 특성
- 새롭고, 독창적이고, 유용한 것을 만들어 내는 능력
- 확산적 사고(divergent thinking)수렴적 사고(convergent thinking)를 포함하는 다양한 지적 능력, 인성, 지식, 환경의 총체적인 관점

3. 창의성(creativity)의 구성 요소

- 유창성(fluency): 관점이나 해결안을 빠르게 많이 떠올리는 능력
- 융통성(flexibility), 유연성: 시스템을 여러 가지 목적으로 사용하는 능력
- 독창성(originality): 자기고유의 능력과 개성에 의한 새로운 능력
- 정교성(elaboration): 세련되고 세밀하고, 치밀하게 발전시키는 능력
- 혁신성(innovation): 유용한 방법으로 변환하는 능력

아이디어를 개발하기 위해 필요한 구성으로는 창의성(creativity)의 구성

요소는 새로움을 도출하는 능력을 유창성(fluency), 융통성(flexibility), 독창성(originality), 정교성(elaboration), 혁신성(innovation)이 구성 요소이다.

* 창의성(creativity)의 구성 요소

- 유창성(fluency): 관점, 해결안을 빠르게 많이 떠올리는 능력, 많은 아이디어를 내는 능력.
- 융통성(flexibility), 유연성: 시스템을 여러 가지 목적으로 사용하는 능력. 변경과 확장, 유창적인 사고의 연장으로 사물을 다른 각도에서 볼 수 있는 능력. 여러 관점에서 상황을 볼 수 있는 능력.
- 독창성(originality): 자기고유의 능력과 개성에 의한 새로운 독특한 능력.
- 정교성(elaboration): 세련되고 치밀한 것으로 다듬어 발전시키는 능력. 아이디어를 정교하게, 세밀하게 하거나 재미있고, 아름답게 꾸미는 능력. 기존의 지식이나 원래의 생각에 추가하고 확장시키는 능력.
- 혁신성(innovation): 혁신을 일으키는 성질로서 아이디어를 혁신적으로 유용한 방법으로 변환하는 능력.

* 창의성 사고기법

- 수직적 사고(vertical thinking)
- 수평적 사고(lateral thinking)
- 창의적 사고(creative thinking)
- 확산적 사고기법(divergent thinking)
- 수렴적 사고(convergent thinking)

4. 아이디어의 발상

- 새로운 아이디어 도출로 아이디어의 방향을 제시하는 습관. 제품의 개선, 보완, 추가, 신제품 아이디어 현상, 개선 형태의 구조를 분석.

발상의 전환, 개선 방향, 형태의 모든 것에 대해서 결과를 만들어 분석. 타인의 의견을 존중하여 자유로운 발상으로 구체적인 계획을 수립.

* 매력적인 아이디어를 발견하는 방법

- 시장에 있는 공백을 찾는다.
- 경쟁이 서투른 것을 찾는다.
- 고객을 위해 문제를 해결한다.
- 아이디어를 새로운 방법으로 결합한다.
- 완전히 새로운 아이디어를 찾는다.
- 창조적인, 모방적인 새로운 방식으로 생각한다.
- 다른 사람의 성공적인 아이디어를 모방한다.
- 아이디어를 추가 보완 개선한다.
- 제품 또는 서비스의 공정을 개선한다.
- 자신의 취미나 적성, 경험, 기량을 개발한다.
- 다른 사람이 "~라면 좋을 텐데"가 공백의 표현이다.

* 아이디어(idea)

- 발상, 디자인의 초기단계
- 구상 '고안', '생각', '착상으로 순화, 획기적인 아이디어 개발'
- 정신적 이해, 인식 활동의 존재하는 구상
- 기회를 이용할 수 있는 해결책의 초기 관점
- 시장에 나타난 기회 개발
- 실행 가능한 컨셉을 최종적으로 개발하는 것
- 생각, 의사, 착안, 창의, 창의력, 꾀, 영감, 구안, 고안 등

* 아이디어(idea)

- 문제: 현재 상태와 이상적인 상태 간의 차이
- 기회: 기업에 신제품이나 사업을 위한 욕구창출에 호의적인 환경

- 사업기회: 제품수요를 증가하거나 변화추세를 이용할 수 있는 유리한 조건
- 아이디어: 욕구나 문제를 발견하고, 문제해결에 관한 생각
- 제품 아이디어: 욕구를 충족, 수익성이 기대되는 아이디어 정리
- 제품 컨셉: 제품 아이디어를 언어, 상징, 디자인 등으로 표현

아이디어(idea)는 정신적 활동으로 실제로 존재하는 생각이나 구상을, 시장에 나타난 기회를 개발하고 실행 가능한 컨셉을 최종적으로 개발하는 것이 신제품이 된다.

아이디어 창출의 기술로는 환경시장파악, 사용자의 요구사항, 생산, 서비스, 경쟁사, 유사기업, 공급자 유통채널, 최고 경영층, 핵심직원 등의 창업 환경변화 등의 아이디어 도출과정이다.

아이디어 생성방법으로는 직접적 탐색, 기술적 혁신, 실험적 사용자의 연구, 표적 고객, 기술과 마케팅 활동이다.

아이디어 스케치(idea sketch)는 기획, 조직 구성, 목표 등의 초기 단계를 구성한다.

* 사회와 소비자 추세 (Trends)

- 사회와 소비자 추세를 확인하여 신제품 개발
- 추세는 일시적 유행보다 미래의 경향

* 고객의 이해와 발견

- 고객의 편익과 비용에 대한 지각을 완전하게 이해하는 것
- 요구사항을 확인하는 방법(고객의 소리에 귀를 기울이기 위해 모든 기회를 열어놓는 것)

* 창업 아이디어의 선정 업종선택의 형태

- 제조업, 도소매업, 서비스업, 업태 결정
- 어떤 제품, 어떤 상품, 취급의 결정

- 대리점, 자영업, 운영방식 선택에 관한 결정

* 업종선택의 판단기준

- 자금 조달 능력
- 동 업계의 경험
- 금융 수혜 정도
- 개인의 목표나 취향

5. 디자인 싱킹(design thinking)

사람들(Users)의 생각(Thinking)을 디자인(Design)한다.

디자인 싱킹(design thinking)의 통합적인 사고력 발상이 저자는 창의적이며 매혹적이라고 생각한다.

자신만의 감각과 방법을 적용하여 문제에 관한 실용적이며, 창의적인 전략으로 산업 및 사회적 이슈에 활용하여 소비자의 기술적인 욕구충족으로 고객의 가치와 시장 기회로 바꾸는 확장된 사고력이 미래에 대한 해결법이라고 생각한다.

미래의 건설적인 인식에서부터 문제 기반 및 문제 중심 사고로 현재와 미래의 트렌드와 문제의 특성을 파악하여 창의적인 아이디어가 대안적 해결 방안으로 구체적이게 생각을 스캐치해 본다.

* 디자인적 사고: "디자인"을 하는 사람의 마음으로 "생각"하는 방법

- "문제를 풀어가는 해결 방법"
- "디자인(design)"과 "생각하기(thinking)" 합쳐진 것
- 사람들(Users)의 생각(Thinking)을 디자인(Design)하다 의미
- 디자인 과정에서 디자이너가 활용하는 창의적인 전략
- 문제를 숙지하고, 문제를 더 폭넓게 해결할 수 있기 위하여 이용할 수 있는 접근법

- 산업과 사회적 문제에 적용
- 기술적, 욕구충족, 실행 가능한 사업 전략이 고객의 가치와 시장 기회로 바꾸는 것
- 디자이너의 감각과 방법을 사용
- 문제에 대한 실용적이고 창의적인 해결법 = 해결법의 창조
- 건설적인 미래의 결과를 생산하려는 의도를 가진 문제 기반 또는 문제 중심 사고
- 현재와 미래의 상황과 문제의 특성을 숙고하여 대안적 해결법이 탐구

* 디자인 싱킹(design thinking)

- "사용자(user)가 무엇을 원하는가?" 핵심
- 혁신을 만들어내는 새로운 방법
- 모델이나 이론을 만들어 가설을 제기하고 피드백을 통하여 지속하는 과학적 방법
- 아이폰의 창조자 스티브 잡스

  "디자인은 제품이나 서비스의 연속적인 외층에 표현되는 인간 창조물의 영혼이다."

  인간은 단순한 신체적, 물질적인 만족만을 요구하는 게 아니라 영혼의 만족까지도 요구한다는 것이며, 디자인이 그러한 욕구를 충족시킬 수 있다는 것이다.

* 통합적인 사고에서 나오는 디자인 싱킹

- 디자인하며 문제를 풀어가던 사고방식대로 사고하는 방법

  사용자와의 공감을 이끌어내는 디자인 싱킹
- 미래의 사용자와 공감(empathy)하는 것

  분산과 수렴 단계를 거친 디자인 싱킹
- 수렴(집중적 사고)과 분산(확산적 사고)의 두 단계로 나눈다.

  = 수렴(convergence)은 문제에 대해 최선의 이해(optimalsolution)를 구하는 것

= 분산(divergence)은 하나의 주제에 대해서 다양한 아이디어를 제공하는 것

* 디자인 싱킹(design thinking)

구글, 애플, 인텔, 도요타, 삼성, 현대, 마이크로소프트 등 국내외 기업들의 혁신 창출의 방법론으로, 과학 기술 분야, 정치인, 교육자들의 혁신 등 여러 분야 적용한다.

- Airbnb는 공동 창업자 세 명 중 두 명은 디자이너 출신이다.
  에어비앤비의 성공은 디자이너의 사고, 창의력, 감수성이 비즈니스에 접목한다.
- 관계(relationship), 사랑(love), 업무(work), 공부(study) 등에 적용한다.
- 디자인 싱킹 프로세스
  = '공감' 단계에서 관련된 사람(persona)의 욕구(needs) 파악한다.
  = 대상자의 대답에 '왜'라는 이유를 물어보며 어떤 생각을 가지고 있는지 확인한다.
  = 그러면서 면담하는 사람은 여러 가지 영감을 얻게 된다.
  = 문제를 바라보던 시각(frame)에서 벗어나 새로운 시각(re-frame)을 얻게 된다.

6. 창업 아이템 선정사례

- 하늘빛 창문 형태의 조명기구, 파란 하늘과 붉은 노을의 자연광을 재현 파란 하늘과 시간대에 따라 저녁노을 지는 하늘빛을 표현하는 방식(LED) 발광다이오드 기술, 일본 2018년 12월 27일 IT미디어뉴스(ITmedia news) 자연 빛의 효과. 창문 없는 방이나 지하의 폐쇄적인 실내공간에 하늘빛 조명
- 곤충쿠키: 초기에는 분말로 만든 제품을 출시 식용 곤충을 이용한 쿠키, 단백질의 영양분으로 샐러드, 건강기능식품 활용, 단백질 덩어리

(달팽이 굼벵이)

- 온라인 장례식: 인터넷의 확산과 정보기술의 발달에 의해 장례식도 온라인을 통해 장지에 참석하지 않고 인터넷을 통해 컴퓨터 모니터 앞에서 리얼 플레이어로 장례식 화면을 볼 수 있는 것. 미국에서 온라인 장례업체가 등장. '뉴욕타임스'는 온라인 장례식이 확실한 수익구조를 지닌 비즈니스 모델로 주목받고 있다

출처: 온라인장례식(매일경제, 매경닷컴)

- 신소 방: 산소캡슐
  일본: 산소가 호흡을 통해 세포로 직접 흡수되어 편두통, 피로회복
- 훈제 귀뚜라미: 칠리소스가 가미된 매운맛 애벌레' 스페인 과자 출시 2018.04.20일 '차세대 식품', 지방, 단백질, 섬유질, 아미노산, 비타민B
- 굼벵이 환!
  혈전 치유 물질, 뇌졸중, 단백질공급이 곤란한 노인, 환자, 성장기 어린이

출처 : SBS 일요 특선 다큐 236회 <곤충에서 찾은 미래>

* 창업 아이디어 사례

영국의 디자이너인 안나불루스는 "디자인 학교에 다닐 때 쓰레기들이 어떻게 재활용되는지 찾아봤는데, 아무도 껌은 재활하지 않았더라고요." '껌테크' 껌 쓰레기통을 만든 것이다.

분홍색으로 된 컵, 신발, 도시락, 자, 빗, 장화 … 씹다 버린 껌을 재활용한 아이디어로 시작한 제품으로 장화에서는 풍선껌 냄새가 나도록 디자인하였다.

또 재활용할 수 있어 장화가 닳았을 때 다시 보내주면 할인행사도 병행한다.

런던 히스로 공항, 전철역, 학교, 길거리처럼 사람이 많이 다니는 곳에 놓아 껌 쓰레기통이 가득 차면 수거한다.

사람들이 뱉은 껌과 쓰레기통을 함께 재활용하여 껌 공장에서 폐기되는 껌, 바닥에서 버려진 껌을 깨끗이 제거하는 데 드는 비용을 절약한다면 "사람들이 껌을 바닥에 버리지 말아야 겠다고 생각하면 좋겠어요. 작은 습관을

바꿀 수 있다면 쓰레기 문제도 해결할 수 있다고 생각합니다"라고 회사 창립 이념을 밝혔다.

* 창업 성공기 사례

성공한 기업가 조건은 빛나는 아이디어로 창업 도전 2030 청년 세대가 들려준다.

코로나19 사태 이후 기업은 재택근무나 원격근무 허용

- 강남구에 위치한 아동복, 자율 출퇴근제와 재택근무 일상화
  이윤 추구가 아니라 사람과 행복을 우선시하며 직원을 가족처럼 여긴다.
  매출 400억 원, 박용주 대표 한국 경제창업 1세대이자 위기에 강한 CEO
- 대학생 시절 봉사활동을 하던 중 아이가 클레이를 가지고 놀다 발진이 일어나는 것을 보고 세상에서 가장 안전한 장난감을 만들겠다고 결심한 크리에이터스랩의 류정하 대표.

창업 초기 사람을 어떻게 고용해야 하는지, 제품은 어떻게 팔아야 하는지, 포기하지 않고 설탕을 소재로 아이들이 먹을 수 있는 장난감을 출시하며 성공한 그의 가치는 '안전'이다.

* 성공한 기업가 조건 사례

- 고등학교 때부터 창업을 결심하고 열악한 수제 맥주 시장에 뛰어든 열혈 청년 전동근.
  수제 맥주 사업을 결심하고 미국 미시간의 양조장에서 하루 20시간씩 무급으로 일하며 양조기술을 배웠다. 창업 자금 500만 원으로 시작한 사업은 3년만에 500억 원 규모의 투자를 받기에 이르렀다. 2025년 기업가치 1조 원의 유니콘 기업으로 성장하겠다는 전 대표. 자신이 인정하기 전까지의 실패는 실패가 아니다.
- 기업계의 4전 5기 신화로 유명한 다산네트웍스의 남민우 대표는 청년들에게 '닥창'(닥치고 창업)을 강조한다. 요즘처럼 변화무쌍한 시기에 변화를 빨리 알아채고 기회를 포착하라는 것이다. 창업이 인생 최고의

대학이라고 말한다.

한국 청년 기업가 정신재단은 청년들에게 정보와 지원금을 제공하고, 기업가로 생존하기 위해 가장 중요한 기업가 정신을 일깨워준다.

기업가 정신이란 무엇일까?

청년들이 미래의 변화를 직시하고 도전과 혁신에 나서라고 강조한다.

MBC '다큐프라임'은 성공한 창업가의 성공 비결을 소개한다.

'다큐프라임'은 2022년 3월 13일 오전 8시 5분 MBC에서 방송

출처 : 뉴스컬처(NEWSCULTURE)(http://www.newsculture.press)

* 아이디어 제품 사례

- 에이스 침대: '침대는 과학이다' 발상의 전환
- 소주: 여성 타겟(처음처럼-유자 맛, 진로-자몽 에이드)
- 하이트 맥주: '100%' 천연 암반수
- 풀무원 직화 짜장: 생 채소를 따로따로 볶아 생생한 건더기와 직화 맛
- 게토레이: 갈증해소, 물보다 흡수가 빨라야 한다, 운동 전후 편익 제공
- 하이브리드 자동차: 차세대 환경 자동차, 유해가스 배출량, 연비 획기적
- 2%: 몸의 수분이 2% 부족할 때 갈증해소, 체내 총 수분량의 2% 손실 되면 갈증느낌을 착안, 물처럼 투명한 색에 복숭아 과일 향 첨가
- 콘택600: 지속형 캅셀, 성분이 다른 600종류, 흡수 시간에 따라 코팅, 약물 효용 지속화(1일 2회 복용, 8시간 약물 농도 시간)
- CJ: '없던 시장을 만들어라', 햇반 - 갓 지은 밥 맛, 디저트 "쁘띠젤", 숙취해소 '컨디션', 냉동식품 출시(즉석 식품): 전자레인지 보편화, 주5일제(2003년), 간편 식품
- 종가집 김치: 소비자의 니즈의 신선함, 신뢰, 맛 등
  즉석에서 버무려 유도하는 체험마케팅(이마트, 백화점 등)
  홈쇼핑, 김치상품권(선물시장 개척, 택배시스템)
- 3M: 아이디어가 발전하고 다른 아이디어가 결합하여 세계의 문제를 해결하는 3가지 방식.
  - 아이디어를 죽이지 말라

• 창조와 혁신의 세계를 넓혀가는 15% 규칙
• 벤처를 육성하는 풍토(6만개 이상 신제품 출시, 4년 신제품 매출 39%)

- 농심신라면: 매콤하고, 얼큰한 맛, 1986년 출시, '사나이 울리는 신라면'
- 요쿠르트 이오: 'E-5', '이오', 읽기 쉽게 한글, 인체에 필요한 5가지 영양소
  • 칼슘: 성장발육, 골격형성
  • DHA: 두뇌성장, 뇌세포성분
  • 비피더스 균: 장 건강, 프로바이오틱 유산균
  • 비타민 C: 피부활력
  • 치아 건강에 좋은 우롱차 추출물

* 창업 아이템 선정사례

2018년 9월 출시한 라면으로 쇠고기가 들어간 미역국라면은 출시 40일 만인 2018년 9월 23일 500만 개 판매 돌파하였다. 산모는 물론 남녀노소 가릴 것 없이 모두에게 좋은 건강식이자 친근한 국 요리로 임신 4개월의 개발자 아이디어로 개발이 시작된 것이다.

다 끓인 후에 참기름을 몇 방울 넣어줘야 제 맛이 난다. 미역무침을 넣은 버전들도 뒤이어 출시되고 자연드림, 초록마을도 뒤를 이어 미역국 라면에 뒤이어 출시하였다.

* 창업 아이템 선정사례

2021년 9월 5일 SBS '일요특선 다큐멘터리'

단 맛의 위험한 유혹과 각종 성인병의 원인이 되는 과잉 당 섭취의 실태조사

현재 대한민국은 설탕과 전쟁 중이다.

유아와 청소년은 가공식품을 통한 당류 섭취량이 WHO의 권고치를 넘는 수준.

소아 비만율, 당뇨, 탄산음료나 과당주스 등 가공식품을 통해서 당을 섭취.

저당 제품이 트렌드. 설탕을 줄이고 있다. 무설탕 과자를 만든다.

오세정 대표는 당뇨병에 걸려 단 음식을 먹지 못하는 어머니를 위해 '설탕 없는 과자' 만들게 된 것 시작.
설탕 대신 대체감미료, 밀가루 대신에 코코넛가루나 아몬드 가루를 이용.
당을 섭취할 수 없는 식품약자들을 위해 더 많은 제품들을 개발하고 싶다.
기업들도 당에 대한 인식이 바뀌고 있는 것이다.

6장 CASE STUDY

아이디어스(idus) : "취미로 만든 게 직업이 되다"

Chapter 06. 창업 아이디어 창출 - 창의성과 고객 연결

1. 문제 인식

"내가 만든 수공예품, 팔 수는 없을까?"

→ 수공예 작가들이 홍보·판매할 채널이 부족했고, 소비자는 '작지만 특별한 것'을 원했음

2. 아이디어 도출

- 핸드메이드 제품 전문 플랫폼 기획
- "작가와 소비자를 직접 연결하는 마켓"
- 기존 오픈마켓과 차별화: '스토리 있는 제품', '작가 중심 큐레이션'

3. 창의적 전략

- 작가 스토리 강조: 소비자가 창작 배경과 가치를 이해
- 취향 추천 알고리즘 + 소셜 느낌의 인터페이스
- 디자인 씽킹 기반으로 '소비자와 창작자의 니즈 동시 해결'

4. 성과

- 입점 작가 수 3만 명 이상
- 대표적인 라이프 스타일 창업 플랫폼으로 자리매김
- MZ세대의 '작고 확실한 행복' 트렌드와 잘 맞물림

학습 포인트

문제 발견: 창작자의 유통 문제, 소비자의 감성 니즈
창업 아이디어: 수공예 마켓이라는 틈새시장 발굴
창의성 전략: 작가 중심 콘텐츠, 큐레이션 추천

토의 질문

1. 아이디어스는 어떤 문제를 창의적으로 해결했는가?

2. 창업 아이템이 '취향'과 '브랜드 스토리' 어떻게 기반하고 있는가?

Work Sheet - 01

학번: ______________________

이름: ______________________

Chapter 01 창업 마케팅 Process

Step 1. 나의 관심사 찾기

아래 키워드 중 마음이 가는 것에 ✔ 표시하거나, 직접 적어보세요.

기술	앱, AI, IoT, 플랫폼	☐
일상생활	편의, 정리, 습관, 시간	☐
사회문제	환경, 고령화, 교육격차	☐
문화·콘텐츠	유튜브, 굿즈, 지역문화	☐
트렌드	패션, 푸드, 뷰티, MZ세대	☐

나만의 관심사:

Step 2. 문제 상황 설정하기

일상 속 "불편함"을 떠올려 보세요. 예: "카페에서 자리 찾기 힘들다."

내가 자주 겪는 불편한 상황은?

Step 3. 해결 아이디어 구상하기

위에서 설정한 문제를 해결할 창업 아이디어를 자유롭게 그려보세요.

문제:

해결 방법/아이디어:

타깃 고객:

예상 수익 모델:

Step 4. 한 줄로 정리해보기

"나는 [누구를 위한], [어떤 문제를], [어떻게 해결하는] 창업 아이디어를 갖고 있다."

나는 직장인을 위한, 건강 식사 준비의 번거로움을 정기 배달 도시락 서비스로 해결하고자 한다.

7

CHAPTER

신제품 개발 Process

학습목표

1. 신제품 개발의 중요성
2. 신제품 개발의 Process
3. 제품 개발 포트폴리오
   - **Work Sheet 작성**

CHAPTER 07

신제품 개발 Process

신제품 개발 프로세스는 기업이 새로운 제품이나 서비스를 시장에 출시하기 위해 거치는 단계별 과정이다. 고객의 요구와 시장의 트렌드를 반영하여, 기업의 목표를 달성할 수 있는 제품을 개발하는 데 핵심적인 역할을 한다. 신제품 개발은 아이디어 발상에서부터 제품 출시 후 관리까지 여러 단계를 포함하며, 각 단계는 철저한 분석과 테스트를 통해 진행된다.

새로운 제품을 시장에 출시하기 위한 단계적인 과정으로, 아이디어 발상에서부터 제품 출시 및 후속 관리까지 다양한 단계를 포함한다. 신제품 개발은 혁신적이고, 소비자의 니즈에 맞는 제품을 만들어내는 중요한 과정이다. 기업의 경쟁력을 강화하고, 시장에서의 성공을 이끌어낼 수 있다.

신제품 개발 프로세스는 아이디어 창출에서 시작해 시장 출시 후 관리까지 많은 단계를 거친다. 시장의 변화에 따라 탄력적으로 대응해야 하며, 각 단계를 철저히 준비하고 테스트하여 소비자에게 성공적인 제품을 제공하는 것이 중요하다. 신제품 개발은 고객의 니즈와 시장 요구에 부합하는 제품을 만들어 성공적인 사업성과를 거두는 데 핵심적인 역할을 한다.

* 신제품 개발 프로세스 단계

- 아이디어 생성(Idea Generation)

  신제품 개발의 첫 번째 단계는 아이디어 발상이다. 아이디어 생성은 시장의 요구, 소비자의 문제, 기술 혁신, 경쟁사 분석 등을 통해 다양한 아이디어를 도출하는 과정이다.

- 아이디어 선별(Idea Screening)

생성된 아이디어 중에서 실제로 사업화가 가능하고, 시장에서 성공할 가능성이 높은 아이디어를 선별하는 단계이다.

경제성, 시장성, 기술적 가능성 등을 고려하여 실행 가능성을 평가한다.

- 아이디어 개발 및 구체화(Concept Development and Testing)

  선별된 아이디어를 구체화하고, 제품의 개념을 개발하는 단계이다.

  제품의 디자인, 기능, 타겟 시장 등을 정의하고, 실제로 소비자에게 테스트를 통해 아이디어를 확인한다.

- 비즈니스 분석(Business Analysis)

  구체화된 아이디어에 대해 비즈니스적 분석을 진행한다. 제품이 실제로 시장에서 성공할지 여부를 분석하는 단계이다.

- 제품 개발(Product Development)

  제품 개념이 확정되면, 실제로 제품을 개발하는 단계이다.

  프로토타입 제작은 제품의 초기 모델인 프로토타입을 만들어 기능과 디자인을 점검한다.

  테스트는 제품을 실제로 사용할 수 있는 환경에서 성능 테스트, 안전성 검사, 품질 테스트 등을 수행하여 제품의 문제점을 발견하고 개선한다.

  디자인과 기능 개선은 고객의 피드백을 반영하여 제품을 개선하고, 최종 디자인을 결정한다.

- 시장 테스트(Market Testing)

  제품을 소규모 시장에서 시험 출시하고, 실제 소비자 반응을 살펴보는 단계이다.

  파일럿 테스트는 특정 지역이나 소비자 그룹을 대상으로 제품을 테스트하여 시장에서의 수용 가능성을 평가한다.

  판매 성과로 제품의 판매 실적을 분석하고, 이를 바탕으로 마케팅 전략을 최적화한다.

  소비자 피드백은 제품에 대한 소비자 반응을 수집하여 최종적인 개선 사항을 도출합니다.

- 상용화(Commercialization)

시장에서의 반응이 긍정적이라면, 제품을 본격적으로 상용화하는 단계이다.

대규모 생산은 제품을 대량 생산하고, 생산라인을 최적화하여 품질과 수량을 조정한다.

유통 전략은 제품을 유통 채널을 통해 시장에 유통한다. 온라인 및 오프라인 유통망을 결정하고, 적절한 판매 전략을 수립한다.

마케팅 캠페인은 제품을 대중에게 알리기 위해 광고, 프로모션, PR 활동 등을 진행한다.

- 제품 출시 및 마케팅(Launch and Marketing)

  제품을 정식 출시하는 단계로, 마케팅 활동을 본격적으로 시작한다.

  출시 이벤트로 제품의 출시를 기념하는 이벤트나 캠페인을 진행하여 관심을 유도하고, 초기 구매를 촉진한다. 광고와 홍보로 다양한 광고 매체(온라인, TV, 라디오 등)를 통해 브랜드 인지도를 높이고, 제품의 특징과 장점을 강조한다. 프로모션 활동은 할인, 쿠폰, 체험 등을 통해 소비자들의 구매를 유도한다.

- 사후 관리 및 개선(Post-launch Review and Maintenance)

  제품이 출시된 이후에는 시장 반응을 지속적으로 모니터링하고, 고객 피드백을 반영하여 제품을 개선하거나 보완하는 작업을 진행한다.

  판매 실적 분석은 제품의 판매 실적을 분석하고, 마케팅 효과를 평가한다.

  문제 해결 및 업데이트는 제품에 대한 고객 불만을 해결하고, 제품 기능을 향상시키기 위한 개선 작업을 지속적으로 진행한다.

  지속적인 지원은 고객 서비스, 보증, A/S 등을 통해 고객과의 관계를 강화하고, 브랜드 충성도를 높인다.

신제품 개발 프로세스는 아이디어 생성에서부터 상용화 및 사후 관리에 이르기까지 체계적이고 철저한 과정이 요구된다. 각 단계에서 철저한 분석과 테스트를 거쳐 제품의 시장성과 고객 만족도를 최적화하는 것이 중요하다. 기업이 신제품을 성공적으로 출시하고 지속적인 경쟁력을 확보하려면, 이 과정을 신중하게 실행하고 각 단계에서 얻은 데이터를 바탕으로 전략을 조정하는 것이 필요하다.

1. 신제품 개발의 중요성

신제품이라고 하는 것은 無에서 有를 창조하는 것, 시장에서 존재하고 있지 않은 새로운 제품을 출시하는 것, 핵심제품뿐만 아니라 제품의 개선, 제품의 보완, 추가하여 편리하도록 재포지션닝의 포괄적인 개념이라고 할 수 있다. 또는 소비자의 입장에서 기업의 새롭고 산뜻한 모든 제품을 말한다. 수익창출의 원동력인 동시에 소비자들에게는 보다 편리하고 용이한 제품, 수익성장, 수익창출, 지속적인 발전을 도모하여, 지속적인 연구개발로 개선된 제품을 제공하는 새로운 기능의 용도에 제품을 포함한다는 의미이다. 소비자와 관련된 요인으로는 소비자의 요구에 적합한 신제품을 개발하고 혁신적인 제품 아이디어에 대한 소비자의 심리적 반응, 소비자가 수긍하는 가격대 설정, 표적고객의 자료수집과 선호도(좋아하는) 측정, 효용(만족)을 충족시키며 편익(편리, 유익)을 제공하는 요인들이 있다. 그리고 기술과 관련된 요인(시장 지향적 기술우월성)으로서는 소비자가 원하는 편익제공 능력, 시너지 창출, 시너지 극대화의 요인들도 있다.

신제품 개발의 유형으로는 첫째, 새로운 제품개발, 둘째, 혁신적 제품개발, 셋째, 신규브랜드를 통한 제품개발, 넷째, 소비자 욕구에 다양화를 충족시키기 위한 제품 개발로 모델의 기능을 추가하거나, 변형하기 위한 제품 개발의 유형이다.

신제품 개발의 중요성으로는 소비자의 욕구와 필요, 라이프 스타일의 끊임없는 변화와 빠른 제품수명주기의 변화, 제품의 기능추가, 다양한 제품, 유사제품, 많은 경쟁자들의 출현과 개선제품을 선호하며 다양성을 추구하는 소비자들의 수요증가로 새롭게 개선된 제품을 도입하고, 급격한 혁신을 요구하는 기술, 사회, 문화, 자연환경의 변화로 소비자들의 변화하는 반응에 따라 외부환경의 요구조건도 다양하게 변화하고 있다. 제품의 새로움(newness)을 충족하여 제품기술의 혁신, 제조비용 축소(원가절감), 품질의 일관성 증대, 제품특징의 혁신, 제품사용의 혁신, 제품설계의 혁신, 제품품목의 확대, 향상된 성능, 가치 제공, 새로운 용도로의 소비자의 욕구와 경쟁 환경 변화에 따라 기존 제품이 가지고 있던 포지션을 분석하여 새롭게 조정하는 활동으로 리포지셔닝(repositioning)이 신제품 발전의 중요성이다.

신제품 개발의 성공적인 경영전략으로는 시장 속에서 추구하는 소비자의 욕구를 파악하고, 잠재적인 소비자와 커뮤니케이션하며 기업의 내부적 자원과 외부적 자원으로 표적시장을 파악하고, 소비자의 심리 등 효율적인 관리를 위한, 제품의 속성과 마케팅 전략과 핵심역량 활용 등의 개발과정에 철저한 준비를 추진하여야 한다, 성공적 경영개발 전략에서 차별화 전략(성능, 기능, 디자인, 색상, 슬로건, 가격, A/S, 물류, 기타 정보제공)과 제품의 집중화 전략(선호도, 만족도, 인지도, 특징), 제품의 적절한 시기와 출시의 결정(시장상황, 소비자의 욕구, 경쟁사) 등 충분한 고객조사를 통한 아이디어 평가, 컨셉 평가, 운영 및 기술 평가, 가치 평가, 재무 분석, 시간과 비용, 투자 분석 등이 신제품 개발 관리의 성공적 능력이라고 할 수 있다.

신제품 개발은 첫째, 제품의 아이디어를 통해 시장 중심, 고객 중심의 전반적인 흐름을 파악하여 설계과정을 형상화하는 과정이라고 볼 수 있다. 둘째, 제품 설계는 제품 모양과 기능을 구현하는 유형적인 단계이다. 제품 설계를 완성한 후 셋째, 제품을 프로토타입하는 것이다. 프로토타입으로 제작 후 넷째, 시험 테스트, 제품의 구조, 성능, 품질을 평가하는 단계이며 다섯째, 제품을 평가하는 단계이다. 평가 항목으로는 고객요구 사항 충족, 문제 해결 진행, 제품의 일치성, 용이성, 고객의 민원, 불편사항을 고려하여 제품의 차별성을 부각하고 특이성을 반영하는 단계이다. 마지막의 단계로는 시장진입의 마케팅 전략을 실시하는 과정이 제품 개발의 성공적인 핵심단계라고 구체적으로 설명하겠다.

2. 신제품 개발의 process

* 신제품 개발 프로젝트

표적고객(target)의 초기사용자인지, 유사제품의 충성고객인지, 잠재고객이 있는지를 파악하고 핵심구성원 조직, 핵심직원, 전략적 팀의 예산, 제조, 서비스의 기능, 마케팅의 활동 등을 계획한다. 그리고 핵심기술 전문가로 구성하여 뚜렷한 목표와 비전을 가지고 중점적으로 구성한다. 핵심부서에 목표시장과 개발팀의 정확하고 명확한 지침서 제공을 통하여 업무지침서, 전략적 지원, 솔루션을 위한 플랫폼의 기능, 시장점유율을 시뮬레이션하고 신기술, 생산, 구매, 제조, 서비스, 판매, 주변 환경 등의 목표와 서비스 목적의 기술 등을 세부적으로 계획하여야만 성공적인 신제품 개발에 실시되는 프로그램 설계나 연구, 개발 등을 수행하여야 한다.

1) 아이디어(idea) 창출

아이디어의 발상은 새로운 아이디어 도출로 아이디어의 방향을 제시하는 습관이 중요하다. 제품의 개선, 보완, 추가하는 신제품 아이디어의 현상과 개선 형태의 구조를 분석하고, 발상의 전환, 개선 방향, 형태의 모든 것에 대해서 결과를 만들어 분석하며, 타인의 의견을 존중하여 자유로운 발상으로 구체적인 계획을 수립한다. 창조적 마인드 갖기에는 도전정신, 호기심, 모험심, 사물을 다른 시각으로 보는 관점, 신기함, 재미, 즐거움, 흥미, 끈기와, 제품의 개선, 개발, 신제품 아이디어의 정신이기도 하다.

신제품 아이디어의 screen으로는 회사 또는 사업, 창업에 초점이 맞는지, 경쟁사와 비교하여 차별화의 정도는 어떤지, 소비자인 표적고객은 정하였는지, 연구자, 기술자, 자본, 조직 등의 제공방법, 생산, 유통, 서비스를 잘 알고 있는지, 특허문제, 금전적인 문제, 상품의 라이프 사이클의 위치는 정하였는지, 창업에서의 시장규모는 어느 정도인지, 특성, 판매 성장률, 수명주기, 재구매 시기, 초기 진입시 진입순서가 빠를수록 타겟고객 관점에서, 예상 진입시점, 규모의 경제, 판매량의 규모, 경쟁적 매력도, 위협, 기회, 제품에 대한 투자, 원재료, 기술력, 순이익 규모, 투자 규모 등을 파악하고 스크린하여야 한다.

- 아침햇살: 쌀로 음료수를 만든다는 제품기술과 간편한 아침식사 대용
  신제품 아이디어 창출: 쌀이 주원료인 음료수
  신제품 컨셉 1: 아침 식사(간편한 쌀 음료수)
  신제품 컨셉 2: 성장기 어린이(영양가로 풍부한 간식용)
  신제품 컨셉 3: 다이어트 여성(저 칼로리)

하늘빛 조명, 창문 형태의 조명기구를 통해 파란 하늘과 붉은 노을의 자연광을 재현하는 실내조명이 개발되었다. 파란 하늘과 시간대에 따라 저녁 노을지는 하늘빛을 표현하는 방식의 (LED)발광다이오드 기술이 일본 미스비시는 2018년 12월 27일 IT미디어뉴스(ITmedia news)에서 보도하였다. 창문 형태의 조명 기구로 자연빛의 효과를 누릴 수 있는 것이다. 창문 없는 방이나 지하의 폐쇄적인 실내공간에 하늘빛 조명의 아이디어 제품이 개발되었다.

2) 신제품의 개념(concept), 목적(misson), 비전(vision)을 세운다

신제품 컨셉의 이해로는 신제품 컨셉이란?

창출된 아이디어를 의미 있는 소비자의 언어로 변화시키는 구체적인 작업으로 소비자의 욕구 충족에 편익제품을 제공하는 것이다.

신제품 개발전략의 목적으로는 소비자의 욕구충족, 가치, 기업의 이윤획득, 미래기업의 핵심도구로 소비자의 욕구와 필요는 끊임없이 변화시켜, 개발하고 보완하는 것에 목적을 둔다.

개선제품과 다양성을 추구하려는 소비자들의 수요가 급격히 증가하고 빠른 속도로 트렌드가 변한다.

제품 수명주기의 성숙기에 진입(성장기-성숙기-쇠퇴기)하면 많은 경쟁자들이 출현하고, 다양한 제품, 유사제품들이 등장한다. 새롭고 개선된 품목을 도입하여 급격한 혁신을 요구하는 소비자들의 욕구에 맞게 쇠퇴기가 도래하기 전에 개선한다.

외부환경의 변화로 기술, 사회, 문화, 법규, 자연환경 등의 변화로 경쟁자들은 모방제품이나 유사제품을 개발하고 소비자들을 유혹한다.

기업이념, 기업전략, 제품전략 수립제품구조(product architecture)의 개념

으로 제품 기능 개선, 기능 추가, 적합성, 디자인, 소비패턴, 사용량, 재구매, 유사 제품 모델 등의 표준화, 제품성능의 속도, 수명, 정확성, 설계 단계, 구성 단계, 설계 과정, 개발 단계에서의 회사 내의 개발팀, 담당 직원, 외부 부품개발 제품에 요구되는 품질특성에 목적을 둔다.

기능적인 외관의 특성으로 크기, 길이, 두께, 무게, 속도, 강도, 효율, 안전성, 기능의 다양성, 편리성, 휴대성, 내구성, 저가, 유지비, 원재료, 적시성, 트랜드, 계절, 신용, 제품수명주기 등을 개념화 한다.

3) 신제품 컨셉의 구성

소비자가 제품을 통해 얻고자 하는 것을 소비자의 편익을 만족시켜 구성한다.

개념생성으로는 문제를 정확히 이해하며, 문제를 명확히 분석하고, 가장 중요한 문제에 초점을 맞추고, 내부 조사와 외부 조사를 파악하여, 체계적 검토를 조합하여, 결과와 과정의 구조적인 완벽한 피드백으로 구성하여야 한다.

신제품 컨셉(Concept)은 신제품 개발의 초기 단계에서 제품의 핵심 아이디어와 특징을 구체적으로 정의한 것이다. 신제품 컨셉은 제품의 방향성을 결정하고, 개발 과정에서 제품의 기능과 디자인, 타겟 고객을 명확히 하여 사업 성공을 위한 기반을 마련한다.

* 신제품 컨셉의 예시

\- 스마트홈 기기(스마트 조명)

핵심 아이디어: 에너지 절약과 사용자 편의성을 제공하는 스마트 조명 시스템.

기능 및 특징: 모바일 앱을 통한 원격 제어, 자동 밝기 조정, 음성 인식 지원.

타겟 시장: 집안의 에너지 절약에 관심이 있는 기술 친화적인 소비자.

가치 제안: 에너지 효율성, 편리한 제어 기능, 스마트홈 시스템과의 통합.

디자인: 세련되고 심플한 디자인으로, 다양한 인테리어에 어울리도록

설계.

가격 전략: 중저가형 가격 책정, 대중 시장을 타겟으로.

차별화 요소: 다른 스마트 조명 제품들과 비교해 더 높은 에너지 효율성과 더 직관적인 모바일 앱 제공.

- 웰빙 음료(저칼로리 탄산수)

  핵심 아이디어: 저칼로리, 자연 유래 성분을 활용한 탄산수 음료.

  기능 및 특징: 무설탕, 무칼로리, 다양한 자연 향미.

  타겟 시장: 건강과 체중 관리를 중요시하는 20대-40대 성인.

  가치 제안: 칼로리 부담 없이 맛있게 즐길 수 있는 건강 음료.

  디자인: 모던하고 깔끔한 패키징 디자인.

  가격 전략: 프리미엄 가격 전략으로, 고급 시장을 타겟팅.

  차별화 요소: 다른 탄산음료와 달리 무설탕, 무칼로리로 건강 지향적인 제품.

신제품 컨셉의 구성 요소는 제품의 기본 아이디어에서부터 기능, 디자인, 타겟 시장에 이르기까지 신제품의 전체적인 방향을 정의하는 데 필수적이다. 잘 정의된 제품 컨셉은 제품 개발 과정에서 일관성 있게 진행될 수 있도록 하며, 시장에서 성공적인 제품 출시를 위한 기반을 마련한다.

4) 컨셉 설계, 목표 설정

조직도 구성, 규모, 재무, 시간, 품질, 주요 기능, 기술적 특징, 안정성, 발전성 등의 시장점유율 파악, 표적시장, 목표시장, 관련시장 환경파악, 제품상황, 한계점, 기술의 적합성, 시장의 매력도 등의 개발과정에서 마케팅 전략을 분석하여 거시적 환경을 파악한다.

관련시장의 환경 파악과 타당성 분석, 시장 매력도 분석, 마케팅 전략을 분석해보자.

- STP 전략, 시장세분화 분석

  Segmentation(시장세분화), Targeting(타겟고객), Positioning(위치선정)으로 표적고객의 시장규모와 연령, 소득수준, 학력수준, 소비자의 성향,

자본금, 비전, 경쟁자, 공급자, 선호도, 소비자의 욕구 분석, 제품의 정확한 위치, 고객요구사항, 대체제, 잠재시장, 미래 시장의 전망, 아이템 시기 선택의 세분화로 분석해보자

- 마케팅 전략(SWOT) 분석의 강점(Strength)은 경영 자원의 강점(장점)과, 약점(Weakness)의 경영 자원의 약점(단점)과 기회(Opportunity)의 경쟁, 고객, 거시적 환경에서 비롯된 기회와 위협(Threat)으로의 경쟁, 고객, 거시적 환경에서 비롯된 위협을 파악한다.

5) 구체적, 합리적 신제품 선정

고객의 요구 사항, 제품의 개념을 조사하여 개념을 확인하는 행동의 방법으로서는 개발 가능성과 목표고객의 선정, 신제품 개념생성의 단계로 첫째, 정확히 정의한다(분석, 평가, 매트릭스 준비). 둘째, 내부 조사(개인, 팀별)분석하고, 셋째, 외부 조사(핵심고객, 전문가, 대학교수)를 파악하여 넷째, 체계적인 구조(구성)결합 및 개선방안을 찾고, 마지막으로, 과정과 결과물의 프로세스화, 조직화와 구조적인 피드백으로 개념을 정립한다.

제품이나 서비스의 세분시장을 파악하고 표적시장을 선정하는 방법으로는 인구통계변수(인구, 연령, 소득), 사회계층과 위치, 심리적 변수(라이프 스타일, 개성, 가치관), 행동변수(구매, 소비, 사용, 기술, 충성도)를 파악하고, 경쟁 제품과 비교하여 구체적인 표적고객의 특성을 제품이 제공하는 소비자의 욕구와 편익으로 기존 고객과, 잠재적 소비자의 예상 사용량이나 사용빈도, 사회적 포지션이나 소득 등의 변수를 고려하여 선호하는 표적고객을 파악한다.

6) 정보, 개발계획의 문서화

추가적인 정보를 보완하며, 구조적인 피드백(Feedback)으로 재투입(再投入)되는 과정이 필수적이다.

정보와 개발 계획의 문서화는 제품 개발 과정에서 중요한 부분을 차지한다. 개발 계획을 명확하게 문서화하면 프로젝트 관리가 체계적으로 이루어지고, 팀 간의 원활한 소통과 협업이 가능해지며, 개발 과정에서 발생할 수

있는 문제들을 미리 예방하고 관리할 수 있다. 또한, 문서화된 개발 계획은 향후 참조 자료로서 활용할 수 있고, 품질 보증 및 프로젝트 관리를 효율적으로 수행하는 데 도움을 준다.

정보 및 개발 계획의 문서화 주요 항목의 목적은 개발 계획 문서는 제품 개발과 관련된 주요 정보와 일정, 자원 배분, 책임 등을 명확하게 기록하여 프로젝트를 효율적으로 관리하는 도구이다.

정보와 개발 계획의 문서화의 중요성은 잘 작성된 개발 계획은 프로젝트 목표를 달성하고, 일정 지연, 예산 초과, 품질 문제 등을 예방하는 데 도움이 된다. 또한, 팀의 일관성을 유지하고, 책임 소재를 분명히 하며, 프로젝트가 각 단계별로 올바르게 진행될 수 있도록 한다.

정보 및 개발 계획의 문서화는 신제품 개발을 체계적으로 관리하고, 프로젝트의 성공적인 실행을 위한 필수적인 과정이다. 명확하게 문서화된 계획은 일정 관리, 자원 배분, 위험 관리 등 모든 측면에서 프로젝트를 효율적으로 진행할 수 있게 도와주며, 예상치 못한 문제를 예방하고 대응할 수 있는 기반을 마련한다.

7) 내부전략과 외부전략

내부전략으로는 마케팅 직원, R&D부서, 내부직원의 아이디어, 제안, 생산부서, 기술자, 최고경영층, 부서 간 의사소통, 적시 출시, 신제품 출시 시기, 개발기간 단축 등의 전략으로 충분하고 철저한 품질우선의 제품을 신속하고 안전한 출시가 성공에 영향을 미친다. 분기별 또는 계절별, 해외시장의 조건과 상황에 맞추어 적합한 시기적용, 개발기간 단축 및 타이밍이 전략의 기본요건이다.

외부전략으로는 전문가 자문, 전문 컨설팅, 대학교수, 소비자(주사용자), 특허, 문헌, 사양조사, 경쟁제품, 해외제품, 연구소, 협력업체, 유통업체 등의 전략으로 외부 환경과 기술, 사회, 문화, 법규, 자연환경 등의 변화로의 산출된 결과를 평가하여 반영하는 형식이다.

3. 제품 개발 포트폴리오(portfolio)

포트폴리오 분석(portfolio analysis)은 기업의 전력사업 단위별로 성과를 평가하는 것이다.

여러 평가 기준을 통해 사업성과를 평가, 분석하고 이를 기준으로 자원의 배분을 재배치하는 것이다.

자사의 핵심 사업부분이 무엇인지를 확인하고, 핵심 사업부문에서는 특정목표와 사명을 부여하고, 경쟁 환경 분석을 수행하며, 전문경영자를 사업 내에 존재시키고 모든 자원을 통제 가능하도록 권한을 부여해 주어야만 한다. 핵심 사업부문은 독자적인 전략수립 및 계획을 추진한다. 기술적인 위험이나 재정문제, 표적시장의 매력도분석, 프로젝트 포트폴리오의 균형성, 경쟁전략, 성공기회의 제품전략, 새로운 프로젝트에 경쟁전략이 기회의 창으로 적용된다.

경쟁전략으로는 첫째, 원가우위(low-cost) 전략으로 원가절감, 규모의 경제 실현으로 대량 서비스로 철저한 원가와 간접비용의 관리로 저가격을 원하는 고객에게 더 적은 비용으로 서비스를 제공할 수 있는 고객에 집중하는 전략이다. 최대한 응대나 접촉을 줄이거나, 표준화, 대형 포장, 대량 구매의 사례이다(사례: 코스트코(셀프서비스), 이케아, 다이렉트보험).

둘째, 차별화(differentiation) 전략으로는 브랜드 이미지, 독특한 특성, 높은 서비스 품질 실행으로 맥도널드와 같은 사례를 볼 수 있다.

셋째, 집중화 전략(focus)으로는 표적시장에서 고객의 특별한 요구에 대응하는 전략으로, 특별한 구매 그룹, 제한된 서비스, 지리적인 영역의 제한된 표적시장, 병원 중에서 성형외과 이거나 항문외과의 특정 전문의 병원을 예로들 수 있다.

신제품 개발 프로세스 향상단계로 기업의 경쟁전략 지원과 기회, 제품 플랫폼, 협력관계, 도전, 제약, 제품계획 프로세스가 향상될 수 있는지 다양한 가능성을 수집하고 추진, 평가하여야 한다. 특히, 계획의 적합성과 일관성, 명료성, 목표성이 중요하다. 포트폴리오 균형 잡기에는 다음과 같다.

1) 고객 요구사항(requirements), 고객속성(attribute)

정보수집 확보, 고객의 환경으로는 첫째, 인구 통계적(성별, 연령, 소득, 사회계층과 지리), 경제적, 정치적, 규제, 국제환경, 사회적 이슈와 트렌드를 읽는다. 둘째, 심리적 변수(라이프 스타일, 개성, 지각, 태도와 편익추구)와 셋째, 행동변수(구매, 거래, 소비, 사용)로 고객의 인터뷰를 통해 고객 요구사항을 데이터 분석한다. 고객의 요구사항에 초점을 맞추고 제품사양을 설정하는 개발단계를 기록한다.

제품을 사용하는 이유, 제품의 사용기간, 제품의 장점과 단점, 제품구입에 가장 중요한 점은(가격, 성능, 편리성), 개선 사항은?(효과적인 편익사항), 트랜드 추세에 적합한가, 디자인, 스타일의 만족도는, 제품의 기술이나 사용 편의성에는 불만이 없는가, 잠재고객의 요구사항도 명확히 파악하였는가, 경쟁사, 유사제품의 평가 등의 고객 요구사항을 분석한다. 고객 요구사항(customer requirement)으로는 성능, 시간, 비용, 품질에 근거한다. 성능(performance)으로는 제품의 구체적 기능(function)이고, 시간(time)은 설계에 관여되는 모든 시간과 시장에 출시하는 주기를 단축한다. 비용(cost)으로는 설계의 금전적인 측면이며, 품질(quality)로는 표현된 욕구를 만족하기 위한 능력과 관련이 있는 제품의 특징의 근거로 고객의 요구사항을 분석한다.

고객관계관리 CRM의 의미(Customer Relationship Management)

기업이 고객과의 관계를 우호적으로 유지할 수 있도록 관리하며, 고객의 정보를 효과적으로 활용하여, 고객과의 관계를 유지, 개선, 확대, 발전시키기 위한 모든 활동을 의미한다.

신규 고객과 기존 고객을 유지하며, 고객의 가치를 창출하고, 지속하기 위한 목적으로 다양한 정보통신기술을 활용하여 고객과의 커뮤니케이션 활동을 지속함으로써, 고객 행동을 이해하고, 고객을 획득하고, 유지하며 발전시킬 수 있도록 고객 행동에 영향력을 행사하는 기업의 총체적인 활동을 의미한다.

2) 목표 사양 설정

제품의 기능 설명, 제품의 제조 원가, 부품정보와 목록작성, 제품이 수행할 것을 정확하게 측정할 수 있도록 상세하게 설명한 것, 최종 제품의 필요사항을 명확하게 정의하는 것으로 제품 설명서, 사용재료의 종류, 등급, 공정 등 설명서로 기술규격의 한 유형, 재료, 설계, 제품이나 서비스 등에 의해 만족되는 문서로 된 요구사항 등 제품의 명확하고 측정 가능한 형식으로 표현한 것, 제품에 의해서 충족해야 할 자세한 요구조건을 공식적으로 문서화한 것으로 제품의 규격과 제품의 내용을 포함한다. 제품 요구사항(product requirements)이나 기술 사양(technical specifications)과 동의어이며 전체 사양은 많은 개별 기술로 이루어지고 각 개별 사양은 측정기준(metric)과 측정값(value)으로 구성한다.

3) 제품 사양(product specifications)

목표 사양 수립과정으로는 첫째, 요구 사항의 측정기준 목록을 준비하고, 둘째, 경쟁 제품, 유사제품의 정보를 수집 조사하고, 셋째, 측정기준의 목표값과 허용 한계값을 설정하며, 넷째, 제품 사양을 구체적으로 보완하여야 한다. 보완, 수정하는 단계로는, 제품의 기술적 모델을 개발하고, 제품의 원가와 모델을 개발하며, 수정과 제품보완을 찾아 재정의하고, 제품 사양을 추가 개발하여 개선하며, 결과의 과정을 측정기준, 측정값과 타당성 등을 잘 기록한다. 제품 사양의 계획으로는 아이디어를 도출하여 사양을 작성하는 방법과 작업을 기록하고, 핵심개념을 정의한다. 제품 사양, 목표 사양, 최종 사양을 설정하고 구체적, 측정 가능, 달성 가능, 결과와 시간 등의 목표를 정의한다. 그리고 측정기준의 목록을 준비한다.

정보를 수집하여 목표를 선택하기 위한 측정기준과 측정값을 조사하고 수집하고, 수용이 가능한 목표 측정값을 설정하며, 고객욕구와 제품 사양을 일치된 욕구와 측정기준을 완성하고 목표 사양 문서를 완성한 다음, 목표 사양을 고객에게 제공하고 개선점의 과정을 파악한다.

필요조건을 확인하는 내용으로는 고객욕구(customer need): 고객욕구를 충분히 충족한다, 구체적(specific): 제품 사양의 구체적인 상품이 무엇인지를 명확하고 간결하게 정의하며, 측정 가능(measurable): 측정 가능한 성능을 갖고 있는지, 달성 가능(attainable): 제품 사양은 달성 가능한지, 결과중심(results oriented): 제품 사양은 결과이다, 제한시간(time bound): 제품 사양은 제한된 시간 안에서 실현 가능한지를 검토한다. 또한 미래의 성능을 개선할 수 있는지를 확인한다. 성능을 향상할 수 있는 구체적인 방법을 제시하며, 강점이 성능에 영향을 주는지를 구체적으로 설명한다. 그 다음으로는 제품 개념 분석, 가장 유망한 개념을 확인하는 행동이다. 첫째, 문제점을 분명히 이해하고 분석하며 중요한 문제점에 포인트를 맞춘다. 둘째, 외부조사로 표적고객과의 인터뷰, 전문가와의 상담을 통하여 자문을 의뢰하고 제품관련 생산회사, 대학교수, 전문컨설턴트 집단이나 기술 대표 등 기술의 특허문제, 문헌조사, 사양조사를 도면과 설명으로, 기술정보, 저작권 보호, 특허권, 특허정보 등을 데이터베스화 한다. 셋째, 내무조사를 통하여 개인이나 개발팀의 새로운 콘셉의 방법을 찾고 해법을 찾는데 있어 개방적이고 창조적이며, 창의력과 도덕의식의 폭넓은 아이디어를 수집하여, 특히 아이디어는 통합되었는지 향후, 프로젝트를 학습하고 개발하는 것이 중요한 성공에 영향을 미친다. 또한 체계적인 검토와 체계적 탐구과정의 결과물을 구조적인 피드백을 통하여 직접 방법론을 찾아 적용한다. 마지막으로는 기능의 문제점을 파악하여 제거할 부분은 제거하고 추가사항의 문제점들은 추가하여 재구성한다.

4) 제품 개념(product concept) 선정

경쟁제품 조사과정(경쟁사 분석), 유용성, 생산조직, 마케팅, 기술핵심, 설계, 사양의 개념을 정의한다. 제품개발팀은 고객 요구사항을 검토하고 최종사용자의 요구사항의 기준들을 근거하여 개념을 요점정리한다. 사용상의 간편성, 편의성, 정확성, 내구성, 용의성 등 최상의 매력적인 속성들을 찾아내어 활용할 수 있도록 검토하고, 시험하며 발전시키는 프로세스를 문서화 하여 효율적으로 활용될 수 있도록 방법을 찾아낸다. 개념의 장점과 단점을 비교 정리하여 토론하며 공유하여 최종적인 의견을 토대로 개념을 평가하고 균형점을 찾아 중요도를 정량화 한다. 고객 요구사항 수용, 기존 제품이나 경쟁제품 수행, 제품 재조정에 대하여 평가하며 제품 생산성을 향상시키고 제품의 제조능력, 제품설계자, 공정설계자, 산업엔지니어, 시장관계자, 프로젝트 매니저 등 의사소통을 통해 신속하고 정확한 의사결정을 하여 원활한 업무수행 활동이 개선의 이점을 얻을 수 있다.

5) 제품 테스트(제품 사용 검사, 시험 마케팅), 개선점 파악

제품시험, 개념시험, 문제점을 파악하여 제품사양을 정의하는 데 필수적인 목록사항이라 할 수 있다. 고객의 요구 충족, 제품 시장의 평가, 단점, 문제점을 보완하여 집중적인 고객의 요구사항 목록, 개선사항, 변경사항, 추가사항, 추가기능 등을 수집하여 최종적인 기능을 문서화 한다. 시험의 목적으로는 표적고객을 선정하여 표적고객을 시험(목표시장의 반응을 파악)한다. 시험방법으로(인터뷰, 설문지, 전화, 우편, 메일, 인터넷, 트위터, 페이스북, 유튜브, 카카오톡, SNS 등)을 선정하고, 표적고객의 반응을 분석(직접 대면조사, 구입 여부, 제품주기, 제품에 대한 생각 등)조사 한 후, 결과를 분석(제품개발 결정, 제조원가, 원가정보, 제품의 수요예측, 반복적 구매, 개방적인 토론 등)한다. 비율을 보고 선호도 측정, 결과 프로세스를 해석하고 진행사항을 반영한다.

6) 최종원형(prototype) 제작

제품의 개념에 맞는 제약조건과 기술적인 모델링을 통해 가격, 성능 사이의 균형점을 반영한다. 제품 구조는 제품의 다양성, 제품의 변화, 제품의 성능, 제조능력, 제품의 표준화, 제품 관리로 제품구조의 결정은 제조, 디자인, 정보수집, 마케팅 제품개발의 컨셉개발 과정과 밀접한 관계가 있다. 제품의 기능적인 측면, 기능개선, 기능추가, 제품의 특성, 기능의 연관성, 상호작용, 상호연계성, 기술사항, 물리적인 원리, 외형적인 측면, 기능적 요소, 제품의 다양화 공급망 관리, 제품 표준화, 제품성능(product performance), 제조성(manufacturability), 제품개발관리(product development management), 제품구조 확정을 정의한다.

제품의 사양으로는 성능, 소형화, 경량화, 인체 공학적인 디자인, 가격, 편의성, 내구성, 용이성, 색상 등의 우수한 현대적인 산업디자인으로 설계 개발되어야 한다. 성과평가와 최종 사양 확정으로 성능을 평가한다. 성과에서 강점을 확인한다. 목표 사양을 작성할 때 성능을 다시 생각한다. 다음은 강점을 기술할 때 고려해야 할 사항이다.

- What: 우수한 성능의 사양을 안내한다.
- Why: 사양의 성능을 왜 강화하는지를 설명한다.
- How: 우수한 차별화된 성능이라고 사양을 설명한다.

목표 사양이 고객욕구를 충족하여 평가와 최종 사양으로 확정되면, 최종 제품 사양을 문서로 완성한다.

7) 방향성과 개발계획 추진

제품개발의 경제성, 제품 라이프 사이클을 고려하여 비용보다 수익을 창출하는 것이 중요하다. 경제성 분석을 통해 시장에서의 기회판단, 제품개발의 제품을 생산하여야 할지, 제품개발의 프로세스 분석결과의 자료로 의사결정을 판단하여야 한다.

제품개발팀, 선임연구원, 핵심연구원, 재무팀, 기획팀, 전문가 등 경제성을 분석하고 프로세스를 통하여 재무모델을 구성하고 재무적인 성공과 균형적인 분석, 영향적인 요소를 고려하여 성공된 프로젝트로 실행하여야 한다. 특히 현금흐름, 프로젝트 예산, 판매량 측정, 생산원가 등 정확한 분석결과를 추진하여야 한다. 초기 개발비용에서부터 개선비용까지, 생산초기 기간(램프업, ramp-up) 비용, 마케팅 비용(판축비용, 서비스비용), 생산 비용(생산원가에 직접비와 간접비 분리), 판매 수입 등의 비용 항목을 확인한다.

경제성 분석 프로세스로 개발 프로젝트 과정의 방법론을 단계별로 살펴보자, 첫째, 기초적인 재무 모델을 만든다(미래 현금수입과 지출의 시점). 개발 비용(모든 계획, 검사, 생산비용)이다. 램프업(ramp up) 증가 개선비, 램프업(ramp up) 증가 비용, 마케팅과 지원 비용, 생산 비용, 판매 수입(현금흐름의 개선방안)이다. 생산원가를 직접비와 간접비로 분리, 마케팅과 지원 비용, 착수 비용, 판촉 비용, 직접 판매비와 서비스 비용의 분리, 감가상각과 투자 세금, 운전자금, 현존하는 신상품의 효과, 구조비용, 기회비용, 수입과 비용의 기본적인 비용의 분석이다. 둘째, 재무적인 성공과 핵심 가설, 다양한 모델 사이의 민감도 실행내부요소로 개발 프로그램 비용, 개발 속도, 생산 비용, 생산 활동이며, 개발 비용(조사비, 개발비), 개발속도(조사기간, 개발기간)과 생산 비용은 제품 성능 등 외부요소로는 경쟁 환경(시장 반응, 경쟁자의 행동)판매량, 생산 비용을 포함한다. 또 제품 가격, 판매량, 경쟁 환경의 외적 영향으로는 비용(부정적인 외적 영향), 이윤(긍정적인 외적 영향) 등의 단계이다. 셋째, 균형점 찾기를 위하여 민감도를 분석한다. 개발기간, 생산 비용, 개발 비용, 상품 성능 상호작용(상대적 규모 이해)의 단계로 프로젝트 성공에 질적인 요소의 영향을 고려하여, 회사, 시장, 거시환경에 관한 상호 협력 프로젝트의 과정으로 단계를 수립한다. 그 외 전체적인 회사와 프로젝트 사이의 상호작용으로는 외적 영향(비용: 부정적인 외적 영향, 이윤: 긍정적인 외적 영향)이며, 전략으로는 상품 계획과 기술적인 전략과 기술적인 우월성(차별성)의 프로젝트와 시장 사이의 상호관계가 중요한 프로젝트이다. 경쟁자로서는 직접 경쟁상품을 제공하며, 대체품으로 간접적으로 제공한다. 타겟고객은 고객의 기대나 취향, 변화에 욕구를 충족시키며, 공급자 입장에서는 빠른 상품개발 주기를 가지고 단기 수익보다 시장 점유율에 가치를 두는 새로운 경쟁자 프로젝트와 거시 환경 사이의 상호관계를 예의주시하며 거시 경제 변화의 외환, 재료 가격, 임금의 변화와 정부 규제의 새로운 규제는 상품 개발 기회 제거, 산업 규제로는 새로운 산업 창출로 사회적인 경향으로는 환경, 기존 산업 파괴, 새로운 산업을 창출하는 것이다.

경제성 분석으로는 첫째, 양적인 분석(수치적으로 표현 가능한 요소)의 현금수익에서 제품 판매 발생, 비용 측면에서는 제품 원가, 생산 공정상 발생하는 지출(장비 구입, 가공의 생산 비용, 원자재 구매 비용, 생산 인건비)이며 둘째, 질적인 분석으로는 프로젝트와 회사, 시장, 거시환경 사이의 정량화의 분석이다.

8) 제품 출시 전략 수립

고객의 특성과 라이프 사이클을 통하여 계획하며, 상품구성으로는 전체 매출을 차지하는 전략상품과, 구색 맞추기, 미끼상품, 개방상품, 이벤트 상품 등으로 구성한다.

가격에서는 재료비, 고객수준, 경쟁가격 등을 분석하여 결정하며, 고가 제품의 전략인지, 저가 제품의 전략인지 조건 등을 파악하여 수립한다. 또한 제품의 기능성, 상징성, 서비스 요소 등을 결정하여 제시한다. 그리고 구입처는 구입금액의 비중이 높은 구입처 순서로 입력한다. 또 판매처로서는 판매금액이 높은 비중의 판매처로 입력한다.

제품 전략 수립의 마케팅을 살펴보자

표적시장 마케팅(target marketing) 전략으로는 기업이 소비자의 욕구와 필요에 따라 시장을 몇 개로 세분하여 각기 다른 마케팅 믹스를 제공하는 것을 말한다.

경쟁 마케팅 3가지 전략으로 차별화 마케팅 전략, 원가우위 마케팅 전략, 집중화 마케팅의 전략을 살펴보자.

(1) 차별화 마케팅(differentiated marketing)전략

경쟁사들이 제공하지 못하는 독특한 가치의 제공을 통해 경쟁우위 획득하는 전체시장을 여러 개의 세분시장으로 나누고 각 세분시장의 상이한 욕구에 적합한 마케팅 믹스를 활용하는 전략 제품 차별화(product differentiation)를 살펴보자. 시장은 대부분 동질적이 아니라 이질적이고, 항상 변하는 가변적 성질을 가지고 있으며, 표적고객이 각각의 고객마다 독특한 욕구를 가지고 있다. 표적고객에게 경쟁사보다 유리한 차별화 우위를 실행하는 것이 무엇보다 우선이다. 소비자에게 독특한 가치를 제공하고, 그 대가로 차별화에 소요되는 비용 이상으로 높은 가격 프리미엄을 얻는 것도 유익하다. 제품의 표적고객에게 편익, 가격, 품질, 스타일이나 서비스 등에서 경쟁제품과 확연히 다르고, 소비자가 바람직하게 지각하는 속성의 개발이나 결합이 없는 제품을 소비자가 원하고, 동일한 제품범주에 있는 다른 경쟁제품이 제공하지 않는 것을 제공하는 것과 제품 자체의 외관, 품질, 성능 등 물리적 특성을 변경하는 것, 물리적 특성으로 제품의 가격, 이미지, 가치(제품이나 서비스를 구매하여 사용한 후에 얻게 되는 효용과 그 제품과 서비스를 구매하기 위해 지급해야 하는 비용의 차이), 최근에는 겸손, 창의성, 브랜드 아이덴티티, 스타일, 장인정신 등을 통해서 형성되는 감정 교감(communion)을 통해 가치를 느끼는 교감 가치(communion value)를 정신 가치, 고객 가치로 제시하고 있다. 가치란 서비스에서 소비자가 얻고자 하는 모든 것, 가치는 소비자가 지불한 가격에 대해 얻은 품질 가치제안은 브랜드 아이덴티티(brand identity), 제품의 가치제안은 제품 컨셉(product concept), 고객을 설득하기 위해 제시하는 결정적 한 마디인 USP(unique selling proposition)도 가치제안이다. 사례로 KT의 “One-Stop Hub”로 고객과의 동반성장을 약속하며, SK telecom은 “모든 사람들과 기업들의 꿈을 실현하는데 동반자가 되겠다”(Partner for New Possibilities)고 약속하며, 호텔신라의 고객 가치 제안으로는 모든 사업에 최고를 지향하고, 모든 고객에게 정성을 다하고, 모든 업무에서 혁신을 추구하며, 모든 신라인은 서로를 존중한다는 핵심 가치이다. 서비스 등 사회, 심리적 특성을 변화로 경쟁제품과 다른 의미를 부여한다. 제품차별의 유형으로 제품, 장소, 가격, 촉진, 인적, 서비스, 이미지 등이 차별화라고 볼 수 있다. 브랜드 이미지, 독특한 특성, 높은 서비스 품질의 무형적인 요소를 유형화 하는 호텔의 이름이 새겨진 무료 화장품, 올레길의 완주카드, 디즈니의 기념품 상점 등이 고객화된 서비스를 제공하며, 버거킹의 ‘Have it your way’: 주문 후에 만드는 과정의 실행으로 차별화하고, 표준제품을 고객화하며, 서비스 품질의 일관성을 유지하는 맥도날드의 종업원 훈련, 다양한 매뉴얼 개발, 엄격한 현장 감독, 빠른 서비스, 일관성 있는 품질, 깨끗하고 친절한 서비스가 차별화 전략이다. 편의성을 추구하는 대중고객은 선호한다.

(2) 원가우위(costleadershipstrategy)

경쟁사보다 낮은 원가로 재화나 용역, 서비스를 생산하여 제공함으로 경쟁자에 대한 재화나 서비스를 더 적은 기회비용(여러 가능성 중 하나를 선택했을 때 그 선택으로 포기해야 하는 가치를 의미)으로 생산할 수 있는 능력을 확보하려는 전략이다.

제품의 저원가나 저비용을 통해 경쟁우위를 확보 한다는 저원가(low cost)로 원가 선도기업의 시장을 주도해 나가며, 산업이 성숙기에 있을 때 가격경쟁이 시작되면 원가 선도 기업은 유리한 위치에 있다.

기술혁신, 원가절감, 규모의 경제 실현으로 산업 내 경쟁전의 일종으로 산업에서 원가우위를 달성하려는 전략으로 경쟁자의 원가에서 가장 유리한 위치로 생산시설이 규모나 기술면에서 유리해야 하며 경험을 통한 원가인하 노력이 계속되어야 하고, 관리비통제 등 다른 면에서 원가절감의 노력이 필요하다.

철저한 원가와 간접비용의 관리, 저가격을 선호하는 고객에게 집중하고, 저가의 비용으로 서비스를 제공하는 고객에 집중하는 전략이며, 응대 및 접촉을 줄이고, 표준화, 대형 포장, 대량 구매에 코스트코의 셀프서비스가 원가절감의 대표사례이다. 고객서비스를 표준화하고 개인적인 요소를 최소화하며 기술혁신, 서비스의 전달비용을 최소화한 전략적 마케팅이다.

가격 결정에 있어서 인터넷의 영향요인으로 셀프서비스와 공급 체인의 효율화와 간접비의 절감과 고객 접촉 비용의 절감, 유통단계의 감소로 디지털 제품 유통의 장점이다.

(3) 집중화(focus) 마케팅의 전략

기업의 목표 또는 자원의 제약으로 전체시장을 대상으로 하지 않고 특정 세분시장에 자원과 노력을 집중하는 전략으로 좁게 정의된 표적시장에서 고객의 특별한 요구에 대응하는 전략이다. 집중적 성장전략으로 표적시장을 표적화하여 기업의 모든 자원과 역량을 집중하는 것이다. 시장 침투전략(market penetration strategies)으로 소비자의 구매량을 증대하고, 경쟁업체의 이용고객을 흡수하며, 잠재고객을 유치, 호객하는 것이다. 시장 개발 전략(market development strategies)으로는 새로운 고객에게 기존 제품을 판매하여 성장하는 것이다.

사례로 (주)소망화장품의 '꽃을 든 남자의 컬러로션' 제품은 남성소비자들에게 광고로 구매를 유인한다.

집중적 성장은 어떤 제품으로 소비자에게 다가갈 것인가를 결정하는 전략이다. 기존 고객에게 기존 제품을 더 많이 판매하거나 기존 제품으로 새로운 시장을 공략하여 새로운 소비자를 창출하고 유인하는 것이다.

제품 개발 전략(market development strategies)으로는 기존 시장에서 판매 증대를 통해 성장을 도모하는 사례로 담배 판매업이 민영화되면서 저타르, 저니코틴을 강조하고 황토나 쑥 등을 가미한 다양한 종류의 제품을 판매한다. 집중적 다양화로 기존 제품을 생산과 판매함에 있어서, 동일한 기술과 마케팅 노하우로 동일 유통경로를 활용하여 신제품을 추가하는 전략이다.

사례로 월간지 발행 사가 저가 단행본을 판매하는 경우를 말한다. 또 특별한 구매나 제한된 서비스의 지리적 영역이 제한된 표적시장으로 아파트 단지안의 세탁소나, 전문병원의 불임치료 전문, 성형수술 전문, 척추 치료 전문, 다이어트전문 등의 병원들이 집중화 마케팅의 사례이다

* 제품 수명 주기(Product Life Cycle)의 전략

제품 수명 주기(Product Life Cycle, PLC)는 제품이 시장에 출시된 후부터 단종되기까지의 전체 생애 주기를 말하며, 일반적으로 도입기, 성장기, 성숙기, 쇠퇴기로 나눠진다. 각 단계는 제품의 특성과 시장에서의 경쟁 상황에 따라 다르게 대응해야 하므로, 기업은 제품이 속한 주기 단계에 맞춰 다양한 전략을 구사해야 한다. 제품의 신생부터 쇠퇴까지 제품이 태어나 소비시장에서 사라지는 과정까지의 도입기, 성장기, 성숙기, 쇠퇴기의 4단계를 설명한 것이다.

(1) 도입기(introduction stage) 마케팅 전략

도입기 마케팅 전략은 신제품이 개발되어 시장에 진입하는 단계이다.

시장을 세분화하여 홍보를 강화한다. 제품에 대한인지도나 신뢰도가 낮기에 광고 및 홍보의 활동으로 미래소비자를 설득시켜 기능을 조정·구성하여야 하며, 자신의 제품이 지금 어느 위치에 존재하는지 파악한 후 광고 마케팅 전략을 도입기에 진행한다면 성장기, 성숙기, 쇠퇴기까지 성공된 단계일 것이다. 경쟁자 진입이 어렵다면 고가 전략과 서비스로 품질을 높인다. 저가격 전략이라면 시장점유율을 높인다.

가격 전략으로 고가격과 낮은 수준의 촉진으로 신제품을 출시한다면, 시장의 규모가 한정적이며, 대부분의 시장이 해당 제품을 알고 있고, 잠재적 경쟁이 절박하지 않을 때 수행한다.

고가격과 높은 수준의 촉진으로 신제품을 출시한다면, 가격 전략촉진에 많은 투자를 함으로 시장 침투율을 높일 수 있다. 저가격과 저수준의 촉진으

로 신제품을 출시한다면, 급속한 제품수용력으로 기업의 순이익을 실현할 수 있으며, 시장규모가 크고, 제품에 대해 대중적이며, 고객은 가격에 민감하므로 어느 정도 잠재적 경쟁이 있을 때 진행한다. 가격은 낮고 촉진에 투자를 한다면 빠른 시장침투와 가장 큰 시장점유율을 부르며, 시장규모가 크고 고객은 해당 제품에 대하여 잘 모르며 구매자들이 가격에 민감할 때 진행한다.

(2) 성장기(growth stage) 마케팅 전략

성장기 마케팅 전략은 소비자들이 신제품에 대해 어느 정도 인식을 하고 정보 공유가 활발하며 판매가 급속히 증가, 성장하는 단계이다.

기업은 제품의 품질을 개선하고, 새로운 제품특성과 개선된 스타일을 추가한다.

기업은 새로운 모델이나 색상, 기능의 제품을 추가한다.

새로운 세분시장에 진출한다, 새로운 유통경로로 확장한다.

광고의 중점을 제품인식에서 제품 확신과 구매를 유발하기 위한 광고로 변경한다.

가격에 민감한 구매자들을 유인하기 위하여 적정시기에 가격을 인하하여 구성한다.

(3) 성숙기(maturity stage) 마케팅 전략

성숙기 마케팅 전략은 이미 많은 개발이 이루어져 판매가 일정 수준에 머물게 되는 단계이다. 경쟁사와 자사 모두 같은 제품을 가지고 경쟁하기 때문에 가격 경쟁력이 중요한 시점이다.

첫째, 시장수정전략(market modification)으로 새로운 고객집단을 발굴하는 방법으로 사용고객 대상으로 새로운 시장을 개척하고, 기존 고객의 제품사용률을 증가 시키고, 더 큰 고객집단을 유치하기 위한 현재의 상표로 특성을 바꾸는 방법 등이다.

둘째, 제품수정전략(product modification)은 제품의 특성을 수정하는 방법으로 제품품질개선전략, 특성 증대전략, 스타일 개선 전략 등이다.

셋째, 마케팅 믹스 수정 전략(mix modification) 마케팅 믹스 중 요소를 변경하는 방법으로 가격인하, 효과적인 광고방법 개발, 적극적 촉진활동 전개,

유통부문 개선, 새로운 서비스 제공이나 개선 등이다.

성숙기의 마케팅 전략으로 집중화 마케팅(concentrated marketing)의 세분시장 중에 한 시장을 선택하고 단일 마케팅 믹스로 단일 표적시장에 노력을 집중하는 전략이다. 그리고 맞춤 마케팅(customized targeting)은 마케팅 전략이 각 시장세분화와 관계없이 개별 고객을 위해 개별적인 전략을 개발하는 미시마케팅의 방법론이다. 그 방법을 살펴보자.

포지션(position) 제품이 점유하는 시장에서의 위치, 제품이 표적시장 내에 있는 고객의 마음 혹은 인식 속에서 차지하는 상대적 위치를 말한다.

포지셔닝(positioning)은 자사제품이 경쟁제품에 비하여 소비자의 마음속에 가장 유리한 위치에 있도록 하는 과정을 표현한다. 제품의 물리적 특성(physical nature)이 아니라 성공적인 포지셔닝에 도달하는 커뮤니케이션이다. 소비자의 마음, 인식에서 경쟁 브랜드에 비해 특정 브랜드가 차지하고 있는 위치를 강화하거나 변화시키는 전략, 고객의 욕구와 필요를 파악하여 시장세분화와 경쟁제품과의 차이점을 인식 시키는 제품차별화를 결합하는 것이며, 세분화된 시장에서 제품차별화를 통해 경쟁우위를 확보하는 방법이며, 포지셔닝은 경쟁제품과의 차이를 명확하게 하여 고객인식을 증진하는데 목적이 있다.

* 제품 포지셔닝 전략의 필수적인 특성

- 의미성(meaningful): 메시지가 표적고객과 소통하는 것에 의미를 부여한다.
- 차별화(differentiating): 자사제품이 경쟁제품과 차별된다.
- 중요성(important): 메시지가 표적고객에게 밀접한 관련이 있고 매우 중요하다.
- 지속성(sustainable): 메시지가 표적고객을 장기적으로 유지된다.
- 단일 메시지(single-minded): 한 번에 한 메시지만을 전달하고, 기억된다.
- 진실성(believable): 메시지가 표적고객에게 진실하다.
- 신뢰성(credible): 주장사항을 분명하게 입증할 수 있다.

포지셔닝 전략의 수립으로 첫째, 표적시장을 이해한다. 정보를 수집하고 해석하여 표적고객의 특성을 사용한다. 표적고객이 사용하는 구매기준을 파악해야 한다. 각각의 구매기준에 대하여 속성의 중요도를 사용하여 우선순위를 작성한다. 둘째, 진출하고자 하는 표적시장에 경쟁자들의 제품을 어떻게 포지션하고 있는지를 판단하고, 경쟁제품이 위치하는 영역이 각각 경쟁영역을 파악하며, 경쟁영역과 공백에서 자사의 제품이 경쟁할 위치를 찾는 것은 매우 중요한 프로젝트 중의 하나이다.

(4) 쇠퇴기 마케팅 전략

쇠퇴기의 마케팅 전략은 트렌드에 따라 소비자의 기호가 변화되고, 신기술의 개발로 소비시장에 대체 상품이나 유사제품의 경쟁사로 인하여 폐업을 하거나 그만두는 상황이거나 다른 제품으로 갈아타는 상황이다. 철수해야 할 상황의 항목으로는 자사 제품의 약점을 파악할 제품의 검토 위원회를 구성한다. 제품 검토위원은 취약 제품의 시스템을 파악한다. 마케터는 제품에 대한 시장규모, 시장점유율, 가격, 원가와 이익의 흐름을 조사한 자료를 제공하고, 의구심의 제품은 확인하여 등급표를 조사하여, 의심스러운 품목은 대안을 제시한다.

마케팅 전략의 조정으로는 업계의 상대적 강점과 업계 내에 기업의 경쟁적 장점의 적절한 쇠퇴기 전략이 확정하고, 수확전략(harvesting), 철수전략(divesting), 판매종료를 파악한다.

판매중단의 결정을 선택하는 방법으로는 첫째, 제품을 타인에 이전 할 것인가, 전매할 것인가, 폐기할 것인가를 선택하고 둘째, 신속히 판매를 중단할 것인가, 서서히 중단할 것인가?

셋째, 제품의 기술과 부품, 서비스의 수준을 결정해야 한다.

9) 제품 관리 및 전략적 론칭(launching)

제품 출시 후 경쟁자들은 누구인지, 경쟁사에 위협이 되는지, 경쟁자는 강한지, 경쟁자의 판매량은 어느 정도인지, 신제품이 고객의 욕구를 충족하는지, 제품의 구매자는 누구인지를 조사하여 분석한다.

관리 항목으로는 첫째, 브랜드 관리로 언론, 고객과 협력사와 함께 외부적으로 제품을 촉진하는 것이다. 판매팀을 지원하고, 산업회의, 포럼과 이벤트에 참석하고, 기사나 홍보 및 광고의 마케팅 활동을 꾸준히 진행한다.

둘째, 재무관리로 마케팅 믹스의 최적화를 추적하고, 손익, 재무 상태와 현금의 흐름, 재무적 관리를 중요시한다.

셋째, 제품 포트폴리오 관리로 필요한 만큼의 제품 검토, 유지 확장, 시장과 경쟁자를 추적하고 감시한다.

넷째, 고객 서비스와 지원으로는 고객의 반응을 추적하고, 고객을 방문하며, 제기된 문제에 대해 접촉점에서 행동한다.

7장 CASE STUDY

당근마켓: "지역 기반 중고거래, 이렇게 시작됐다"

Chapter 07. 신제품 개발 Process - 아이디어 → MVP → 시장 확장

1. 문제 인식

"중고나라 너무 번잡해… 동네 사람끼리 거래하면 좋을 텐데"
→ 중고 거래의 복잡함, 멀리서 오는 사람, 사기 우려가 문제

2. 아이디어 구상

- 위치 기반 '동네 인증'으로 동네 주민끼리만 거래 가능
- 중고거래뿐 아니라 동네 생활 커뮤니티 기능 추가

3. MVP 설계 및 테스트

- 최소 기능(MVP): 채팅, 물건 등록, 거래 완료만 구현
- 성수동, 판교 등 특정 지역에서만 베타 서비스 시작
- 사용자 피드백 기반으로 기능 개선 반복

4. 제품 확장 및 개발 전략

- ‘동네생활’, ‘알바’, ‘동네맛집’ 등 기능 추가
- 지속적인 A/B 테스트로 UI · UX 최적화
- 단순 거래앱에서 ‘지역 플랫폼’으로 진화

5. 성과

- 전국 사용자 수 2,000만 명 이상
- 1일 평균 거래 수 100만 건 이상
- 지역 밀착형 플랫폼의 대표 사례로 자리잡음

학습 포인트

문제 발견: 중고거래의 번거로움 + 신뢰 문제
MVP 설계: 핵심 기능만 탑재한 지역 제한 테스트
제품 개발 전략: 반복 테스트와 사용자 피드백 기반 확장

토의 질문

1. 당근마켓은 어떤 방식으로 시장 검증을 진행했는가?

2. MVP 단계에서 무엇을 중심으로 우선 개발했으며, 그 이유는?

Work Sheet - 01

학번: ______________________

이름: ______________________

신제품 개발 프로세스(New Product Development Process)

1. 아이디어 도출: 다양한 창업 아이디어 수집, 어떤 문제를 해결하고 싶은가?

2. 아이디어 평가: 시장성, 수익성, 실현 가능성, 아이디어는 성공할 수 있을까?

3. 컨셉 개발 및 테스트: 제품/서비스 개념 구체화 및 피드백 수집.

고객은 이 컨셉을 매력적으로 느낄까?

4. 사업성 분석: 비용 · 수익 · 시장규모 등 분석 수익이 나는 구조인가?

5. 제품 개발, 제품이나 MVP(최소 기능 제품) 실제로 만들 수 있을까?

6. 시장 테스트 및 출시: 시범 출시 후 본격 시장 진입 고객은 실제로 구매할까?

고객의 입장에서 생각하기: “내가 아니라, 사용자가 필요로 하는가?”

작게 시작해보기: 처음부터 완벽한 제품을 만들기 보다, ‘작게 테스트’하고 ‘빠르게 개선’하기

팀워크와 피드백 수용: 다양한 의견을 듣고 발전시키기

8
CHAPTER

창업가 정신, 창업가 마인드

학습목표

1. 창업가 정신의 개념
2. 창업가 정신의 중요성
3. 창업가로서 리더이자 비전을 가지는 성공적인 마인드
4. 창업가 정신으로의 역할
5. 창업가 정신의 전략적 사고
6. 창업가적 리더십의 접근방법
7. 창업가적 리더십으로의 행동
8. 리더십의 사례
9. '자기 개발'과 '자기 계발'
   - **Work Sheet 작성**

CHAPTER 08

창업가 정신, 창업가 마인드

창업가 정신(Entrepreneurial Spirit)과 창업가 마인드(Entrepreneurial Mindset)는 창업과 관련된 핵심 개념이다.

* 창업가 정신(Entrepreneurial Spirit)

창업가 정신은 창의성, 혁신, 도전정신, 리스크 감수, 기회 포착 등 창업 과정에서 중요한 태도나 가치를 의미한다. 창업가 정신은 사업을 시작하고 운영할 때의 열정과 추진력을 강조한다. 단순히 사업 아이템을 만드는 것이 아니라, 새로운 기회를 보고 실제로 실행에 옮기는 능력에 초점을 맞춘다. 창업가 정신은 위험을 감수하고 실패를 두려워하지 않으며, 지속적으로 발전을 추구하는 자세를 포함한다.

* 창업가 마인드(Entrepreneurial Mindset)

창업가 마인드는 창업에 접근하는 사고방식이나 마음가짐을 말한다. 즉, 창업가는 어떤 문제를 해결하고 기회를 창출하기 위해 어떻게 생각하고 행동하는지를 나타낸다. 창업가 마인드를 가진 사람은 문제 해결 능력, 자원 관리, 목표 지향성, 끈기 등을 바탕으로 지속적으로 가치를 창출하고, 시장의 변화에 빠르게 적응하려고 한다.

* 창업가 정신과 창업가 마인드의 차이

창업가 정신은 "태도와 가치"에 더 초점을 맞추며, 도전적인 마음과 창의적인 열정을 강조한다.

창업가 마인드는 "사고방식"에 초점을 두고, 이를 통해 문제를 해결하고, 기회를 포착하는 방법을 말한다.

* 창업가 정신/마인드를 키우는 방법

- 도전 정신을 갖기: 실패를 두려워하지 않고 도전하는 자세를 가지세요.
- 창의적 사고: 다양한 문제 해결 방안을 고민하고, 기존의 틀을 깨는 아이디어를 제시.
- 리스크 관리: 적절한 리스크를 감수하고, 위험을 관리하는 능력을 키운다.
- 끈기와 인내: 일이 잘 풀리지 않을 때도 계속해서 노력하고, 실패에서 배우는 자세 유지.
- 적극적 네트워킹: 다양한 사람들과의 만남을 통해 시야를 넓히고, 영감을 받는다.

창업가 정신과 마인드를 갖춘 사람은 유연하게 문제를 해결하고 새로운 기회를 창출하는 능력을 가질 수 있다. 또한, 비즈니스에 대한 열정이 있을 때, 더 큰 성공을 거둘 확률이 높다.

1. 창업가 정신의 개념

창업가 정신(entrepreneurial spirit)은 창업가가 새로운 사업을 시작하고 성장시키는 과정에서 나타나는 독특한 사고방식, 태도, 행동을 의미한다. 단순히 사업을 시작하는 것에 그치지 않고, 지속적인 혁신, 리스크 감수, 문제해결, 그리고 기회를 포착하는 능력과 관련이 있다.

창업가 정신을 이해하는 데 있어 중요한 요소는 다음과 같다.

- 혁신적 사고: 기존의 틀을 깨고 새로운 아이디어를 만들어 내거나, 기존의 방식이나 제품을 개선하려는 욕구가 강하다.
- 위험 감수: 실패에 대한 두려움을 넘어서서, 불확실성과 어려움을 감

수하고 도전하는 태도가 필요하다.

- 적극적인 문제 해결: 창업가는 문제를 해결하는 과정에서 창의적이고 효율적인 방법을 찾아내는 능력이 중요하다.
- 기회 포착: 시장의 변화와 트렌드를 빠르게 분석하고, 그 속에서 새로운 비즈니스 기회를 찾아내는 능력이 있다.
- 리더십과 의사결정: 창업가는 팀을 이끌고 비전을 제시하며, 빠르고 효과적인 의사결정을 내릴 수 있어야 한다.

창업가 정신은 기업의 성패를 좌우할 수 있는 중요한 요소이기 때문에, 이러한 정신을 갖추고 지속적으로 발전시킬 수 있는 능력이 창업의 성공에 큰 영향을 미친다. 창업자의 경력과 역량뿐만 아니라 심리적, 행위적 특성까지 다양한 형태의 창업가 정신이 존재하고 있다. 또한, 창업가의 경험, 학력, 특성, 자질, 기술적, 관리적, 기능적인 성격과 성향, 혁신성, 진취성까지도 창업가의 정신의 포괄적 의미라 한다.

창업가의 자질과 능력으로는 첫째, 산업의 트렌드 파악 능력이다. 정치, 경제, 사회, 환경적 역할이며 둘째, 사회포착 능력이다. 정보탐색, 창업기회 발견, 적극적, 혁식적 자질도 능력이다. 셋째, 위기관리 능력이다. 기술, 바이오, 제약 등 스타트업의 매력도, 네트워킹 능력, 창의적, 차별적 대응 능력도 창업가의 자질이라 한다.

창업자가 지녀야 할 자질과 역량을 비롯한 핵심덕목을 뜻한다고 『관광스타트업』 윤지환 공저에서 안내했다.

2. 창업가 정신의 중요성

'창업가 정신'의 어원은 프랑스어로 '처리하다'(to undetake)의 뜻이다.

창업자(創業者)는 사회의 경제 전체를 주도한다고 해도 과언이 아니다.

창업가 정신으로는 창의적, 모험적 성향이 있는지, 기회를 추구하는 정신이 있는지, 새로운 아이디어, 업종, 창업가적 마인드가 있는지, 기회에 초점을 두고 총체적 접근방법을 가지고 있는지, 균형 잡힌 리더십 역량이 있는지, 보상과 위험의 창조과정을 아는지, 기업을 창업, 운영하는 혁신자, 선구자, 모험자, 개척자 정신이 있는지, 기회를 포착하여 혁신적, 진취적, 적극적으로 새로운 가치를 창출 할 수 있는지, 창업할 업종의 점포에서, 사장의 마인드로 종업원처럼 일 할 자세가 되어 있는지 등의 정신에 대하여 스스로가 평가해본다. 다양한 변화의 인식, 조직의 활동지향성을 도입하는 성향, 도전적인 성향, 적극적인 기회를 반영하여 성공할 수 있도록 자질과 영양을 발굴해야 한다. 기업가 정신으로 커즈너는 "수동적, 자동적, 기계적이 아닌 능동적이며 창조적이고 인간적인 변화를 주도하며 변화의 모든 요소를 상호 조정하는 사람"으로 협상과 거래를 하는 조정자(coordinator)의 역할이라고 강조하였다.

급속한 환경변화에 신속하고 혁신적인 의사결정과 행동으로의 전략적인 리더십이 창업가 정신의 우선순위이다.

창업가 정신은 창업뿐만 아니라, 기업의 성장과 발전을 위한 핵심적인 요소이다. 그 중요성은 여러 측면에서 드러난다.

1) 혁신과 경쟁력 강화

창업가 정신은 혁신을 촉진하는 중요한 원동력이다. 창업가는 기존의 틀에 얽매이지 않고 새로운 아이디어와 방식을 추구하며, 새로운 시장을 창출하거나 기존 시장에서의 경쟁 우위를 확보할 수 있다. 창업가 정신이 발휘된 혁신은 기업의 경쟁력을 강화하고, 시장에서 독특한 위치를 차지할 수 있게 한다.

2) 위기관리와 리스크 감수

창업 과정에서는 불확실성과 리스크가 따르기 마련이다. 창업가 정신을 가진 사람은 이러한 리스크를 기회로 바꾸는 능력을 갖추고 있다. 실패를 두려워하지 않고 도전적인 상황에서 문제를 해결하려는 태도는 기업이 위기를 극복하고 성장할 수 있는 중요한 요소가 된다.

3) 적응력과 유연성

시장 환경은 끊임없이 변화한다. 창업가 정신은 이러한 변화에 빠르게 적응할 수 있는 유연성을 제공한다. 새로운 기회를 발견하고, 기술적, 경제적 환경 변화에 발맞춰 기업 전략을 조정하는 능력은 기업의 장기적인 성공에 필수적이다.

4) 팀워크와 리더십

창업가는 사업의 비전을 공유하고, 팀을 이끌어 나가는 역할을 맡는다. 창업가 정신은 리더십을 발휘하여 팀원들을 동기부여하고 협력하게 하며, 팀이 공동의 목표를 달성할 수 있도록 돕는다. 성공적인 기업은 강력한 팀워크와 효율적인 리더십 없이는 성장하기 어렵다.

5) 지속 가능한 성장과 사회적 가치 창출

창업가 정신은 단순히 개인의 이익을 추구하는 것을 넘어, 사회적 가치 창출에도 중요한 역할을 한다. 많은 창업가들이 환경 문제, 사회적 문제를 해결하는 혁신적인 아이디어를 통해 지속 가능한 성장을 추구하고 있다. 기업의 사회적 책임을 실현하고, 기업의 이미지와 평판을 높이는 데도 기여한다.

6) 경제적 발전 촉진

창업가는 새로운 사업을 시작하고 이를 성장시키는 과정에서 일자리 창출과 지역 경제 활성화에 기여한다. 창업가 정신이 발휘되면 새로운 산업이 등장하고, 경제 전반에 긍정적인 영향을 미친다.

창업가 정신은 단순히 사업을 시작하는 것을 넘어서, 끊임없는 혁신과 변화, 도전 정신을 통해 기업과 사회에 가치를 창출하는 중요한 요소이다. 창업가 정신을 갖춘 사람들은 불확실한 환경 속에서도 긍정적인 변화를 이끌어내며, 경제와 사회에 긍정적인 영향을 미친다. 따라서 창업가 정신은 현대 사회에서 매우 중요한 역할을 하고 있다.

3. 창업가로서 리더이자 비전을 가지는 성공적인 마인드

창업에 관련된 서적을 많이 읽고, 간접적으로 경험을 습득한다. 트렌드 변화에 민감하게 반응할 줄 알아야 한다. 자신의 적성과 전문지식을 활용할 수 있는 업종을 선택한다. 고객을 애인처럼 여기며, 종업원도 가족처럼, 자금 조달책을 확보하며, 창업할 업종에서 사장의 마인드로 종처럼 일할 각오는 되어있는지, 창업의 목적은 확실한지 살피며, 아울러 시작을 했으면 끝을 본다는 책임감으로 시간 관리를 엄격히 조절한다. 창업가 정신의 장점과 단점을 살펴보자.

장점으로는 직업상의 개인의 만족감, 성취감이 크다. 창업가, 기업가로서의 자부심이 있다. 개인의 비전, 교육적인 측면에서 본인 스스로 직업에서의 만족감으로 금전적인, 재무적인 안정감이 노력한 만큼 보상이 뒤따른다.

단점으로는 실패할 위험이 있다. 재정적인 불안정성이 뒤따를 수 있다. 고된 업무, 신경 쓰는 시간과 노력이 직장인 보다 더 많다. 의사결정의 부담이 크며 가격, 임금, 구매, 제품선정, 장소 등을 신속하게 결정하고 올바른 대응책으로 판단하는, 상시적 변화에 부담이 높다는 것들이 단점이다.

창업가로서 리더이자 비전을 가진 성공적인 마인드는 여러 중요한 특성으로 구성된다. 이러한 마인드는 사업의 방향을 제시하고, 도전적인 환경에서도 지속적으로 성장할 수 있는 원동력이 된다. 성공적인 창업가는 단순히 좋은 아이디어나 상품을 가지고 있는 것이 아니라, 명확한 비전과 리더십을 바탕으로 팀을 이끌고 회사를 성장시킬 수 있는 역량을 지니고 있다.

1) 명확한 비전 설정

비전은 창업가가 회사와 팀을 이끌어갈 방향을 제시하는 로드맵이다. 성공적인 창업가는 회사의 목표를 명확히 설정하고, 이를 달성하기 위한 전략을 구체적으로 세운다. 비전이 명확하면 팀원들에게 방향성을 제공하고, 모두가 같은 목표를 향해 노력할 수 있다. 비전은 동기부여의 원천이 되기도 하며, 도전적인 상황에서도 끈기 있게 목표를 추구하게 만든다.

현실적인 비전 설정이 중요하다. '세상을 바꿀 제품'을 만드는 비전을 가지고 있다고 하더라도, 그것을 어떻게 구체적으로 실현할 것인가에 대한 계획이 함께 있어야 한다.

2) 도전 정신과 리스크 감수

창업가는 대부분 불확실한 상황에서 결정을 내려야 하므로 리스크를 감수하는 마인드가 필요하다. 실패를 두려워하지 않고, 새로운 기회를 포착하기 위해 도전하는 태도가 중요하다. 그러나 리스크를 무작정 감수하는 것이 아니라, 분석적이고 전략적인 리스크 관리를 통해 보다 지혜로운 결정을 내리는 것이 중요하다.

위험을 기회로 바꾸는 능력으로 위기 상황에서 창업가는 빠르게 상황을 분석하고, 새로운 해결책을 제시할 수 있어야 한다. 창업가 정신은 실패를 학습의 기회로 삼고 다시 일어설 수 있게 한다.

3) 효과적인 리더십

성공적인 창업가는 팀을 이끄는 리더십을 발휘해야 한다. 리더십은 단순히 명령을 내리는 것이 아니라, 팀원들이 자율적으로 움직이고 동기부여를 받을 수 있도록 돕는 것이다. 창업가는 비전을 제시하고, 팀원들이 그 목표를 실현할 수 있도록 협력하고 지도해야 한다.

서번트 리더십으로 많은 성공적인 창업가는 "서번트 리더십"의 사고방식을 따른다. 팀원들이 성공할 수 있도록 지원하고, 그들의 의견을 경청하며, 성장할 수 있는 기회를 제공한다.

팀의 사기와 효율성을 높이는 데 중요한 역할을 한다.

4) 문제 해결과 창의적 사고

창업가는 매일 새로운 문제와 도전에 직면하게 된다. 이러한 문제를 해결하려면 창의적인 사고와 문제 해결 능력이 필요하다. 성공적인 창업가는 기존의 방식이나 틀에 얽매이지 않고 새로운 해결책을 모색하며, 변화를 두려워하지 않는다.

창의성으로 문제를 창의적으로 해결하는 방식은 경쟁 시장에서 독창성을 발휘하게 한다.

예상치 못한 문제에 대한 유연한 대응, 또는 고객의 니즈를 새로운 방식으로 충족시키는 방식 등이 있다.

5) 강력한 실행력

좋은 아이디어와 비전이 있더라도 이를 실현하는 실행력이 없으면 성공할 수 없다. 창업가는 구체적인 목표를 설정하고, 이를 달성하기 위한 실질적인 계획을 세우고 실행해야 한다. 계획을 세우는 것보다 실행이 더 중요하며, 계획을 수정하고 조정하면서 나아가야 한다.

빠른 의사결정으로 사업의 환경은 빠르게 변하므로 창업가는 빠르게 결정을 내리고, 필요한 조치를 즉시 취하는 능력이 필요하다. 기회를 놓치지 않고, 경쟁에서 유리한 위치를 점할 수 있다.

6) 긍정적인 마인드와 회복력

창업의 길은 쉽지 않으며, 어려운 상황이나 실패가 있을 수 있다. 그러나 성공적인 창업가는 긍정적인 마인드를 유지하며, 회복력을 발휘한다. 어려움에 굴복하지 않고, 긍정적인 태도로 문제를 해결하려는 태도가 중요하다.

끊임없는 학습과 성장으로 실패를 배우는 기회로 삼고, 그 경험을 토대로 성장하는 것이 중요하다. 또한, 다른 사람들과의 소통과 네트워킹을 통해 지속적으로 배우고 발전하는 것이 중요하다.

7) 고객 중심의 사고

고객의 필요와 욕구를 정확히 이해하고 이를 만족시키는 것이 사업의 성공 열쇠이다. 성공적인 창업가는 고객 중심의 사고를 바탕으로 제품이나 서비스를 개발하고 개선한다. 고객의 피드백을 반영하고, 그들의 문제를 해결하는 방식으로 사업을 확장해 나간다.

가치 제공으로 고객에게 실질적인 가치를 제공할 수 있는 제품이나 서비스를 제공하는 것이 가장 중요하다. 고객의 경험을 지속적으로 개선하려는 노력이 필요하다.

창업가로서 리더이자 비전을 가진 성공적인 마인드는 단지 아이디어를 내고 사업을 시작하는 것에 그치지 않고, 어려운 상황에서 끊임없이 문제를 해결하고 회사를 성장시키는 지속적인 노력이 필요하다. 명확한 비전, 리스크 감수, 효과적인 리더십, 창의적 사고, 실행력, 긍정적인 마인드 등을 종합적으로 갖추고, 도전과 어려움을 극복하는 마인드를 유지하는 것이 중요하다. 성공적인 창업가는 결국 목표를 향해 꾸준히 나아가는 사람이다.

* 업가로서의 현대적 리더의 특성

과거의 리더십은, 순종, 근면, 지식, 열성, 추진력이 우선이 되었다면, 현재에는, 미래 지향적, 창의적인 발상능력, 변화수용 및 위기관리 능력, 휴먼네트워크 능력, 봉사와 나눔의 사회적 책임 의식, 감동적인 영향을 줄 수 있는 감성지능이 필요하다. 성공한 창업가의 특성은 기회포착과 목표지향적인 성향, 적극성과 책임의식이 강하다. 의사결정에 신속하며 자기관리와 성취 욕구가 아주 강하고, 독립심 또한 강하며, 스스로 자기개발의 능력이 발달되어 있다.

4. 창업가 정신으로의 역할

창업가 정신은 창업뿐만 아니라, 사회나 경제에서 중요한 역할을 한다. 창업가는 단순히 비즈니스를 시작하는 사람을 넘어서, 혁신을 주도하고, 변화를 일으키며, 경제와 사회에 큰 영향을 미친다. 창업가 정신이 중요한 역할을 하는 몇 가지 측면은 다음과 같다.

1) 경제 성장 촉진

창업가는 새로운 사업을 시작함으로써 일자리 창출과 경제 활성화에 기여한다. 창업은 새로운 시장과 산업을 만들어내고, 이를 통해 지역 경제나 국가 경제에 긍정적인 영향을 미칠 수 있다. 또한, 창업은 경쟁을 촉진시켜 생산성과 효율성을 높이는 역할을 한다. 많은 기술 스타트업들이 일자리를 창출하고, 새로운 산업을 발전시키며, 글로벌 경제에 중요한 영향을 미치고 있다.

2) 혁신의 원동력

창업가 정신은 혁신을 촉진하는 중요한 요소이다. 창업가는 기존의 방식에 얽매이지 않고 새로운 아이디어와 솔루션을 제시한다. 창업가 정신을 가진 사람들은 끊임없이 문제를 해결하려고 노력하고, 기술적 또는 사회적 혁신을 통해 새로운 가치를 창출한다.

혁신적인 기술, 제품, 서비스는 기존 산업을 변화시키고, 새로운 시장을 창출하는 데 중요한 역할을 한다. 스마트폰, 공유 경제, 전기차 등의 혁신은 창업가 정신에서 비롯된 것이다.

3) 사회적 문제 해결

창업가 정신은 사회적 문제를 해결하는 데 중요한 역할을 한다. 많은 창업가들이 환경 문제, 교육 문제, 의료 문제 등 다양한 사회적 도전에 대응하기 위해 창업을 통해 변화를 일으킨다. 사회적 가치 창출을 목표로 하는 사회적 기업이나 지속 가능한 비즈니스 모델이 증가하고 있다. 환경 보호를 목표로 한 스타트업들이 재활용 기술이나 친환경 제품을 개발하여 지속 가능한 세상을 만드는 데 기여하고 있다.

4) 리스크 관리와 기회 포착

창업가 정신은 리스크를 관리하고 기회를 포착하는 능력을 중요시 한다. 창업가는 비즈니스의 불확실성과 리스크를 인지하고, 그 속에서 기회를 찾아내는 능력을 키운다.

개인의 성공뿐만 아니라 기업과 사회의 발전에 기여하는 중요한 역할을 한다.

글로벌 경제 변화나 기술 혁신을 빠르게 분석하여 새로운 시장 기회를 찾아내고, 사업화 하는 것이 창업가의 역할이다.

5) 글로벌 연결과 협업

창업가 정신은 글로벌화와 협업을 촉진한다. 창업가는 다양한 국가와 문화에서 아이디어를 교환하고 협력할 수 있는 기회를 제공한다. 창업가 정신은 글로벌 시장에서 경쟁하며 협력할 수 있는 환경을 만들어, 더 많은 사람들이 경제와 사회 활동에 참여하도록 돕는다.

글로벌 스타트업들은 다양한 국가에서 협업을 통해 빠르게 확장하고, 여러 시장에서 경쟁력을 갖추는 역할을 한다.

창업가 정신은 단지 비즈니스 창출을 넘어서, 경제적 성장, 사회적 변화, 혁신, 지속 가능성 등 다양한 중요한 역할을 한다. 창업가는 리스크를 감수하고, 혁신적인 아이디어로 사회 문제를 해결하며, 새로운 기회를 창출하는 데 중요한 역할을 한다. 또한, 창업가 정신은 개인의 성공을 넘어서, 더 나아가 사회와 경제에 긍정적인 영향을 미치는 중요한 힘이 된다.

- 새로운 아이디어, 업종, 창업가적 마인드를 갖는다.
- 관리자는 몹시 바쁘며 쉴 새 없이 일한다
- 신제품개발 능력이 요구된다.
- 해외시장을 추구하는 정신
- 기회에 초점을 두고 총체적 접근방법을 모색한다.
- 업무가 다양하고 의사결정의 처리시간이 중요하다
- 많은 활동들이 즉흥적이고 즉각적으로 처리된다
- 빈번한 대인접촉과 다양한 인적 네트워크를 갖고 있다
- 많은 활동은 구두에 의한 커뮤니케이션으로 이루어진다.
- 의사결정 과정은 무질서하며 정치적으로 이루어진다.
- 리더는 가치와 열정, 도덕성 등에 기초한 성품이 먼저 갖춰져야 한다.
- 리더십의 요체는 훌륭한 인격을 만드는 것이다.
- 성공한 리더는 개인적 교양, 강한 직업적 의지, 겸손함, 조용하고 차분하게 의사를 결정하고 행동하며 리더십은 내면으로부터 시작된다.
- 성품을 이루는 중요한 요소로는, 리더의 신뢰성, 솔선수범, 인간 존중이 중요하다.

5. 창업가 정신의 전략적 사고

기업과 관련된 이해관계자(고객, 종업원, 경쟁기업, 하청기업, 정부) 등의 역할을 파악 하여야 한다. 관습, 거래관행, 계약, 법규 등을 살피고 습득하여야한다. 경쟁자의 인식을 고려하여 전체와 부분을 조정하는 전술이, 스킬이 필요하다. 경쟁자와 공급자, 여러 이해관계자를 조정하며 구체적 전략을 실행에 옮겨 규모를 키워나가는 전략 또한 기업가 정신, 창업가 정신에 매우 중요한 핵심 포인트이다. 그리고 종업원과 경영자 간의 신뢰, 창업자와의 신뢰, 창업자와 소비자 간의 신뢰를 중시하는 가치관은 기술과 조직의 혁신으로 좋은 성과를 거둘 수 있다. 표적고객 중심으로 고객만족 극대화를 위해 효과적으로 노력하여야 한다.

현대적 리더십 이론 중에서 각광받고 있는 리더십 이론 중 하나인 서번트형 리더십의 개념을 익혀보자. 타인을 위한 봉사, 공동사회, 공동체의식을 우선으로 여기고 그들의 욕구를 만족시키기 위해 헌신하는 리더십이다.

가장 중요한 가치는 신뢰이다. '신뢰란' 리더의 행동에 대해 믿고 따르고자 하는 구성원의 의지'이다. 리더가 신뢰를 구축하기 위해서는 능력을 보유하고, 개방적이고, 공정하며, 일관성을 보이고, 확신을 가질 때 가능하다.

서번트형 리더의 시작은 "섬기려는 마음"이다.

서번트 리더는 타인의 말이나 요구, 감정을 잘 받아들인다.

상대의 요구를 포용한다.

다독이고 추스르며 통합해야 할 대상이다.

6. 창업가적 리더십의 접근방법

창업가적 리더십(Entrepreneurial Leadership)은 창업자나 혁신적인 리더가 자신의 비전과 전략을 통해 조직을 이끌어 가는 방식이다. 창업가적 리더십은 일반적인 관리적 리더십과 달리, 위험 감수, 창의성, 변화 관리를 중심으로 한 혁신적인 접근이 특징이다.

스타트업이나 신생 기업에서 특히 중요한데, 빠르게 변하는 환경 속에서

비전 실현을 위해 새로운 기회를 적극적으로 포착하고 도전하는 리더십이다.

창업가적 비전 중심의 리더는 명확한 비전을 가지고 이를 팀과 조직에 전파하며 목표 지향적으로 나아간다. 비전은 종종 혁신적이고 변화적인 목표를 포함하고 있으며, 리더는 구체적인 목표와 실행 계획으로 변환하여 조직원들에게 동기를 부여한다.

창업가적 리더십은 비전, 혁신적 사고, 위험 감수, 변화 관리, 고객 중심 등 다양한 측면에서 차별화된 접근 방식을 제공한다. 창업가는 이러한 리더십을 통해 불확실성 속에서 기회를 포착하고, 지속 가능한 성장을 위한 혁신적인 변화를 이끌어갈 수 있다. 창업가적 리더십은 조직을 주도하고, 도전적 환경에서도 성공을 이끌어내는 중요한 역할을 한다.

하버드대학에서는 'LEADER'에게 필요한 능력과 자질을 설명한다.

Listen(듣기): 남의 말을 잘 들을 줄 아는 능력

Explain(설명): 자신의 생각을 잘 표현할 수 있는 능력

Assist(코치 능력): 진심에서 우러나는 배려심의 능력

Discuss(논의): 토론, 커뮤니케이션을 통해 열린 마음으로 소통하는 능력

Evaluate(정당한 평가): 합리적인 평가와 보상을 할 수 있는 능력

Respond(적절한 대응): 반응하고 칭찬하며 문제가 생길 경우 대응하는 능력

* 서번트형 리더십은 '함께 갑시다'(Let's go together)

할 수 있도록 돕는 슈퍼 리더십(셀프리더십)이 필요한 리더십이다.

현대사회를 이끄는 리더십의 유형은 개인에 따라(타고난 성품, 성장 환경, 문화, 교육, 역량 등) 유형과 특징이 다르다.

* 리더십의 훌륭한 특성, 공통된 특성을 살펴보자.

- 현실에 대해 정확히 인식한다.(주변 환경 인지능력)
- 문제 해결 능력이 강하다.(자신의 에너지를 문제에 집중)
- 수단과 목적을 분별한다.(도덕성)
- 삶을 즐긴다.(독립적, 자율적, 편안함)

- 환경과 문화(사회적 압력)에 얽매이지 않는다.(스스로의 경험과 판단에 의존)
- 사회적 관심을 갖는다.(타인을 형제처럼 대한다)
- 대인관계를 깊이 있게 가진다.(우정, 돈독한 인간관계)
- 탁월한 유머감각이 있다.(미소 짓고 고개를 끄덕이게)
- 자신과 타인까지 수용한다.(약점, 원망, 비난 하지 않는다)
- 행동이 솔직하고 자발적이다.(개방적, 자연스럽다)
- 주위의 세계를 새롭게 인식한다.(새로움, 놀라움, 경외심)
- 창의적이다.(지혜롭고, 창의적, 적응력)
- 경험의 정점에 다다르기를 좋아한다.(즐거움, 황홀함)

7. 창업가적 리더십으로의 행동

창업가적 리더십은 단순히 이론적인 개념을 넘어서 구체적인 행동으로 나타난다.

창업가적 리더는 자신의 비전을 실현하고, 조직을 성공적으로 이끌기 위해 직접적이고 실용적인 행동을 취한다. 위험을 감수, 변화를 관리, 팀을 이끌며 혁신을 추구하는 방식을 통해 조직에 영향을 미친다. 조직구성원의 욕구나 바람을 충족시키는 것에 우선을 두며, 봉사와 희생을 통해 영향력을 발휘하는 리더십을 대학생 시기에 다양한 자원봉사활동의 참여를 통해 체험되고 훈련시켜 나갈 수 있다.

* 창업가적 리더십으로의 핵심적인 행동

(1) 문제 해결을 위한 적극적 접근

창업가는 문제를 마주했을 때 기다리지 않고 즉시 행동한다. 빠르게 결정을 내리고, 리소스를 재배치하여 문제를 해결하려고 노력하며, 즉각적으로 실행으로 옮긴다. 또한, 기존의 해결 방식에서 벗어나, 새로운 방법이나 접근법을 제시하여 문제를 해결한다. 기존의 틀을 깨고 혁신적인 해결책을 제시하는 것은 창업가적 리더십의 핵심이다.

(2) 위험을 감수하고 새로운 기회를 모색

창업가는 사업 초기에 리스크가 많은 상황에서도 위험을 감수하며, 이를 전략적으로 관리한다. 리스크가 클 때는 신중함과 리스크 분산을 고려하면서도, 중요한 기회를 놓치지 않기 위해 과감하게 도전한다. 시장이나 기술 변화에 민감하게 반응하여, 기존의 사업 영역에 안주하지 않고 새로운 기회를 포착하는 데 능숙해야 한다. 창업가는 비즈니스 확장과 새로운 시장 개척에 대한 지속적인 관심을 가지고 있어야 한다.

(3) 변화에 대한 적응력과 유연성

창업가는 환경 변화와 시장 변동에 민감하게 반응하고, 새로운 아이디어나 전략을 빠르게 채택한다. 고객의 피드백이나 시장 트렌드에 맞춰 제품이나 서비스를 즉시 개선할 수 있는 유연한 사고방식을 가지고 있다.

조직 문화와 업무 방식을 변화시켜 나가며, 불확실한 상황에서도 신속하게 방향을 수정하고 조직을 재편성한다. 창업가적 리더십이 중요한 이유 중 하나로, 변화하는 환경 속에서 조직을 끊임없이 혁신하는 능력이 강조된다.

(4) 팀원에게 자율성 부여 및 책임감 강조

창업가는 팀원들에게 자율성을 부여하고, 그들이 자신의 역할에 책임을 질 수 있도록 한다. 팀원들이 창의적이고 혁신적인 아이디어를 제시할 수 있는 환경을 만들어 주고, 주인의식을 갖게 한다. 각 팀원에게 명확한 역할과 목표를 설정하고, 그들이 책임을 다할 수 있도록 이끌어간다. 창업가는 자기주도성과 책임감을 강조하며, 팀원들이 자신의 능력을 발휘하도록 유도한다.

(5) 고객 중심의 행동

창업가는 고객의 의견과 피드백을 주의 깊게 듣고, 제품이나 서비스 개선에 즉시 반영한다. 고객의 요구를 반영하는 것이 경쟁력 있는 제품과 서비스를 만드는 핵심이다.

창업가는 고객과의 지속적인 관계를 구축하며, 고객이 요구하는 가치를 제공하려는 노력을 지속하여 고객 충성도와 브랜드 신뢰도를 쌓아 나간다.

(6) 끊임없는 자기 개발과 학습

창업가는 자신의 강점과 약점을 인식하고, 피드백을 자기 개선의 기회로 삼는다.

다른 사람들의 의견을 겸허히 받아들이고, 지속적으로 학습하여 스스로 발전한다.

창업가는 최신 산업 동향, 기술 혁신, 경쟁자 분석 등 다양한 외부 환경에 대해 꾸준히 학습하며, 사업 전략에 반영한다. 또한 새로운 비즈니스 모델이나 시장 흐름에 빠르게 적응할 수 있는 능력을 기른다.

(7) 비전과 목표를 명확히 하고 팀에 전달

창업가는 자신이 가진 비전과 목표를 팀원들에게 명확히 전달하고, 팀원들이 하나의 목표를 향해 나아갈 수 있도록 동기를 부여한다. 비전은 조직이 나아갈 방향을 제시하고, 팀원들이 자발적으로 참여하도록 유도한다. 구체적인 단기 목표와 장기 목표를 설정하여, 팀원들이 명확한 목표를 향해 나아가도록 이끈다. 목표는 실현 가능한 단계별 계획으로 세부화 되며, 창업가는 팀의 집중력을 높인다.

(8) 네트워킹과 외부 자원 활용

창업가는 멘토나 산업 전문가, 투자자와 적극적으로 네트워킹하고, 지식, 자원, 기회를 확보한다. 네트워크는 사업을 성장시키는 데 중요한 자원으로 작용한다. 다양한 사업 파트너와 협력하여, 사업을 확장하고 시너지 효과를 얻는다. 자원을 효율적으로 배분하고, 리스크를 분산시킬 수 있다.

창업가적 리더십으로의 행동은 실행력과 혁신성, 책임감을 중심으로 한다. 창업가는 위험을 감수, 문제 해결, 변화 관리 등의 핵심적인 행동을 통해 조직을 성장시키고 지속 가능한 성공을 이끌어낸다. 창업가적 리더십은 비전과 목표 달성을 위해 팀과 조직을 올바른 방향으로 이끄는 힘이 된다. 또한, 창업가적 리더는 고객 중심, 자율적 관리, 변화 적응력 등을 통해 지속적인 혁신을 추구하며, 빠르게 변화하는 시장에서 살아남고 성공적인 기업을 운영할 수 있게 된다.

대학생 본인이 갖고 있는 시간과 능력, 기술 등을 활용할 수 있는 기회와 자원이 제공되는 시기이다. 봉사와 나눔, 희생이 자신에게 어떤 의미와 보상을 주는가를 체험하는 것이 중요하다. 자기이익에 앞서 다른 사람에 대한 봉사, 자기희생, 스스로를 낮추고 조직의 부담과 걱정을 짊어지고 가는 리더, 봉사와 설득을 통해 자발적이고 지속적인 충성 유발, 남위에 군림, 권력 강요, 지시하는 것은 멀리한다.

솔직함과 진실성으로 신뢰를 얻어, 자발적이고 열정적으로 따르게 한다. 권력, 보상, 명예, 통제하는 것들은 멀리한다. 자신의 이익보다는 다른 사람의 이익을 우선시했고, 지지자들의 신뢰를 얻었으며, 다른 사람들의 문제를 주의 깊게 경청, 내면의 소리를 듣고 행동하도록 영감을 불러일으킨다(간디, 마틴루터킹, 넬슨 만델라, 김구 선생).

8. 리더십의 사례

한국의 대표적으로 세종대왕의 섬기는 리더십과 소통의 리더십을 살펴보자.

'항상 부족한 사람이다' 양녕대군 대신 왕이 되었으니 더 잘 해야겠다는 마음가짐으로 열심히 백성을 위한 정치를 한다.

세종대왕의 3대 원칙은, 첫째, 백성이 국가의 근본이다. 둘째, 좋은 사람을 골라서 두루 중용하도록 하겠다. 셋째, 나는 어진 정치를 하겠다.

* 세종대왕의 8대 목표

1. 농사
2. 교육
3. 인재등용
4. 지식(책, 공부, 품행방정. 효성)
5. 도지사들은 직접 사무를 볼 것
6. 백성의 억울한 죽음이 있어서는 안 됨
7. 미풍양속, 적극표창, 효성비각을 세워줌
8. 홀아비, 과부, 고아, 독거노인 등 소외된 계층에 대하여 국가가 책임

지도록 제도화

세종대왕의 3대 원칙으로는 백성의, 백성에 의한, 백성을 위한을 선포하고 수행하였다. 한글을 창제한 위대한 업적과 더불어 백성을 위한 정치를 하였으며 저울의 공정함, 누구든 억울할 때 치도록 만든 신문고를 운영한 진정한 존경받는 리더이다.

'소통과 섬김'으로 500년의 역사로 자리매김하고 있다.

9. '자기 개발'과 '자기 계발'

* 자기 개발(開發)

- 자기에 대한 새로운 그 무엇을 만들어냄, 새롭게 개척한다는 의미.
- 공부로 지식을 쌓거나, 운동을 통해 체력을 기르는 대상의 범위가 큰 확장 활동
- 자신의 지식이나 재능 따위를 발달.
- '자신의 능력 개발'과 같이, '산업이나 경제를 발전'
- '산업 개발'과, '새로운 물건을 만들거나 새로운 생각'
- '신제품 개발/핵무기 개발/프로그램 개발'

글로벌 역량(능력, 적성, 특성, 학위, 라이센스, 경험)

* 자기 계발(啓發)

- '잠재되어 있는 자신의 슬기, 지혜, 재능, 사상을 일깨워 줌'
- '상상력 계발/외국어 능력의 계발/자기 계발'

역량평가(학습력, 소통력, 협력, 실행력, 팀웍, 창의성, 도전, 인성, 위기, 대처능력, 해결능력)

8장 CASE STUDY

와디즈(Wadiz): "리스크는 나누고, 가치는 함께 만든다"

Chapter 08. 창업가 정신 - 창업가의 마인드와 리더십

1. 문제 인식

"좋은 아이디어가 있어도 초기 자금이 없으면 실행이 어렵다"
→ 창업가와 크리에이터의 초기 자금 리스크를 해결하는 대안 필요

2. 창업가 정신

- 와디즈 창업자 신혜성 대표는 "시장에 먼저 물어보자"는 관점으로 접근
- 핵심 철학: "실패를 줄이는 창업 방법"
- 자금 부족 문제를 '대중의 공감'으로 푸는 크라우드 펀딩 플랫폼 구상

3. 리더십과 실행 전략

- 단순한 자금 조달 플랫폼이 아니라 "스토리로 설득하는 마케팅 무대"로 전환
- 창업자 리더십: 팀 내 의견 수렴, 빠른 피드백 문화, 실험 장려
- 리스크 감수보다 '리스크 분산'을 통한 안전한 창업 문화 조성

4. 성과

- 2023년 누적 펀딩 프로젝트 4만 건 이상
- 단순 플랫폼이 아닌 초기 창업 생태계의 인프라 기업으로 성장
- 슬로건: "좋은 생각이 현실이 되는 곳"

학습 포인트

창업가 정신: 자금이 없어도 도전할 수 있게 만드는 창업 철학

리더십: 시장 중심 사고, 실험 장려, 신뢰 기반 조직문화

실행 전략: 펀딩 → 초기 테스트 → 시장 검증이라는 구조화된 실행 모델

토의 질문

1. 와디즈는 어떤 '두려움'을 해결해주는 플랫폼인가?

2. 창업자의 리더십이 기업 문화와 방향에 어떻게 영향을 주었는가?

Work Sheet - 01

학번: ________________________

이름: ________________________

Chapter 08 나는 성향을 체크한다(O, X).

1. 혁신적 사고능력이 있다.

2. 위험 감수능력이 있다.

3. 적극적인 문제 해결 능력이 있다.

4. 기회 포착 능력이 있다.

5. 리더십과 의사결정 능력이 있다.

6. 문제해결 능력이 강한가?

7. 수단과 목적을 구분한다.(도덕성)

8. 균형 잡힌 리더십으로 행동하는가?

9. 스스로의 경험과 판단에 의존하는가?

10. 대인관계, 인간관계가 원만하다

11. 성공하기 위해 스스로 열심히 일할 동기부여가 되어 있는가?

12. 행동이 솔직하고 개방적이다.

13 창업할 가능성과 흥미로움의 준비가 되어 있는가?

14. 성공에 있어서 실패할 준비가 되어있는가?

15. 창의적, 모험적 성향인가?

16. 기회에 초점을 두고 총체적 접근방법을 잘 아는가?

17. 창업, 운영하는 선구자, 모험자, 개척자 정신이 있는가?

18. 기회를 포착하여 혁신적, 진취적, 적극적으로 새로운 가치를 창출할 수 있는가?

19. 창업할 업종의 점포에서, 사장의 마인드로 종업원처럼 일할 자세가 되어 있는가?

20. 보상과 위험의 창조과정을 충분히 알고 있는가?

Work Sheet - 02

학번: ______________________

이름: ______________________

성공할 수 있는 마인드가 있는지 체크한다(O, X).

1. 나만의 차별화된 전략적 창업 마인드가 있는가?

2. 높은 사업의, 창업의 몰입도가 있는가?

3. 강한 성취욕구와 성장욕구가 있는가?

4. 기회와 목표 지향적 성향이 있는가?

5. 자기 주도적이고 강한 책임감이 있는가?

6. 끈질긴 문제 해결 능력이 있는가?

7. 긍정적이며 지극히 현실주의 인가?

8. 지위와 권력의 욕구가 높지 않다.

9. 정직과 신뢰도가 있는가?

10. 신속한 결단력과 실천력이 있는가?

11. 실패에 대한 적절한 관리가 되겠는가?

12. 무계획적이고 즉흥적인 사고는 없는가?

13. 자기 우월적인 마인드가 없는가?

14. 남을 무시하는 경향은 없는가?

15. 단독적으로 일을 처리하는 경향은 없는가?

16. 탁월한 유머감각이 있는가?

17. 교육적인 측면에서 노력하고 있는가?

Work Sheet - 03

학번: ______________________

이름: ______________________

창업가로서의 리더십 마인드가 있는지 체크한다(O, X).

1. 상대방의 성격과 개성에 맞추어 상대해 준다.
2. 당면한 문제나 복잡한 상황을 처리하기 쉬운 영역으로 세분화한다.
3. 팀원의 기여도를 인정해 각자의 역할에 자부심을 느끼게 한다.
4. 업무진행 단계마다 필요한 의사결정을 결단력 있게 한다.
5. 자신에게 주어진 과제를 완수할 수 있는 능력이 있음을 보여준다.
6. 실행 가능한 단계별 세부목표를 설정하고 달성 정도를 지속적으로 점검한다.
7. 직무수행 능력에 맞게 과제를 부여하고 권한도 위임한다.
8. 다른 사람과 의견충돌이 있을 때 자신의 입장을 분명하게 말한다.
9. 갈등 당사자들이 서로 실익을 얻을 수 있는 타협점을 찾아 제시한다.
10. 상황이 좋지 않더라도 감정을 즉흥적으로 드러내지 않는다.
11. 자신의 생각을 상대방이 지지하거나 수용하도록 설득력 있게 말한다.
12. 일시적인 해결보다는 문제의 원인을 파악하여 근본적으로 문제를 해결한다.
13. 계획과 전략을 구체적으로 제시한다.
14. 도전적 목표를 설정하고 구체적인 목표달성 지표를 세운다.

15. 이해관계자들의 입장을 균형 있게 고려하여 모두가 만족할 만한 결정을 이끌어 낸다.
16. 타인의 약점과 문제점을 확인하고 자기 계발을 하도록 돕는다.
17. 관행을 따르기보다 새로운 업무수행 방식을 도입하여 개선을 시도한다.
18. 새롭고 독특한 아이디어를 제시한다.
19. 갈등 당사자의 의견을 충분히 듣는다.
20. 타인의 관심을 유도할 수 있는 긍정적인 비전과 목표를 제시한다.
21. 혼란스런 상황에서도 다양한 관점에서 문제를 분석하고 원인을 찾는다.
22. 칭찬과 독려를 활용하여 열정을 이끌어 낸다.
23. 틀에 갇힌 사고보다 유연하게 생각하며 독창적인 아이디어를 낸다.
24. 타인을 잘 이해하고 친밀감을 형성한다.
25. 비전과 전략에 부합하는 목표를 설정하고 이를 공유한다.

Work Sheet - 04

학번: ____________________

이름: ____________________

창업가 마인드: 리더이자 비전을 품은 사람

1. 비전(Vision): “10년 후, 어떤 가치를 세상에 남길 것인가?”

2. 리더십(Leadership): 사람을 이끄는 것이 아닌 ‘함께 성장하는 힘’ 목표 설정?

3. 학습 민첩성(Learning Agility): 빠르게 배우고 빠르게 변화하는 유연성?

자기개발의 지침서 3가지

1)

2)

3)

4. 실행력(Execution): 생각에 그치지 않고 실현으로 연결

오늘부터 시작할 행동은?

5. 소통 능력(Communication):

고객, 팀원, 투자자와 공감하며 연결, 공유, 설득력 있는 피칭, 경청 태도

9

CHAPTER

창업 마케팅 전략

학습목표

1. 마케팅의 의미와 중요성
2. 창업 마케팅 전략
3. SWOT 분석, STP 전략
4. 마케팅 전략의 수행과정
5. 마케팅 전략의 사례
   - **Work Sheet 작성**

CHAPTER 09
창업 마케팅 전략

창업 마케팅 전략은 창업자가 사업을 시작할 때부터 고객을 유치하고 브랜드 인식을 확립하며 매출을 증대시키기 위한 구체적인 계획이다. 창업 초기에는 자원과 예산이 한정적이므로, 효율적이고 창의적인 마케팅 전략을 세우는 것이 중요하다. 특히, 고객의 니즈를 정확히 파악하고, 디지털 마케팅과 저비용 전략을 활용하여 시장에 빠르게 진입하는 것이 필요하다.

창업 마케팅 전략을 세울 때 고려해야 할 핵심 요소는 타겟 시장을 정의한다.

창업자가 가장 먼저 해야 할 일은 자신의 제품이나 서비스가 어떤 시장에서 가장 잘 팔릴지 정의하는 것이다. 타겟 고객층을 명확히 설정해야 한다. 첫째, 시장 세분화(Segmentation)로 시장을 인구통계학적, 심리적, 지리적, 행동적 특성에 따라 나누고, 각 세그먼트의 특성을 분석한다. 둘째, 타겟팅(Targeting)은 가장 큰 잠재 고객이 있는 세그먼트를 선택하고, 그들이 요구하는 바에 맞춰 마케팅을 진행한다. 셋째, 포지셔닝(Positioning)으로 경쟁 제품과 차별화된 브랜드 이미지를 만들어, 타겟 고객에게 고유한 가치를 전달한다.

창업 마케팅 전략은 초기 창업자가 시장에서 브랜드 인식을 확립하고 고객을 유치하기 위한 중요한 도전 과제이다. 효율적인 디지털 마케팅, 창의적인 콘텐츠 마케팅, 고객 중심의 프로모션 전략 등을 통해, 예산이 부족한 상황에서도 강력한 마케팅 효과를 창출할 수 있다.

창업 초기에는 저비용, 고효율의 전략을 통해 빠르게 시장에 침투하고, 장기적인 고객 관계를 구축하는 것이 중요하다.

새로운 사업을 시작할 때 시장에서 성공을 거두기 위한 계획과 접근법을 말한다. 효과적인 마케팅 전략은 브랜드 인지도를 높이고, 고객을 유치하며, 경쟁력을 강화하는 데 중요한 역할을 한다. 특히 창업 초기에는 자원과 예산이 한정적일 수 있기 때문에, 창의적이고 효율적인 마케팅 전략이 필요하다.

창업 마케팅 전략으로 가치 제안(Value Proposition)은 고객이 내 제품을 왜 선택해야 하는지에 대한 명확한 이유를 제공한다. 사례로, "건강한 재료로 만든 간편한 간식"이라는 가치 제안은 특정 고객에게 큰 매력을 끌 수 있다. 로컬 마케팅 전략은 지역적 특성을 활용하여 마케팅을 진행하는 방법으로 특정 지역에서만 제공하는 한정 제품이나 서비스를 제공하거나, 지역 사회와 연계한 이벤트를 개최할 수 있다. 프리미엄 전략 및 저가 전략으로는 제품이나 서비스를 고급스럽게 포지셔닝하여 프리미엄 가격을 책정하거나, 반대로 가격을 낮추고 다양한 프로모션으로 시장 점유율을 확대하는 전략을 선택할 수 있다.

* 성공적인 창업 마케팅 전략의 핵심

효율성: 적은 자원으로 최대의 효과를 낼 수 있는 방법을 찾아야 한다.
차별화: 경쟁자가 많은 시장에서는 자기만의 독특한 특징을 부각시키는 것이 중요하다.
지속성: 마케팅은 단기간의 효과를 기대하기보다는 지속적이고 일관된 노력이 필요하다.

1. 마케팅의 의미와 중요성

Marketing의 어원적 Market은 시장, ing은 현재진행형의 의미로 시장에서 수행되는 거래활동의 뜻이다. Marketing의 정의로 이윤을 창출하면서 욕구를 충족시키는 것이다.

『온라인 모객의 기술』 강기호 저자는 Marketing을 동사 Market은 상품을 광고하다, ing 붙여서 동명사 상품을 팔기 위하여 광고하는 행동이라고 한다. 페이스북, 인스타그램, 블로그, 카페, 유튜브, 인플루언서, 다양한 플랫폼 활용을 마케팅에 접근하는 방법이 고객 즉 소비자의 욕구를 파악하는 것이라 한다.

마케팅(Marketing)은 제품이나 서비스가 소비자에게 도달하고, 그 가치를 전달하며, 소비자가 원하는 것을 제공하는 모든 활동을 포함하는 넓은 개념이다. 마케팅은 시장 조사를 통해 고객의 필요와 욕구를 파악하고, 만족시키기 위한 제품을 개발하며, 그 제품을 적절한 방법으로 고객에게 전달하고 홍보하는 과정을 포함한다.

1) 마케팅의 의미

마케팅은 단순히 광고나 판매 활동을 넘어서, 제품 개발, 가격 책정, 유통, 홍보, 고객 서비스 등을 모두 포함하는 포괄적인 과정이다. 구체적으로는 다음과 같은 주요 활동들이 포함된다.

- 시장 조사: 고객의 요구와 시장 동향을 파악하여, 적합한 제품을 설계하고, 고객의 요구에 맞는 제품을 제공할 수 있도록 한다.
- 제품 개발: 고객의 욕구와 필요를 충족시키기 위해 새로운 제품이나 서비스를 개발한다.
- 가격 책정: 제품이나 서비스의 가격을 결정하여, 목표 고객이 가질 수 있는 가격대에 맞추고, 경쟁력 있는 가격을 제공한다.
- 유통 및 판매 전략: 제품이 고객에게 효과적으로 전달될 수 있도록 유통 경로를 설정하고, 적합한 판매 전략을 수립한다.
- 홍보 및 광고: 제품이나 서비스를 알리고, 소비자들에게 브랜드와 제품의 가치를 전달하기 위해 다양한 광고 및 홍보 활동을 진행한다.
- 고객 관리: 고객과의 관계를 지속적으로 관리하고, 고객의 만족도를 높이며, 재구매와 브랜드 충성도를 유도한다.

Marketing의 목표는 고객에게 욕구를 충족시켜 소비자에게 최대의 만족을, 생산자에겐 최대의 이윤을 창출하는 것이다. 마케팅이란 소비자의 진화속도에 맞는 혁신적이고 효과적인 기업전략을 확립하는 것, 소비자의 의사결정을 위한 기초로서의 역할과 경제성장에 도움을 준다. 사업성장을 위한 마케팅, 시장 점유율을 성장시키고 기존 고객의 구매를 증가시키는 것, Marketing

을 통해 기업의 성장을 가속화하며 상품판매에 있어 중요한 역할을 한다. 제품이나 서비스를 충족시켜 자발적인 구매활동으로 이어진다. Marketing의 개념은 사회 지향적 마케팅으로 수익성이 수반된 기업의 고객창조 활동이다. 고객 지향적, 통합 지향적, 수익 지향적 마케팅이다. Marketing management 마케팅 관리로는, 표적시장을 선택하여 우수한 가치창조로 고객을 확보, 유지하며, 수익창출을 구축하는 관리이다. 관리로서 환경 분석, 시장분석, 경쟁자와 자사분석, 소비자분석으로는 현재데이터(상황분석), 수집분석(기회/위협요인), 가정수립의 자료구축이 핵심이다. 마케팅 전략으로 상황이나 사태에 대립 피하기, 니치 마켓(niche maket)으로 틈새시장과 차별화 전략으로 20대는 디자인, 스타일, 유행, 감각, 재미를 유발한다면, 30대는 브랜드나 가격에 민감하다.

마케팅의 중요성으로는 기업의 이윤추구, 매출액의 증대, 시장점유율 증대, 이윤의 극대화, 고객의 만족으로 혁신적이고 효과적인 마케팅전략과 마케팅 활동을 모색하고 체계적으로 장기적인 계획을 수립하는 것이 국가의 경제성장에 도움이 된다. 소비자가 제품을 인지하지 못하거나 제품에 대한 정확한 정보를 파악하지 못한다면 제품과 기업 간의 차별화 전략을 홍보하고 선호하는 제품을 구성하여 고가제품과 저가제품의 충성도를 고려하여 고객을 획득하고. 유지하기 위한 기회의 이용과 속성이 중요하다. 소비자의 삶을 용이하게 하고 풍요롭게 하는데 도움을 주며, 다양한 서비스를 제공하고, 제품증대에 기여하며, 제품과 서비스에 대한 수요를 구축하고 직업을 창출하며, SNS, 유튜브를 통해 고객과 빠르게 소통하며 지속 유지하며, 사회적으로 책임지는 활동에 관여하여 그 기업의 마케팅 능력에 따라 성공이 결정된다.

제품, 서비스, 행사, 경험, 사람, 장소, 소유권, 조직체계, 정보, 아이디어 등을 마케팅하며, 담당자(market)와 잠재고객, 시장과 주요 고객시장으로 소비자, 기업, 해외시장, 비영리, 정부 등 시장의 이윤을 창출하면서 고객의 가치를 선정하고, 제공하며 고객에게 커뮤니케이션한다. 가치선택으로는 사전준비(표적시장 선정), 가치제공으로는 특별한 제품특성, 가격 및 유통경로를 결정하며, 가치전달로는 촉진수단(광고, 인터넷, 판매원)을 활용한 가치로 전달한다.

현대 마케팅으로 첫째, 좋은 제품을 개발하고, 가격을 책정하여, 고객들에게 접근한다. 둘째, 무엇을, 어떻게, 언제, 누구에게, 얼마나 자주 할 것인가? 셋째, 유선 및 위성TV 채널, 인터넷, 신문, 잡지, 직접 간접적으로 정보제공하며 넷째, 사람, 장소, 행사, 상표, 경험, 느낌, 사물을 자사의 상표와 연결한다. 마케팅 관리자의 성공요인으로는 독립적이며 기업가적인 태도, 강력한 정략적 기술과 정성적 기술을 보유하며, 판매부서 등 다른 부서와의 친밀한 협조, 직무수행으로, 조직 내 가치를 창조하는 실무적 이해를 확보하며, 고객의 입장을 고려한 가치가 핵심인 시대, 기능과 감성, 영성을 강조하는 마케팅 시대이다.

마케팅 시장의 진화단계

마케팅 1.0(1960년대) - 이성적으로 설득: 생산과 유통의 제품 중심의 마케팅 시대

마케팅 2.0(1980년대) - 감성적으로 설득: 제품과 판매의 소비자 지향 시대

마케팅 3.0(2000년대) - 영혼의 교감: 소비자 중심, 고객 중심적 마케팅 시대, 가치주도 시대의 가치

진: 자아의 인식, 선: 자아의 실현, 미: 자아의 표현, 성: 자아의 승화로의 가치이다.

마케팅이 과거에 중후함, 기능, 품질이었다면, 근대에는 편리성, 간결성이었고, 현재는 감각적, 미적, 즐기는 마음, 재미, 놀이, 정서와 창조성, 감동으로의 진화이다.

마케팅 조사(Marketing Research) 목적 "제품이나 서비스의 마케팅 활동과 관련된 문제에 대하여 정확하고 객관적이며 체계적인 방법으로 자료를 수집하고, 기록하고 분석하는 일."

2) 마케팅의 중요성

마케팅은 기업의 성공과 생존에 매우 중요한 역할을 하며, 그 중요성은 여러 가지 측면에서 드러난다.

- 고객의 욕구와 필요 충족

  마케팅의 가장 중요한 목적 중 하나는 고객의 요구와 욕구를 충족시키는 것이다.

기업은 고객의 만족도를 높이고, 고객이 자발적으로 제품을 선택하도록 유도할 수 있다. 고객이 만족하면, 반복 구매와 브랜드 충성도로 이어져 장기적인 성장을 이끌어낸다.

- 시장 경쟁에서의 우위 확보

  경쟁이 치열한 시장에서 마케팅 전략은 경쟁 우위를 점하는 중요한 요소이다.

  적절한 마케팅 활동은 경쟁 기업들 사이에서 돋보이게 만들고, 소비자에게 더 많은 가치를 전달하는 방식을 통해 차별화를 꾀할 수 있다.

- 브랜드 인지도 및 이미지 구축

  효과적인 마케팅은 브랜드 인지도를 높이고, 소비자에게 긍정적인 이미지를 구축하는 데 중요한 역할을 한다. 강력한 브랜드 이미지는 소비자가 제품을 선택하는 데 중요한 영향을 미친다. 브랜드 충성도를 유도하는 것은 기업의 장기적인 성공을 위한 기반이 된다.

- 시장 확대와 성장 촉진

  마케팅은 기존 시장뿐만 아니라 새로운 시장을 개척하고, 기업의 성장을 촉진하는 데 중요한 역할을 한다. 다양한 마케팅 전략을 통해 기업은 새로운 고객층을 유입시킬 수 있고, 제품과 서비스를 새로운 지역이나 국가에 도입하여 확장을 이끌어낼 수 있다.

- 소비자와의 관계 구축

  현대의 마케팅은 제품을 판매하는 데 그치지 않고, 소비자와의 지속적인 관계를 구축하는데 집중한다. 고객의 피드백을 수집하고, 제품을 개선하는 과정은 고객의 만족도를 높이고, 장기적인 관계를 유지하는 데 기여한다.

- 혁신 촉진

  마케팅은 고객의 피드백과 시장의 변화를 반영하여 혁신을 촉진한다. 시장 조사와 소비자 분석을 통해 기업은 새로운 트렌드를 발견하고, 새로운 제품이나 서비스를 개발하여 시장에 혁신적인 가치를 제공한다.

- 위기 대응 및 관리

  마케팅은 기업이 위기에 처했을 때, 브랜드 이미지 회복이나 소비자

신뢰 회복을 위한 중요한 역할을 한다. 효과적인 위기관리 전략을 통해 기업은 어려운 상황에서도 고객과의 신뢰를 유지하고, 문제를 해결할 수 있다.

마케팅은 단순히 제품을 홍보하고 판매하는 활동이 아니라, 고객의 요구를 이해하고, 시장에서 경쟁 우위를 확보하며, 지속적인 성장과 혁신을 이끌어내는 핵심적인 활동이다. 강력한 마케팅 전략은 기업의 장기적인 성공과 시장에서의 위치를 확립하는 데 필수적인 요소이며, 기업이 성공하기 위해 반드시 고려해야 할 중요한 부분이다.

* 서비스에 대한 고객의 요구와 기대

서비스 성과를 모니터하고, 경쟁사와 비교하여 전반적인 기업의 성과를 평가하며, 고객의 기대와 인식 사이의 갭(gap)을 평가하기 위해, 불만족 고객을 파악하여, 서비스 회복(service recovery)전략을 수행하기 위해, 서비스 제공 과정의 변화에 대한 효과를 측정하기 위해, 평가, 인정, 보상을 위해 개인과 팀의 서비스 성과를 평가하기 위해, 서비스 마케팅 조사는 그 과정이 고객의 다양성과 이질성의 영향을 받기 때문에 지속적으로 모니터해야만 한다, 고객 기대와 인식 사이의 갭을 고려하고 확인해야 할 필요가 있다.

마케팅 조사는 마케팅 관리 문제를 해결하기 위해 필요한 정보를 규명하고, 이를 수집하기 위해 조사계획을 수립하며, 과학적인 방법에 의해 타당성과 신뢰성 있는 자료를 수집하고, 분석, 해석하여 의사결정자에게 보고함으로써 마케팅에 관한 의사결정을 지원하는 적극적인 활동이 아래에서 살펴보자. 첫째, 마케팅 기회와 문제를 파악하고 정의하는데 이용되는 정보, 둘째, 마케팅 활동을 창출하고, 개선하며, 평가하는데 이용되는 정보, 셋째, 마케팅 성과를 조사하는데 이용되는 정보, 넷째, 통합적인 과정인 마케팅에 대한 이해를 향상하는데 이용되는 정보로 조사자는 수집된 복잡한 자료를 이용자가 이해하기 쉽고, 빠르게 판단할 수 있도록 중점사항을 중심으로 전달하여 경영진이 효과적인 의사결정을 하도록 해야 한다. 누가 이 정보를 이용하는지, 이 정보가 그들에게 왜 필요한 건지, 그들은 이 정보를 어떻게 사용할 것인지 의가결정의 핵심이다.

마케팅 의사 결정은 무엇에 근거하고 이미지 전략의 브랜드는 어떻게 정의하는지 살펴보자. 위치로서는 어떻게 마케팅을 강화할건지, 제품이나 서비스의 마케팅은 어떤 마케팅 전략이나 활동을 사용할건지, 제품이나 서비스를 판매하는 가장 효과적인 방법은 무엇인지, 매매 전략이 잘되었는지, 마케팅 계획의 재무적 영향은 무엇이지를 계획하는 것이 브랜드 전략이다. 마케팅 고객을 유치하기 위해 비즈니스의 이미지는 고객의 요구와 기대에 일치하는 활동을 구성하는 요소도 확인하자. 회사 명칭은 정하였는지, 광고, 고객서비스, 소셜 미디어, 색상, 제품 이름, 로고, 태그 라인과 슬로건, 마케팅 메시지는 유머러스하고 전문적이며 안전함에 중점을 두고, 고객의 경험과 포장, 디자인, 유니폼, 정직, 신뢰성, 품질, 뛰어난 서비스, 재미, 전문적이고 세련되고 안전한 브랜드는 성공된 제품이나 서비스로 비즈니스를 나타낼 수 있다.

브랜드는 어떤 유형의 고객을 유치하고 싶은지를 전달하며 강한 브랜드 기업은 다음과 같은 이점을 가지고 있다. 제품이나 서비스의 지각된 가치를 더 높게 하고, 경쟁사보다 높은 마진을 유지하며, 충성 고객을 만들며, 다른 제품이나 서비스를 교차 판매한다. 신제품이나 서비스를 보다 신속하고 비용효율적으로 개발할 수 있다. 제품이나 서비스에 대한 고려 사항은 다음과 같다. 비용과 임대 기간, 주차 가능 여부, 물리적 공간의 적합성, 공간의 이미지, 지역의 인구 통계, 경쟁 업체의 위치, 인근 비즈니스의 배후 세력(교통, 학교, 관공서, 아파트 세대 등), 잠재 고객에 대한 가시성, 직원의 이용 가능성 등 고객에 대한 접근의 용이성이 효율적 개발에 도움이 된다.

2. 창업 마케팅 전략

마케팅 전략이란 주어진 제품 시장에서 원하는 기업의 목표를 달성하기 위하여 목표를 설정하고, 표적시장을 선정하고, 설정한 목표나 핵심전략 그리고 표적시장에 대하여 마케팅 믹스전략을 수행하는 일련의 과정이라고 할 수 있다.

창업 마케팅 전략은 주로 비용 효율성과 혁신성을 중시하며, 빠르게 변화하는 시장에서 적응력이 필요하다.

주요 단계와 전략은 다음과 같다.

1) 목표 설정과 고객 분석

(1) SMART 마케팅 목표 설정

- 구체적(Specific): 달성하고자 하는 마케팅 목표를 명확하게 정의한다.
- 측정 가능(Measurable): 목표를 성과 지표로 측정 가능하도록 설정한다. 신규 고객 수, 웹사이트 방문자 수, 매출 성장률 등을 설정할 수 있다.
- 달성 가능(Achievable): 창업 초기의 자원과 시간 내에서 실현 가능한 목표를 설정한다.
- 현실적(Realistic): 시장 상황과 경쟁을 고려하여 목표가 현실적인지 검토한다.
- 시간제한(Timely): 달성 시점을 설정하여 목표 달성의 긴급성을 부여한다.

(2) 타겟고객 정의 및 분석

고객 페르소나로 타겟고객의 구체적인 인구통계적 특성, 행동 패턴, 필요와 욕구를 파악하여 이상적인 고객 페르소나를 정의한다.

20~30대 직장인, 건강을 중시하는 소비자, 편리함을 추구하는 소비자 등으로 타겟고객을 설정한다. 고객의 이해로 고객이 겪고 있는 문제와 그에 따른 해결책을 제공할 수 있는 창업 아이디어를 구체화한다.

2) 브랜딩 및 가치 제안

(1) 브랜드 아이덴티티 구축

브랜드 이름, 로고, 슬로건은 브랜드의 핵심 가치를 시각적으로 표현하고, 고객이 쉽게 인식하고 기억할 수 있도록 브랜드 아이덴티티를 개발한다.

창업 초기의 브랜드는 단순하면서도 강력한 메시지를 전달해야 한다.

브랜드 스토리텔링은 브랜드가 탄생한 배경, 미션, 비전 등을 고객에게 전달하여 브랜드에 대한 감성적 연결을 형성한다. 고객 충성도를 높이고, 브랜드 차별화에 기여할 수 있다.

(2) 차별화된 가치 제안

차별화 포인트 정의: 경쟁사와 차별화되는 고유의 제품/서비스 가치를 명확히 전달한다.

빠른 배송, 맞춤형 서비스, 친환경 제품 등.

3) 마케팅 채널 선정 및 활용

(1) 디지털 마케팅 채널

소셜 미디어 마케팅은 페이스북, 인스타그램, 틱톡, 트위터 등에서 브랜드 인지도를 높이고 고객과 소통한다.

콘텐츠 마케팅은 창의적이고 유익한 콘텐츠(동영상, 블로그, 인포그래픽 등)를 통해 브랜드 인지도를 높이고 고객을 유치한다.

광고 캠페인은 초기에는 저렴하고 타겟팅이 가능한 소셜 미디어 광고를 활용하여 목표 고객에게 효율적으로 접근할 수 있다.

검색 엔진 최적화(SEO)는 검색 결과 상위에 노출되도록 웹사이트 콘텐츠를 최적화하여 자연스럽게 트래픽을 유도한다.

블로그나 제품 설명 페이지에 SEO 키워드를 포함하여 검색 엔진에서 잘 검색되게 만든다.

이메일 마케팅: 이메일 뉴스레터를 통해 잠재 고객과 지속적으로 소통하며, 신규 제품 출시, 프로모션 등의 정보를 제공한다.

(2) 오프라인 마케팅 채널

팝업스토어 및 이벤트는 초기 브랜드 인지도를 높이기 위한 팝업스토어나 브랜드 체험 이벤트를 통해 고객에게 직접 제품이나 서비스를 소개할 수 있다.

전단지 및 포스터는 타겟 지역에 전단지 배포나 포스터를 부착하여 제품 또는 서비스에 대한 인지도를 높일 수 있다.

4) 마케팅 예산 관리 및 비용 효율화

한정된 예산 관리는 창업 초기에는 마케팅 예산이 제한적이므로, 비용 대비 효과가 높은 전략에 집중해야 한다. 비용이 많이 드는 TV 광고나 대규모 프로모션보다는, 소셜 미디어나 검색 광고처럼 타겟팅이 가능한 저비용 채널을 우선 활용한다.

게릴라 마케팅은 저비용으로 큰 효과를 낼 수 있는 비전통적 마케팅 전략을 활용한다. 독창적인 콘텐츠나 이벤트로 주목을 끌어, 바이럴 효과를 기대할 수 있다.

5) 고객 관계 구축 및 유지

(1) CRM(고객 관계 관리) 도입

고객 데이터 관리는 고객의 구매 이력, 선호도, 문의 사항 등을 관리하여 개인화된 마케팅 전략을 수립할 수 있다.

고객 유지 전략은 신규 고객을 지속적으로 유지하고 재구매를 유도하기 위한 프로그램을 도입한다. 로열티 프로그램, 할인 쿠폰 제공, 맞춤형 추천 제품 등이 있다.

(2) 고객 피드백과 리뷰 관리

고객의 피드백을 적극적으로 수집하고, 긍정적인 리뷰는 홍보에 활용하며 부정적인 리뷰는 빠르게 대응하여 문제를 해결한다. 고객 신뢰도를 높일 수 있다.

6) 성장 단계에 따른 마케팅 전략 변화

(1) 초기 단계: 브랜드 인지도와 최초 고객 확보에 중점을 둔 전략을 세운다. 소셜 미디어, 게릴라 마케팅, 콘텐츠 마케팅 등을 활용하여 빠르게 고객을 유치한다.

(2) 성장 단계: 고객 기반이 확장되면, 마케팅 예산을 늘리고 더 다양한 채널을 통해 브랜드를 홍보한다. 광고 캠페인을 강화하고, 브랜드 충성도를 높이는 활동을 지속한다.

(3) 확장 단계: 대규모 마케팅 캠페인과 함께 글로벌 시장 진출을 고려할 수 있다. 해외 시장을 타겟으로 한 디지털 마케팅 전략도 함께 실행된다.

창업 마케팅은 적은 예산과 제한된 자원으로 큰 효과를 내야 하므로 창의적이고 전략적인 접근이 필수적이다. 목표 고객의 니즈를 파악하고, 다양한 디지털 채널을 적극적으로 활용하며, 지속적으로 성과를 분석하고 최적화하는 것이 성공적인 창업 마케팅의 핵심이다.

마케팅의 목표는 기업의 이윤추구이며 목표로서 양적 목표로 매출액의 증대, 시장점유율의 증대, 이익의 극대화와 질적 목표로 최고의 품질추구, 혁신기업의 이미지, 선도 기업으로의 도약과 같은 기업이 사회적으로 추구하는 이상이나 사명감이 마케팅의 목표이다.

마케팅 전략계획의 과정

1. 전략계획의 수립: 계획을 추진해 나갈 수 있는 마케팅 실행의 프로그램을 개발한다.
2. 전략의 실행: 실행프로그램을 현실적으로 표적시장에 실행해나가는 과정이다.
3. 전략의 통제: 실행된 전략에 대하여 결과를 측정하고 진단하고 측정한다.

전략적 계획수립

기업의 목표(goal)와 사명(mission)은 무엇인가

기업사명, 기업이념, 경영철학과 관련을 갖고, 기업이 사회에 기여하고자 하는 공익적인 목적과 설립배경을 포함하며, 구체적으로 실현하기 위한 사업영역이 명시되어 있어야 한다.

기업이 추구하는 마케팅 전략의 목적은 무엇인가 구체적인 평가가 가능

하도록 수립되며, 구체적으로 달성 가능한 형태로 제시되는 것, 기업의 사업수준, 이윤추구 수준, 시장에서의 위치, 사회적 책임, 품질수준 등이 전략이다.

* 다양화 성장전략

집중적 다양화로 기존 제품을 생산 판매함에 있어서, 동일한 기술과 마케팅 노하우, 동일 유통경로 등을 활용하여 신제품을 추가하는 전략이다.

사례로 월간지 발행사가 저가 단행본을 판매하는 경우이다.

수평적 다양화로는 기존 고객을 다른 사업 분야에 뛰어들어 새로운 고객을 확보하는 전략

사례로 어학교재를 판매하는 출판사에서 영어 학원을 설립하는 경우 YBM 영어교과서, 어학원, 토익시험, 토익 인강의 다양화이다.

다각적 다양화로는 기존 기술이나 제품, 시장과 완전히 다른 전혀 새로운 신제품을 판매하는 전략이다. 사례로 자동차 회사가 건설 회사를 인수하여 사업에 참여하는 것을 말한다.

4P 믹스 분석

전통적 마케팅 전략의 핵심: 제품-가격-장소-촉진(4P) 전략이다.

Product(제품): 어떤 제품/서비스를 제공할 것인가?
(시그니처 콜드브루, 소규모 회의룸)

Price(가격): 얼마에 판매할 것인가? (3,500원, 균일가 전략)

Place(유통/입지): 어디서 어떻게 제공할 것인가? (역세권, 오피스, 학교 중심)

Promotion(촉진): 어떻게 알릴 것인가? (SNS 인플루언서 마케팅, 1+1 쿠폰)

고객을 만족시키거나 고객과의 소통에 사용할 수 있는 요소 중 조직이 통제할 수 있는 요소로 표적고객의 차별화 4P 전략을 살펴보자.

제품(Product), 소비자가 구입하여 사용하거나 소비함으로, 자신의 욕구를 충족 하는 것. 서비스, 사람, 장소, 기관, 조직, 아이디어 등도 제품이라 할 수 있음.

가격(Price), 소비자가 제품 또는 서비스를 소유하거나 사용하기 위하여

지불해야 하는 화폐의미, 가격결정이란, 기업의 마케팅 전략을 기초로 제품 가격의 기본 방향을 결정하고 제품 원가, 지각된 가치, 경쟁 제품의 가격, 기업의 내적 요인과 외적 요인을 고려하여 결정하는 것이다.

유통(Place), 생산자와 소비자 간의 역할을 하는 채널을 통칭하는 것으로 생산자로부터 소비자에게 소유권이 이전되는 과정을 관리하는 사람과 조직을 포함한다. 즉, 유통경로는 최종소비자가 원하는 상품이나 서비스에서 가장 편리한 수단을 제공 하는 역할이다.

촉진(Promotion), 라틴어의 "앞으로 움직이는 것"(to move forward)이라는 의미이다.

촉진의 의미로는 다른 사람의 아이디어나, 개념, 물건을 받아들이도록 설득하고 커뮤니케이션한다. 촉진으로는 제품정보와 아이디어를 집중 고객에게 효과적으로 전달하는 방법이며, 촉진전략의 수단에는 광고, 인적판매, 판매촉진, 거래촉진, 홍보, PR 및 기업광고 등이 포함된다. 시제품 및 테스트 계획과 제품, 서비스 완성의 일정과 제품 수명 주기 및 성장전략이 차별화 전략이다.

* 마케팅 4P 전략

Product 제품, Price 가격, Place 유통, Promotion 촉진을 자세히 살펴보자.

Product 제품

소비자가 관심을 갖게 되어 구매하여 사용하거나 소비함으로써, 자신의 욕구를 충족시켜 줄 수 있는 제품이나 서비스, 사람, 장소, 기관, 조직, 아이디어 등도 제품이라 할 수 있다.

핵심(Core) 제품으로는 소비자가 얻게 되는 혜택과 서비스, 제품의 중심적 위치를 차지하고 있으며, 유형(tangible product) 제품은 제품의 특성, 포장, 상표, 품질, 외관 등이며, 실제 제품(actual product)과 보강(augment product) 제품으로 제품의 보증기간, 판매 후 A/S, 수선, 배달, 신용, 포장서비스, 설치 등의 유형 제품과 추가로 보강되는 혜택의 제품들이 있다.

사용기간에 따른 분류로, 비내구재(non-durable goods)는 신문, 음식, 의복 등 소비의 속도 빠르고 자주 구입하는 패턴이며, 내구재(durable goods)로는 자동차, 가구, 가전용품 등의 인적 판매나 서비스에 많이 의존하는 품질보증이 필요하다. 서비스(service)로 이발이나 미용 등의 즉시 소멸되는 특징과 제공자의 신임도 및 적응력이 매우 중요하다.

구매계기에 의한 분류로 첫째, 편의품(convenience products)으로 소비자가 자주 구매하며 구매노력과 비교가 최소로 이루어지는 제품과 서비스로 상용 품, 충동구매 품, 비상용품이며 둘째, 선매품(shopping products)으로 소비자가 구매는 과정에서 가격, 품질, 디자인, 적합성 등을 비교하여 구매하며 셋째, 전문품(specialty goods)으로 표적고객 집단에 있어 매우 중요한 제품의 독특한 특성을 갖고 있는 제품과 서비스로 명품시계, 양복, 자동차 등이며 넷째, 미탐색품(unsought products)로 소비자들이 제품에 대해 관심이 없는 상품으로 생명보험 등이다. 전문백과 사전 산업재의 유형의 재료 및 부품은 생산을 완료하는데 소요되는 산업용품으로 원재료의 농산물, 자연생산물이며, 제조된 원료나 부품은 철강, 시멘트, 타이어, 동력기 등이다. 자본재는 완제품을 생산하는 데 관여하는 산업재의 시설로 건물의 고정자산이며, 부속시설로는 공구나 비닐 등이다. 소모품 및 서비스는 제품생산을 완료하는데 직접적으로 관여하지 않는 상품으로 작업용 소모품의 석탄, 자동차 등, 수선, 유지품은 페인트, 못이며, 서비스도 수선 및 유지에 필요한 서비스와 자문의 서비스로 구분된다.

제품의 차별화를 실행한 KFC는 남미사람들은 숯불구이를 더 좋아하고 기름에 튀긴 고기는 잘 먹지 않아서 실패했다.

문화별 소비자 쿠키 선호유형으로 미국은 부드러운 쿠키를 선호하며, 영국은 바삭바삭한 쿠키를 선호한다. 문화별 소비자 선호 유형별 타이어 광고로 미국은 내구성을 선호하며, 영국은 안정성을 선호하고, 독일은 성능을 선호한다. 한국은 가격에 민감하다.

Price 가격

가격이란, 소비자가 제품이나 서비스를 구입하거나 사용하기 위해 지불해야 하는 화폐를 의미하며, 가격 결정이란, 기업의 마케팅 전략을 기초로 제품가격의 기본 방향을 결정하여 제품원가, 지각된 가치, 경쟁사 제품의 가격, 기업의 내적요인과 외적 요인을 고려하여 결정하는 것이다. 가격의 중요성으로는 제품 시장가격의 생산요소로 자본, 노동, 토지가 가격 결정이 어떻게 하는가에 영향을 미치며 가격은 경제체제의 규제로 중요하다. 가격은 기업의 수익과 순이익에 밀접한 관련이 있으므로 중요하다. 가격은 기업이 수행하는 마케팅 전략과 실행계획에 직접 영향을 미치며, 가격결정은 법규에 따라 가격전략은 중요하다. 가격은 제품에 대한 품질지표로 사용되므로 중요하며, 가격은 인플레이션 기간 중 소비자의 신뢰획득과 구매심리에 중요하다.

기업의 원가 추정으로 고정비(fixedcost)와 변동비(variable cost)를 살펴보자.

고정비(fixedcost)

고정비(Fixed Cost)는 생산량이나 판매량에 관계없이 일정하게 발생하는 비용을 말한다.

고정비는 일정한 원가라고 한다. 생산량이 늘어나거나 줄어들어도 변동이 없는 비용이다. 즉, 생산 활동의 수준에 상관없이 일정하게 유지되는 비용으로, 기업이 제품을 생산하거나 서비스를 제공하기 위해 반드시 지출해야 하는 비용이다. 고정비는 매출이 없더라도 발생하는 비용이므로, 사업을 운영하는 데 있어 중요한 요소이다.

* 고정비의 특징

생산량에 비례하지 않고 고정비는 생산량이나 판매량에 관계없이 일정하게 발생한다. 한 달 동안 생산을 아무리 많이 하거나 적게 하더라도 고정비는 변하지 않다. 시간이 지나면서 임대료 상승, 인건비 인상 등으로 변경될 수 있다.

사업을 운영하기 위한 필수적인 고정비는 사업을 유지하기 위해 반드시 발생하는 비용이므로, 기업의 경영과 수익성에 중요한 영향을 미친다.

고정비에는 급료, 임대료, 이자, 보험료, 전기, 수도, 전화 요금 등이 포함된다. 간접비인 생산과 매출액에는 관련이 없는 비용으로 고정비는 생산수준과 무관하게 발생된다.

고정비의 사례

임대료: 상점이나 사무실 등의 임대료는 생산량이나 판매량과 상관없이 일정한 금액을 지불해야 한다.

급여: 직원들에게 지급하는 월급(기본 급여)은 직원 수와 관계없이 일정하다.

보험료: 사업체의 보험료는 고정비에 해당합니다. 보험 계약은 일정 기간 동안 변경되지 않기 때문에 고정비로 분류된다.

감가상각비: 기계나 건물 등의 자산은 시간이 지나면서 가치가 감소하지만, 감가상각비는 고정적으로 발생한다.

기타 고정비: 광고비(계약 기간 동안 일정한 금액을 지불하는 경우), 라이선스 비용, 관리비 등이 고정비에 해당할 수 있다.

고정비와 변동비의 차이

고정비: 생산량과 관계없이 일정한 비용

변동비(Variable Cost): 생산량이나 판매량에 비례하여 변동하는 비용. 원자재비, 생산에 필요한 전력비 등은 생산량에 따라 변한다.

고정비의 중요성

고정비를 잘 관리하는 것은 기업의 수익성과 재무 안정성에 매우 중요하다. 고정비가 높으면 매출이 적어도 일정한 비용을 지불해야 하므로, 사업이 비효율적일 수 있다. 반대로, 고정비가 낮으면 매출이 적어도 이익을 낼 수 있는 가능성이 커진다.

손익분기점(Break-even point)은 고정비를 커버할 수 있는 매출을 의미한다. 고정비와 변동비를 합친 총비용이 매출과 같을 때, 기업은 손익분기점에 도달했다고 한다.

고정비 관리는 고정비가 지나치게 높으면 기업의 유연성이 떨어지기 때문에, 효율적인 고정비 관리가 중요하다. 장기적인 임대 계약을 유연하게 관리하거나, 불필요한 고정비를 줄이는 등의 방법이 있다.

고정비는 기업 운영에서 반드시 고려해야 할 요소이며, 효율적으로 관리하는 것이 기업의 성공적인 운영과 수익성 향상에 중요한 역할을 한다. 고정비와 변동비를 잘 구분하고, 고정비를 최소화할 수 있는 방법을 찾는 것이 재무 관리의 핵심이다.

변동비(variable cost)

변동비는 재화의 생산량이 늘어나면 증가하는 형태를 띠는 비용으로 상품을 생산하는 데 필요한 원재료비, 비품비, 연료비, 잔업수당, 야간수당의 인건비, 판매원 수수료 등의 생산수준과 직접 관련된 비용의 합계는 생산량에 따라 변하기 때문에 변동비이다. 가변비라고도 하며 고정비와 대조적인 비용이다. 상품을 생산하기 위하여 사용되는 원료이다

경쟁사 제품가격과 품질수준 분석 방법으로 첫째, 기업은 경쟁사가 제시하는 제품과 가격을 자사의 가격과 비교하고 조사하여 분석 한다. 둘째, 기업이 경쟁사의 가격을 파악하고 경쟁사의 제품을 구입하여 분석 및 비교하고 셋째, 기업은 소비자가 경쟁사의 제품의 퀄리티와 가격에 대해 어떻게 지각하고 있는가를 조사할 수 있다. 성공적인 가격결정은 고객이 제품에 두는 가치를 인식하고 이익과 판매량에 영향을 미치는 원가의 속성을 인식해야 한다.

경쟁사 제품가격과 품질수준 분석 방법으로 제품 수명주기의 각 단계별로 시장점유율의 목표와 가격전략을 살펴보자.

- 도입기에는 시장기반의 확보로 공격적인 가격전략을 한다.
- 성장기는 시장점유율 제고로 시장가격보다 낮게 책정한다.
- 성숙기는 시장점유율 유지로 가격유지 또는 높게 책정한다. 규모가 작은 기업은 저가격을 책정하고, 틈새시장을 공략한다.
- 쇠퇴기로 시장을 철수할 준비로 상대적으로 높은 가격을 유지한다.

고객세분시장가격은 동일한 제품 혹은 서비스를 표적고객 집단별로 비슷한 가격을 책정한다. 박물관, 전시관 입장 가격기준이 어른과 학생, 어린이의 가격이 비슷하지만 다르다.

제품 형태 가격의 차이를 원가에 상관하지 않고 제품 형태별로 비슷하게 가격을 책정하는 것으로 향수병 모양에 따라 다르다. 이미지별 가격결정은 동일한 제품을 이미지의 차이를 기준으로 두 개의 유사한 수준에 따라 가

격을 부과하는 방법으로 냉장고 색상의 이고, 시간별 가격 결정요소로 주중과 주말, 계절별로 상이하게 가격을 책정 하는 철도나 지하철요금이다.

가격인하, 기업이 가격을 인하해야 하는 경우

기업이 시설을 보유하고 판매를 강화, 제품개량, 기타 수단을 사용해도 실패하는 경우, 과잉설비의 경우, 치열한 가격경쟁에 직면하여 시장점유율이 낮아지는 경우, 기업들이 저원가를 이용하여 시장을 지배하기 때문에 인하하는 요인이다.

저가격의 위험성으로는 나쁜 제품의 위험과 시장충성심 제고의 약점, 자금의 위험이다.

가격인하로 소비자의 생각은 품목이 신형모델이거나 신제품에 의해 곧 대체상품이거나 제품에 결함이 있어 잘 팔리지 않기 때문에, 기업이 금전적으로 어려움에 처해있기 때문에, 가격이 곧 인하 되거나, 품질이 저하될 것으로 해석한다.

가격인상, 기업이 가격을 인상해야 하는 경우

원가상승과 정부의 가격통제 예상과 초과수요 발생

가격인상의 방법으로 가격결정 제품 완성 까지 가격결정 보류, 가격인상 항목의 사용, 제품과 서비스의 구성 요소별 가격결정과 할인율의 감소로 인상하는 방법이다.

가격 상승에 대한 소비자의 생각은 제품수요가 인기가 높아 구입하지 않으면 구매하기 어려워서, 제품의 품질이 다른 높은 가치를 가졌거나, 판매업자가 거래비용을 인상 추가한 것으로 생각한다. 맥도날드와 KFC의 세계적인 패스트푸드 브랜드들은 대부분 각 나라마다 햄버거를 다르게 판매하며, 크기와 가격을 달리 책정하고 있다.

인터넷 환경하에서 가격 결정의 위협요인으로 가격 경쟁과 원가의 투명성으로 마진의 감소, 가격 불공정성의 인식, 고객 로열티의 감소, 제품 또는 서비스의 상품화이다.

인터넷 환경하에서 가격 결정의 기회요인으로 첫째, 가격 결정의 정밀화와 둘째, 실시간 가격의 적응성과 셋째, 고객의 세분화이다.

인터넷 시장의 효율성으로 가격 수준과 가격의 탄력성이다.

인터넷에 의한 원가 절감의 요인들로는, 셀프 서비스, 공급체인의 효율화, 간접비의 절감, 고객 접촉 비용의 절감, 유통단계의 감소, 디지털 제품의 유통, 가격의 변동성 등이 원가 절감의 요인이다.

Place 유통

생산자와 소비자 간의 역할을 하는 모든 분배 채널을 지칭하는 것으로 생산자로부터 구매자에게 소유권이 이전되는 과정을 관리하는 사람과 조직을 뜻하며 즉, 유통경로는 최종소비자가 원하는 상품이나 서비스를 취득하는데 가장 편리한 수단을 제공하는 역할을 하는 것이다. 유통경로의 중요성은 거래의 표준화를 제공하고 제품구색을 갖추고, 거래횟수를 최소화하며, 구매자와 판매자에게 정보를 제공하고, 유통경로는 단순히 생산자와 소비자를 연결해주는 매개의 역할과 마케팅 활동 및 기업 활동에 필요한 부수적인 기능을 수행한다.

유통경로의 선택전략은 개방적과 집중적 유통경로(intensive distribution)로 편의품을 생산하는 기업은 소비자가 존재하는 소매점에 자사의 상품을 공급하려고 한다. 소매점의 확보는 시장잠식을 할 수 있는 장점이 있다. 선택적 유통경로(selective distribution)는 일부분만을 선택하여 제품을 유통시키는 방법과 몇몇의 유통업자만이 제품을 유통시키기 때문에 가격인하는 거의 일어나지 않는 의류나 가정용품에 적용되며 자사의 브랜드 이미지를 높이고, 고객 서비스를 강화하며, 전속적 유통경로(exclusive distribution)로는 가격을 유지하기 위하여 선택적 유통경로를 선택하고 생산자가 어느 특정한 지역 또는 한 시장에 대하여 단일의 중간상인을 선정하는 방법으로 독점판매권(도매상), 딜러 십(소매상), 제품의 품질이나 브랜드 이미지 유지와 마케팅 비용 절감을 위하여 전속적 유통경로를 선택하며, 고가의 의류나 농기계, 건설장비의 유통경로는 각기 다르다.

편의품(식료품, 일용잡화)은 가까운 소매점에서 쉽게 구할 수 있는 브랜드 제품을 개방적으로 구매하고, 선매품(가구, 의료)은 가까운 상점에서 비치된 상품 중 개방적으로 선택적으로 구매하며, 전문품(고급의류, 귀금속)은 소비자가 선호하는 브랜드 제품을 판매하는 가까운 소매점에서 선호브랜드 제품을 선택적으로 구매하는 경향이다.

유통경로의 마케팅 시스템으로 첫째, 수직적 마케팅 시스템은 기술적인 능력으로 수직적 통합을 한 기업으로, 특히 후방통합을 한 기업은 혁신적인 기술적 능력의 보유가 가능하며 경쟁기업에 높은 진입장벽의 역할을 수행한다. 장점으로는 거래비용의 절감과 기업에 필수적인 자원이나 원재료 확보의 안정적 공급이 강점이다. 둘째, 수평적 마케팅 시스템(horizontal marketing system)으로는 유통경로상의 같은 단계에 있는 유통경로자 두 개 이상이 연합하여 개별적인 기업의 자원과 프로그램을 결합, 통합하여 마케팅 기회를 공동으로 이용하는 것이 시너지효과 얻을 수 있는 공생적 마케팅(symbiotic marketing)이라고도 한다. 셋째, 복수 유통경로 시스템(dual distribution system)은 두 개 이상의 목표 시장에 접근하기 위하여 두 개 이상의 유통경로를 사용하는 것으로 백화점을 운영하면서 대량 상품의 종류를 취급하는 대형할인점을 운영하는 시스템의 신세계, 이마트나 홈플러스의 사례이다. 넷째, 역 유통경로 시스템(reverse distribution system)으로 소비자로부터 생산자에게 흐르는 역 유통경로의 시스템으로 제품을 생산하는 데 필요한 원자재의 가격이 인상되고 있기 때문에 원자재의 재순환의 목적이다. 주류제품의 빈병 회수로 소비자에게 공병의 금액을 지불해 주는 시스템이다.

유통경로로 도매상(wholesaler)과 소매상(retailer)도 살펴보자.

도매상은 주로 다른 도매상이 소매상에게 상품과 서비스를 판매하며, 최종소비자에게는 특별한 경우를 제외하고 판매하지 않는 경로로 도매상의 기능으로는 판매, 보관, 운송, 시장정보의 제공과 재무서비스, 촉진, 위험부담의 기능을 한다. 소매상(retailer)은 최종소비자에 대한 직접 판매활동을 주요 업무로 하는 중간상의 기능을 말한다. 최근 백화점이나 대형할인점, 프랜차이즈와 같은 대규모의 조직적인 소매상의 증가로 소매상의 기능이 더욱 다양화되고 유통경로에서 차지하는 비중이 점점 높아지고 있다. 소매상은 특정한 목적을 위하여 구매를 원하는 최종소비자에게 상품이나 서비스를 판매하는 활동을 하는 중간상이라 할 수 있다.

소매상의 전략적인 개념으로는 표적시장(target market)에 대해 집중적으로 파악하여, 표적시장의 규모와 수익성과 경쟁의 정도를 파악하여 목표시장을 선정한다.

가격전략(pricing strategy)으로 가격인하전략(markdowns)과 가격인상전략(markups), 상품전략(merchandise strategy)의 편의품, 선매품, 전문품으로 구분하며, 소매상은 상품의 범위를 결정하고, 상품의 라인과 라인의 특정상품, 상품구색, 깊이, 폭을 결정해야 한다. 입지전략(location-distribution strategy)으로 입지는, 판매하고자 하는 상품, 소매상의 재정적 능력, 목표시장의 특성, 적절한 입지 유무에 의해 결정된다. 고객서비스전략(customer service strategy)으로 고객을 유치하고 지속적으로 자신의 상점에 고객을 유지하기 위한 서비스 제공으로 대기시간과 제품의 다양성과 점포의 숫자와 분포도, 고객의 구매의 최소 단위포장의 최소화로 고객의 요구사항에 맞춘다.

최근 유통의 변화는 전문화로 제한된 라인을 엄격하게 관리하고 집중화된 전문점 체인이 증가하고 있으며 제품라인, 상품구색의 특징으로 하이 터치 소매상(high-touch retailer)의 전자랜드, 하이마트, 테크노마트, CGV 등으로 유통이 변화했다. 아울러 대형화 매장으로 면적의 대형화로 원 스톱 쇼핑을 원하는 소비자 욕구에 맞추고 또한 상품구색에 있어 다양한 품종의 제품을 대량으로 진열하여 가격파괴의 유통구조이다. 기능으로는 새로운 대형 소매상은 대부분 창고기술과 낮은 마진으로 많은 양의 상품을 운영하기 위해 셀프서비스에 의존하고 고객은 가격에 매우 민감하기 때문에, 편의성, 상표충성도, 상품의 일관성, 개별 포장, 공간의 편의성 등을 의미한다. 사례로 E-Mart, Cost Co, 다이소 등이다.

체인화로는 과거 업태들이 한 개 내지 두 개 정도의 점포를 가지고 경영을 해왔던 데 반해, 최근 들어 유통업체들은 체인화를 통해 성장을 추구하며, 규모의 경제와 원가절감의 효과를 기대한다. 유통구조와 쇼핑의 유형으로 프랑스는 정보 획득과 사회적으로 지지하는 제품을 선호하며, 영국인들은 걸어다니면서 쇼핑하는 것을 좋아하고, 미국사람들은 일주일 정도마다 필요량을 한번에 쇼핑하는 대형화 슈퍼마켓을 선호한다. 일본은 필요한 소량의 물품만 간단히 바로 구매하는 편의점을 좋아한다. 고객과 공급자 관계의 변화로 고객과의 일시적 거래에 초점을 두지 않고 지속적인 관계강화에 초점을 두어 고객과 공급자 모두의 Win-Win을 이끌어낼 신뢰와 몰입의 구축이, 지속적이고 철저한 서비스 강화와 고객 욕구의 밀접한 관계로 지속적인 거래 관계가 중심이 된다.

Promotion 촉진

촉진의 어원으로 라틴어의 "앞으로 움직이는 것"(to move forward)이라는 의미에서 파생 촉진의 협의로 다른 사람의 아이디어나, 개념, 물건을 받아들이도록 설득하는 커뮤니케이션을 의미하며, 촉진은 제품정보 및 아이디어를 대상으로 청중에게 효과적으로 전달하는 방법이며, 촉진전략의 수단으로는 광고, 인적판매, 판매촉진, 거래촉진, 홍보 PR 및 기업광고 등이 포함된다. 광고의 가장 중요한 기능은, 제품에 대해 잠재고객들에게 정보를 제공하고 그 제품을 구매하도록 설득하는 것이다. 그 제품에 대해 고객들을 상기시키며, 기업 그 자체와 그 기업에 중요한 사건에 대한 정보를 전달할 수 있다. 제품광고(product advertising)는 광고주의 제품이나 서비스를 표적시장의 소비자로부터 구입 하도록 선도하는 것이다.

기업광고(institutional advertising)는 기업의 이미지나 철학을 촉진하는데 사용되며, 긍정적인 메시지를 이용하여 공중관계를 향상시키기 위하여 기업광고를 사용한다.

광고의 역할로는 소비자의 선호와 기호에 영향을 미치며, 제품 속성을 변화하고, 경쟁자가 제공하는 제품을 차별화 한다. 소비자는 상표 충성도를 얻게 되고 가격의 민감성이 적어지며, 광고된 브랜드에 인지한다. 기업은 상표 충성도를 높이는 것에 상대적으로 많은 광고를 해야 한다. 기업은 경쟁자와 잠재적인 경쟁으로부터 집중도와 차별화에, 품질과 가격차원에서도 경쟁하고, 완벽한 경쟁상황에서 혁신이 중요하다.

소비자 촉진으로 첫째, 쿠폰(coupon) 제품명, 할인조건, 유효기간을 명시한 가격파괴 제공으로 침체기간과 경제성장이 불확실한 경우 효과적이다. 둘째, 소액할인(cent-off deal)은 단기적인 가격인하로서, 소액할인은 점포의 재고처리와 소비자의 경제적 이득이라는 두 가지 목표를 동시에 이룰 수 있다.

셋째, 프리미엄(premium)은 무료나 매우 낮은 가격으로 제품을 제공하는 것을 의미하며, 사례로 주유소에서 일정 금액을 주유하였을 때 특정 제품을 최소가격으로 판매하는 것 또는 경품 콘테스트는 상품을 타기 위해 소비자가 수행하는 것, 경품은 대부분 추첨에 의해 진행된다. 넷째, 견본(sample) 샘플로 소비자에게 제품을 무료로 제공하거나 시험해 보도록 하는 것으로 구매시점 전시(point of purchase)거나, 어떤 제품에 대해 관심을 끌기 위해서 마케팅 관리자는 구매시점 전시를 사용하며 사은품으로 제품 구매 시 주는 선물이다. 마지막으로 리베이트(rebate)는 제품을 구입하였을 경우 물품대금의 일부를 다시 되돌려 주는 것으로 금융서비스는 고가의 제품인 경우 기업이 수행하는 전략으로서 구입할 때 할부 판매서비스를 제공하는 것을 의미한다. 소비자를 호객하는데 효과가 높다.

홍보(publcity)

홍보란, 기업이나 제품에 대한 정보를 커뮤니케이션하는 것으로 다양한 매체(신문, 잡지, 텔레비전, 라디오 등)로 하여금 제품, 서비스 형태의 홍보로 보도자료, 기자회견, 행사, 기업관계자의 강연, 인쇄물 발간 등의 홍보이다. 신문은 폭넓은 소비자들의 수용과 사용으로 짧은 마감시간과 컬러의 재현과 지면의 위치로 지역성의 증가와 시장탄력성이 장점이다.

텔레비전의 광고로는 시각과 음향의 혼합으로 대중 시청자 적용범위(방송범위)와 주목의 심리(psychology of attention)로 호의적인 고객의 반응을 볼 수 있다. 라디오는 다양한 선택 채널로 신속성과 탄력성, 비용적인 측면으로는 낮으며, 호의적인 심리적 효과가 이점이다.

잡지의 장점은 높은 지리적, 인구학적 선택성, 잡지 구독자의 수용성, 잡지 발행부수의 수명에 달려있으며, 옥외광고의 유연성으로 유동적인 청중으로 경쟁적인 광고로 반복노출이 장점이다. 대중교통을 이용한 광고는 적정한 노출로 지리적 선택과 소비자의 노출과 경제성이 중요한 포인트이다.

촉진전략(promotional strategy)은 소비자에게 기업에 대한 정보를 알리고 또한, 이미지를 전달하고 고객들에게 기업의 상품을 구매하도록 설득하는데 중요한 역할을 한다. 판매촉진(sales promotion)이란, 사용을 권장하고, 소비자 수요를 증가시키거나 제품의 이용성을 향상시키기 위하여 소비자에게 제한된 기간 동안 다양한 매체로 마케팅 활동의 노력이며 판매촉진은 소비자촉진 또는 거래(중간상)촉진으로 나누어 볼 수 있다. 마케팅 관리자가 선택하는 판매촉진기법이 최종 소비자를 목표로 하느냐 아니면 중간상을 목표로 하느냐에 따라 좌우된다고 본다.

인적 판매(personal selling)란, 판매원이 직접 고객과 만나 기업의 제품이나 서비스를 구입하도록 권유하는 마케팅의 커뮤니케이션으로 판매라 정의할 수 있다. 고객의 Needs와 표정, 반응에 맞춰 즉석에서 커뮤니케이션 방법을 변경할 수 있는 유동성이 장점이며, 다른 커뮤니케이션 방법보다 비용이 많이 든다는 단점이 있다. 인적 판매의 유형으로 배달원, 주문 수령자, 섭외사원, 판매원 등이며, 인적 판매과정으로는 준비 → 설득 → 거래의 순서이다.

촉진으로 문화별 소비자 초콜릿 선호 유형을 보면, 미국은 달고 까만 초콜릿을, 영국은 부드러운 연한 빛깔의 초콜릿을, 한국은 고급스러우며 씁쓸한 맛으로 카카오 원료 많다고 생각하여 진한 색(가을, 낙엽, 커피, 고뇌, 고독, 외로움)을 좋아한다.

인터넷 마케팅(Internet marketing)이란 사이버(cyber space) 공간이라고 불리는 인터넷 환경에서 기업이 마케팅 전략을 수행하여 인터넷을 통해 제품이나 서비스가 인터넷상에서 마케팅 활동이 행하여지는 것을 의미한다. 전자상거래의 수단인 '인터넷'(internet)은 마케터(marketer)들이 고객에 대한 정보를 알 수 있고 마케팅 효과를 측정할 수 있는 기회를 제공한다.

인터넷 마케팅의 특성은, 인터넷 마케팅의 시작은 인터넷의 상호 작용성에서 출발하며, 인터넷에서 고객 개개인으로 응대하고 서비스가 제공되어질 수 있다는 측면에서 관계 강화를 중시하는 현대 마케팅의 수단으로 인터넷은 현실의 시뮬레이션이 아닌, 사람과 컴퓨터가 서로 상호 작용할 수 있는 실제 거래되는 환경이다. 인터넷을 통한 정보는 인쇄 매체나 우편과는 달리 동영상과 음향을 사용하며 고객에게 제시할 수 있는 정보의 양에 있어서도 무제한적 정보를 멀티미디어의 형태로 제공한다는 특징이 있다. 인터넷 매체로 기업은 새로운 수요를 창출하거나 정보의 전달로 마케팅 비용의 절감, 즉각적인 피드백, 고객 데이터베이스 관리, 글로벌 마케팅으로 적용하고 새로운 사업으로의 진출이 보다 빨리 이루어진다. 인터넷 마케팅 환경은 고객과 기업 간의 쌍방향 의사소통에 초점을 두고, 새로운 기업형태의 등장을 촉진하고 있다. 제품이나 서비스의 개발, 가격, 설정, 유통, 촉진에 인터넷 기술과 프로세스를 활용하여 개별 소비자를 마케팅 과정에 참여시키고 상호 간의 접촉을 독려하며 반응을 유도하는 마케팅의 전략이다.

인터넷 마케팅 장점으로는 시간의 절약과 비용의 절감, 멀티미디어의 활용과 민감한 주제에 대한 조사가 유용하며 개별화된 설문조사가 강점이며, 단점으로는 모집단 특성의 불확실성과 선택으로의 쏠림 현상과 사생활(혼자 있는 상태)이 약점이다. 인터넷 광고의 장점으로 정확한 표적고객만 선별적으로 사용자들의 반응 조사가 용이하고, 유연하며 전달성에서 24시간 또는 365일의 전달 취소, 변경이 용이하여, 상호 작용성이 사용자들에게 편리한 점으로 작용한다.

인터넷과 마케팅 패러다임의 변화로 1대 1(One to one) 마케팅, 허용 마케팅(Permission Marketing), 바이러스 마케팅(Viral Marketing), 쌍방향 마케팅(Interactive Marketing), 데이터베이스 마케팅(Database Marketing), 관계 마케팅(Relationship Marketing)의 소수의 관계, 직접 마케팅(Direct Marketing)으로 인터넷이 소비자에 미치는 영향으로 변화하였다.

수동적 소비자에서 능동적 소비자로(많은 정보로 현명한 소비자) 맞춤식 제품이나 서비스 요구로 풍부한 정보에 접근이 가능하며, 제품구매와 관련된 비용이 절감되고, 믿을 수 있는 판매자와 돈독한 관계가 구축된다.

인터넷 제품으로 첫째, 물리적 제품의 탐색재로 책, CD, 소프트웨어, 규격화, 디지털제품이 있으며, 경험재로는 음식, 의류, 장신구, 형체는 알지만 경험하지 못한 소비패턴이 존재하며, 신뢰재로는 예술품이 존재한다. 둘째, 디지털 제품(정보제품)의 디지털 형태로 생산, 유통, 소비되는 제품인 MP3, 전자서적, 각종정보, 사진 등이 있다. 셋째, 인터넷 서비스로 인터넷뱅킹, 예약서비스 등이 있다.

인터넷 가격 결정의 위협요인으로 첫째, 치열한 가격경쟁은 가격 비교사이트 등장으로 가격의 민감도가 상승되었으며 둘째, 원가 투명성으로 마진의 감소, 가격불공정의 인식, 고객의 로열티 감소와 셋째, 다양한 대체재의 인지로 탐색비용의 하락으로 소비자들이 다양한 대체재를 선택 파악함으로써 가격 민감도가 상승되었다. 인터넷을 이용한 통합적 마케팅 커뮤니케이션이란 인터넷을 이용하여 현재 잠재적 고객을 대상으로 설득적 커뮤니케이션의 다양한 형태를 지속적으로 개발하고 실행하는 과정이다. 인터넷 마케팅 커뮤니케이션의 주요 결정에는 표적고객의 선정, 촉진목적의 설정, 예산편성, 촉진믹스의 결정, 메시지 작성, 매체 선정, 평가 및 피드백 활동이다.

마케팅 효과를 측정할 수 있는 능력은 인터넷에서 마케터들은 사용자들의 클릭(click)의 수, page view의 양, 구매상황을 실시간(real time)으로 추적할 수 있다. 인터넷에서의 측정은 정확하고 유익한 정보를 제공한다. 마케터 및 광고 에이전트(agent)들의 업무방식을 살펴보자.

첫째, 정확한 측정으로 마케팅 방법에 있어 광고주는 사용자들의 반응에 따라 마케팅 투자비용에 방향을 개선할 수 있다. 둘째, 마케팅의 영향을 평가할 수 있다. 대규모의 영업이나 광고에 투자가 투입되기 전에 효과적인 의사결정을 선택하여 마케팅 업무를 수행하는 데 유연성을 제공하며, 인터넷 마케팅의 효과를 측정하는 방법에는 트래픽 분석에 의한 것, 히트에 의한 것, 방문자 접속에 의한 것과 브라우저 수, 표출 수, 거래 수 등을 분석한다.

사이트(site)에 접속하는 방문자는 누구이며, 어떤 경로를 통해 접속하며, 정기적인 방문자의 비율은 어느 정도인지를 파악하여, 사이트의 증설, 추가, 갱신, 수정에 반영하여 마케팅 계획을 수립한다. 카운터는 페이지 전송요구의 횟수, 접속건수, 프로그램의 기능에 대한 전송 횟수, 사용 횟수, 수용자 정보를 세부적이고 정확한 통계를 더하여 구별한다. 마케터는 사용자들의 클릭(click)의 수, 페이지뷰(page view)의 양, 구매상황을 실시간(real time) 추적할 수 있어 고객을 개별적으로 분석하여 1대 1(One to One) 마케팅을 할 수 있다.

온라인 웹로그 분석으로 인터넷 마케팅의 효과를 측정하는 방법을 살펴보자

- 히트수(hits)로 웹사이트의 산출기준으로 방문자가 웹 사이트에 접속했을 때 연결된 파일의 숫자로 그래픽, HTML, 텍스트 블록의 파일이 피트로 계산되어, 홈페이지를 한 번 방문해도 여러 번 히트수로 기록될 수 있어, 파일 수에 따라 편차가 크기 때문에 히트의 수치는 유의적인

정보를 제공하지 않는다.

- 페이지 뷰(page view)는 배너 광고가 포함되어 사용자에게 전송된 수를 기록하는 방법으로, 배너 광고의 페이지가 전송되면 광고가 사용자에게 노출되어 효과적으로 측정할 수 있는 장점이 있다. 광고 측정에서 페이지뷰를 임프레션(Impression)이라는 단위로 기록한다.
- 체류시간(duration time)으로는 인터넷의 쌍방향 측정으로 방문자가 웹페이지에 얼마나 오래 머물렀는지 시간을 기록하는 것이다. 체류시간이 길다는 것은 관심이 많다는 것을 의미한다고 콘텐츠 분석으로 관리에 효과적이다. 인터넷 이용자가 여러 개의 브라우저를 동시에 띄워 놓은 상태에서 작업을 하는 경우가 많기에 정확하기 위해서는 기술적 해결 과제가 있다.
- 세션(session)

  한 방문자가 특정 웹 사이트에 접속하여 페이지를 보고 다른 사이트로 이동하는 과정을 방문으로 기록하는 것이다. 사용자가 일정 기간이 지난 후 다시 웹사이트에 접속하면 또 다른 방문(Visit)으로 추가되어, 세션(Session)은 히트(Hits)와 달리 한 사용자에 의한 페이지 접속 과정을 하나의 개념으로 처리하여 실제 사용자 수에 관계없이 접속 숫자가 추가되는 폐단을 방지한다. 실제 방문자 수의 파악이 불가능한 경우 정확한 사용자 현황을 추적할 수 있다는 장점이 있다.
- 방문자 수(visitor)

  일정 웹 사이트에 한 번 이상 접속한 사용자를 파악하는 방법이며 방문자의 증가와 충성 고객을 파악하는 데 중요한 요소이며, 히트(Hits)보다 더욱 정확한 효과의 산출 방법이다.

  쿠키(Cookie)와 사용자 등록(user registration)을 통하여 방문자의 방문경로와 웹 사이트 방문 행태를 파악함으로 웹사이트의 콘텐츠 관리 및 전략수립에 이용되며, 사용자 등록의 경우 허위정보의 유입이나 정보누출들의 한계가 있다.
- 클릭수(Clicks)

  일정 웹사이트에 배너 광고를 클릭한 수를 자동적으로 웹서버(Web

Server)에 기록하여 이를 기준으로 한다.

- 거래 수(Transaction Count)

  인터넷을 통하여 발생한 실제 거래 수를 측정하는 방법으로 실제 인터넷 상거래를 한 기업에서 매달 또는 분기별, 연도별, 일반 거래와 인터넷 상거래 내역을 뽑아 관리하기 위해 사용 된다. 오프라인 측정 방법은 매출액의 증가와 신규 고객의 증가, 비용절감 등의 전통적인 마케팅을 통해서 인터넷 마케팅 효과를 파악한다. 웹사이트의 이용도를 알아내는 방법으로 웹사이트 전용 전화번호를 지정하고, 주문을 하거나 문의를 하는 고객은 웹을 사용하여 집계하는 방법이다.

인터넷 광고를 효과적으로 측정하는 방법을 살펴보자.

- 인터넷 제품전략은 구매결정과 거래가 형성되고 고객이 매장에 방문 없이 집이나 직장에서 제품을 편리하게 받을 수 있는 특징으로 무형, 비소멸성, 수정의 용이성, 재생산의 용이성과 인터넷의 장점을 확보하면서 기업의 사업 분야보다 고객 중심적인 제품이나 서비스를 제공할 수 있도록 상품개발에 집중하는 전략이다.
- 인터넷 가격전략으로는 인터넷에서 거래하는 소비자들은 가격경쟁력에 민감하게 반응하며 온라인 기업은 가격결정을 위해 기업의 사업 분야에 정보를 획득하고, 상품의 원가, 경쟁기업의 가격, 고객의 가격 민감성, 현재의 가격수준을 고려하여 가격을 책정하거나 조정한다.
- 인터넷 유통전략의 장점은 소비자에게 신속한 의사결정을 가능하게 해주는데 있으며 빠른 구매결정으로 기업은 경제적 효과를 볼 수 있으며, 중간 유통망을 줄여 마진을 높일 수 있다.
- 인터넷 촉진전략으로는 배너광고나 이메일을 활용한 DM의 범위와 온라인 기업의 내외부에서 수행하는 촉진전략을 포함하는 개념으로 관심증대전략, 시장 확대전략, 기본서비스 제공전략, 선택적 서비스 제공전략, 커뮤니티 형성전략, 브랜드 인지도전략, 추진전략이 유용한 촉진전략이다.

마케팅의 4Ps, 서비스 경영전략 4Cs

Product 제품 - Customer value 소비자 가치

Price 가격 - Cost 소비자 부담의 비용

Promotion 촉진 - communication 커뮤니케이션

Place 유통 - Convenience 편리, 편익성

현대적 마케팅의 기업이윤 극대화로의 4P

People 사람은, 자신의 삶을 보다 폭넓게 이해하는 사람으로 인식한다.

Process 과정은, 창의성, 구조 모두를 반영하여 마케팅 프로그램을 수립한다.

Program 프로그램은, 과거의 4P를 포함하여 소비자 지향적인 활동 일체를 반영한다.

Performance 성과는, 사회적 책임, 윤리 등을 제시하는 결과의 측정치와 재무적, 비재무적 차원을 넘는 시사점을 주고 있다.

마케팅 믹스 7P

PRODUCT: 좋은 상품, 제품(수요창출방법, 히트상품개발)

PRICE: 적정 가격(소비가능 예상가격, 이미지)

PLACE: 장소, 접근성(유통전략, 관심과 구매)

PROMOTION: 판매촉진, 홍보활동(광고, 홍보, SP전략, 영업, 이벤트)

People: 사람 서비스 제공과 구매자의 서비스에 대한 인식에 영향을 주는 모든 사람.

Physical evidence: 물리적 증거로 제품과 서비스성과를 촉진시키기 위한 모든 유형적 요소

Process: 과정, 제품과 서비스를 제공하는 데 필요한 절차, 구조, 활동의 방법

기업의 성장전략(growth strategt)은 제품에 대한 전·후방에 원료나 최종 소비자를 만나는 접점 지역에 판매망을 확보하고 경쟁기업의 합병으로 시장

지배력을 높이는 전략이다. 첫째, 후방통합으로 이익을 극대화를 위해 원료나 자원 제공 업체에 소유권 획득이 통제되는 사례로 잡지사가 종이 공급업체나 인쇄업체를 인수하여 이익을 극대화하는 것을 말한다. 둘째, 전방통합으로 유통경로의 통제로 이익을 극대화를 위해 잡지사가 구독 대행업을 인수하여 운영하는 전략이며 셋째, 수평통합으로 경쟁업체에 지배권을 강화하여 이익을 극대화 하는 것의 사례로 잡지사가 경쟁 잡지사의 주식을 확보, 인수하여 경영에 참여하는 것이다.

이익증대, 판매액증대, 시장점유율증대, 자사의 상황에 따라 다양한 전략을 적용한다.

마케팅 포트폴리오(portfolio)계획으로서 어떻게 수립할 것인지 전략적으로 살펴보자.

포트폴리오 분석(portfolio analysis)은 전략적 단위별로 성과를 평가하고, 다양한 평가 기준을 통하여 분석하고, 정의하는 것으로 자사의 핵심 사업부분을 확보하고, 핵심 사업부문 안에서는 특정 목표와 사명, 기업이념, 사업목표를 세운다. 그리고 경쟁 환경을 분석하여 파악하고, 외부적인 상황 분석과 내부적인 요인을 분석하여 핵심 전략수립 및 계획을 추진한다.

3. SWOT 분석, STP 전략

SWOT는 강점(Strength), 약점(Weakness), 기회(Opportunity), 위협(Threat)의 경영 전략을 수립하기 위한 분석이다. 내적인 환경의 긍정적의 강점과 기회 그리고 위험의 요소인 약점과 위협을 분석하고, 기업 내부 환경을 분석하며 경쟁사와 비교하여 차별화된 강점은 무엇이고 부족한 약점은 무엇인지를 발견하여 파악하고, 또 기업의 외부 환경을 분석하여 시장에서의 유리한 기회는 무엇이며 불리한 위협은 무엇인지를 찾아내고 분석, 검토하여 경쟁기업보다 장점, 단점, 기회, 위협의 사업전략을 수립하는 것을 말한다.

시장 분석의 항목제품이 시장에 적합한 것인가? 총 시장규모는 어느 정도인가? 시장의 성장은 얼마나 급속하게 이루어지고 있는가? 시장분석의 항목들도 파악한다. 관련시장의 환경 파악, 타당성 분석, 시장 매력도 분석으로 마케팅 전략 SWOT 분석이다.

* SWOT 분석

강점(Strength)은 경영 자원의 강점, 장점이다.

약점(Weakness)은 경영 자원의 약점으로 단점이다.

기회(Opportunity)는 경쟁상황과 고객의 거시적 환경에서 비롯된 기회이다.

위협(Threat)은 경쟁상황과 고객의 거시적 환경에서 비롯된 위협이다.

SWOT 분석은 기업이나 개인이 자신의 강점(Strengths), 약점(Weaknesses), 기회(Opportunities), 위협(Threats)을 파악하고, 외부 환경과 내부 자원을 평가하여 효과적인 전략을 개발하는 데 도움을 준다.

SWOT 분석의 구성 요소

강점(Strengths)

- 기업이나 개인이 내부적으로 잘 수행하고 있는 부분을 의미한다.
- 경쟁 우위를 제공하는 요소들이며, 장점을 활용하여 더 큰 성과를 낼 수 있다.
- 강력한 브랜드 이미지
- 높은 품질의 제품이나 서비스
- 우수한 인재와 리더십
- 효율적인 생산 공정

약점(Weaknesses)

- 내부적인 단점이나 개선이 필요한 부분이다.
- 기업의 경쟁력을 약화시키거나 목표 달성을 방해할 수 있는 요소들이다.
- 낮은 브랜드 인지도
- 비효율적인 운영 시스템
- 제한된 자금
- 기술적 부족

기회(Opportunities)

- 외부 환경에서 유리하게 작용하는 요인들을 말한다.
- 기회를 활용하면 사업을 확장하거나 경쟁 우위를 점할 수 있다.
- 시장 성장
- 새로운 기술 개발
- 소비자 트렌드 변화
- 경쟁사의 약점
- 규제 변화

위협(Threats)

- 외부 환경에서 기업의 목표 달성을 방해할 수 있는 요소들이다.
- 치열한 경쟁
- 경제 불황
- 법적 규제 강화
- 소비자 수요 감소
- 기술 혁신에 뒤처짐

* SWOT 분석의 장점

간단하고 직관적인 SWOT 분석은 직관적이고 간단하게 현재 상황을 평가할 수 있기 때문에 쉽게 이해하고 적용할 수 있다. 종합적인 시각 제공으로 기업 내부, 외부 요소를 포괄적으로 평가하여, 문제의 핵심을 파악하고 종합적인 전략을 도출할 수 있다.

전략적 의사 결정을 내리기 전에 상황을 명확히 파악하고 여러 가지 대안을 마련하는 데 유연성을 가지고 있다.

SWOT 분석은 기업이나 개인이 내부 환경과 외부 환경을 잘 이해하고, 전략적으로 접근할 수 있게 도와주는 중요한 도구이다. 강점을 최대화하고, 약점을 보완하며, 기회를 활용하고, 위협을 최소화할 수 있는 효과적인 전략을 수립할 수 있다.

내부요인(internal factors)으로는 조직의 강점과 약점을 외부요인(external

factors)은 외부환경에 의해서 영향을 받는 기회와 위협이다.

SWOT 분석이 성공하기 위한 전략은 기업의 제품에서 고객의 욕구를 충족하는 창업의 과정으로 집중한다. 경쟁사보다는 고객에게 더 좋은 가치를 전달함으로써 강점을 활용한다.

핵심적인 영역에서의 전략에 적극적으로 투자함으로써 약점을 강점으로 전환한다.

미래 시장의 전망, 아이템 및 시기 선택 분석 STP전략을 분석한다.

* STP 전략

창업 마케팅 전략 STP 전략 분석

창업 마케팅의 기초는 STP(시장세분화-표적시장-포지셔닝) 전략이다(사례: 카페 창업).

Segmentation(시장세분화): 누구를 위한 시장인가?(직장인, 대학생, 주부 등)

Targeting(표적시장): 어떤 고객을 주요 타깃으로?(직장인 점심시간 타깃)

Positioning(포지셔닝): 어떤 이미지/가치로 인식되길 원하는가?(빠르고 조용한 테이크아웃 전문점)

STP 전략은 Segmentation(시장세분화), Targeting(타겟팅), Positioning(포지셔닝)의 세 가지 핵심 요소로 구성된 마케팅 전략이다. 기업이 효율적이고 효과적인 마케팅 활동을 전개할 수 있도록 도와준다. STP는 고객의 다양한 요구를 정확하게 파악하고, 특화된 마케팅을 할 수 있는 구조를 제공한다.

Segmentation(시장세분화), Targeting(타겟고객), Positioning(위치선정) 전략을 살펴보자.

개별 고객의 선호에 맞춘 제품 및 서비스를 제공하여 타사와의 차별성과 경쟁력을 확보하는 마케팅 기법으로 구체적으로 시장세분화, 목표시장 설정, 위치의 과정이다.

STP 전략은 기업이 자신들의 제품이나 서비스를 고객의 필요에 맞게 제공할 수 있도록 도와준다. 각 단계를 순차적으로 진행하며, 고객의 요구를 정확히 이해하고 그에 맞는 마케팅 활동을 수행한다.

Segmentation(시장세분화)

시장세분화는 전체 시장을 특정한 기준에 따라 동질적인 그룹으로 나누는 과정이다.

세분화된 각 그룹은 고유한 특성과 요구를 가지고 있으며, 기업은 각 그룹에 맞는 맞춤형 마케팅 전략을 구사할 수 있다.

세분화 기준

- 인구 통계학적 세분화: 연령, 성별, 소득 수준, 직업 등
- 심리적 세분화: 라이프 스타일, 성격, 가치관 등
- 행동적 세분화: 구매 빈도, 브랜드 충성도, 제품 사용 목적 등
- 지리적 세분화: 지역, 국가, 도시 크기 등

* 세분화 기준 사례

인구통계학적: 20대 대학생 남성, 30대 직장인 여성

심리적: 건강을 중요시하는 사람들, 여행을 좋아하는 사람들

행동적: 고급 스포츠용품을 자주 구매하는 소비자, 할인 혜택을 선호하는 소비자

지리적 세분화: 국가, 지역, 도시, 기후, 인구 밀도, 도시와 농촌 등 지리적 특성

Segmentation(시장세분화)

시장의 기회를 탐색하기 위해 고객의 욕구를 정확히 충족시키기 위하여 변화하는 시장수요에 대처하기 위해 경쟁사와 자사의 강점, 약점을 효과적으로 평가하는 것이다.

수요층 시장을 분할 및 세분화하여 집중적인 마케팅 전략으로 고객의 요구사항에 적용 시키는 것이다. 그리고 제품 및 서비스에 가장 합리적인 고객 집단을 선정하는 과정이다.

시장세분화의 조건으로 세분시장에 수익이 있는지의 실질성, 고객에게 접근할 방법의 가능성, 규모 및 구매력의 측정 가능성, 수익성 및 가치 실천

가능성, 또한, 독특한 특별한 차별성 등으로 시장의 세분화를 분석한다.

고객의 시장세분화로는 지리적 세분화, 인구통계학적 세분화, 심리적 세분화, 행동적 세분화가 있다. 첫째, 지리적 세분화는 국가, 지방, 도시, 군, 주거지, 입지조건, 기후, 등의 세분화이다. 둘째, 인구통계학적 세분화로는 연령, 성별, 소득, 결혼 여부, 계층, 직업, 교육, 직업, 종교, 인종, 취향 및 기호 등의 세분화이다. 셋째, 심리적 세분화로는 사회계층, 생활양식, 개성 등의 핵심적 가치관의 기준이 세분화이다. 넷째, 행동적 세분화는 소비자들의 제품에 관한 지식 및 태도, 사용법, 반응 등에 기초하여 사용률, 애호도로 제품을 인식하고 관심 있는 정도, 선호도의 세분화이다.

Targeting(타겟팅)

고객 욕구와 소비자들로 구성된 세분시장 중 어떤 세분시장을 표적시장, 표적타겟으로 선정하여 공략할 것인가를 결정하는 전략이다.

Targeting(타겟팅)은 세분화된 시장 중에서 특정 세그먼트를 목표시장으로 선택하는 과정입니다. 각 세그먼트가 가진 잠재력, 수익성, 성장 가능성 등을 평가하여, 자원의 낭비를 최소화하고 가장 효과적으로 마케팅 활동을 진행할 수 있는 시장을 선택한다.

타겟시장 선정 기준

- 시장 규모: 타겟시장의 크기와 성장 가능성
- 경쟁 분석: 시장 내 경쟁 강도
- 자원과 능력: 기업이 해당 시장을 목표로 할 때 필요한 자원과 역량

타겟팅 전략

- 집중 마케팅: 한 개의 세그먼트에 집중하여 마케팅 활동을 전개
- 차별화 마케팅: 여러 개의 세그먼트에 맞춰 각기 다른 마케팅 전략을 전개
- 무차별 마케팅: 전체 시장(타겟시장)을 대상으로 동일한 마케팅 전략을 사용

Targeting(타겟)선정으로 세분시장의 크기 및 성장성, 시장 매력도, 적합성을 선택하여 기회를 제공할 수 있는 특화된 표적시장(Target Market)으로 타겟시장인 소비자만족으로 비차별적 마케팅, 차별적 마케팅, 집중화 마케팅이 있다.

Positioning(위치선정)

Positioning(포지셔닝)은 선택한 타겟시장에서 자사 제품이나 서비스를 고객의 마음 속에 독특한 위치를 차지하도록 만드는 전략이다. 즉, 경쟁 제품이나 서비스들과 차별화하여 자사의 제품이나 브랜드가 소비자에게 어떻게 인식되기를 원하는지를 정의하는 것이다.

포지셔닝 전략

- 기능적 포지셔닝: 제품이 제공하는 기능이나 효용을 강조
- 감성적 포지셔닝: 제품이나 브랜드가 소비자에게 전달하는 감정적 가치 강조
- 가격 기반 포지셔닝: 제품의 가격을 차별화 포인트로 삼는 전략 (고급 브랜드 vs 저렴한 가격)
- 품질 기반 포지셔닝: 제품의 품질이나 성능을 강조하여 시장에서의 위치를 확립

* STP 전략의 중요성

- 효율적인 자원 배분: 시장을 세분화하고 타겟 시장을 명확히 선정하면, 마케팅 자원을 보다 효율적으로 배분할 수 있다.
- 맞춤형 마케팅 전략: 다양한 소비자들의 요구를 충족시킬 수 있는 맞춤형 전략을 통해, 더 많은 소비자에게 어필할 수 있다.
- 경쟁 우위 확보: 차별화된 포지셔닝을 통해 시장 내에서 자사의 브랜드나 제품이 경쟁자와 비교해 독특한 가치를 제공한다고 인식될 수 있다.
- 고객 만족도 증대: 세분화된 시장에 맞는 제품을 제공함으로써 고객의

만족도를 높일 수 있다.

* STP 전략 사례: 자동차 회사

- Segmentation: 자동차를 구매하는 고객을 연령, 소득 수준, 가족 크기 등으로 세분화
- Targeting: 고소득의 30~50대 직장인, 또는 가족 단위 고객을 타겟시장으로 선정
- Positioning: "럭셔리하면서도 실용적인 자동차"라는 메시지를 통해 프리미엄 브랜드

* STP 전략 사례: 패스트푸드 체인

- Segmentation: 패스트푸드를 선호하는 고객을 연령대, 식사 시간, 건강 지향 여부 등으로 세분화
- Targeting: 바쁜 일정을 가진 20대~30대 직장인, 또는 간편한 식사를 선호하는 젊은 소비 자층을 타겟으로 설정
- Positioning: "빠르고 맛있는 점심, 부담 없는 가격"으로 빠르게 점심을 해결할 수 있는 간편식으로 포지셔닝

* STP 전략의 사례: 나이키(Nike)

Segmentation: 나이키는 연령, 성별, 운동 유형(예: 농구, 러닝, 축구 등), 소득 수준에 따라 시장을 세분화한다.
Targeting: 운동과 관련된 소비자를 타겟으로 하며, 특히 젊은층(20대~30대)과 운동을 즐기는 남성을 중심으로 집중한다.
Positioning: 나이키는 "Just Do It"이라는 슬로건을 통해 자기 극복, 도전 정신을 강조하며, 고급 스포츠웨어 브랜드로 포지셔닝하고 있다.

* STP 전략의 사례: 스타벅스 (Starbucks)

Segmentation: 스타벅스는 연령대, 라이프 스타일, 소득 수준에 따라 시

장을 세분화한다.

특히 도시 거주자와 고소득층을 주요 타겟으로 설정한다.

Targeting: 도시 중상층 이상의 소비자와 커피 애호가를 주요 타겟으로 삼는다.

Positioning: 스타벅스는 프리미엄 커피 브랜드로 포지셔닝하여, "커피를 넘은 경험"을 제공하는 브랜드 이미지로 자신을 자리 잡고 있다. 또한, 커피만이 아니라 편안한 환경과 사회적 공간을 제공하는 장소로 마케팅 한다.

STP 전략은 시장을 정확히 분석하고, 자사의 제품이나 서비스를 효과적으로 차별화할 수 있는 강력한 도구이다. 시장 세분화를 통해 고객의 다양한 요구를 이해하고, 타겟팅을 통해 자원을 집중하며, 포지셔닝을 통해 경쟁자와의 차별화된 가치를 전달할 수 있다. STP 전략은 성공적인 마케팅 캠페인을 운영하는 데 필수적인 기초가 된다.

STP 전략은 시장에서 효과적으로 경쟁하고, 자사의 제품이나 서비스를 성공적으로 마케팅하기 위한 강력한 도구이다. 세분화된 시장을 정확히 이해하고, 그 중 가장 적합한 타겟을 선정한 후, 그 타겟시장에서 독특한 위치를 차지하도록 포지셔닝을 통해 경쟁력을 강화하는 과정이다. 기업이 고객의 요구를 보다 잘 이해하고, 마케팅 자원을 효율적으로 활용할 수 있게 도와준다.

고객 마음속에 자사제품을 차별적으로 어떻게 인식시킬 것인가에 관한 5가지 전략이다.

첫째, 고객 분석으로 자사 제품에서 소비자들의 욕구는 무엇인지를 평가하고 파악하는 과정이다.

둘째, 경쟁자 분석으로 제품의 경쟁사를 파악하는 과정이다.

셋째, 경쟁사의 경쟁 제품이 고객들에게 어떻게 인식되고 평가 받는지를 파악하는 포지션 분석이다.

넷째, 자사 제품에서 경쟁 제품에 비교하여 고객의 욕구를 충족시킬 수 있는 적합한 자사 제품의 포지션이다.

다섯째, Positioning 전략 실행 후 자사 상품이 목표한 위치에 Positioning

이 되어있는지 확인하는 것이다.

Positioning 브랜드 결정 및 고객의 지각, 이미지 등이 독특하고 특별한 제품으로 차별성이 있으며 성능, 가격, 디자인 등을 평가하는 소비자의 분석이다.

4. 마케팅 전략의 수행과정

마케팅 전략의 수행 과정은 시장에서 성공적인 결과를 도출하기 위한 체계적이고 단계적인 프로세스이다. 마케팅 전략을 단순히 구상하는 것에 그치지 않고, 실행하고 평가하는 과정을 통해 목표를 달성할 수 있다.

1) 전략적 계획수립

(1) 계획 개요

기업이 추구하는 주요목표, 기업 이념, 개념 계획을 생성한다.

(2) 사업 현황 분석

환경상황, 배경 분석, 경쟁사를 분석한다.

(3) 자사의 강점, 약점, 기회, 위협의 요인을 분석한다.

(4) 전략적 목표 수립

재무목표와 마케팅 목표 등 전략을 수립한다.

(5) 마케팅 전략 수립

전략적 목표로 세부 추진사항의 전략을 수립한다.

(6) 구체적 목표 설정

기업의 전략적 목표달성을 위해 수립된 마케팅 전략을 구체화한다.

(7) 소요 예산 편성

손익계산서를 통해, 수익과 비용을 고려하여 소요예산을 편성한다. (고정비와 변동비로 구분)

(8) 피드백과 통제방법 설정

수립된 계획 수행, 현황, 방법, 관리, 감독, 문제점의 보완 수행 방법 등을 설정한다.

2) 전략의 실행

단계로는 전략을 조직화하고, 마케팅 계획에 따라 각각 임무를 부여하며, 전달된 임무가 계획안에서 정해진 목표를 성취할 수 있도록 구성하는 과정의 실행이다.

마케팅 실행 영향요인

(1) 마케팅 관리자의 기술능력을 진단한다.
  - 프로그램의 결과를 진단하고, 평가할 수 있는 능력이다.

(2) 기업의 상황에 맞는 마케팅 전략을 수행한다.
  - 기업의 능력에 따라 방침이나 지시에 실행과정에 영향을 미친다.

(3) 마케팅 실행 능력, 마케팅 기술
  - 목표, 조사, 조직화, 상호작용 등의 기술을 요한다.

(4) 조직 평가, 정확한 평가가 더욱 효과적이다

3) 통제

통제란 계획의 일치 여부, 문제점, 수정 가능성 등을 파악하여 다시 계획에 활용하는 것, 지속적이고 체계적인 통제시스템을 개발하여 관리하는 항목으로는 판매율, 시장점유율, 마케팅 분석, 표적고객을 산출하여 계획한다. 분석에서는 제품, 지역, 시장, 유통경로, 규모, 수익 , 판매 증대, 광고 효과, 가격, 유통, 판매, 촉진 등의 데이터 분석이다.

마케팅 전략 수립으로 첫째, 월별, 연도별 사업목표를 정한다. 둘째, 시장을 세분화하고 목표시장을 정한다. 셋째, 유리한 경쟁전략과 차별화 전략을 수립한다. 마케팅 계획에서 시장 조사, 시장 세분화, 표적고객 선정이 중요한 핵심전략이다. 마케팅 전략 수립의 제품, 기술, 서비스 등의 홍보 계획과 경쟁사와 비교 분석하여 합리적인 가격전략을 수립하여, 판매 전략, 유통전략, 촉진 전략 등의 수립이다

5. 마케팅 전략의 사례

* 블루오션(blue ocean)

틈새시장(Niche market) 속에서 새로운 기회를 창조하는 전략이다.

블루오션(Blue Ocean)은 경쟁이 치열하지 않은 새로운 시장 공간을 의미한다. 즉, 기존의 치열한 경쟁이 벌어지고 있는 레드오션(Red Ocean)과는 달리, 새로운 시장을 창출하거나, 경쟁이 적은 분야에서 기회를 찾아내는 전략을 말한다. 블루오션 전략은 경쟁을 피하고, 독창적인 가치를 제공하여 시장을 선도하는 전략으로, 기업이 혁신적인 제품, 서비스 또는 비즈니스 모델을 통해 새로운 시장을 개척하는 데 중점을 둔다.

* 블루오션의 특징

- 경쟁이 적거나 없다: 블루오션 시장은 기존의 경쟁자가 많지 않거나 아예 없는 시장이기 때문에, 기업은 시장을 선도할 수 있는 기회를 갖는다.
- 새로운 수요 창출: 블루오션 전략은 기존 시장의 수요를 넘어서는 새로운 수요를 창출하는 데 초점을 맞추며, 고객이 현재는 존재하지 않는 새로운 가치나 경험을 찾을 수 있다.
- 혁신적인 차별화: 경쟁을 피하려면 기존의 제품이나 서비스와 차별화되는 혁신적인 아이디어나 기능을 제공해야 하며, 새로운 시장을 창출하고 선도할 수 있다.
- 성장 가능성: 경쟁이 적은 시장에서 먼저 자리 잡을 수 있기 때문에, 높은 성장 가능성과 이윤을 기대할 수 있다.

* 블루오션 전략의 핵심

블루오션 전략의 핵심은 차별화와 혁신을 통해 경쟁이 적은 시장을 개척하는 것이다.

기존의 경쟁자들이 집중하고 있는 레드오션에서 벗어나, 새로운 시장을 창출하고 선도하는 것이 목표이다. 가치 혁신(Value Innovation)이라는 개념을 중심으로 진행된다.

가치 혁신이란 기존 제품이나 서비스의 가치를 혁신적으로 변화시키는 것이며, 고객에게 새로운 가치를 제공하면서도 기업이 비용을 줄일 수 있는 방법을 찾아내는 것이다.

* 블루오션 전략의 예시

애플(Apple) - 아이폰(iPhone)

아이폰은 기존의 휴대폰 시장에서 블루오션을 창출한 사례이다.

애플은 단순히 전화 기능만 제공하는 것이 아니라, 스마트폰이라는 새로운 시장을 만들어냈다. 혁신적인 터치스크린, 다양한 앱 제공, 그리고 통합된 사용자 경험을 통해 기존의 휴대폰 시장과는 다른 차별화된 가치를 제공하였고, 큰 성공을 거두었다.

넷플릭스(Netflix)

넷플릭스는 전통적인 비디오 대여 시장에서 벗어나 스트리밍 서비스라는 블루오션을 창출했다. 고객들에게 언제 어디서나 원하는 영화를 스트리밍으로 볼 수 있는 편리함을 제공함으로써, 전통적인 TV와 영화 산업의 기존 경쟁을 뛰어넘었다.

크루그(Krug) - 고급 샴페인

크루그는 고급 샴페인 시장에서 블루오션 전략을 사용했다. 기존의 샴페인 시장은 가격이 높은 고급 샴페인과 대중적인 저가 샴페인으로 나누어졌지만, 크루그는 프리미엄 시장에서 차별화된 제품을 제공하며, 새로운 고객층을 창출하였다. 고급 샴페인 시장에서 독보적인 위치를 차지하게 되었다.

'태양의 서커스'

2007년부터 18개국 56개 도시의 서커스 공연에서 무용, 음악과 연극에 새로운 예술 무대로 미국 라스베가스에 대표공연으로 2018년 11월 12월 한국에서 공연 후 2019년 2월 15일 후쿠오카 공연으로 호기심과 신비로운 공연으로 전 세계를 순회한다(2025.10.11.~12.28 한국서울공연).

사우스웨스트는 혁신적 저가 항공, “애플”, “구글”, “페이스북”의 개척되지 않은 시장에서 아이디어로 성공적 신화를 거두었다. 또 다이소의 가격파괴와 즉석 밥 햇반의 CJ “갓 지은 밥맛”, 닌텐도의 위 게임이다.

블루오션 전략의 장점

- 경쟁 회피: 경쟁이 적거나 없기 때문에 가격 경쟁이나 과도한 마케팅 비용 부담에서 벗어날 수 있다.
- 높은 이익률: 혁신적인 가치 제안을 통해 고객에게 더 많은 가치를 제공함으로써 높은 가격을 책정할 수 있으며, 그로 인해 높은 이익률을 얻을 수 있다.
- 시장 선도: 시장의 초기 선두주자로서 브랜드 인지도와 고객 충성도를 높일 수 있다.

블루오션 전략의 단점

- 위험: 새로운 시장을 창출하는 과정에서 불확실성과 위험이 따른다. 예상보다 시장이 빠르게 성장하지 않거나, 경쟁자가 후발주자로 등장할 수 있다.
- 고객의 반응 불확실성: 새로운 제품이나 서비스에 대한 고객의 반응을 예측하기 어려워, 초기 투자가 실패할 가능성도 있다.
- 자원의 집중: 새로운 시장을 개척하기 위해서는 상당한 자원과 시간이 필요하다.

블루오션 전략은 기존의 경쟁에서 벗어나 새로운 시장을 창출하고 차별화된 가치를 제공하여 성공을 거두는 방법이다. 경쟁이 치열한 레드오션에서 벗어나 혁신적인 아이디어와 전략을 통해 새로운 수요를 창출하고, 시장을 선도하는 것이 블루오션 전략의 핵심이다.

잘 실행되면 높은 이익을 창출할 수 있지만, 그만큼 리스크와 불확실성도 따르므로 신중한 분석과 준비가 필요하다. 현재 존재하지 않거나 알려져 있지 않아 경쟁자가 없는 유망한 시장을 말하는 경쟁이 아니라 창조에 의해 얻어지며, 높은 수익과 빠른 성장을 가능케 하는 엄청난 기회가 존재한다. 시도된 적이 없는 광범위하고 깊은 잠재력을 지닌 시장을 의미한다. 대박이 나거나 쪽박을 찰 수도 있다는 표현이다.

* 레드오션(red ocean) : 포화 시장을 차별화

레드오션(Red Ocean)은 기존에 경쟁이 치열한 시장을 의미하는 개념으로, 기업들이 서로 치열하게 경쟁하는 시장 환경을 말한다. 경쟁자들로부터 시장을 빼앗기 위하여 치열한 경쟁이 펼쳐지는 기존의 시장에서 경쟁이 매우 치열하여 붉은(red) 피를 흘려야 하는 경쟁시장이다.

레드오션의 특징

- 경쟁이 치열함: 많은 기업들이 같은 시장에서 경쟁하므로 가격 경쟁이 심하고, 경쟁이 치열해진다. 기업들은 서로의 시장 점유율을 빼앗기 위해 가격을 내리거나, 마케팅 비용을 늘리는 등 다양한 방법으로 싸운다.
- 시장 성숙기: 레드오션은 대부분 성숙기 또는 포화된 시장에 해당한다. 제품이나 서비스가 이미 널리 퍼져 있으며, 시장의 성장 잠재력이 제한적이거나 거의 없을 때 발생한다.
- 제품 차별화 부족: 레드오션 시장에서는 대부분의 제품이나 서비스가 유사하기 때문에 차별화가 어려워진다. 소비자는 가격이나 마케팅 캠페인에 더 민감하게 반응할 수 있다.
- 가격 경쟁: 경쟁이 치열해짐에 따라 가격을 인하하는 경쟁이 발생하며, 기업들의 이익률이 낮아질 위험이 크다.

레드오션 전략

레드오션에서 경쟁하려면 다음과 같은 전략을 사용할 수 있다.

- 차별화 전략: 다른 경쟁자들과 차별화되는 제품이나 서비스를 제공하여 시장에서 독특한 가치를 창출하려는 전략이다. 브랜드 이미지, 기

술 혁신, 고객 서비스 등을 통해 달성할 수 있다.

- 비용 리더십 전략: 가격 경쟁에서 우위를 점하기 위해 원가 절감을 통해 비용을 최소화하는 전략이다. 대량생산, 공급망 최적화 등을 통해 경쟁자보다 낮은 가격으로 제품을 제공하는 것을 목표로 한다.
- 고객 충성도 강화: 이미 경쟁이 치열한 시장에서 고객을 잃지 않기 위해 고객 충성도를 높이는 전략을 사용할 수 있다. 회원 프로그램, 맞춤형 서비스, 브랜드 경험 강화 등을 통해 고객을 지속적으로 유지하려는 전략이다.

레드오션의 예시

소형 가전 시장: 소형 가전제품, 예를 들어 믹서기나 토스터와 같은 제품은 이미 많은 브랜드가 존재하는 시장이다. 제품 기능이나 품질이 거의 비슷해지며 가격 경쟁이 치열해지고, 제품의 차별화가 어렵다.

스마트폰 시장: 삼성, 애플, 화웨이와 같은 큰 기업들이 이미 시장에서 강력한 입지를 가지고 있으며, 다양한 제조사들이 치열하게 경쟁하고 있다. 대부분의 스마트폰이 비슷한 기능을 갖추고 있어 가격 경쟁과 마케팅 전략에 많은 의존도가 높다.

오뚜기 쇠고기 미역국라면 2018년 9월 출시. 일 판매량 16만 개, 국민 5명 중 1명 구매 출시 두 달만에 판매 1,000만 개를 돌파하여 이 시장에서는 경쟁이 심하고, 제품이나 서비스의 차별화가 어려워지며, 가격 경쟁이 주요한 경쟁 요소로 작용한다. 결과적으로 시장 내 이익이 줄어들고, 기업 간의 경쟁이 격화되면서 피 튀기는 경쟁처럼 보이기도 한다.

레드오션의 단점

- 이익률 감소: 치열한 가격 경쟁과 비슷한 제품들이 많아지면, 기업들은 이익을 얻기 어려워진다. 시장 내에서 경쟁자들이 가격을 낮추면, 이익률이 급격히 줄어든다.
- 시장 성장 한계: 레드오션은 일반적으로 성숙기 시장이기 때문에 성장

가능성이 낮거나 거의 없다. 따라서 시장 내에서 기업들이 더 많은 이익을 창출하기 어려운 상황이 발생할 수 있다.

- 고객 확보의 어려움: 경쟁이 치열한 시장에서 새로운 고객을 유치하기 위해서는 많은 마케팅 비용이 필요하며, 고객의 이탈을 방지하기 위한 노력이 계속해서 요구된다.

레드오션에서 벗어나는 방법

레드오션에서 벗어나려면 블루오션 전략을 활용하는 것이 중요한 방법이다. 기업은 경쟁을 피하고, 차별화된 가치를 제공하며 시장을 선도할 수 있다.

레드오션은 경쟁이 치열한 시장으로, 기업들이 가격 경쟁과 마케팅 비용을 높이는 등 치열하게 경쟁하는 시장 환경을 의미한다. 차별화된 경쟁 우위를 확보하기 어려운 경우가 많으며, 기업들은 이익 감소와 시장 성숙에 직면하게 된다. 이러한 환경에서 벗어나려면 블루오션 전략을 통해 새로운 시장을 개척하거나 차별화된 가치를 제공하는 방법을 고려해야 한다.

퍼플오션[Purple Ocean]은 재정의(problem-Redefine), 재창조(Re-Creative)

치열한 경쟁 시장인 레드오션과 경쟁자가 없는 시장인 블루오션을 조합한 이미지, 발상의 전환을 통하여 새로운 가치의 시장을 만드는 경영 전략이다. 경쟁이 치열한 기존시장에서 새로운 기술이나 아이디어를 활용해 독창적인 시장을 개척하는 것, 레드와 블루를 혼합 하언을 수 있는(보라색 또는 자주색) 미래지향적 개념의 전략이다.

퍼플오션(Purple Ocean)은 블루오션과 레드오션의 중간에 위치하는 시장 전략을 의미하는 개념으로 경쟁이 존재하지만, 충분한 차별화와 시장 기회를 만들어낼 수 있는 시장을 의미한다. 블루오션의 완전한 무경쟁 시장과 달리, 퍼플오션은 경쟁이 어느 정도 존재하지만, 차별화된 접근이나 혁신을 통해 경쟁에서 우위를 점할 수 있는 기회가 존재하는 시장이다.

퍼플오션의 특징

- 경쟁과 기회가 혼합됨: 퍼플오션은 레드오션처럼 경쟁이 존재하면서

도, 블루오션처럼 충분히 기회를 찾을 수 있는 시장이다. 즉, 경쟁은 있지만, 그 안에서 차별화나 혁신을 통해 성공할 가능성이 존재하는 시장이다.

- 차별화된 가치 제공: 퍼플오션에서는 기존의 제품이나 서비스에 대한 차별화가 가능하며, 새로운 고객층을 타겟으로 할 수 있다. 고객이 기존의 선택지와는 다른 가치를 경험할 수 있게 되는 것이다.
- 특정 틈새시장: 퍼플오션은 보통 기존의 시장에서 미비한 부분이나 틈새시장을 공략하는 경우가 많다. 경쟁자가 어느 정도 존재하지만, 그들이 다루지 않은 부분에 초점을 맞추면 차별화된 위치를 구축할 수 있다.
- 기존 경쟁자와의 차별화: 레드오션에서 경쟁이 치열하지만, 다양한 차별화 전략을 통해 경쟁자들 사이에서 자신만의 입지를 강화할 수 있다. 차별화된 기능이나 가치 제안을 통해 고객의 인식을 변화시키는 전략이다.

퍼플오션 전략

퍼플오션 전략은 기본적으로 블루오션 전략과 레드오션 전략을 결합한 형태이다. 즉, 기존의 경쟁이 존재하는 시장에서 차별화된 가치를 제시하여 새로운 기회를 창출하는 전략이다.

퍼플오션 전략을 위한 핵심 요소

- 차별화된 제품/서비스 제공: 기존 시장에서 비슷한 제품들에 비해 뛰어난 차별화 요소를 제공하여 경쟁자들과의 격차를 만들 수 있다.
- 고객 경험 중심: 고객에게 특별한 경험을 제공하거나, 기존의 고객 요구를 새로운 방식으로 해결하는 것이 중요하다.
- 기존 시장에서의 혁신: 기존 시장 내에서 새로운 기술이나 비즈니스 모델 혁신을 통해 경쟁자들과 다른 점을 만들어낸다.
- 시장 니즈 반영: 기존 시장의 트렌드나 고객의 미충족 수요를 파악하고, 그에 맞는 제품/서비스를 개발하여 기회를 찾는다.

* 퍼플오션의 예시

스마트 워치(Apple Watch)

스마트 워치는 기존의 시계 시장과 스마트폰 시장이 겹치는 부분에서 경쟁하고 있다.

하지만 애플은 기존 시계와는 다른 기능, 예를 들어 건강관리, 운동 추적, 통신 기능 등을 결합하여 기존의 시계 시장과는 차별화된 퍼플오션 시장을 만들어냈다. 스마트폰을 보유한 사람들에게 새로운 가치를 제공하면서도, 전통적인 시계 시장의 경쟁을 피할 수 있는 선략이다.

전기차(Tesla)

전기차는 기존의 내연기관 자동차 시장에 새로운 혁신적 접근을 시도한 사례다.

테슬라는 기존 자동차 시장에서의 전통적인 자동차 회사들과의 경쟁 속에서 차별화된 친환경적 요소와 스마트 기능을 결합하여 퍼플오션 시장을 창출했다.

자이리톨 껌

'잠자기 전에 씹는 껌', '양치 후에 씹는 껌'으로 사고의 전환과, 자작나무, 떡갈나무 천연 감미료사용으로 구강보건상 장점이 많다고 홍보하며 치과의사협회 공식인증을 받아 광고한다. 에이스침대, '침대는 과학이다'라는 카피로 발상의 전환으로 마케팅하며, 드라마<미생>은 웹 툰<미생>을 원작으로 인기를 보였고, <해를 품은 달>의 드라마는 뮤지컬로 만들어 관심이 집중되었다.

헬스케어 및 피트니스 시장

기존의 헬스케어 시장에서 다양한 피트니스 제품들이 존재했지만, 개인화된 피트니스 프로그램과 스마트 헬스케어 기기를 결합하는 기업들이 퍼플오션 시장을 형성했다. 사례로, 핏빗(Fitbit), 미르(Mirror) 등의 기업들은 기존 시장에서 차별화된 경험을 제공하며 시장에서 자리를 잡았다.

퍼플오션의 장점

- 경쟁을 줄일 수 있음: 퍼플오션은 레드오션처럼 과도한 경쟁에 시달리지 않으면서도, 블루오션처럼 완전히 새로운 시장을 창출하지 않아도 되므로, 시장 진입이 비교적 용이하다.
- 차별화된 전략: 기존 시장에서 차별화된 전략을 통해 고객의 새로운 요구를 충족시킬 수 있으며, 이를 통해 시장에서 유리한 위치를 차지할 수 있다.
- 적당한 리스크: 블루오션처럼 완전히 새로운 시장을 개척하는 리스크는 없지만, 기존의 시장에서 충분히 기회를 찾을 수 있기 때문에, 리스크는 상대적으로 낮다.

퍼플오션의 단점

- 완전한 시장 독점 불가능: 기존의 경쟁자가 이미 존재하는 시장이므로 시장 독점이나 완전한 지배는 어려울 수 있다.
- 시장 변화에 민감: 경쟁자가 퍼플오션 시장을 인지하고 따라 올 경우, 시장에서 경쟁이 다시 치열해질 수 있다. 즉, 지속적인 차별화가 필요하다.
- 고객의 인식 변화 필요: 새로운 가치나 경험을 제공하려면 고객의 기존 인식과 행동을 변화시키는 데 시간이 필요할 수 있다.

퍼플오션은 경쟁이 존재하지만 차별화와 혁신을 통해 성공할 수 있는 시장을 의미한다.

블루오션과 레드오션의 중간에 위치한 전략으로, 기존 시장 내에서 틈새시장을 공략하거나 새로운 가치를 제공하여 경쟁 우위를 확보하는 방법이다. 퍼플오션 전략을 통해 기업은 기존의 시장에서 경쟁하면서도, 고유한 가치를 제공하여 고객의 선택을 받을 수 있다.

* 그린오션(green ocean)

그린오션(Green Ocean)은 최근에 주목받고 있는 시장 전략으로, 주로 환경적 지속 가능성과 친환경적 가치를 중심으로 한 비즈니스 모델을 의미한다. 기업이 환경 보호와 지속 가능한 개발을 중심에 두고, 친환경적 혁신을 통해 시장 기회를 창출하는 데 초점을 맞춘다.

그린오션은 블루오션과 레드오션의 개념과는 달리, 지속 가능성과 사회적 책임을 중요한 요소로 삼고 있다.

그린오션의 특징

- 지속 가능한 혁신: 그린오션은 환경적, 사회적 지속 가능성을 중심에 두고, 기업들이 친환경적인 제품이나 서비스를 통해 시장에서 경쟁 우위를 점하는 전략이다.
- 사회적 책임: 환경 보호와 사회적 책임을 다하는 기업들이 더 많은 소비자들의 신뢰와 선호를 얻을 수 있는 시장이다. 지속 가능한 소비에 대한 관심이 높아짐에 따라, 그린오션은 기업의 윤리적 책임을 강조하는 측면이 강하다.
- 친환경적인 가치 제공: 기업은 환경 친화적 제품이나 서비스를 제공하여 소비자들에게 가치를 전달한다. 새로운 시장을 창출하고, 기존의 경쟁 시장에서 차별화를 꾀할 수 있다.
- 에코트렌드와 연계: 그린오션은 환경을 고려한 에코 혁신이나 친환경 트렌드를 반영하여, 사회 전반적인 환경 의식과 연계된 사업 기회를 추구한다. 탄소 배출 절감, 재활용, 재생 가능 에너지 등과 관련된 혁신이 중요하다.

그린오션 전략

그린오션 전략은 기업이 환경적 지속 가능성을 중요한 가치로 삼고, 이와 관련된 시장 기회를 창출하는 방식이다. 그린오션의 핵심 전략 요소는 다음과 같다.

- 친환경 제품/서비스 개발: 기업이 환경에 미치는 영향을 최소화하면서 소비자에게 새로운 가치를 제공하는 제품이나 서비스를 개발하는 것이다. 재활용 가능한 소재로 만든 제품이나, 에너지 절약 기술을 접목

한 서비스 등이 이에 해당한다.

- 탄소 배출 절감: 기업이 친환경 생산 공정을 도입하거나, 저탄소 배출 기술을 통해 생산 과정에서 발생하는 탄소 배출을 줄여나가는 전략이다.
- 지속 가능한 공급망 구축: 기업이 자원을 효율적으로 사용하고, 환경에 미치는 영향을 최소화하는 방법을 찾기 위해 지속 가능한 공급망을 구축한다.
- 소셜 임팩트: 그린오션 전략은 단순히 환경적 이익뿐만 아니라, 사회적 책임도 포함된다. 공정 거래나 지역 사회와의 협력 등을 통해 긍정적인 사회적 영향을 미칠 수 있다.

* 그린오션의 예시

테슬라(Tesla)

테슬라는 전기차를 생산하면서 친환경적 이동 수단을 제공하는 대표적인 그린오션 기업이다. 기존의 내연기관 자동차와는 다른 방식으로 탄소 배출을 줄이는 혁신적 접근을 했으며, 전 세계적으로 친환경 혁신을 주도하고 있다. 또한, 재생 가능 에너지 솔루션을 제공하는 등, 지속 가능성을 중요한 기업 철학으로 삼고 있다.

스타벅스(Starbucks)

스타벅스는 친환경적인 소재로 만든 컵과 재활용 가능한 용기를 사용하고 있으며, 커피 농장에서 지속 가능한 농업 방식을 채택하고 있다. 환경 보호와 사회적 책임을 다하는 기업으로서 지속 가능성을 추구하고 있다.

패타고니아(Patagonia)

패타고니아는 환경 보호와 사회적 책임을 중심으로 한 친환경적인 의류를 만드는 브랜드이다. 재활용 소재를 사용하고, 환경 보호 활동을 지원하는 등의 노력을 통해 그린오션 시장을 창출하고 있다. 패타고니아는 “기업의 목적은 이윤 창출이 아닌, 환경을 보호하는 것”이라는 철학을 바탕으로 소비자들에게 강력한 신뢰를 얻고 있다.

이케아(IKEA)

이케아는 재활용 가능한 제품을 디자인하고, 지속 가능한 공급망을 구축하는 데 주력하고 있다. 또한, 지속 가능한 에너지를 활용한 생산 공정과 친환경 가구를 만들어내며, 그린오션 시장에서 큰 성과를 올리고 있다.

그린오션의 장점

- 소비자의 긍정적인 반응: 환경에 대한 관심이 높아지면서, 친환경적인 기업에 대한 소비자들의 신뢰가 증가하고 있다. 따라서 그린오션 시장에서는 충성도 높은 고객층을 확보할 수 있다.
- 사회적 책임: 기업은 환경적 지속 가능성에 기여함으로써 사회적 책임을 다하고, 긍정적인 이미지를 구축할 수 있다. 장기적으로 브랜드 가치 상승에 도움이 된다.
- 법적 규제와의 대응: 전 세계적으로 환경 규제가 강화되는 추세이다. 그린오션 전략을 통해 기업은 규제를 준수하면서 환경에 미치는 영향을 최소화할 수 있다.
- 차별화된 경쟁 우위: 환경 문제에 민감한 소비자들을 타겟으로 할 때, 친환경적인 제품이나 서비스 제공은 중요한 차별화 요소가 된다. 기존 경쟁자들보다 독특한 가치를 제공할 수 있다.

그린오션의 단점

- 초기 비용 증가: 친환경적인 제품이나 서비스를 개발하기 위해서는 초기 투자가 많이 들어갈 수 있다. 재활용 가능 소재를 사용하는 등 지속 가능한 방법은 비용이 더 들 수 있다.
- 소비자의 낮은 인식: 일부 소비자들은 친환경적인 제품에 대해 높은 가격을 지불하려 하지 않거나, 친환경의 진정성에 의문을 가질 수 있다.
- 시장 제한: 그린오션 시장은 아직 전 세계적으로 모든 시장에서 확대된 것은 아니기 때문에, 특정 시장에서만 한정된 고객층을 대상으로 할 수 있다.

그린오션은 친환경적 가치와 지속 가능성을 중심으로 시장에서 새로운 기회를 창출하는 전략 이다. 환경 보호와 사회적 책임을 다하는 기업은 소비자의 신뢰와 충성도를 얻을 수 있으며, 지속 가능한 발전을 추구하는 사회적 흐름에 맞추어 성장할 수 있다. 블루오션과 레드오션의 경계를 넘어서는 새로운 시장을 창출하는 중요한 방법 중 하나로, 미래 시장의 핵심적인 요소로 자리잡을 가능성이 크다.

친환경에 핵심 가치를 두고 환경을 보호하고 웰빙, 로하스 시장(건강한 삶과 환경보존), 세계 각국이 환경 규제를 강화하고 중요시 여기는 사례로 풀무원의 환경경영, 청계천개발(친환경으로 교체)과 로하스 인증제도 "친환경적이며 사회공헌"이 기업 단체의 제품이며 인증유효기간은 1년, 매년 연장 심사한다고 한다.

베블런 효과(Veblen effect) = 과시적 소비

베블런 효과(Veblen Effect)는 가격이 높은 제품이 더 많은 수요를 끌어들이는 현상을 설명하는 경제적 이론이다. 이 개념은 미국의 경제학자 소스턴 베블런(Thorstein Veblen)이 처음으로 제시한 것으로, 고급 소비재에 대한 상류층의 소비 패턴을 분석하며 이론을 발전시켰다.

베블런 효과의 핵심 개념

베블런 효과는 소비자의 선택이 제품의 가격과 그 제품이 상징하는 사회적 지위에 큰 영향을 받는다는 것을 설명한다. 즉, 고급 소비재가 비쌀수록 더 많은 사람들이 그것을 사려는 경향을 보이며, 이 제품을 소유하는 것이 사회적 지위를 나타내는 중요한 요소로 작용한다.

베블런 효과의 특징

- 상류층 소비문화: 고급 브랜드나 고급 소비재는 종종 지위의 상징으로 여겨진다. 베블런 효과는 이러한 사회적 지위를 과시하기 위해 소비가 이루어진다는 것을 강조한다.
- 가격 상승이 수요 증가로 이어짐: 일반적으로 가격이 올라가면 수요는

감소하는 것이 경제의 기본 원칙이지만, 베블런 효과에서는 가격이 비싸수록 수요가 증가하는 패턴이 나타난다. 고가의 제품이 상류층 소비자들에게 더 매력적이기 때문이다.

- 비싸게 소비하는 경향: 사람들은 비싼 제품을 구입함으로써 자신의 경제적 지위나 사회적 위치를 과시하려는 욕구가 강하다. 가격이 높을수록 제품의 매력이 증가하는 역설적인 상황이 발생하기도 한다.
- 품질보다 지위 중시: 소비자들이 선택하는 이유는 제품의 기능성이나 품질보다는, 사회적 지위를 나타내는 상징적인 의미가 강하다. 명품 브랜드의 가방이나 자동차는 제품의 기능보다는 소유자가 보여주는 지위가 중요한 요소로 작용한다.

* 베블런 효과의 예시

명품 브랜드

루이비통(Louis Vuitton), 샤넬(Chanel), 구찌(Gucci) 등의 고급 명품 브랜드는 대표적인 베블런 효과의 예시이다. 이 브랜드들은 제품의 품질도 뛰어나지만, 그보다 더 중요한 것은 브랜드가 상징하는 사회적 지위이다. 가격이 높을수록 소비자들의 구매욕구가 증가하는 경향이 있다.

고급 자동차

페라리(Ferrari), 롤스로이스(Rolls-Royce), 벤틀리(Bentley) 같은 고급 자동차 브랜드도 베블런 효과의 대표적인 예이다. 이 자동차들은 성능과 품질이 뛰어난 것 외에도 고유의 브랜드 가치와 사회적 지위를 상징하는 역할을 합니다. 가격이 비쌀수록, 그 제품을 소유하는 것이 더욱 중요한 가치로 작용한다.

고급 시계

롤렉스(Rolex), 오메가(Omega)와 같은 고급 시계 브랜드도 베블런 효과를 설명하는 좋은 예이다. 이런 시계들은 단순히 시간을 확인하는 기능 이상의 의미를 가지며, 소유자에게 고급스러운 이미지를 제공하고, 상류층의 상징으로 여겨진다.

고급 주택

고급 아파트나 빌라는 가격이 상승할수록 더욱 수요가 증가할 수 있다. 고급 아파트나 해변 또는 한강의 고급 빌라는 그 자체로 사회적 지위를 나타내는 상징이 된다.

베블런 효과의 경제적 영향

- 프리미엄 가격 책정: 베블런 효과는 기업이 프리미엄 가격을 책정하고도 여전히 수요가 증가하는 이유를 설명한다. 고급 브랜드나 명품 제품을 선호하는 소비자들이 가격이 비쌀수록 더 구매하려는 경향을 보이기 때문에, 기업은 가격을 높게 설정하여 이 효과를 활용할 수 있다.
- 소비자 심리: 베블런 효과는 소비자들이 비싼 제품을 통해 얻는 심리적 만족감에 의존한다는 점에서 중요한 의미를 갖는다. 소비자는 가격을 고려하는 대신, 자신의 사회적 지위를 나타낼 수 있는 제품을 선호하게 된다.

베블런 효과는 가격이 비쌀수록 더 많이 팔리는, 즉 고급 소비재가 가격 상승에 따라 수요가 증가하는 현상을 설명한다. 소비자들이 제품의 가격보다 사회적 지위를 더 중요하게 여기며, 지위 과시를 위해 비싼 제품을 구매하는 경향에서 비롯된다. 이 효과는 명품 시장, 고급 브랜드와 같은 분야에서 뚜렷하게 나타나며, 기업들이 프리미엄 가격 전략을 채택하는 데 중요한 이유를 제공한다.

가격이 오르는데도 과시욕이나 허영심 때문에 고가 제품의 수요가 줄어들지 않는 현상으로, 고급화, 차별화 전략, VVIP 마케팅 전략이 있다.

사례로 수입자동차, 명품가방, 최고급 가전제품, 고가 귀금속 등의 전략이다.

디드로 효과(Diderot effect) = 종속적 제품, 연관제품

하나의 상품을 구입하여 그 상품과 연관된 상품을 연속적으로 구입하는 현상(정서적, 심미적 동질성까지 느끼는 현상)의 사례로 바비 인형의 인형 옷, 가구, 집, 액세서리를 다양하게 출시하여, 연관된 확장 제품을 계속 소비를 하게 만든다.

디드로 효과(Diderot Effect)는 한 가지 새로운 소비가 다른 소비를 촉발하는 심리적 현상을 설명하는 개념이다. 이 효과는 프랑스의 철학자 덴이스 디드로(Denis Diderot)의 개인적인 경험에서 유래했다. 디드로는 그의 삶에서 일어난 경험을 통해 사람들이 새로운 물건을 구매하면서 기존에 가진 것들과의 조화와 일치를 추구하는 경향을 가지고 있다는 것을 발견했다.

디드로 효과의 특징

- 소비의 연쇄적 확장: 새로운 제품이나 서비스의 구매가 다른 제품들의 구매로 이어지는 현상이다. 새로운 고급 가구를 구매하면, 그 가구와 잘 어울리도록 다른 가구나 장식품을 더 사고 싶어 하는 경향이 나타날 수 있다.
- 기존 물건과의 일치: 새로운 물건이 기존의 소유물들과 조화를 이루기 위해 소비가 이어지는 경향이 있다. 디드로는 새로운 물건을 얻으면서 기존의 물건도 새로운 기준에 맞춰 바꾸려는 경향을 보였기 때문에, 소비가 일종의 일관성을 갖추려고 하는 욕구에서 발생한다고 할 수 있다.
- 물질주의적 경향: 디드로 효과는 물질적 소유와 자기 이미지의 관계를 강조한다. 소비자는 자신의 물건이 다른 물건과 어울리도록 계속 구매함으로써, 자신을 더 나은 모습으로 보이게 하려는 욕구를 가진다.

* 디드로 효과의 예시

가구와 인테리어

새로운 고급 소파나 가구를 구매하면, 그 가구가 기존의 가구와 어울리도록 추가적으로 소품, 커튼, 조명 등을 구매하게 될 수 있다. 새로 구매한 고급 소파가 집에 배치되면, 그 소파와 잘 어울리는 다른 인테리어 소품을 구매하려는 욕구가 생긴다.

패션 소비

한 명품 브랜드의 핸드백을 구매한 후, 그 핸드백과 어울리는 신발, 의류 등을 구매하는 경향이 있다. 새로운 패션이 기존의 옷과 잘 어울리도록 하려는 욕구가 소비를 자극한다.

기술 제품

새로운 스마트폰을 구매한 후, 그 스마트폰에 맞는 케이스, 액세서리, 이어폰 등을 추가로 구매하는 경우도 디드로 효과이다. 스마트폰을 구매하면서, 자신의 기술 환경을 일관성 있게 유지하려는 경향이 나타난다.

자동차 구매

새로운 고급 자동차를 구매한 후, 그 자동차와 어울리는 액세서리, 차량용 장비, 주차장에서의 스타일링 등을 추가로 구매하는 경우가 이에 해당할 수 있다.

레고의 창의성교육의 대명사인 조립식 블록완구, 덴마크어로 '잘 놀다'(leg godt) 의미로 연속적으로 계속 소비를 이끌고 있다.

디드로 효과는 사람들이 새로운 물건을 구매한 후, 그 물건과 어울리도록 기존의 물건들을 바꾸거나 추가적으로 구매하는 연쇄적 소비 현상을 설명한다. 사람들이 소유물의 일관성과 자기 이미지를 중시하기 때문이다. 디드로 효과는 소비자의 구매 패턴을 이해하는 데 중요한 개념으로, 기업들이 소비자 심리를 활용해 마케팅 전략을 세우고 추가 구매를 유도하는 데 매우 유용하다.

9장 CASE STUDY

무신사(MUSSINSA):
"STP 전략으로 1020을 사로잡다"

Chapter 09. 창업 마케팅 전략 - STP · 4P · SWOT 적용 사례

1. 시장세분화(Segmentation)

- 연령: 10대 후반 ~ 30대 초반
- 스타일: 스트릿 패션 중심, 감성적 브랜드 선호
- 구매 성향: 모바일 쇼핑 익숙, 리뷰 · 인플루언서 영향 큼

2. 타깃 설정(Targeting)

- "패션에 민감하지만 합리적인 소비를 원하는 MZ세대"
- 온라인 기반 패션 쇼핑의 핵심 타깃: 남성 20대 중반, 여성 10대 후반

3. 포지셔닝(Positioning)

- 국내 최대 스트릿 패션 셀렉트숍
- "믿고 보는 브랜드 큐레이션 플랫폼"이라는 이미지 확립
- 사용자 리뷰, 랭킹, 스타일링 콘텐츠 제공으로 정보 + 감성 결합

4. 4P 요소 전략

Product: 자체 브랜드(MU), 인기 브랜드 입점, 리뷰 기반 큐레이션

Price: 중가~합리적 가격 / 다양한 할인 이벤트 및 적립금 제공

Place: 모바일 앱 중심, UI/UX 최적화된 온라인 채널

Promotion: 인플루언서 협업, SNS 콘텐츠 마케팅, '무신사 스토어' 커뮤니티 운영

5. SWOT 요약 내용

Strength: 강력한 타깃 고객층, 브랜드 신뢰도, 자체 브랜드

Weakness: 타 연령층 확장 한계

Opportunity: 온라인 명품 편집숍 확장, 글로벌 진출

Threat: 경쟁사(29CM, 에이블리 등) 증가, 패션 트렌드 변화 빠름

학습 포인트

- STP와 4P 전략을 통해 타깃 중심의 브랜드 전략 설계
- 패션 소비의 감성과 정보를 동시에 공략한 성공 사례
- SWOT 분석을 통해 향후 확장 전략 도출 가능

토의 질문

1. 무신사는 어떻게 고객군을 세분화하고 타겟팅했는가?

2. 브랜드 감성과 플랫폼 신뢰성을 함께 잡기 위해 어떤 마케팅 전략을 사용했는가?

Work Sheet - 01

학번: ____________________

이름: ____________________

Chapter 09 창업 마케팅 전략 분석

1. 나의 창업 아이템의 Target 고객은 누구인가요?

2. 어떤 가치로 고객에게 기억되고 싶나요?

3. 내 제품의 4P 전략을 한 줄씩 써보세요.

- Product(제품):

- Price(가격):

- Place(유통):

- Promotion(촉진):

4. 나의 강점은 경쟁자와 어떤 점에서 다를까요? 차별화?

10
CHAPTER

창업 마케팅 활동

학습목표

1. 버즈 마케팅
2. Food 마케팅
3. 저가격 마케팅
4. 체험 마케팅
5. 감성 마케팅
6. 컬러 마케팅
7. 코즈 마케팅
8. 숫자 마케팅
9. 미투 마케팅
10. 이성 마케팅
11. 인플루언서 마케팅 등
12. 로고
13. 슬로건
14. 포장
15. 디자인
    - **Work Sheet 작성**

CHAPTER 10
창업 마케팅 활동

마케팅 활동의 요소로 제품 생산 계획, 시장 조사, 광고, 선전, 판매 촉진, 가격 조절 등이며, 제품이 생산자에서 소비자에게 가기까지의 모든 과정을 처리하는 활동이다. 물품의 생산에서 소비에 이르기까지의 유통관계에 관련된 모든 마케팅 활동이다. 최고 경영진이 기업의 핵심 전략을 결정하며 핵심 관리자들이 전략 수행을 개발한다.

기업은 소비자의 입장에서, 고객자산에 미치는 영향을 분석하고 장기적인 수익과 성장의 구체적인 마케팅 활동의 전략이다. 기업의 제품이나 서비스가 좋은 것이라고 납득시킬 필요가 있다.

제품전략(Product Strategy)으로 어떤 제품을 제공할 것인가?

가격전략(Price Strategy)으로 가격을 어떻게 결정할 것인가?

유통전략(Place Strategy)으로 새로운 유통경로의 개발이 필요한 것이며,

촉진전략(Promotion Strategy)으로 고객에 대한 정보전달, 설득활동을 계획하고 실천하기 위한 전략이 있다.

목표시장에 잘 도달하려면 마케팅 믹스 분석, 마케팅 전략의 목표를 달성한다. 뛰어난 마케팅 믹스는 광고, 홍보, 사업을 지원하는 프로모션 전략을 포함하고 있다. 광고와 홍보는 좋은 회사를 제공할 수 있다. 프로모션은 군중을 간헐적이지만, 지속적인 시간과 투자가 필요하다. 기술은 기업이 제품이나 서비스를 홍보하는 방법을 바꾸었다.

인터넷 마케팅은 매출을 구축하고 저렴하게 대규모 고객 기반을 대상으로 할 수 있다. 비즈니스 웹사이트에서는 상품이나 서비스 표시와 설명, 전자

상거래 및 보안된 거래 보호를 사용한, 주문 상품과 서비스의 고객 지원, 경우에 따라서는 인터넷을 통해 상품이나 서비스의 제공 등이 가능하다. 광고, 홍보의 마케팅 믹스를 만드는 방법을 결정하고, 타겟고객에게 최적의 소득과 예산에 맞출 수 있다. 마케팅 전략과 활동을 이해하면, 주, 월, 분기 또는 년 단위로 실시하는 전략적 활동의 일정을 만든다. 일정을 작성하기 전에 모든 마케팅 아이디어를 나열해야 한다. 기업의 목록을 계획 세워 아이디어의 목록을 만든 후 각 항목에 대한 시간 또는 비용의 금액을 추정한다. 다음은 올해 첫 6개월 동안 실시하려는 것에 우선순위를 지정한다.

마케팅 전략판매, 전략 비교, 고용 상태, 감독, 보상, 영업비용에 미치는 영향, 판매, 고객의 지식, 판매된 제품, 고객 서비스, 내부 영업팀, 직원의 판매 노력과 외부 판매팀의 하청 업체. 영업팀, 수수료, 현실의 판매 방법 등 마케팅의 유효성을 확인하는 것이 마케팅의 노력이 성과를 거두고 있다. 가치가 있는 마케팅 활동의 성과를 추적하고 제품이나 서비스가 얼마나 시장에 침투하고 있는지를 측정하는 마케팅 활동이다. 자주 사용하는 미디어는 무엇인지, 프로모션 타이밍, 고객에게 구매에 사용된 핵심 이유, 광고, 행사, 인센티브를 검토하고 답변을 측정하는 포커스 그룹을 실시하여, 잠재 고객과 인터뷰하여 유사 상품 또는 서비스의 구매 장소를 결정하고 웹사이트에 히트 건수를 확인하며, 구입마다 특별한 선물을 제공하고, 전망치나 제품 샘플링에 대한 반응과 매출 수익(매출액에서 비용을 뺀 것)을 추정하고 외부 판매 방법으로는 솔로, 인터넷, 기존의 유통경로, 직접 판매원, 라이센스, 판매 담당자 또는 제조업체 담당자, 기업 비즈니스에 어떤 방법이 최적일지를 파악해야 한다.

목표시장에 도달하기 위해 필요한 개념을 기억해야 할 중요한 것으로는 의사 결정의 브랜딩을 통해 이미지를 컨트롤하는 것, 마케팅 전략 수립, 전략의 실시를 위한 구체적인 활동 계획이 포함되며 마케팅 믹스의 성공은 광고, 홍보, 프로모션이 마케팅 활동에 영향을 주고, 시장 침투의 효과를 보장하기 위해 추적해야 한다. 판매 프로세스가 완료되면 고객 또는 영업 담당자가 판매를 종료하고 고객 관계를 구축하고 판매를 재개하는 데 도움이 된다.

사업 기획 프로세스의 마케팅 섹션으로 첫째, 목표시장에 도달할 수 있도록 미디어를 선택한다. 현실적인 광고를 선택하여 목표시장에 도달한다. 신문, 잡지, 라디오, 방송, 프로그램시간, 텔레비전, 목표시장에 적합한 네트워크 또는 케이블 프로그래밍, 웹 배너, 웹사이트, 소셜미디어, 타겟시장에서 가장 많이 사용되는 사이트를 결정하고 둘째, 광고 목표를 설정한다.

광고의 고객은 누구인지, 광고의 목표를 설정한다. 셋째, 광고의 내용을 결정한다. 이 광고의 마케팅 메시지는 무엇인지, 제품이나 서비스의 장점보다는 기능에 초점을 맞추고 있는지, 넷째, 기업의 광고 카피를 설명하는데 어떤 이미지가 도움이 되는지 스케치한다. 광고의 색상, 제목 스타일과 크기, 사용 기간, 선택하는 음악 등의 내용을 포함한다. 마지막으로 광고에 대한 의견을 다른 사람에게 물어본다. 가능하면 표적대상의 사람들로부터 피드백을 요청하고 의견에 따라 광고를 수정한다.

마케팅 전략, 전술 및 활동의 단계를 살펴보자.

1단계: 사업의 마케팅 전략을 결정한다. 비즈니스에 적합한 마케팅 전략을 결정하려면 아래 질문을 보자. 어떤 목표 시장에 가장 접근하고 있는지, 목표시장은 현재 어떤 요구에 대응하고 있는지 이러한 요구사항을 충족하기 위해 제공할 수 있는 제품이나 서비스는 무엇인지, 경쟁 우위는 이러한 요구를 어떻게 충족할건지, 경쟁 우위와 목표시장의 요구를 해결하기 위해서 어떤 전략을 채택해야 하는지, 이러한 전략(광고, 홍보, 판촉, 판매 방법, 기타 활동 등)을 실시하는 데 가장 핵심이 되는 활동은 무엇인지를 파악한다.

2단계: 마케팅 맵을 만든다. 마케팅 전략을 파악한다. 샘플을 참조하여 아이디어가 필요한 경우 마케팅 활동의 전략을 전술한다.

3단계: 판매 리드를 인증하고 고객 프로필에 영업 리드를 어떻게 대응할지에 대해 설명한다. 사용자 의사 결정자 또는 구매자에게 판매 프레젠테이션을 원하는지를 설명한다.

4단계: 잠재 고객에게 접근한다. 잠재 고객에게 접근 수단을 설명한다.

5단계: 영업 프레젠테이션을 실시한다. 잠재 고객에게 판매 프레젠테이션을 할 때 기업의 제품 또는 서비스를 잠재 고객에게 지속적으로 사용하는 액션을 기술한다.

6단계: 이의 신청을 처리한다. 잠재 고객이 일관되게 사용하는 행동을 설명하는 제품이나 서비스의 구매에 대해 이의를 제기하는 불만을 보완한다.

7단계: 판매를 종료한다. 잠재 고객이 구매 신호를 보여줄 때 영업 담당자가 사업을 구할 때 지속적으로 사용하는 액션을 기술한다.

8단계: 판매 후 후속 서비스가 필요한 경우 고객 또는 영업 담당자가 판매 거래를 완료한 후 고객과 후속 경우에 일관되게 사용하는 조치의 기술을 안내한다.

마케팅을 통한 경제 효과, 매출을 늘리기 위한 마케팅 활동을 아래에서 살펴보자.

1. 버즈 마케팅(Buzz marketing)

버즈 마케팅(Buzz Marketing)은 입소문을 이용해 자연스럽게 소비자들 사이에서 제품이나 서비스에 대한 관심을 유도하는 마케팅 기법이다. 이 전략은 소비자들 간의 자발적인 대화와 관심을 이끌어내는 데 집중하며, 주로 흥미롭고 독특한 콘텐츠나 경험을 통해 브랜드의 인지도를 높이고, 긍정적인 의견을 생성하려고 한다.

버즈 마케팅은 제품이나 서비스를 화제로 만들어 사람들 사이에서 자연스럽게 퍼지게 하며, 종종 소셜 미디어, 인플루언서, 이벤트 등 다양한 채널을 활용하여 이루어진다. 입소문 마케팅의 일종으로 상품을 이용해본 소비자가 그 상품에 대해 주위 사람들에게 자발적으로 긍적적인 메시지를 전달케 함으로 입소문을 퍼트리도록 유도하는 마케팅이다.

경험을 제공하는 것이 버즈 마케팅의 중요한 부분이다. 소비자가 직접 체험하거나 특별한 이벤트에 참여하면서 브랜드에 대한 이야기를 하도록 유도하는 전략이다.

한정판 제품 출시, 특별한 경험을 제공하는 팝업 스토어, 인터랙티브한 이벤트 등은 사람들이 직접 체험하고 그 경험을 소셜 미디어나 친구에게 공유하도록 만들 수 있다.

* 버즈 마케팅 전략의 사례

에어비앤비(Airbnb): 사용자들이 독특한 숙소를 경험할 수 있도록 함으로써 입소문을 유도한 좋은 사례이다. 숙소 경험을 공유하도록 장려하며, SNS에 자신의 여행 경험을 공유하는 고객들이 많았고, 그 경험이 자연스럽게 버즈를 일으켰다.

아이폰 출시 이벤트: 매번 대중과 미디어의 큰 관심을 끌었다. 새로운 기능이나 디자인을 공개하는 순간마다 사람들은 그 내용을 자발적으로 소셜 미디어와 뉴스에서 이야기했으며, 자연스러운 버즈 마케팅으로 작용했다.

오래된 자전거 광고 캠페인: 자전거 브랜드는 "이 자전거를 타고 어디까지 갈 수 있을까요?"라는 메시지를 담은 광고 캠페인을 통해 소비자들의 관심을 끌었고, 사람들은 자기만의 여행 계획을 세우면서 브랜드를 자연스럽게 공유했다.

버즈 마케팅은 사람들의 관심을 끌고 자연스럽게 대화를 촉발시킬 수 있는 강력한 도구로 효과적인 전략을 사용하면 적은 비용으로도 큰 효과를 얻을 수 있다.

2. Food 마케팅

Food 마케팅은 음식 산업에서 제품을 홍보하고 소비자들에게 매력적으로 다가가는 다양한 마케팅 전략을 말한다. 음식과 음료는 소비자들에게 중요한 결정 요소들이 많기 때문에, 창의적이고 효율적인 마케팅 전략이 필요하다. 특히 음식 제품은 감각적 경험(맛, 냄새, 색 등)을 전달하는 것이 중요하며, 소셜 미디어와 이벤트 등 다양한 채널을 활용하여 소비자와의 관계를 강화하는 것이 핵심이다.

음식 마케팅에서는 고객의 연령, 성별, 라이프 스타일, 건강 선호도, 지역 등을 고려해 타겟을 세분화한다. 사례로, 건강 지향적 소비자, 패스트푸드 선호 소비자, 비건, 채식주의자 등 특정 세그먼트에 맞춘 전략을 마련해야 한다. 음식 브랜드는 스토리와 철학을 잘 전달해야 한다. 지역에서 나는 신선한

재료를 사용한다고 강조하거나, 건강하고 지속 가능한 생산 방식을 택한다고 하면 고객의 공감을 얻을 수 있다. 브랜드 아이덴티티를 잘 구축하여 브랜드와 제품의 일관성을 유지하는 것이 중요하다. 로고, 슬로건, 포장 디자인 등에서 브랜드의 가치를 시각적으로 드러내야 한다. 음식은 시각적 매력이 중요하며, 소셜 미디어에서 음식 사진은 매력적이다. 시각적인 이미지는 소비자가 제품을 구매하는 데 큰 영향을 미친다.

* Food 마케팅 전략의 사례

스타벅스(Starbucks)는 시즌 한정 메뉴와 커스터마이징 가능한 음료 제공을 통해 소비자들에게 특별한 경험을 선사한다. 매년 가을에 출시되는 펌킨 스파이스 라떼와 같은 시즌 음료는 소비자들의 큰 관심을 끌며, 시즌마다 새로운 메뉴를 기대하게 만든다. 또한, 스타벅스는 소셜 미디어에서 적극적으로 활동하며, 고객이 직접 찍은 음료 사진을 공유하도록 유도하고, 다시 브랜드 홍보에 활용한다.

음식 마케팅은 감각적이고 직접적인 경험을 중요시하며, 소셜 미디어와 인플루언서 마케팅을 통해 소비자와의 긴밀한 관계를 형성하는 것이 중요하다. 창의적이고 독특한 콘텐츠와 이벤트로 브랜드를 차별화하고, 소비자가 자발적으로 브랜드를 홍보하게 만드는 것이 핵심 전략이다.

3. 저가격 마케팅

저가격 마케팅(Low-Price Marketing)은 가격을 주요 경쟁 요소로 활용하여 소비자들에게 매력적인 가격을 제시하고, 시장 점유율을 확대하거나 고객을 유치하는 전략이다. 가격을 낮추는 방식은 소비자들에게 "가성비"를 강조하며, 상대적으로 비싼 제품보다 가격 면에서 더 나은 선택을 제공하는 느낌을 준다. 하지만 가격 경쟁에만 의존하면 장기적으로 브랜드 가치나 품질에 대한 인식이 저하될 수 있기 때문에 전략적으로 잘 활용하는 것이 중요하다.

시장선택으로 가격탄력성이 높은 시장을 타겟으로 삼았다.

원가우위 전략을 사용한다.

(1) 공급적인 가격 정책으로 경쟁자들과 가격차를 크게 벌린다.

(2) 종류를 한정시켜 독특한 제품군의 정체성을 유지한다.

(3) 선택한 품목만을 대량생산하여 구매 가격을 급감시키는 데 집중한다.

* 저가격 마케팅 사례

이케아: Self 시스템 구조로 미완성 제품을 사서 소비자가 직접 조립하는 방식으로 중간유통, 조립 과정을 생략함으로써 비용이 아주 절감된다.

다이소: 합리적인 가격, 좋은 품질이란 기업슬로건으로 고객 밀착형의 제품구색, 점포운영 대량구매를 통한 원가절감의 유통혁신 POS System(Point of Sales)으로 팔린 상품에 대한 정보를 판매시점에 즉시 기록함으로써 판매 정보를 집중적으로 관리하는 체계 DPS System(Digital Picking System)으로 점포로부터의 발주 Data를 센타의 상품 Rack에 부착된 표시기에 피킹수량을 체크하여 Digital로 표시하여 별도의 List없이 누구나 신속하고, 정확하게 쇼핑할 수 있는 시스템 TMS System(Transportation Management System)이다.

화물운송 때 수반되는 자료와 정보를 신속하게 수집하여 이를 효율적으로 관리하는 동시에 수주 기능에서 입력한 정보를 기초로 비용이 가장적은 수송경로와 수송수단을 제공하는 시스템의 혁신이다.

이마트(E-Mart): 노브랜드는 저가격 전략을 통해 시장에서 큰 인기를 끌었다. 제품의 품질은 보장하되 가격을 대폭 낮춰, 많은 소비자들이 가격 대비 가성비가 뛰어난 제품을 선택하게 되었다.

샤오미(Xiaomi)는 스마트폰과 전자제품을 저가격에 제공하며 빠르게 시장 점유율을 확대했다. 제품의 기능성은 뛰어나지만 가격을 대폭 낮춰 소비자들에게 가성비 좋은 선택을 제시했다.

저가격 마케팅은 단기적으로 빠른 소비자 유치와 시장 점유율 확대에 효과적일 수 있지만, 장기적인 전략으로는 품질 관리와 브랜드 가치가 중요하다. 가격을 낮추는 동시에, 가성비를 강조하고, 품질을 보장할 수 있는 방안을 함께 고려해야 한다.

4. 체험 마케팅

체험 마케팅(Experience Marketing)은 소비자에게 직접적인 경험을 제공하여 제품이나 서비스를 보다 감각적이고 정서적으로 기억에 남게 만드는 마케팅 전략이다. 단순히 제품을 판매하는 것을 넘어서, 소비자가 브랜드와 상호작용하고 실제로 느낄 수 있는 경험을 제공하는 데 초점을 맞춘다.

체험 마케팅은 브랜드 충성도를 구축하고 입소문을 유도하는 데 매우 효과적이다.

소비자들이 직접 체험을 함으로써 제품의 홍보 효과를 기대하는 마케팅 방법이다.

제품이나 서비스의 분위기와 이미지 또는 브랜드를 통해서 소비자들의 감각을 자극하는 체험에 집중하는 것이 장점이다.

* 체험 마케팅의 종류

(1) 감각 마케팅: 고객의 감각을 자극할 때 미적인 즐거움에 초점을 맞춤.

(2) 감성 마케팅: 고객의 기분과 감정에 영향을 미치는 감성적인 자극을 통해 브랜드와 유대관계를 강화.

(3) 지성 마케팅: 고객의 지적 욕구를 자극하여 고객으로 하여금 창의적으로 생각하게 함.

(4) 행동 마케팅: 체험 행동을 하는 데 다양한 선택권을 알려주어 육체와 감각에 자극되는 느낌들을 극대화하고 고객으로 하여금 능동적 행동을 취하도록 함.

(5) 관계 마케팅: 브랜드와 고객 간의 사회적 관계가 형성되도록 브랜드, 커뮤니티를 형성.

* 체험 마케팅의 사례

Nike는 디지털 체험과 체험형 매장을 결합하여 소비자들에게 맞춤형 운동화 디자인, 운동과 관련된 도전 과제 등을 제공하면서 브랜드 충성도를 높이고 있다.

Lush는 자연주의 화장품을 판매하면서 매장에서 직접 체험할 수 있도록 다양한 제품 샘플을 제공하며, 고객들이 직접 손으로 만져보고 사용하는 체험을 통해 구매를 유도한다.

체험 마케팅은 단순한 제품 판매를 넘어서, 소비자와의 정서적 연결을 강화하고, 장기적인 브랜드 충성도를 확보하는 데 매우 효과적인 전략이다.

5. 감성 마케팅

감성 마케팅(Emotional Marketing)은 소비자의 감정과 정서적 반응을 자극하여 브랜드나 제품에 대한 호감도와 충성도를 높이는 마케팅 전략이다. 소비자에게 감동적이고 기억에 남는 경험을 제공하며, 단순한 기능적 혜택보다 감정적인 가치를 중심으로 소비자의 결정을 유도한다. 감성 마케팅은 브랜드의 가치를 강화하고, 소비자와 브랜드 사이의 정서적 관계를 형성하는 데 중요한 역할을 한다. 고객의 기분과 정서에 영향을 미치는 감성적 동인을 통해 브랜드와 고객 간의 유대 관계를 강화하는 것으로 이성보다 감성에 호소하라. 마케팅 커뮤니케이션에 있어서 감성의 활용은 브랜드 이미지를 차별화하고 브랜드 충성도(brand loyalty)를 강화할 수 있는 핵심적인 방법이다.

감성 마케팅 성공사례로 경동보일러는 효도를 "부모님 댁에 보일러한대 놔드려야 겠어요"란 슬로건으로 한국인의 정서를 자극하여 감성 마케팅으로 지속 가능한 성장을 하고 있다. 사례로 초코파이, 인간적인 감성을 자극하여 소비를 이끌어 내는 마케팅 전략과 정(情)이라는 감성을 자극하여 '마음을 전하는' 수단으로 광고 시리즈로 제작한 박카스의 성공된 사례이다. 수년 연속 감성을 자극하는 광고 시리즈를 보여주면서 '공감'이라는 정서를 자극하는 감성 마케팅 전략이다.

코카콜라는 "친구와 함께 나누는 행복한 순간"을 강조하는 캠페인으로 감성 마케팅을 활용했다. 특히, "Share a Coke" 캠페인에서는 사람들의 이름을 병에 적어 놓아 소비자들에게 개인적인 연결감을 주었다.

감성 마케팅은 소비자의 감정을 자극하여, 브랜드와의 정서적 연결을 강화하고 구매 결정을 유도하는 강력한 전략이다. 감동적인 메시지, 스토리텔링, 시각적 요소 등을 활용하여 소비자의 감정을 이끌어내고, 브랜드에 대한 충성도와 호감도를 높이는 데 중요한 역할을 한다.

6. 컬러 마케팅

사람이 사물을 봤을 때 가장 먼저 인지하게 되는 것이 색깔이라는 점을 이용하여 기업이나 브랜드의 이미지를 나타낼 때 다양한 컬러를 활용해 소비자의 뇌리에 각인시키고, 소비자의 구매욕을 자극하는 마케팅 기법이다. 상품의 강조, 차별화, 개성표현이 가능하다.

미국 컬러 리서치연구소 (CR) 연구

✓ 소비자의 상품 선택은 초기 90초 안에 잠재적으로 결정

✓ 상품이 좋고 싫다는 판단의 60~90%가 컬러에 의해서 좌우

-> 기업은 상품의 가치를 컬러로 명쾌하게 표현할 수 있어야 함

오감 중, 시각 87%, 청각 7%, 촉각 3%, 후각 2%, 미각 1%로 시각이 주는 색상이 민감하다.

* 색상(色相)

빨강 · 파랑 · 녹색이라는 이름 등으로 서로 구별되는 특성을 말한다. 색조와 거의 같은 뜻의 표현으로 나타내는 성질로 명도(明度), 채도(彩度)와 더불어 토양의 모든 특징을 종합적으로 나타낸다. 색상으로 기업의 정체성을 추구한다. 기업의 느낌을 전달하고 고객이 빨리 생각하며 쉽게 기억하는 방법이다. 사람이 사물을 봤을 때 가장 먼저 인지하게 되는 것이 색깔이라는 점을 이용하여 기업이나 브랜드의 이미지를 나타낼 때 다양한 컬러를 활용해 소비자의

뇌리에 각인시키고, 소비자의 구매욕을 자극하는 마케팅 기법이다. 상품의 강조, 차별화, 개성표현이 가능하다. 오감으로, 시각 87%, 청각 7%, 촉각 3%, 후각 2%, 미각 1%로 선택된다고 한다. 미국 컬러리서치 연구소(CR) 연구에서 소비자의 상품선택은 초기 90초 안에 잠재적으로 결정된다고 한다. 상품의 좋고 싫다는 판단의 60%에서 90%가 컬러에 의해서 좌우된다고 밝혔다. 그래서 기업은 상품의 가치를 컬러로 명쾌하게 표현할 수 있어야 성공의 지름길이다. 회사의 직원유니폼, 모자, 차량 등 브랜드 이미지를 부각시키는 데 색상이 중요한 역할을 한다. 제품 구입 전 좋아하는 색상의 제품이 구매 의사결정에 중요하며, 본인과 어울리는 색상을 소비자들은 선택한다. 문화별 색상 차이로 한국에서는 검정색은 죽음의 색상으로 인식하며, 일본은 흰색이 죽음의 색상으로 인식한다. 중국은 붉은색(길조의 색)을 선호한다.

색상(Color)은 창업 마케팅과 브랜드 전략에서 중요한 역할을 한다. 색상은 브랜드의 첫인상을 결정하고, 소비자에게 특정 감정이나 메시지를 전달하는 강력한 도구이다. 색상 선택은 브랜드의 아이덴티티를 강화하고, 소비자와의 연결을 깊게 하며, 궁극적으로 구매 결정에도 영향을 미친다.

* 소비자 행동에 대한 영향

색상은 제품에 대한 첫인상을 형성하고, 구매 의사결정 과정에서 중요한 요소로 작용한다. 연구에 따르면, 소비자들의 구매 결정의 약 60－90%는 시각적 요소에 의해 이루어지며, 그 중에서도 색상이 큰 비중을 차지한다.

식품 브랜드에서 따뜻한 색상(빨강, 주황, 노랑)은 식욕을 자극하고, 식음료 소비를 촉진하는 효과가 있다.

* 경쟁사와 차별화

색상은 경쟁 브랜드와 차별화할 수 있는 중요한 수단이다. 같은 제품이나 서비스를 제공하더라도, 색상을 통해 독특한 브랜드 이미지를 구축할 수 있다.

코카콜라의 빨간색과 펩시의 파란색은 두 브랜드를 명확히 구분 짓는 시각적 요소로, 각각의 색상이 브랜드 인지도를 높이는 데 기여한다.

* 문화적 차이와 글로벌 마케팅

색상이 문화에 따라 다르게 해석될 수 있기 때문에, 글로벌 마케팅에서는 색상의 문화적 의미를 고려해야 한다.

흰색: 서구에서는 순수함과 결혼을 상징하지만, 일부 아시아 국가에서는 장례식에 사용되는 색이다.

빨간색: 서구에서는 열정과 사랑을 나타내지만, 중국에서는 행운과 번영을 의미한다.

* 디지털 마케팅에서의 색상 활용

웹사이트, 소셜 미디어, 광고 캠페인에서 색상은 클릭 유도(CTA), 브랜드 인지도 강화, 사용자 경험 향상에 중요한 역할을 한다.

CTA 버튼의 색상을 전략적으로 사용하여 사용자 행동을 유도할 수 있으며, 파란색 또는 초록색 버튼은 신뢰감을 줘서 클릭 확률을 높이는 데 도움을 줄 수 있다.

* 색상을 효과적으로 사용하는 방법

- 일관성 유지

  브랜드의 색상 팔레트를 일관되게 사용하여 브랜드 정체성을 강화해야 한다. 로고, 웹사이트, 제품 패키징, 마케팅 자료 전반에 걸쳐 동일한 색상을 사용하는 것이 중요하다.

- 타겟고객에 맞는 색상 선택

  브랜드의 핵심 타겟층이 누구인지에 따라 색상 선택이 달라질 수 있다. 젊은 소비자들을 타겟으로 하는 브랜드는 밝고 생동감 있는 색상을 선택할 수 있으며, 고급 소비자를 타겟으로 하는 브랜드는 검정, 금색, 은색과 같은 고급스러운 색상을 사용할 수 있다.

- 경험적 테스트

  색상의 효과는 산업이나 타겟시장에 따라 달라질 수 있으므로, A/B 테스트와 같은 방법을 통해 어떤 색상이 더 높은 전환율을 가져오는지 실험하는 것이 중요하다.

색상은 창업 마케팅에서 매우 중요한 요소로, 브랜드의 성공에 큰 영향을 미칠 수 있다.

적절한 색상 전략을 통해 고객의 감정을 자극하고, 브랜드와의 연결을 강화하며, 경쟁사와 차별화할 수 있다.

* 색상이 마케팅에 미치는 영향

브랜드 이미지와 아이덴티티

색상 심리학: 색상은 특정 감정을 불러일으키며, 각 색상은 고유한 이미지를 형성한다.

빨강(Red)은 매우 강렬하고 눈에 띄는 색으로, 에너지, 열정, 강렬한 감정을 상징한다. 자연에서 쉽게 볼 수 있는 색상으로, 불, 혈액, 사랑 등과 관련이 있다. 빨강은 사람들에게 자극적이고 동적인 이미지를 주며, 심리적, 문화적으로도 매우 중요한 의미를 가진다.

빨강색은 열정, 에너지, 사랑을 표현하는 강렬하고 강한 색으로, 주의를 끄는 효과와 흥분을 유도하는 역할을 한다. 마케팅, 광고, 디자인, 패션 등에서 매우 중요한 색으로 사용되며, 때로는 경고, 위험의 상징으로도 활용된다. 빨강은 또한 자신감과 리더십을 나타내며, 건강, 용기, 사랑, 따뜻함, 열정, 힘, 위험, 행운을 상징한다. 대표적인 브랜드는 Coca Cola이다. 빨간색은 식욕을 불러일으키는 색이기 때문에 음식과 관련된 브랜드들에 많이 사용되고 있다.

빨간색: 강렬함, 열정, 긴급성(패스트푸드, 세일 광고 등에서 많이 사용)

파랑(Blue)은 파란색은 신뢰와 안정감을 준다.

역동성과 혁신적인 이미지, 의존과 신뢰, 성스러움과 희망의 메시지, 청혼의대명사로 자연에서 쉽게 찾아볼 수 있는 하늘, 바다, 물 등을 연상시킨다. 차분하고 안정적인 느낌을 주는 색으로, 평화, 신뢰, 지능, 우아함 등을 상징한다. 사람들에게 시원하고 고요한 느낌을 주며, 긍정적인 영향을 미치는 색으로 다양한 분야에서 활용된다. 파랑색은 고요함, 평화, 안정을 상징하는 색으로, 긴장을 완화시키고 편안한 느낌을 주는 효과가 있다. 하늘과 바다와 같은 자연에서 유래한 느낌으로 심리적 안정을 제공하여, 많은 사람들이 스트레스를 줄이고 차분한 상태를 유지하는 데 도움을 준다. 많은 기업들이 브랜드 이미지를 구축하여 전문성을 강조하며, 신뢰할 수 있는 인상을 주기 때문에 금융이나 기술 분야에서 자주 사용된다. 고객에게 신뢰와 안전의 이미지를 전달할 수 있다. 이성적 사고와 지능을 자극한다고 여겨진다. 사람들이 차분하게 생각하고, 분석적이며 논리적인 사고를 할 때 도움이 되는 색으로, 학습이나 업무에서 집중력을 높이는 데 유용하다. 넓고 개방적인 공간을 떠올리게 하여, 자유와 개방성을 상징으로 끝없이 펼쳐져 있어 경계를 넘은 자유의 이미지를 주며, 사람들에게 무한한 가능성을 제시하는 색으로 여겨진다.

'티파니 블루', 깊고 푸른 바다. 맑은 하늘을 연상한다. 행복, 시원함, 청춘, 용기, 신뢰, 청량을 상징하며 대표적인 기업 SAMSUNG의 대기업이다.

파랑색: 신뢰, 안정, 평온(금융 서비스, 보험, 기술 회사 등)

노랑(Yellow)은 따뜻한 느낌, 낙관적, 밝은 느낌, 황금, 안정감을 상징한다.

안전의 색, 어린이와 관련된 용품이 많다. 노랑색은 빨간색과 초록색의 혼합이 아닌, 빨간색과 초록색을 제외한 기본 색상으로, 밝고 화사한 느낌을 주는 색으로 햇빛, 여름, 활력, 희망을 상징하며, 사람들이 쉽게 인지할 수 있는 색이다. 또한 긍정적, 행복, 경고, 주의 등의 다양한 의미를 지니고 있다. 노랑색의 의미와 상징성으로 행복과 긍정적인 에너지로 자연스럽게 기쁨과 행복을 연상시킨다. 밝고 눈에 띄는 색상으로 긍정적인 에너지를 발산하며, 사람들에게 밝은 미래와 희망을 상징한다. 노랑은 햇빛의 색과 연결되기 때문에 사람들에게 따뜻함, 편안함, 즐거움을 느끼게 한다. 사람들이 즉각적으로 인식할 수 있는 색상 중 하나로, 경고나 주의를 기울여야 할 상황에서 자주 사용된다. 창의력과 지능을 자극하는 색상으로, 특히 학습이나 기획 작업에 유리한 색으로 여겨진다. 연구에 따르면, 노랑색은 기억력을 증진시키고, 집중력을 높여주는 효과가 있을 수 있다고 한다. 밝고 따뜻한 느낌을 주는 노랑색은 사람들 사이의 친근감을 증진시키고, 활발하고 에너지 넘치는 분위기를 만들어낸다.

노랑은 사람을 끌어당기고, 소통과 상호 작용을 촉진하는 색이다.

노란색: 긍정적, 창의성, 기쁨(어린이용 제품, 교통 신호, 경고 표지판, 안전 장비 등)

초록(Green)은 안전, 경쾌, 희망, 친목, 친근, 자연, 친환경, 자연친화적, 평화, 미래지향적 환경과 자연을 생각하는 환경경영을 우선시한다. 건강과 안정감의 대명사로 병원을 대표한다. 깨끗하고 안전하다는 메시지로 대표적인 성공사례 기업으로는 스타벅스와 NAVER이다.

녹색: 자연, 건강, 평화(친환경 제품, 건강 관련 브랜드)

보라(Purple)색은 빨강과 파랑의 중간색이다

색이 가진 의미로는 고귀함, 신성함, 죽음, 기다림, 저항, 등이 있다

현대카드에서 출시한 보라색 카드인 the Purple이 있다. 일반 직장인이 아닌 연봉 1억 원 이상의 대기업, 기업의 부장급 이상의 고소득자에게만 발급되었다. 영성, 예술과 신비로움의 대명사, 귀족적 이미지로 고급스러움의 대명사이다.

보라색: 상상력, 혁신, 고급스러움(뷰티, 패션)

검정(Black)은 빛이 없는 상태 또는 먹과 같은 색이다.

검정과 흰색의 대비가 뜻하는 바는 문화마다 다르다. 서양문화권에서는 나쁜 의미로 사용된다. 블랙리스트(Black List), 검은 목요일(Black Thursday)이 사례이다. 그러나 아프리카의 여러 문화권에서 검정과 흰색은 서양에서의 의미와는 정반대의 의미를 지녀 검정은 긍정적인 의미로 사용된다. 암흑, 죽음, 악마를 상징하기도 하지만, 우아함, 신비, 권력을 상징하기도 한다. 따라서 고위 계층이 사용하는 리무진이나 고급 승용차의 색상은 검정색이다. 도시적이며 모던한 이미지, 세련미를 상징한다. 사례로 아르마니, 샤넬(검정과 흰색의 조화)은 색상이 주는 이미지를 기업에 접목, 차갑고 신중한 이미지를 표현할 수도 있지만 고급스러움의 대표색이다.

검정색: 고급스러움, 권위, 세련됨(럭셔리 브랜드)

은빛(Silver)은 미래적이고 세련된 이미지와 신뢰감을 준다.

은색(銀色)은 은이 칠해진 금속의 표면에서 반짝이는 색으로 회색에 가까운 빛깔이다. 은메달의 색이며, 사람의 노화가 되면 머리카락이 하얀색으로 변해 가는데, 은색에 가깝다. 그러므로 노년층과 관련된 용어에는 '실버'(silver)라는 단어가 많이 포함되어 있다. 사례로, 노인복지 시설을 실버타운(Silver Town)이라 하며, 노년층 관련 사업을 의미하는 실버산업(Silver産業)의 단어로 쓴다. 고급스러우며 중후함을 상징한다.

주황색은 빨간색과 노란색이 혼합되어 만들어지는 색으로, 활기차고 에너지 넘치는 색으로 종종 묘사된다. 주황색은 감각적으로 따뜻하고, 강렬한 인상을 주며, 다양한 문화나 디자인에서 중요한 역할을 한다. 일반적으로 열정, 행복, 창의성, 자극, 자신감 등을 상징하는 색으로 여겨진다. 주황색과 관련된 감정과 심리로 긍정적 감정인 주황색은 기쁨, 즐거움, 행복을 상징하며, 사람들에게 자신감과 모험 정신을 불러일으킬 수 있다. 자극적인 효과로 주황색은 종종 행동을 촉진하거나 흥분을 유발하는 색으로 식욕을 자극하거나, 집중력을 높이는 데도 도움이 될 수 있다. 주황색의 문화적 의미로 서양문화: 주황색은 열정과 도전을 상징하며, 또한 가을과 수확의 계절을 연상한다. 동양문화: 주황색은 행복과 풍요를 의미하는 색으로, 특히 중국에서는 행운과 성공의 색으로 여겨진다.

주황색은 에너지, 창의성, 따뜻함을 대표하는 색으로, 사람들에게 긍정적이고 활기찬 인상을 남긴다. 마케팅, 디자인, 패션 등 다양한 분야에서 활발하게 사용되며, 심리적으로도 동기 부여, 자극, 행복과 관련된 효과를 나타낸다.

주황색: 창의적, 열정적, 접근성(창의적인 산업 또는 젊은 타겟을 목표로 한 제품)

7. 코즈 마케팅(Cause Marketing)

코즈 마케팅(Cause Marketing)은 사회적 또는 환경적 문제를 해결하는 데 중점을 두고, 기업과 비영리 단체가 협력하여 공익적인 목표를 추구하면서 브랜드 가치를 높이는 마케팅 전략이다. 기업은 특정 사회적, 환경적 문제를 해결하는 데 기여하면서 사회적 책임을 다하고, 소비자들은 사회적 가치를 실현하는 브랜드를 지원할 수 있다는 느낌을 받는다.

코즈 마케팅은 소셜 책임과 브랜드 이미지를 결합하여, 소비자들에게 긍정적인 감정과 사회적 가치를 전달하고, 기업의 신뢰도를 높이는 데 중요한 역할을 한다.

원인, 대의, 명분을 뜻하는 Cause와 Marketing이 합쳐진 용어 '착한 마케팅'으로 소비자사 제품이나 서비스를 통해서 사회적 가치를 창출하는 것으로 생산이나 과정에 있어 착한 소비에 효과적이다. 기업의 경영활동과 사회적 이슈가 되어 소비자의 관계를 통해 이윤을 추구하는, 공익 마케팅으로, 기부나 봉사활동을 하는 것이 아닌 소비자가 제품을 구입하면 기부로 연결되어 동시에 사회의 공익에도 참여하게 되는 매력적인 소비 형태이다. 기업이 환경, 보건, 빈곤 등과 같은 사회적 이슈, 기업의 이익추구를 위해 활용하는, 경제적 가치와 공익적 가치를 추구하여 사회, 기업, 소비자 모두에게 이익을 남긴다.

코즈 마케팅 사례로 탐스가 '기부 소비'라는 스토리텔링으로 소비자들의 주목을 받으면서, '원 포 원' 한 컬레의 신발을 사면 개발도상국 아이들에게 신발 한 컬레가 기부된다. 최근 기부 범위를 넓히기 위해 커피와 가방 등도 판매하고 있다 , 또 CJ제일제당은 소비자의 착한 소비를 위한 제품인 '미네워터'를 출시하여, 제품을 구입하면 한 병당 소비자가 100원을 기부하게 되고, 기업에서도 추가로 100원을 적립하고, 판매처인 CU편의점에서도 100원, 총 300원을 아프리카 물 부족 국가의 물 정화 작업에 후원한다.

Patagonia는 환경 보호와 지속 가능성을 강조하는 캠페인을 통해, 소비자들에게 환경 문제에 대한 책임감을 촉구하며 브랜드 이미지를 강화했다. "Don't Buy This Jacket" 캠페인은 소비자에게 불필요한 소비를 줄이고 환경을 보호하자는 메시지를 전달했다.

8. 숫자 마케팅(뉴메릭 마케팅 · Numeric Marketing)

숫자를 통해 브랜드, 상품의 인지도를 높이는 마케팅 기법을 말한다.

글자보다 기억하기 쉽고 사람의 심리를 자극하여 숫자로 브랜드나 상품의 특성을 나타내는 마케팅 활동이다. 이미지 전달이 빠르고 소비자의 호기심을 자극하는 강점을 적극적으로 활용하여 효과를 극대화한 것이다. 상품의 특징과 성격을 글자보다 숫자로 인지하기 쉽게 의미를 통하여 전문적이고, 계산적이며, 자연스럽게 광고효과를 기대할 수 있다. 장점으로는 소비자들이 신빙성 있게 받아들이는 효과와 브랜드나 상품의 인지도를 높이며, 제품을 각인하는 효과를 올리는 강점이 있다. 단점으로는 광고의 과장광고, 터무니없는 숫자를 붙일시 알기 어렵고 거부감을 유발할 수 있다.

나라마다 선호하는 숫자로는 한국은 7, 중국은 8, 몰골인은 9, 서양인은 4의 숫자를 좋아한다. 숫자마케팅의 사례로는 콘택 600, 성분이 다른 600종류의 약 성분, 흡수시간에 따라 약마다 다르게 코팅을 하여 효과가 12시간 지속된다고 어필한다.

2% 음료수는 체내 총수분량의 2%가 손실되면 신체가 갈증을 느끼게 되는데, 물을 섭취하면 해결될 수 있다는 점에 착안하여 제품명을 선정하였다.

여명808은 전국 편의점 음료분야 매출 연속 1위 숙취음료 대표 브랜드이다. 오리나무 외 간기능 보호, 천연재료로 배합하여 808번의 실험을 거쳐 탄생되었음을 강조하며 여명은 음주 후의 상쾌한 아침을 약속한다는 의미로 성공한 사례이다.

자일리톨 333 : 3가지 성분, 3가지 맛과 향, 3가지 제품임을 강조하여 대성공을 이루었으며, 주방세제 '트리오'도 야채, 과일, 식기 3가지를 씼을 수 있다는 점을 강조하여 성공한 사례이다. 숫자의 의미로는 짝수는 여성의 수, 홀수는 남성의 수로 표현한다. 2와 3이 더해져서 만들어진 5, 여자와 남자의 만남의 수 '부부의 수'로 인식하며 '5'는 중형차의 의미, BMW5시리즈, SM5, K5,

사넬 N05는 제품명의 숫자 5를 강조하기 위해 1924년 5월 5일 출시하였다.

그리고 요구르트 '이오'는 인체에 필요한 성분 5가지를 읽기 쉽게 한글인 이오로 표기한 건강음료이다.

그 외 비타500이다. 한 병은 100ml이고 50kcal이며 비타민c는 500mg, 비타민B2는 1.2mg이며, 무방부제, 무색소라고 홍보하여 성공한 제약회사이다. 2080치약은 20개의 건강한 치아를 80세까지 보존하자는 국민 치아 건강 미션을 실현하기 위해 심혈을 기울여 개발한 토탈 오랄케어 브랜드로 성공한 사례이다.

베스킨라빈스 31(Baskin Robbins)은 미국의 아이스크림 프랜차이즈 기업이다. 아이스크림의 종류가 '서른한 가지 맛'으로 한 달 동안 색다른 맛을 먹을 수 있다는 슬로건으로 홍보하여 성공사례 기업이다.

그 외 숫자 7은 행운의 수, 한 주의 7일, 7가지 빛의 색, 7월 7일, 체계를 가진 숫자라고 선호한다. 손톱깎이 세계시장을 정복한 '쓰리세븐'은 세계 1위 점유율을 자랑하는 제조업체이다.

숫자는 '인도 아라비아 숫자'로 1, 2, 3, 4, 5, 6, 7, 8, 9와 기호 0으로 되어 있다. 인도에서 만들어 아라비아 상인들에게 전파되었고, 그 숫자를 통해 편리하게 계산하는 것을 보았던, 유럽인들이 널리 전파하게 되었다.

* 숫자가 가진 의미

1: 처음, 최고

2: 여성, 연인, 합의, 결함

3: 신성한 숫자, 환원의 수, 삼신, 삼국, 삼형제, 삼위일체

4: 안정감

5: 여자와 남자의 만남의 수

6: 안전의 수

7: 행운의 수, 체계를 가진 수

8: 무한, 힘, 통제, 제어

9: 많음, 새로운 시작

10: 완전의 수, 기초가 되는 수, 10진 기수법(記數法)에서 사용되는 숫자 0, 1, 2, 3, 4, 5, 6, 7, 8, 9 가운데의 하나.

9. 미투(Me too · 모방) 마케팅

미투 마케팅(Me Too Marketing) 또는 모방 마케팅은 다른 브랜드나 성공적인 마케팅 캠페인을 모방하거나 따라하는 마케팅 전략을 말한다. 이 전략은 자사의 브랜드나 제품이 이미 성공적인 기업이나 캠페인과 유사한 방식으로 소비자에게 다가가려는 시도를 의미한다. 주로 트렌드나 인기 있는 마케팅 전략을 따라 하여 빠르게 시장에 진입하고, 주목을 받으려는 목적을 가지고 있다.

미투(Me too · 모방)의 시대, 자연스러운 시장형성 과정 VS 단순 카피캣 유사제품이 동시다발적으로 쏟아져 나오는 것이 최근의 특징이다.

삼성 Galaxy vs. Apple iPhone: 삼성은 애플의 iPhone 디자인과 기능을 많이 모방하여 초기 Galaxy 스마트폰을 출시했다. 큰 화면과 터치스크린 기술, 아이폰과 유사한 디자인 등을 채택하여 시장에서 빠르게 입지를 다지며, 애플의 아이폰을 강력한 경쟁자로 만들었다.

아모레퍼시픽과 LG생활건강의 쿠션 파운데이션 형태와 스펀지(에테르 폴리우레탄)와 관련된 특허침해소송을 각각 진행했다. 클레어스코리아 역시 히트 제품 '마유크림'의 유사 제품 및 짝퉁 제품이 시장에 급속도로 퍼지자 해당 업체들과 상표권 분쟁을 하였다.

해태제과의 '허니버터칩'의 인기에 힘입어 농심에서 '수미칩 허니머스타드', 오리온에서 '포카칩 스윗치즈맛'을 출시하였으며, 해태제과에서도 자가복제품 '허니통통'을 출시하였다. 또 농심 '짜왕'의 인기에 오뚜기에서 '진짜장'을, 팔도에서 '팔도짜장면'을 출시하였으며, 주류업계에서는 과일 맛을 첨가한 소주인 '순하리 처음처럼 유자맛'이 히트를 치자 하이트 진로에서 '자몽에이슬'을, 무학에서 '좋은데이'(석류, 블루베리)를 출시하였다.

미투 마케팅은 빠르게 트렌드를 반영하고 시장에서 성공을 거두기 위한 전략으로 유용하지만, 차별화가 부족하고 브랜드 고유의 정체성이 흐려질 위험이 있다. 따라서 미투 마케팅을 효과적으로 활용하려면 차별화 요소를 추가하거나 독창성을 부각시킬 필요가 있다.

10. 이성 마케팅

이성 마케팅(Rational Markcting)은 소비자에게 논리적이고 합리적인 이유를 제공하여 구매 결정을 유도하는 마케팅 전략이다. 마케팅의 접근 방식은 감성적인 요소보다 객관적이고 실용적인 장점을 강조하며, 소비자가 이성적으로 판단하고 결정할 수 있도록 유도한다. 제품이나 서비스의 기능성, 효율성, 경제성 등을 중심으로 메시지를 전달하는 방식이다.

이성 마케팅이란 제품의 1차적 속성(특성, 품질, 기능적 특성)을 구체적으로 전달하는 마케팅 기법이다. 소비자의 실용적, 기능적 욕구에 초점을 맞춘 마케팅 기법이다. 이성 마케팅의 사례로 귀뚜라미 보일러광고 가스요금에 대한 부담감을 직접적으로 언급하면서 제품을 광고하고 있다. '4번 태워 잡고, 거꾸로 태워 잡는다'라는 표현을 통해서 같은 양의 가스를 효율적으로 사용한다는 제품의 특성, 품질을 나타내고 있다. 가스누출탐지와 지진감지, 동파방지의 똑똑한 보일러라고 광고한다. 가스보일러, 기름보일러, 화목보일러, 전기보일러, 신재생보일러들의 특성을 소개한다. 이성 마케팅 장점으로는 품질과 기능의 구체적 전달과 기능적, 실용적 욕구 충족이며, 품질, 기능의 비교를 통한 합리적인 소비를 지향한다는 것이 유익한 핵심이다. 이성 마케팅의 단점으로는 소비자의 제품에 인식을 약화시키며, 현대에서의 제품 경쟁력 저하이다. 건강식품(Health Foods)과 같은 제품은 영양 성분이나 기능성을 강조하는 이성 마케팅을 사용한다. 영양소, 칼로리, 건강에 미치는 영향 등을 과학적으로 설명하여 소비자가 이성적으로 구매 결정을 내릴 수 있도록 유도한다.

이성 마케팅은 논리적이고 실용적인 정보를 제공하여 소비자의 구매 결정을 유도하는 전략으로, 특히 기능성, 경제성, 효율성 등을 중시하는 시장에서 매우 유효하다. 감성 마케팅이 감정적인 반응을 유도하는 반면, 이성 마케팅은 소비자에게 실질적인 이점과 논리적인 이유를 제시하여 합리적인 소비를 이끌어 낸다. 다만, 감성적인 요소를 제외하면 브랜드 충성도나 감정적 연결을 이끌어 내는 데는 한계가 있을 수 있다.

11. 인플루언서(Influencer) 마케팅

인플루언서 마케팅(Influencer Marketing)은 소셜 미디어 또는 온라인 플랫폼에서 강력한 영향력을 가진 인플루언서(Influencer)를 활용해 자사의 제품이나 서비스를 홍보하는 마케팅 전략이다. 인플루언서는 자신의 팔로워에게 큰 영향력을 행사할 수 있는 사람들로, 일반적으로 블로거, 유튜버, 인스타그램 사용자, 트위터 사용자 등 다양한 디지털 플랫폼에서 활발히 활동하는 인물들이다. 특정 분야에서 전문성이나 인기를 바탕으로 팔로워들에게 신뢰를 얻고 있다. 인플루언서 마케팅은 특정 타겟 소비자를 겨냥할 수 있다는 장점이 있다. 각 인플루언서의 팔로워가 특정 연령대, 성별, 취미, 지역 등에 집중되어 있기 때문에, 브랜드는 자사 제품과 잘 맞는 인플루언서를 선택하여 효과적으로 세밀한 타겟 마케팅을 할 수 있다.

'영향을 주다'는 뜻의 단어 'influence'에 '사람'을 뜻하는 접미사 '−er'을 붙인 것으로 '영향력을 행사하는 사람'을 뜻한다. 포털사이트에서 영향력이 큰 블로그(blog)를 운영하는 '파워블로거'나 수십만 명의 팔로워 수를 가진 소셜 네트워크 서비스(SNS) 사용자, 혹은 1인 방송 진행자들을 통칭하는 말이다.

인플루언서 마케팅은 이들을 활용해 제품이나 서비스를 홍보하는 마케팅 수단이다.

인플루언서는 타인에게 영향력을 끼치는 사람(Influence+er)이라는 뜻으로 SNS상에서 영향력이 큰 사람들을 일컫는다.

인플루언서 마케팅의 사례로 하겐다즈는 인스타그램의 유명 인플루언서들과 협업하여 제품을 비주얼 중심으로 홍보했다. 인플루언서들이 아이스크림을 맛있게 먹는 사진을 공유하면서 자연스럽게 제품을 홍보하고, 브랜드의 이미지를 강화했다.

인플루언서 마케팅은 타겟시장에 대한 강한 영향력을 기반으로 한 전략으로, 소비자들에게 자연스러운 추천을 통해 효과적으로 브랜드를 홍보할 수 있는 방법입니다. 신뢰, 콘텐츠의 다양성, 소셜 미디어의 영향력을 활용하여 브랜드 메시지를 강하게 전달할 수 있습니다. 다만, 효과 측정의 어려움, 위험 요소와 같은 단점이 있기 때문에, 적절한 인플루언서 선정과 캠페인 목표 설정이 중요하다.

그 외 마케팅은 "남과 다르기 위한 자기다움"의 차별화 전략이다.

- 컨텍스트(context) 마케팅: 특정 상품의 구매욕구 시점파악(촉진극대화)
- 협업 마케팅: 고객과 기업이 지식공유 마케팅
- 버저닝(versioning) 마케팅: 가치 중심의 가격설정 방식의 마케팅
- 번들링(bundling) 마케팅: 고객의 가치를 높이고 기업이익을 보장받는 방식
- 공동구매 마케팅: 수요의 양에 따른 가격결정 방식
- 인적판매 마케팅: 상품을 알리고 질문에 답하며 고객들과 대면 접촉하는 활동
- 정서 마케팅: 감정을 불러일으키는 기분이나 분위기를 우호적으로 활용
- 스토리텔링 마케팅: 기쁨을 간접적 이야기로 경험하게 하는 방법
- 공격적 마케팅: 적극적 마케팅
- 디(de) 마케팅: 얄미운 고객을 최소화하려는 기법
- 창조관광 마케팅: 신선한 아이디어+다양한 체험+스토리텔링
- 컬러 마케팅: 색상으로 감성적 반응을 불러일으키는 마케팅
- 데카르트 마케팅: 예술적인 디자인 우선주의로 소비자를 만족
- 테스트(test) 마케팅: 신제품 출시 전 거치는 시험과정(실패의 위험을 위한 예방조치)
- 힐링(healing) 마케팅: 고객의 피로와 스트레스를 치유하라=Well-being (기능을 넘어 휴식과 위안으로 음악, 휴식, 음식, 걷기)
- 과감한 마케팅: 고객을 감동시키는, 특별 서비스를 받았다고 느끼게 하라
- 스타(모델광고) 마케팅: 긍정적이고 신뢰감 주는 모델로 광고

- 가족광고 모델 마케팅: 공감으로 현실적이고 직설적으로 소통하는 광고
- 감성 마케팅: 이성보다는 감성에 호소하는 호소력을 지닌 언어적 표현
- 문화 마케팅: 삶의 질을 추구하는 정신적인 원동력
- 전시 마케팅: 시각 87%, 청각 7%, 촉각 3%, 미각 2%, 후각 1% 등 전시공간을 만들어 보여주는 행사
- 가치주도 마케팅: 소비자의 정신세계인 영성 가치에 조화를 둔다
- 대중문화 마케팅: 대량생산하여 소비되는 가벼운 문화, 쉽게 변하는 문화
- 디자인 마케팅: 감성, 창의성, 독특성, 시각적, 표현적 마케팅
- 전통문화 마케팅: 오래된 경험의 민속문화 마케팅
- 내부 마케팅: 사내 직원 계열사 대상
- 사회적 마케팅: 환경오염 방지처럼 사회 전체의 공익을 고려한 마케팅
- 표적 마케팅: 차별화된 특성을 가진 상품으로 차별적 마케팅
- 인터넷 마케팅: 음성, 영상, 동영상등 다양한 정보전달이 통합 가능한 매체이용
- 스포츠 마케팅: 스포츠의 배경을 이용한 마케팅
- 체험 마케팅: 직접 경험해보고, 느끼고, 즐기게 하는
- 버즈(Buzz) 마케팅: 사람들 사이에서 상품에 대하여 주고받는 입소문
- 쇼버즈 마케팅: 상품을 점잖게 포장하여 매장에서 판매하는 동시에 적절한 버즈를 창출
- 복고풍 마케팅: 소비자의 향수를 자극하는 광고
- 슬로건 마케팅: 광고에 반복적인 문안으로
- 헤드라인 마케팅: 인쇄광고에 제목 같은 역할을 하는 카피 광고
- 유머 마케팅: 미국 – 15%, 영국 – 그 이상 비중광고. OB라거 '랄라라' 유머형
- 패러디 마케팅: 낯익은 영화나 TV의 유명한 장면을 코믹하게 재연하는 parody광고
- 배경 마케팅: 광고 레이아웃에서 도형 뒤에 놓여있는 부분

– 캠페인 마케팅: 여러 편의 광고를 장기적으로 관리하는 마케팅
– CM송 마케팅: 광고의 노래로 리듬감 있게 마케팅
– 연속형 마케팅: 광고를 일정수준 지속하는 전략 마케팅
– 팝업광고 마케팅: 웹브라우저가 열릴 때 새로운 창과 함께 그 위로 나타나는 배너 광고
– 키워드 마케팅: 검색결과가 나오는 창에 관련 업체의 광고가 노출되는 마케팅
– 텍스트 광고 마케팅: 하이퍼링크를 통한 텍스트 기반의 인터넷 광고 유형 text
– 비영리 마케팅: 이윤극대화보다는 자체 조직의 목적 달성을 지향

12. 로고(logo)

로고(Logo)는 회사, 브랜드, 제품 또는 서비스의 아이덴티티를 나타내는 시각적인 심볼 또는 기호이다. 로고는 간단하고 인식하기 쉬운 형태로 브랜드의 본질을 전달하는 중요한 역할을 한다. 보통 텍스트, 아이콘, 심볼, 색상 등을 조합하여 디자인된다.

로고의 역할로 브랜드를 쉽게 인식할 수 있도록 도와준다. 사례로 애플(Apple)의 로고는 매우 간단하지만 전 세계 어디에서든 쉽게 인식된다.

로고의 디자인 요소에는 크게 세 가지가 있다

첫째, 타이포그래피(글자체) 둘째, 아이콘 또는 심볼 셋째, 색상이 있다.

회사·조직을 나타내는 특별한 디자인으로 된 상징적 이미지이다. 기업을 기억하며, 새로운 얼굴이다. 벤츠, 삼성, 애플, 코카콜라, 나이키 등의 로고를 우리는 이미 성공된 이미지로 기억하고 있다.

사례로 벤츠의 상징 세 꼭지별 엠블럼 로고는 입체적인 모습이다. 또 세 꼭지별 엠블럼과 함께 브랜드 표어인 '최고가 아니면 만들지 않는다.'(The best or nothing)가 기업이념이다. 또 벤츠의 세 가지 핵심 가치인 완벽

(Perfection), 열정(Fascination), 책임(Responsibility)을 표현했다. 애플로고도 살펴보자. 한 입 베어 먹은 사과모양! 로고의 가설로는 스티브 잡스가 일하던 오리건주에 사과농장이 많았고 사과농장에서 일하던 그는 사과농부 생활을 그만하고 돈을 벌어야겠다는 의미, 또 스티브 잡스가 가장 좋아 하였던 영국의 록밴드 비틀즈 그룹의 음반 회사, 애플 레코드(Apple Records)이다. 1968년 비틀즈 멤버인 존 레논, 폴 매카트니, 조지 해리슨, 링고 스타가 설립한 애플 코어의 자회사 때문에 유래되었다는 속설도 있고 그리고 또 아담과 이브가 한입 베어 먹은 선악과나무를 상징한다는 속설도 있으며, 컴퓨터 과학자인 앨런 튜링을 존경하였는데 그가 자살하였을 당시 그 옆에 사과가 있었기에 그를 기리는 마음으로 만들었다는 속설들이 있다. 성공한 로고는 기업의 긍정적인 측면으로 전달된다. 즐겁고 친근하며 신선한 이미지로 정체성을 알리기에 매우 중요하며, 상징하는 의미의 로고로 차별화하여야 한다. 기업의 특별한 점, 차별화된 전략, 경쟁적 포지셔닝의 임팩트 있는 색상 또는 디자인으로 기획하여 표현하며 기업로고를 제작하고 효과적으로 만들어야 한다. 획기적인 로고로 브랜드가치를 알려야 한다.

- 로고 디자인: 로고는 브랜드의 얼굴과 같은 역할을 하며, 첫인상을 형성하는 가장 중요한 시각적 요소이다. 로고 디자인은 브랜드의 핵심 가치를 반영해야 하며, 고객이 쉽게 인식하고 기억할 수 있도록 간결하면서도 고유한 형태로 만들어져야 한다.

  예시: 애플의 사과 로고는 심플하면서도 혁신적인 브랜드 이미지를 잘 전달한다.
- 브랜드 컬러 팔레트: 브랜드를 상징하는 색상 조합은 디자인의 중요한 요소이다.

  브랜드의 감정적, 심리적 인상을 강화하는 데 기여하며, 제품 포장, 웹사이트, 광고 등 다양한 접점에서 일관되게 사용되어야 한다.
- 타이포그래피: 글꼴은 디자인에서 중요한 역할을 하며, 브랜드의 성격을 나타낸다.

  클래식하고 세련된 브랜드는 고전적인 세리프 글꼴을, 젊고 현대적인 브랜드는 산세리프 글꼴을 사용할 수 있다. 타이포그래피는 가독성도 고려되어야 하며, 텍스트를 통해 전달되는 메시지가 명확해야 한다.

13. 슬로건(slogan)

슬로건(Slogan)은 브랜드나 캠페인의 핵심 메시지를 간결하고 기억에 남는 방식으로 전달하는 짧은 문구이다.

본래 스코틀랜드에서 위급할 때 집합신호로 외치는 소리(sluagh-ghairm)를 슬로건이라고 한 데서 나온 말이다. 보통 브랜드의 가치, 철학, 목적, 특징 등을 강조하며, 소비자에게 브랜드를 상기시키거나 특정 감정을 유도하기 위한 목적을 가진다.

슬로건은 간결하고 기억에 남는다는 것이 특징이다. 슬로건은 짧고 간단해야 하며, 쉽게 기억되고 반복해서 떠오를 수 있도록 만들어야 한다.

인간은 전적으로 논리적인 판단만을 하는 것은 아니며 정서에 의해서 움직이게 되는 면도 적지 않다. 특히 대중은 피암시성(被暗示性)이 강하므로 정서적으로 채색된 단순한 표어가 효과를 나타내는 수가 많다. 그것은 정치행동으로부터 상업광고의 영역에 이르기까지 널리 사용되는데, 하나같이 내용이 이해하기 쉽고 표현이 단순하며, 단정적(斷定的)이라는 점 등이 중요한 요소로 되어 있다. 슬로건의 호소력은 크다. 사업적 철학, 가치관, 제품의 강점을 살리기 위하여 슬로건을 사용한다. 사업의 독특한 점, 차별화된 점, 고객의 욕구를 충족시키는가에 대해 상징적이며, 효과적으로 슬로건은 기업이름을 대표하는 것이니 만큼 특별해야 한다. 슬로건을 통해 브랜드 인지도와 이미지를 증진시킬 수 있는 방법 중의 하나이다. 장기적 시각으로 개발하고 추상적 이기보다, 아이덴티티가 정확하게 강조되어야 한다. 광고 카피에 있어서, 슬로건, 수식어는 언어적으로 간결하게 표현되어 친숙한 경로로 기억에 남겨져야 한다.

* 발음하기 쉽고, 기억하기 쉬운 슬로건 사례

"Just Do It"(Nike): 짧지만 강렬한 메시지,
"Think Different"(Apple): 창의성과 혁신을 강조,
"Have It Your Way"(Burger King): 개인화된 선택을 강조,
"Open Happiness"(Coca-Cola): 행복과 긍정적인 감정을 강조,
'아버님 댁에 보일러 놔드려야 겠어요': 경동보일러,
'붉은색, 승리의 상징': 코카콜라,
'고향의 맛': 다시다,
'情': 초코파이,
'감기 조심하세요': 판피린,
'우리강산 푸르게 푸르게': 유한킴벌리,
'세상에서 가장 작은 카페': 카누,
'흡수가 빨라야 한다': 게토레이,
'150m 깊이에서 퍼 올린 천연암반수': 하이트 맥주,
'랄랄라 유머형 광고': OB맥주,
'무카페인, 비타민C': 비타500,
'Just do it': 나이키, 등의 성공된 슬로건들은 감각적, 미적, 즐기는 마음, 놀이, 정서와 창조성, 감성으로 접근하여 대중들에게 주목받고 있다.

발음하기 쉽고 기억하기 쉬운 슬로건은 간결하고 리듬감이 있는 경우가 많다.
"더 나은 내일을 위한 첫걸음"
"꿈을 현실로, 함께 성장해요"
"세상을 바꾸는 작은 힘"
"편리함을 더하다, 생활을 바꾸다"
"당신의 하루를 더 빛나게"
"가까운 행복, 바로 지금"
"단순함 속의 특별함"
"행복을 나누는 순간"

슬로건들은 짧고, 간결하며 발음도 쉽고 기억에 잘 남는 특징을 갖고 있다. 중요한 점은 사람들의 감성을 자극하면서도 쉽게 반복할 수 있게 하는 것이다.

슬로건은 마케팅 전략에서 중요한 역할을 하며, 브랜드가 소비자에게 어떻게 다가가고 싶은지에 대한 중요한 단서를 제공한다.

14. 포장(包裝)

포장(包裝)은 제품을 보호하고, 저장, 운반, 진열 등을 용이하게 하기 위해 제품을 둘러싸는 외부 재료나 구조물을 의미한다. 또한, 포장은 제품의 시각적인 매력을 높여 소비자에게 브랜드를 전달하는 중요한 역할을 한다.

포장의 주요 역할은 제품을 외부의 물리적, 화학적 요인으로부터 보호하여 품질을 유지하며, 음식 포장은 신선도와 안전성을 보장한다. 포장은 제품에 대한 중요한 정보를 제공하며, 성분, 사용법, 유통 기한, 제조사 정보 등이 포함된다. 특히, 약품 포장에는 복용 방법, 부작용 등의 정보가 필수적으로 들어 있다. 포장은 브랜드의 아이덴티티를 시각적으로 전달하는 중요한 요소로 디자인, 색상, 로고 등은 소비자에게 브랜드의 이미지를 형성한다. 포장은 소비자에게 사용 편의성을 제공하며, 음료수 캔은 쉽게 열 수 있도록 설계되어 있으며, 스마트폰의 포장은 제품을 안전하게 보호하면서도 개봉하기 편리하게 되어 있다.

영어(packaging and labeling, Package labeling, labelling)로 물건을 싸는 행위이며, 포장의 보호성, 편리성, 쾌적성 등에 목적이 있다. 물품을 보호하며, 개봉, 폐기 또는 재사용하는데 용이하다. 포장은 제품을 보호하고, 운반하며, 소비자에게 매력적으로 보이게 하는 중요한 과정이다. 포장은 단순히 제품을 감싸는 것이 아니라, 브랜딩, 마케팅, 정보 전달, 보호와 관련된 여러 기능을 가지고 있다. 포장은 소비자가 제품을 선택하고 사용하는 데 중요한 역할을 하며, 소비자 경험에 큰 영향을 미친다. 포장은 제품을 물리적 손상, 오염, 습기 등으로부터 보호한다. 특히, 유리 제품, 전자기기, 식품과 같은 민감한 제품에는 내구성 있는 포장재가 필요하다. 또한, 유통 과정에서 제품이 추락이나 충격을 받지 않도록 도와주며, 내구성을 강화하는 중요한 역할을 한다. 포장은 제품의 브랜드 이미지를 전달하는 중요한 도구로서 로고, 색상, 디자인 등을 통해 브랜드의 아이덴티티를 표현하고, 소비자에게 강한 첫 인상을 남긴다. 매력적인 디자인과 유니크한 포장은 소비자들이 제품을 선택하도록 유도하는 중요한 요소가 될 수 있다. 패키지 디자인은 소비자의 감성적 반응을 자극하여 제품에 대한 흥미와 호감을 불러일으킬 수 있다.

포장에 이용하는 주요 재료는 포장재(包裝材)라고 하며, 종이, 플라스틱 등의 종류이다. 포장 없이 유통되는 경우는 거의 없으며, 기업의 특성을 전달하고 고급스러운 제품으로의 역할을 한다. 정교한 포장으로 완성되어야만 고부가가치를 창출하며 완전한 제품 보호, 제조 원가에도 영향을 미치며, 기업의 제품의 정체성을 반영한다. 최근에는 환경 친화적인 포장이 중요한 이슈가 되고 있다. 소비자들이 친환경 제품을 선호하면서, 기업들은 재활용 가능한 재료나 생분해성 포장을 사용하려는 노력을 기울이고 있다.

플라스틱 대신 종이, 유리, 친환경 소재 등을 사용한 포장이 점점 더 많이 사용되고 있다.

단순히 제품을 보호하고 운반하는 것 이상의 포장은 제품의 브랜딩과 마케팅, 정보 전달, 소비자 경험에 중요한 영향을 미치며, 제품을 차별화하고 소비자에게 가치를 전달하는 핵심적인 요소이다. 또한, 최근에는 환경 친화적인 포장이 강조되면서 지속 가능한 포장 솔루션이 기업들의 주요 과제가 되고 있다.

15. 디자인(design, 문화어: 데자인)

디자인(Design)은 특정 목적이나 기능을 위해 시각적, 기능적, 그리고 감성적으로 계획하고 창조하는 과정이다. 디자인은 우리가 일상에서 접하는 거의 모든 것에 적용될 수 있으며, 그 목적은 제품, 환경, 서비스 등을 사용자에게 더 효율적이고, 아름답고, 직관적으로 만드는 것이다. 그래픽 디자인

(Graphic Design)의 정의로 텍스트, 이미지, 색상 등을 사용하여 시각적으로 메시지를 전달하는 디자인이다. 주로 광고, 브랜드 아이덴티티, 포스터, 웹사이트, 포장 디자인 등에 사용된다. 브랜드를 시각적으로 표현하고, 감성을 전달하며, 정보나 메시지를 효율적으로 전달하는 것이 목적이다.

디자인이라는 용어는 지시하다, 표현하다, 성취하다의 뜻으로 라틴어의 데시그나레(designare)의 그리다, 밑그림을 그리다의 뜻을 가지며 이탈리아어의 다세뇨(desegno), 목표로 하는 일, 목적, 계획, 스케치의 뜻을 가진 프랑스어의 데상(dessine)에서 유래되었다. 동사와 명사로 함께 쓰며, 명사로서는 다양한 사물 혹은 시스템(건축에서는 청사진, 엔지니어링 도면, 사업의 표준 프로세스, 서킷보드의 다이어그램, 바느질 패턴) 등의 계획 또는 제안의 형식(도안, 모델, 다른 표현)의 물건을 만들어내기 위한 제안이나 계획의 실행을 의미하며, 동사로서는 이것을 만드는 것을 의미한다. 물건을 창조하는 행위, 그 행위의 결과(유리그릇, 도자기, 나무 장식품)들을 디자인이라 할 수 있다. 디자인은 다양한 목적을 효과적인 측면(재료, 생산효율, 안전성, 경제성, 내구성, 매력) 등을 고려해야 하여, 리서치, 사고, 실험 모델, 실험 및 조정 과정, 재설계 과정 등을 거칠 수 있다. 디자인되는 방법과 참여자의 분야, 그 다양성에 다양한 방법과 형태가 존재한다. 디자인 관련 분야로는 산업디자인, 시각디자인, 인테리어디자인, 제품디자인, 운송디자인, 환경디자인, 실내디자인, 색채디자인, 패션디자인, 사용경험자디자인, 디자인 리서치, 디자인 전략, 아이디어 컨설턴트 등의 여러 분야가 존재하고 있다.

디자인(Design)은 제품, 서비스, 브랜드의 전반적인 경험을 형성하는 중요한 요소로, 창업 마케팅에서도 핵심적인 역할을 한다. 좋은 디자인은 단순히 미적인 요소를 넘어 고객과의 상호작용, 브랜드 신뢰성, 사용 편의성에까지 영향을 미쳐 성공적인 사업의 기반을 다지는 역할을 한다. 디자인의 핵심 요소와 그 중요성을 이해하고, 이를 전략적으로 활용하는 것이 창업 마케팅에서 성공을 이끌어낼 수 있다.

디자인은 창업 마케팅에서 성공적인 브랜드 구축과 소비자 경험 형성의 핵심 요소이다.

브랜드 정체성, 사용 편의성, 감성적 연결을 고려한 디자인 전략을 통해 소비자와 깊은 유대감을 형성하고, 경쟁 시장에서 차별화된 브랜드로 자리잡을 수 있다.

10장 CASE STUDY

삼쩜삼(3.3): "세금 환급을 콘텐츠로 바꾸다"

Chapter 10. 창업 마케팅 활동 - 버즈 마케팅과 감성 공감 전략

1. 문제 인식

"프리랜서 세금 너무 복잡해요"

→ 많은 사람들이 세금 환급이 가능한지도 몰랐음

→ 세금은 어렵고 무서운 존재였음

2. 마케팅 전략

① 버즈 마케팅

- "나 88만원 돌려받음ㅋㅋ"
- SNS에서 실제 사용자들의 환급 인증샷이 확산
- 유튜브, 인스타그램, 커뮤니티 중심 자발적 콘텐츠 생산 유도

② 감성 + 공감 스토리

- "프리랜서도 환급받을 수 있어요!"
- 젊은층이 공감할 수 있는 밈 스타일 콘텐츠 제작
- 세무 전문가 대신 '나 같은 사람도 가능함'을 강조

③ 체험 마케팅 요소

- 1분 입력 → 환급액 예상 가능
- 사용자 스스로 '경험'하고, 친구에게 공유 유도

3. 성과

- SNS에서 입소문 폭발 → 1년만에 누적 사용자 300만 명 돌파
- 20~30대 프리랜서, 크리에이터, 디자이너층 중심 확산
- '세금 서비스'에 대한 진입 장벽을 낮추며 인식 전환 성공

학습 포인트

버즈 마케팅: 사용자 후기 → 밈화 → 바이럴 확산

감성 마케팅: 무서운 세금 → 공감가는 생활 이야기로 재해석

체험 마케팅: 쉽고 빠른 환급 체험 → 확신 후 공유 유도

토의 질문

1. 3.3이 사용한 마케팅 방식은 전통적인 세무 서비스와 어떻게 달랐는가?

2. 버즈 마케팅이 성공하려면 어떤 조건이 필요할까?

Work Sheet - 01

학번: ______________________

이름: ______________________

Chapter 10 창업 마케팅 활동

1. 내게 가장 기억에 남는 슬로건?

2. 내게 가장 기억에 남는 로고?

3. 내가 본 색상의 성공된 대표 브랜드?

4. 내가 본 숫자 마케팅의 성공사례?

Work Sheet - 02

학번: ________________________

이름: ________________________

나만의 완성된 결과물 그림으로 시뮬레이션: 로고, 슬로건, 디자인(창업 아이템, 대표 브랜드)

11
CHAPTER

창업 마케팅 브랜드 구축

학습목표

1. 창업 마케팅 브랜드 아이덴티티
2. 창업 마케팅 브랜드 커뮤니케이션
3. 창업 마케팅 브랜드 관리
4. 브랜드 관리의 중요성
5. 브랜드 관리 전략
   - **Work Sheet 작성**

CHAPTER 11
창업 마케팅 브랜드 구축

브랜드란 무엇인가?

브랜드는 “고객의 머릿속에 남는 나만의 약속”이다.

창업 초기에는 브랜드 구축이 매우 중요한 요소이다.

창업 마케팅에서 ‘브랜드 구축’은 단순히 로고나 이름이 아니라,

고객의 신뢰, 정체성, 감정적 연결을 만드는 핵심 전략이다.

브랜드는 고객에게 신뢰를 주고, 시장에서의 입지를 강화하며, 경쟁에서 우위를 점할 수 있는 중요한 자산이 된다. 성공적인 브랜드 구축은 단순히 로고나 이름을 만드는 것 이상의 의미를 가지며, 기업의 가치, 비전, 문화와 소비자와의 관계를 반영해야 한다. 창업 마케팅과 브랜드 구축을 위한 전략적인 접근 방법을 아래와 같이 설명할 수 있다.

* 브랜드 아이덴티티 확립

– 브랜드의 목적과 미션 정의: 브랜드의 목적과 미션을 명확하게 정의해야 한다.

  창업자가 무엇을 위해 사업을 하고 있는지, 고객에게 어떤 가치를 제공할 것인지를 설명하는 중요한 요소이다. 테슬라는 “지속 가능한 에너지로의 전환을 촉진”하는 미션을 가지고 있다.

– 핵심 가치 설정: 브랜드가 지향하는 핵심 가치를 설정한다.

  혁신, 신뢰, 품질, 환경 친화성 등 사업이 실현하려는 가치를 반영해야 한다.

– 브랜드의 톤과 목소리 결정: 브랜드의 톤은 고객과의 커뮤니케이션에서 중요한 역할을 한다. 브랜드가 전하고자 하는 메시지의 톤을 정하는 것은 마케팅 메시지를 일관성 있게 전달하는 데 도움이 된다.

* 타겟고객 세분화

– 고객 분석: 창업 초기에는 자사의 제품이나 서비스가 어떤 고객층에게 어필할지 분석해야 한다. 고객의 나이, 성별, 지역, 관심사, 라이프 스타일 등을 고려하여 세분화된 타겟고객을 정의한다.
– 페르소나 개발: 이상적인 고객을 구체적으로 정의하는 고객 페르소나를 만들어 타겟고객이 무엇을 원하는지, 어떤 문제를 해결하려고 하는지 파악한다. 고객 맞춤형 마케팅 전략을 세울 수 있다.
– 경쟁 분석: 타겟시장에서의 경쟁자를 분석하여 자사의 차별화 요소를 파악한다. 경쟁자들이 제공하지 못하는 점을 찾아 브랜드의 강점을 부각시키는 전략을 세운다.

* 브랜드 메시지와 가치 제안(Value Proposition)

– 차별화된 가치 제안: 브랜드가 시장에서 경쟁 우위를 점하기 위해서는 고객에게 제공할 수 있는 독특한 가치를 제시해야 한다. 제품 또는 서비스가 어떤 문제를 해결할 수 있는지, 그리고 왜 고객이 이 제품을 선택해야 하는지 명확히 해야 한다.
– 브랜드 스토리텔링: 강력한 브랜드는 고객과 감성적으로 연결될 수 있는 스토리를 가지고 있다. 창업자의 비전과 경험, 브랜드의 탄생 배경 등을 스토리로 풀어내어 고객에게 감동을 주고 신뢰를 쌓을 수 있다. 스타벅스의 경우, '커피 한 잔의 특별한 경험'을 스토리로 풀어내어 고객의 감성을 자극하고 있다.

* 브랜드 디자인 및 비주얼 아이덴티티

– 로고와 색상 팔레트: 브랜드의 첫 인상을 결정하는 로고, 타이포그래피, 색상 등을 결정한다. 브랜드의 성격과 가치를 반영해야 하며, 모

든 채널에서 일관되게 사용되어야 한다. 구글은 단순하고 직관적인 로고와 색상으로 글로벌 브랜드 이미지를 구축했다.

– 패키징 및 제품 디자인: 제품을 시각적으로 차별화하고, 고객에게 브랜드 경험을 전달하는 디자인이 중요하다. 고유한 패키징이나 제품 디자인은 브랜드 인식을 강화하는 데 도움을 준다.

* 디지털 마케팅 및 소셜 미디어 활용

– 웹사이트 및 온라인 존재감 강화: 브랜드 웹사이트는 브랜드의 얼굴이자 핵심 정보의 출처이다. 웹사이트 디자인은 직관적이고 사용자 친화적으로 만들어야 하며, SEO(검색엔진 최적화)를 통해 검색엔진에서의 노출도를 높여야 한다.

– 소셜 미디어 전략: 소셜 미디어는 브랜드 구축에 필수적인 도구이다. 각 플랫폼에서 고객과 소통하고, 콘텐츠를 통해 브랜드 메시지를 전달할 수 있다. 인스타그램과 틱톡은 시각적인 브랜드 경험을 제공하는 데 유리한 플랫폼이다.

– 인플루언서 마케팅: 영향력 있는 인플루언서와의 협업을 통해 브랜드 인지도를 높이고, 신뢰를 구축할 수 있다. 타겟고객층과 관련이 깊은 인플루언서를 선택하여 효과적인 마케팅을 할 수 있다.

* 고객 경험(CX) 강화

– 고객 서비스: 브랜드가 성공하려면 뛰어난 고객 서비스를 제공해야 한다. 빠르고 친절한 고객 응대, 고객 불만 처리 등을 통해 긍정적인 브랜드 이미지를 구축할 수 있다. 고객의 문제를 신속하게 해결하고, 그들의 목소리에 귀 기울여야 한다.

– 고객 피드백: 브랜드에 대한 고객의 의견을 적극적으로 수집하고 반영하는 것이 중요하다. 제품이나 서비스를 지속적으로 개선하고, 고객 충성도를 높일 수 있다.

– 고객 맞춤형 서비스: 고객의 요구에 맞춘 개인화된 서비스를 제공하는 것이 중요하다. 맞춤형 추천 시스템을 도입하여 고객에게 보다 개

인적인 경험을 제공할 수 있다.

* 일관성 있는 마케팅 메시지

- 마케팅 채널 통합: 모든 마케팅 채널에서 브랜드 메시지를 일관되게 전달하는 것이 중요하다. 오프라인, 온라인, 소셜 미디어 등 다양한 채널에서 동일한 톤과 스타일로 브랜드의 가치를 전달해야 한다.
- 캠페인과 프로모션: 브랜드를 강화하는 데 중요한 캠페인과 프로모션을 기획하여 타겟 고객에게 노출시키는 방법이다. 제품 출시, 이벤트, 한정판 출시 등을 통해 브랜드 인지도를 높일 수 있다.

* 브랜드 커뮤니티 및 로열티 구축

- 브랜드 커뮤니티: 고객과의 관계를 강화하기 위해 브랜드의 팬들이 모일 수 있는 커뮤니티를 구축하는 것이 중요하다. 스타벅스는 자사 제품을 좋아하는 고객들을 대상으로 한커뮤니티 프로그램을 통해 브랜드 충성도를 높였다.
- 로열티 프로그램: 반복 구매를 유도하고 고객의 충성도를 높이기 위한 로열티 프로그램을 통해 장기적인 관계를 형성할 수 있다. 포인트 시스템, 멤버십, 할인 혜택 등을 제공하여 고객의 충성도를 강화할 수 있다.

브랜드 구축은 창업의 성공적인 출발을 위한 필수적인 과정이다. 창업자가 명확한 브랜드 아이덴티티를 확립하고, 타겟고객에게 강력한 가치 제안을 전달하며, 일관된 마케팅 전략을 통해 브랜드 메시지를 확산시켜야 한다. 또한, 디지털 마케팅과 소셜 미디어의 활용, 고객 경험 개선 등 다양한 전략을 통해 브랜드를 성장시킬 수 있다. 이 모든 요소들이 결합되어, 창업 초기의 브랜드가 시장에서 강력한 존재감을 발휘할 수 있게 된다.

(1) 창업 마케팅: 브랜드 구축 전략

- 브랜드명: 고객이 기억하고 부르는 이름

- 로고/디자인: 시각적 정체성, 일관된 톤앤매너
- 슬로건: 브랜드의 핵심 메시지를 짧게 전달
- 브랜드 스토리: 창업 배경, 철학, 가치관 등 스토리텔링
- 브랜드 감성: 따뜻한/전문적인/트렌디한/정직한 등 감정적 이미지

(2) 브랜드 아이덴티티(Brand Identity) 만들기

▶ 핵심 질문 3가지:

- 나는 누구인가?
  → 창업가의 철학, 가치, 비전
- 고객은 누구인가?
  → 누구에게 감동을 줄 것인가?
- 어떤 느낌을 전달할 것인가?
  → '신뢰감', '힙함', '정직함', '편안함' 등 감성적 톤

(3) 브랜드 구축 5단계 프로세스

단계설명 예시(채식 밀키트 브랜드)

1. 정체성 정의: 핵심가치/비전/철학-"건강한 지구, 건강한 식탁"
2. 이름·로고 개발: 기억하기 쉬운 명칭과 시각화-'그린한끼', 초록 잎 모양 로고
3. 스토리텔링: 창업 동기, 고객과의 약속-창업자 채식 경험 공유
4. 브랜드 경험 설계: 제품 패키징, 응대 방식-친환경 포장, 정중한 메시지
5. 일관된 커뮤니케이션: SNS, 광고, 웹사이트 등 전체 통일감-통일된 톤앤매너 사용

1. 창업마케팅 브랜드 아이덴티티

브랜드 아이덴티티(Brand Identity)는 소비자가 브랜드를 인식하고 기억하는 방식, 즉 브랜드의 시각적, 정서적, 인지적 특징을 모두 포괄하는 개념이다. 단순히 로고나 슬로건뿐만 아니라, 브랜드가 제공하는 전체 경험과 철학을 포함한 것이다. 성공적인 브랜드 아이덴티티는 소비자와의 신뢰를 구축하

고, 브랜드의 가치를 효과적으로 전달할 수 있도록 돕는다.

* 창업 마케팅에서 브랜드 아이덴티티 구축의 중요성

차별화된 인식: 경쟁이 치열한 시장에서 독특하고 차별화된 브랜드 아이덴티티를 구축하는 것은 소비자가 브랜드를 기억하고 선택하는 데 중요한 역할을 한다.

고객 충성도 구축: 강력한 브랜드 아이덴티티는 소비자에게 감성적 연결을 만들어내며, 장기적인 고객 충성도를 이끌어낸다.

일관성 있는 브랜드 경험: 브랜드 아이덴티티는 모든 접점에서 일관된 경험을 제공하여, 고객이 어떤 상황에서도 동일한 브랜드 이미지를 접할 수 있도록 한다.

시장 내 신뢰와 인지도 구축: 명확하고 강력한 브랜드 아이덴티티는 브랜드에 대한 신뢰를 쌓고, 자연스럽게 시장에서의 인지도를 높여준다.

* 브랜드 아이덴티티 구축의 주요 요소

브랜드미션: 브랜드가 존재하는 이유, 즉 브랜드가 해결하려는 문제와 고객에게 제공하려는 가치를 명확히 정의한다.

브랜드비전: 브랜드가 추구하는 목표와 미래 지향적인 비전을 제시하여 소비자가 브랜드의 방향성에 공감할 수 있도록 한다.

사례: 테슬라의 미션은 "지속 가능한 에너지로의 전환을 가속화"하는 것이며, 비전은 "지속 가능한 교통수단을 만드는 것"이다.

* 브랜드 톤과 목소리(Brand Tone & Voice)

브랜드가 외부와 소통하는 방식이다. 메시지의 톤(어떤 감정을 불러일으킬지)과 목소리(어떤 스타일로 소통할지)를 일관되게 관리하여 고객과의 관계를 강화한다.

사례: Nike는 도전적이고 영감을 주는 톤을 사용한다.

* 시각적 아이덴티티(Visual Identity)

로고: 브랜드의 가장 중요한 시각적 요소로, 쉽게 인식할 수 있고 기억에 남는 로고를 설계한다.

색상: 색상은 감정을 전달하는 중요한 요소로, 브랜드의 정체성을 시각적으로 표현하는 데 도움을 준다. 빨간색은 에너지와 열정을, 파란색은 신뢰와 안정감을 전달한다.

타이포그래피: 글꼴이나 글자의 스타일을 통해 브랜드의 성격을 전달할 수 있다.

디자인 일관성: 브랜드의 모든 시각적 요소가 일관되게 사용되어 소비자에게 확고한 인식을 준다.

* 브랜드 스토리(Brand Story)

브랜드의 탄생 배경, 창업자의 경험, 브랜드가 해결하려는 문제와 이를 어떻게 해결하려는지에 대한 이야기를 통해 감성적인 연결을 유도한다. 브랜드 스토리는 소비자에게 기억에 남는 경험을 제공한다.

사례: Nike는 "Just Do It"이라는 슬로건과 함께, 운동과 성취를 주제로 한 다양한 고객의 이야기를 브랜드 스토리로 녹여낸다.

* 고객 경험(Customer Experience)

브랜드 아이덴티티는 단순히 마케팅 활동이나 디자인 요소에 국한되지 않는다. 소비자가 브랜드를 경험하는 모든 순간, 즉 제품을 사용하고 고객 서비스를 이용하는 과정에서도 일관된 아이덴티티를 유지해야 한다.

사례: Disney는 고객 경험을 브랜드 아이덴티티의 중요한 부분으로 삼고, 놀이공원이나 영화 등 모든 접점에서 환상적이고 꿈같은 경험을 제공한다.

* 브랜드 아이덴티티 구축 단계

시장 조사 및 경쟁 분석

브랜드를 시작하기 전에, 시장과 경쟁자 분석을 통해 차별화된 가치를 찾아내고, 자신만의 독특한 위치를 설정한다. 경쟁자들이 놓친 부분을 찾아내어 자사의 강점을 부각시키는 것이 중요하다.

브랜드 전략 수립

브랜드의 목적, 미션, 비전, 핵심 가치를 기반으로 전략을 수립한다. 전략은 브랜드가 시장에서 어떻게 경쟁하고, 소비자에게 어떤 가치를 제공할지에 대한 기본적인 방향을 제시한다.

브랜드 디자인 및 개발

시각적 아이덴티티와 브랜드 퍼소나를 정의하고, 로고, 색상, 타이포그래피 등의 디자인을 개발한다. 디자인은 브랜드의 성격을 시각적으로 드러내며, 브랜드를 소비자가 쉽게 인식하도록 돕는다.

브랜드 메시지 정의 및 커뮤니케이션 전략

브랜드가 소비자와 소통할 때 사용하는 메시지와 톤을 정의한다. 브랜드의 메시지는 간결하고 강력하며, 고객에게 브랜드의 가치를 전달할 수 있어야 한다.

일관성 있는 브랜드 구현

브랜드 아이덴티티가 모든 접점에서 일관되게 전달될 수 있도록 관리한다.

웹사이트, 소셜 미디어, 제품 패키징, 광고 등 모든 채널에서 일관된 브랜드 이미지를 유지해야 한다.

고객 피드백 및 브랜드 개선

브랜드 아이덴티티가 시장에 맞는지, 고객이 어떻게 반응하는지에 대한 피드백을 지속적으로 수집하고, 이를 반영하여 브랜드를 개선해 나간다.

브랜드 아이덴티티는 창업 마케팅의 핵심이다. 브랜드의 미션과 비전, 가치, 디자인, 고객 경험 등이 모두 결합되어 소비자와 강력한 정서적 유대감을 형성할 수 있다. 창업자가 이 모든 요소를 잘 통합하여 일관된 메시지와 경험을 제공한다면, 브랜드는 시장에서 독특하고 강력한 존재감을 발휘할 수 있다.

2. 창업 마케팅 브랜드 커뮤니케이션

창업 마케팅 브랜드 커뮤니케이션은 창업 초기 단계에서 브랜드와 고객 간의 효과적인 소통을 통해 브랜드 가치를 확립하고, 마케팅 전략을 성공적으로 구축하는 과정이다.

고려해야 할 몇 가지 중요한 요소가 있다.

1) 브랜드 아이덴티티 확립

창업 초기에 브랜드가 어떤 가치와 철학을 전달할 것인지 명확히 정의하는 것이 중요하다. 브랜드의 미션, 비전, 핵심 가치 등을 설정하고 이를 통해 고객에게 일관된 메시지를 전달할 수 있다.

2) 타겟고객 설정

어떤 고객층을 타겟으로 할지 정확하게 정의하는 것이 필요하다.

고객의 연령, 성별, 관심사, 소비 패턴 등을 분석하여, 그들이 선호하는 방식으로 브랜드 메시지를 전달해야 한다.

3) 소셜 미디어 활용

창업 초기에는 비용이 제한적일 수 있기 때문에, 소셜 미디어를 통한 저비용 마케팅이 효과적이다. 인스타그램, 페이스북, 유튜브 등 다양한 플랫폼을 활용하여 브랜드의 특성과 가치를 자연스럽게 전달할 수 있다.

4) 스토리텔링

브랜드의 이야기나 창업자의 경험을 바탕으로 감성적으로 접근하는 스토리텔링은 고객과의 친밀감을 형성하는 데 큰 역할을 한다. 진정성 있는 이야기를 통해 브랜드에 대한 신뢰를 구축할 수 있다.

5) 고객과의 상호작용

브랜드와 고객 간의 소통을 강화하기 위해 적극적으로 피드백을 받고, 개선하는 과정을 지속적으로 반복하는 것이 중요하다.

고객은 브랜드에 대한 충성도를 높이고, 자연스럽게 마케팅 효과가 증대됩니다.

6) 브랜드 커뮤니케이션 전략

일관성 있는 메시지를 전달하는 것이 중요하다.

마케팅 채널, 콘텐츠, 이미지, 톤앤매너 등 모든 부분에서 브랜드의 아이덴티티와 일치하도록 해야 고객이 브랜드에 대해 명확히 인식할 수 있다.

7) 결과 분석과 개선

마케팅 캠페인의 성과를 지속적으로 모니터링하고 분석하는 것도 중요하다.

어떤 전략이 효과적인지, 어떤 부분에서 개선이 필요한지 파악하고, 이에 맞는 조치를 취할 수 있어야 한다. 이러한 다양한 요소들이 결합되어 창업 마케팅에서 브랜드 커뮤니케이션을 효과적으로 진행할 수 있다.

* 브랜드 커뮤니케이션(Brand Communication)

브랜드 커뮤니케이션은 브랜드가 목표 고객과 소통하는 모든 방법을 의미한다.

브랜드가 자신을 어떻게 표현하고, 소비자와 관계를 어떻게 구축하며, 브랜드의 메시지와 가치를 어떻게 전달하는지를 결정짓는 중요한 요소이다.

창업 마케팅에서 브랜드 커뮤니케이션을 효과적으로 구축하는 것은 브랜드 인지도를 높이고, 소비자와의 관계를 강화하며, 브랜드 충성도를 쌓는 데 핵심적인 역할을 한다.

(1) 브랜드 커뮤니케이션의 핵심 요소

브랜드 커뮤니케이션은 브랜드가 전달하는 메시지, 사용하는 채널, 그리고 고객과의 상호작용 방식에 의해 형성된다. 주요 요소는 다음과 같다.

브랜드 메시지(Brand Message)

브랜드 메시지는 브랜드가 고객에게 전달하고자 하는 핵심적인 가치와 정보를 포함한다.

브랜드가 무엇을 제공하는지, 왜 소비자가 이 브랜드를 선택해야 하는지를 명확하게 설명해야 한다.

- 명확성: 메시지는 간결하고, 소비자가 쉽게 이해할 수 있도록 전달되어야 한다.
- 감성적 연결: 고객과 감성적으로 연결될 수 있는 메시지를 전달하는 것이 중요하다.
  감동을 주는 메시지는 브랜드 충성도를 높일 수 있다.
  예시: Nike의 슬로건 “Just Do It”은 고객에게 도전정신과 자신감을 불어넣는 메시지를 전달한다.

브랜드 톤과 목소리(Brand Tone & Voice)

- 브랜드 톤: 브랜드가 사용하는 언어 스타일과 감정을 의미한다.
  브랜드의 톤은 친근하거나, 전문적이거나, 진지하거나, 유머러스할 수 있다.
- 브랜드 목소리: 브랜드의 “성격”을 나타내며, 이 목소리는 브랜드가 고객과 어떻게 대화할 것인지를 정의한다. 어떤 브랜드는 정중하고 격식을 차리며, 어떤 브랜드는 더 캐주얼하고 친근하게 대화한다.
- 일관성: 브랜드 커뮤니케이션에서 톤과 목소리는 일관되게 유지되어야 한다.
  고객은 브랜드에 대한 신뢰를 쌓고, 브랜드와의 관계를 강화할 수 있다.
  예시: Apple은 혁신적이고 세련된 톤을 사용하여, 기술과 디자인의

우수성을 강조한다.

브랜드 스토리텔링(Brand Storytelling)

브랜드 스토리는 브랜드의 탄생 배경, 창업자의 철학, 도전, 비전 등을 통해 브랜드와 고객 간의 감정적 연결을 촉진하는 강력한 도구이다.

사람들은 스토리를 기억하고 감동을 느끼기 때문에, 브랜드 스토리텔링은 브랜드 메시지를 효과적으로 전달하고, 고객에게 깊은 인상을 남기는 데 중요한 역할을 한다.

예시: Patagonia는 환경 보호를 핵심 가치로 내세우며, 자사의 활동과 비전을 담은 스토리로 소비자와의 유대감을 강화하고 있다.

(2) 브랜드 커뮤니케이션 채널

브랜드 커뮤니케이션은 다양한 채널을 통해 이루어진다.

각 채널은 브랜드 메시지의 전달 방식에 맞게 최적화되어야 한다.

디지털 채널

- 웹사이트: 브랜드의 공식 웹사이트는 핵심적인 커뮤니케이션 채널이다. 소비자에게 브랜드의 가치, 제품, 서비스 등을 직접 전달하는 중요한 역할을 한다.
- 소셜 미디어: Instagram, Facebook, TikTok과 같은 소셜 미디어는 브랜드와 소비자가 실시간으로 소통할 수 있는 채널이다. 소셜 미디어는 콘텐츠를 통해 브랜드 인지도를 높이고, 고객과의 관계를 강화하는 데 효과적이다.
- 이메일 마케팅: 이메일을 통해 고객에게 직접적인 메시지를 전달할 수 있다. 뉴스레터, 할인 행사, 제품 출시 등을 이메일을 통해 소통하며 고객과의 지속적인 관계를 유지할 수 있다.
- 블로그 및 콘텐츠 마케팅: 블로그를 활용한 콘텐츠 마케팅은 고객에게 유용한 정보를 제공하고, 브랜드의 전문성을 강조하는 데 효과적이다.

오프라인 채널

– 직접 마케팅: 이벤트, 전시회, 팝업스토어와 같은 오프라인 활동을 통해 브랜드를 직접 경험하게 할 수 있다. 소비자와의 개인적인 관계를 강화하고, 브랜드 충성도를 높이는 기회가 된다.
– 광고: 전통적인 광고(신문, TV, 라디오 등)도 여전히 중요한 커뮤니케이션 수단이다. 디지털 시대에는 타겟팅된 광고가 중요하며, 고객의 관심을 끌기 위한 창의적인 접근이 필요하다.
– 제품 패키징: 오프라인에서도 브랜드 메시지는 중요한 역할을 한다. 제품 패키징은 브랜드 아이덴티티를 전달하는 주요 요소로, 소비자가 직접 보고 경험할 수 있는 중요한 접점이다.

(3) 브랜드 커뮤니케이션 전략

브랜드 커뮤니케이션을 효과적으로 구축하기 위해서는 전략적인 접근이 필요하다.

다음은 브랜드 커뮤니케이션을 구축할 때 고려할 주요 전략적 요소들이다.

– 타겟고객 정의
  브랜드 커뮤니케이션의 첫 번째 단계는 목표 고객을 명확하게 정의하는 것이다.
  타겟고객의 요구와 관심사, 행동 패턴을 파악하여 그에 맞는 메시지를 전달해야 한다.
  사례: Lush는 자연 친화적인 소비자층을 타겟으로 하여, 환경 보호와 지속 가능성에 대한 메시지를 강조한다.
– 일관된 메시지 전달
  브랜드 메시지는 모든 채널과 접점에서 일관되게 전달되어야 한다. 소비자에게 브랜드의 신뢰성을 전달하고, 브랜드 인식을 강화하는 데 중요하다.
  사례: Coca–Cola는 전 세계에서 일관된 브랜드 메시지(행복, 공유, 함께 즐기는 순간)를 통해 소비자에게 친근하고 즐거운 이미지를 전달한다.

– 상호 작용 중심의 커뮤니케이션

브랜드 커뮤니케이션은 일방적인 메시지 전달이 아니라 소비자와의 상호 작용이 중요한 요소이다. 소비자와의 대화와 피드백을 통해 관계를 강화하고, 브랜드에 대한 충성도를 높여야 한다.

사례: Zappos는 고객 서비스에 중점을 두고, 소비자와의 상호 작용을 강화하여 브랜드 충성도를 높이고 있다.

– 감성적 연결 구축

감성적 연결은 고객과 브랜드 간의 깊은 유대감을 형성하는 중요한 요소이다.

감동적인 광고, 고객의 이야기를 담은 콘텐츠 등은 브랜드와 고객 간의 감성적 연결을 구축할 수 있다.

사례: Dove는 '진정한 아름다움'을 강조하는 캠페인을 통해 소비자와 감성적으로 연결되고 있다.

브랜드 커뮤니케이션 전략은 브랜드와 소비자 간의 소통은 브랜드 관리에서 핵심적인 요소이다. 효과적인 커뮤니케이션 전략을 통해 브랜드 메시지를 정확하게 전달하고 고객과의 신뢰를 쌓을 수 있다.

브랜드 관리 전략은 브랜드의 성격, 시장 상황, 소비자의 요구 등을 반영하여 유연하게 조정되어야 한다. 중요한 것은 일관성과 고객과의 지속적인 관계 유지이다. 이러한 전략을 잘 실행하면 브랜드는 단기적인 성공을 넘어서, 장기적인 성장과 충성도 높은 고객층을 구축할 수 있다.

(4) 브랜드 커뮤니케이션 측정 및 조정

브랜드 커뮤니케이션은 지속적으로 측정하고 조정해야 한다. 주요 성과지표(KPI)를 설정하여 캠페인의 효과를 분석하고, 고객의 반응을 반영하여 전략을 개선한다.

웹사이트 방문자 수, 소셜 미디어 참여도, 판매 성장률 등을 통해 커뮤니케이션 전략의 성과를 측정할 수 있다.

브랜드 커뮤니케이션은 브랜드의 성격과 가치를 소비자에게 전달하고, 감성적으로 연결될 수 있는 중요한 과정이다. 창업 초기에는 명확한 메시지와 일관된 톤을 설정하고, 타겟고객과 소통할 수 있는 다양한 채널을 활용하여 브랜드 아이덴티티를 강화해야 한다. 지속적인 피드백과 전략적 조정을 통해 브랜드 커뮤니케이션을 개선하면, 고객과의 강력한 관계를 구축하고 브랜드 성장에 중요한 영향을 미칠 수 있다.

3. 창업마케팅 브랜드 관리

창업 마케팅에서 브랜드 관리는 브랜드가 시장에서 장기적으로 성공할 수 있도록 돕는 중요한 전략적 활동이다. 창업 마케팅과 브랜드 관리는 신생기업이 시장에서 자리 잡고 성장하는 데 중요한 역할을 한다.

창업 마케팅(Startup Marketing)은 새로운 사업이 시장에 진입하고 초기 성장 단계에서 마케팅 전략을 세우고 실행하는 과정이다. 중요한 점은 예산이나 자원이 제한적이므로 효율적이고 창의적인 방법을 사용하는 것이 필수적이다.

* 창업 마케팅의 주요 요소

타겟시장 분석: 새로운 사업이 어떤 시장에서 어떤 고객을 대상으로 할지 정확히 파악하는 단계이다. 경쟁 분석도 중요한 부분이다.

브랜드 메시지 개발: 회사의 핵심 가치와 메시지를 명확하게 정의하고, 이를 고객에게 효과적으로 전달하는 방법을 찾는다.

디지털 마케팅: 온라인 광고, 소셜 미디어, 콘텐츠 마케팅 등을 통해 브랜드를 알리고 고객과의 소통을 강화한다.

데이터 기반 의사결정: 초기에는 실험적인 마케팅을 통해 데이터를 수집하고, 이를 기반으로 마케팅 전략을 수정하며 개선한다. 초기에는 브랜드 아이덴티티를 명확하게 정의하고, 일관되게 전달하는 것이 중요하다. 브랜드의 메시지, 포지셔닝, 고객 경험을 잘 관리하고, 위기관리와 고객 피드백을 반영하는 과정이 성공적인 브랜드 관리로 이어진다.

브랜드 관리가 잘 이루어지면, 브랜드는 경쟁에서 우위를 점하고, 고객 충성도와 시장에서의 입지를 강화할 수 있다.

* 창업 마케팅과 브랜드 관리의 관계

창업 마케팅은 브랜드가 시장에 첫 발을 내디딜 때 중요한 역할을 하며, 브랜드 관리와 연계하여 지속적인 성장을 위해 브랜드 가치를 잘 지켜나가는 것이 필요하다.

초기 창업 마케팅에서 형성된 브랜드 인식을 바탕으로, 브랜드 관리 활동이 더욱 강화된다. 즉, 초기 마케팅 전략이 성공적으로 진행될수록, 그 브랜드의 관리와 보호가 점점 더 중요해진다. 결국은 창업 마케팅은 브랜드를 "시작"하는 과정이라면, 브랜드 관리는 그 브랜드가 "성장하고 지속 가능한" 방향으로 나아가도록 돕는 활동이라고 할 수 있다.

4. 브랜드 관리의 중요성

브랜드 관리는 단순히 브랜드의 이미지나 외부의 모습만 관리하는 것이 아니라, 브랜드의 가치, 메시지, 고객 경험을 종합적으로 다루는 일이다. 창업 초기에 브랜드 관리가 중요한 이유는 다음과 같다.

- 경쟁 우위 확보: 차별화된 브랜드 아이덴티티와 메시지를 확립함으로써 경쟁사와의 차별화를 꾀할 수 있다.
- 고객 충성도 구축: 일관된 브랜드 경험을 제공하면 소비자와 감성적 연결을 강화하여 장기적인 고객 충성도를 구축할 수 있다.
- 브랜드 가치 증대: 브랜드 관리를 잘하면 브랜드의 가치가 증가하고, 결국 시장에서의 가격 프리미엄이나 기업 가치 상승으로 이어질 수 있다.

* 브랜드 관리의 주요 요소

브랜드 아이덴티티 유지

- 일관된 이미지: 브랜드의 시각적 요소(로고, 색상, 폰트 등), 톤과 목소리,

메시지가 일관되게 전달되도록 관리한다. 소비자가 브랜드를 인식하는 방식은 일관된 경험에서 비롯되므로, 일관성 유지가 중요하다.

- 브랜드 경험: 고객이 브랜드와 상호 작용하는 모든 순간에서 긍정적인 경험을 제공하도록 해야 한다. 제품의 질, 고객 서비스, 온라인 쇼핑 환경 등 모든 요소가 브랜드 아이덴티티와 부합해야 한다.

브랜드 메시지와 커뮤니케이션 관리

- 강력한 메시지 전달: 브랜드 메시지는 고객에게 브랜드의 가치와 목적을 전달하는 핵심적인 요소이다. 메시지는 명확하고 강력해야 하며, 소비자와의 정서적 연결을 만들어내야 한다.
- 목표고객과의 소통: 브랜드가 목표고객에게 도달하려면, 고객의 관심사와 욕구를 반영한 메시지와 커뮤니케이션 전략을 구축해야 한다.

브랜드 포지셔닝

- 시장 내 위치 정하기: 브랜드가 시장에서 어떤 위치를 차지할 것인지를 명확히 정해야 한다. 브랜드 포지셔닝은 소비자에게 제공할 가치, 경쟁 브랜드와의 차별화 요소를 중심으로 설정된다.
  예를 들어, Apple은 혁신적인 기술과 고급스러운 디자인을 내세운다.

브랜드 신뢰성 및 평판 관리

- 고객 신뢰 구축: 브랜드의 신뢰성은 고객의 충성도와 직결된다.
  제품의 품질, 고객 서비스, 브랜드의 사회적 책임 등 다양한 요소가 브랜드 신뢰성에 영향을 미친다.
- 온라인 리뷰와 피드백 관리: 온라인에서의 고객 리뷰나 피드백을 적극적으로 관리하고, 부정적인 평판이 발생하지 않도록 신속히 대응한다. 브랜드 신뢰성을 유지하는 데 중요한 요소이다.

브랜드 확장 및 성장 전략

- 브랜드 확장: 브랜드가 시장에서 성공을 거두면, 이를 바탕으로 다른

카테고리나 지역으로 확장할 수 있다. 브랜드 확장은 신중하게 관리해야 하며, 기존의 브랜드 아이덴티티와 일치해야 한다.

– 신제품 출시: 기존 브랜드의 신뢰성을 바탕으로 새로운 제품을 출시하는 경우, 브랜드의 기존 이미지와 부합하도록 관리해야 한다. 새로운 제품군이 기존 브랜드 가치와 부합하지 않으면 브랜드가 혼란스러워질 수 있다.

5. 브랜드 관리 전략

브랜드 관리 전략은 브랜드의 가치를 일관되게 유지하고 향상시키기 위한 다양한 계획과 실행 방안을 포함한다. 강력한 브랜드 관리 전략을 구축하려면, 브랜드 아이덴티티부터 소비자와의 관계까지 전반적인 측면을 체계적으로 관리해야 한다.

브랜드 관리(Brand Management)는 브랜드의 가치를 유지하고, 강화하며, 성장시키기 위한 전략적 활동이다. 창업 마케팅에서 브랜드 관리는 사업의 성공을 좌우할 수 있는 중요한 부분으로, 브랜드의 인지도, 신뢰성, 충성도를 높이는 데 중점을 둔다. 창업 초기부터 브랜드 관리 전략을 잘 구축하고 실행하면, 시장에서의 경쟁 우위를 선점하고 지속 가능한 성장을 이룰 수 있다.

* 브랜드 모니터링과 분석

브랜드의 성과를 지속적으로 모니터링하고 분석하는 과정은 브랜드 관리의 핵심이다.

시장 동향, 소비자 반응, 경쟁사의 움직임 등을 분석하여 브랜드 전략을 지속적으로 조정해야 한다. 소셜 미디어와 온라인 플랫폼에서 브랜드와 관련된 언급을 실시간으로 모니터링하여, 브랜드 이미지나 평판을 관리한다.

* 브랜드 일관성 유지

브랜드의 일관성은 브랜드 신뢰를 유지하는 데 핵심적인 요소이다.

창업 초기부터 모든 커뮤니케이션과 경험에서 브랜드 아이덴티티와 메시지를 일관되게 전달하는 것이 중요하다.

사례: Coca-Cola는 전 세계적으로 동일한 메시지와 이미지를 사용하여, 고객에게 일관된 브랜드 경험을 제공한다.

* 위기관리

브랜드가 위기에 처했을 때, 신속하고 투명한 대응이 필요하다.

고객에게 신뢰를 주는 빠른 문제 해결과 위기관리 전략이 브랜드에 대한 긍정적인 이미지를 유지하는 데 중요하다.

고객의 신뢰 회복으로 부정적인 사건이나 실수가 발생했을 때, 고객에게 신속하게 사과하고 개선 계획을 제시하는 것이 중요하다.

사례: Samsung은 갤럭시 노트7 배터리 폭발 사건 후, 고객에게 빠르게 교환 및 환불을 제공하며 신뢰를 회복했다.

* 고객 피드백 반영

브랜드 관리는 고객의 피드백을 수집하고, 이를 제품이나 서비스 개선에 반영하는 과정이 필요하다. 고객의 목소리를 적극적으로 반영하면, 브랜드 충성도와 고객 만족도를 높일 수 있다. 서베이 및 리뷰로 주기적인 고객 만족도 조사와 리뷰 수집을 통해 브랜드의 강점과 약점을 파악한다.

* 브랜드 캠페인과 마케팅 활동

캠페인 관리로 브랜드 관리에서 마케팅 캠페인과 광고 활동은 중요한 역할을 한다.

각 캠페인은 브랜드 메시지를 강화하고, 타겟 고객에게 브랜드를 알리는 기회이다.

브랜드 일관성 유지로 캠페인과 마케팅 활동에서도 브랜드 아이덴티티와 일관성을 유지하는 것이 중요하다.

캠페인의 목표와 메시지가 브랜드의 가치와 일치해야 효과적인 브랜드 관리가 가능하다.

* 브랜드 관리 방법

브랜드 자산 관리(Brand Asset Management, BAM)

브랜드 자산을 관리하는 도구를 사용하여 브랜드의 가치와 성과를 추적하고 분석할 수 있다. 브랜드 자산은 로고, 색상, 이미지, 슬로건 등 브랜드의 핵심 자산을 포함한다.

브랜드 가이드라인

브랜드 가이드라인을 작성하여 브랜드 아이덴티티가 일관되게 관리되도록 한다.

가이드라인에는 로고 사용법, 색상 팔레트, 타이포그래피 규칙, 브랜드 톤과 목소리 등 다양한 요소가 포함한다.

11장 CASE STUDY

직방(Zigbang): "공간을 넘어, 브랜드가 신뢰를 만든다"

Chapter 11. 창업 브랜드 구축 - 브랜드 아이덴티티 · 커뮤니케이션 · 관리 전략

1. 문제 인식

"부동산 앱마다 정보도 다르고, 믿기 힘들다"
→ 사용자들은 허위 매물, 과장 광고에 피로감

2. 브랜드 아이덴티티 전략

- 브랜드 핵심 가치: 정확한 정보 + 신뢰 + 편리한 경험
- 로고·컬러: 심플하고 밝은 주황색 톤 → 접근성 강조
- 직방 = '신뢰할 수 있는 방 찾기'라는 연상 작용 유도

3. 브랜드 커뮤니케이션 전략

- "실매물만 제공합니다" 메시지로 정직한 브랜드 이미지 강화
- 유튜브·TV 광고에서 공감형 시나리오 활용(e.g. "허위매물 그만!" 캠페인)
- 이용자 후기 기반 '리얼 리뷰 시스템' 운영

4. 브랜드 관리 전략

- 매년 사용자 만족도 조사 실시 → 브랜드 신뢰도 수치화
- '직방 프리미엄', 'VR 투어' 등 기능 업데이트로 브랜드 가치 유지
- B2B · B2C 서비스 확장하며 '부동산 정보 플랫폼'으로 리브랜딩

5. 성과

- 앱 다운로드 수 2000만+
- 브랜드 인지도 기준 부동산 플랫폼 중 1위
- "믿고 보는 부동산 앱"이라는 브랜드 포지셔닝 확립

학습 포인트

브랜드 아이덴티티: 실매물 중심 + 심플한 UX + 신뢰 이미지
커뮤니케이션: 감정 공감 기반 광고, 후기 신뢰 확보
브랜드 관리: 기능 확장 + 정기 피드백 → 브랜드 유지 · 강화

토의 질문

1. 직방은 브랜드에 어떤 '가치'를 담았으며, 이를 어떻게 전달했는가?

2. 브랜드를 유지 · 관리하기 위해 어떤 노력을 기울였는가?

Work Sheet - 01

학번: ____________________

이름: ____________________

Chapter 11 창업마케팅 브랜드 구축

1. 브랜드 이름: 내 브랜드를 한 단어로 표현하면?

2. 핵심 가치: 고객에게 어떤 가치를 약속하고 싶은가?

3. 타겟고객: 누구를 가장 감동시키고 싶은가?

4. 브랜드 스토리: 이 브랜드를 만든 나만의 이유는?

5. 느낌/감성: 내 브랜드가 전하고 싶은 감정은?(3개 키워드)

1)

2)

3)

12

CHAPTER

사업계획서 작성

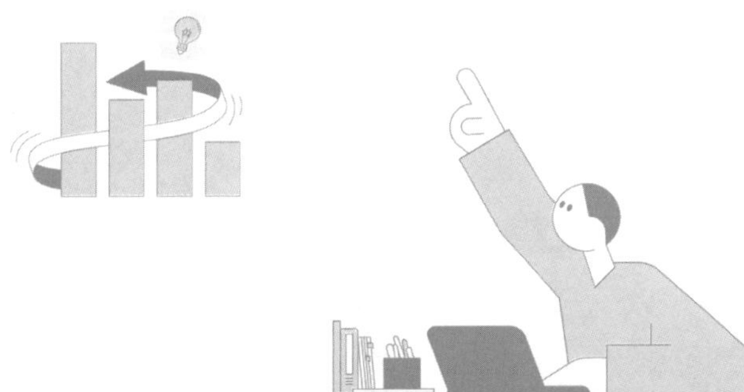

학습목표

1. 창업 사업계획서 정의
2. 사업계획서 주요 목적
3. 창업 사업계획서의 중요성
4. 창업 사업계획서의 구성 항목
5. 창업 사업계획서 작성 유의사항
6. 창업 사업계획서 포트폴리오 작성
   - **Work Sheet 작성**

CHAPTER 12
사업계획서 작성

* 창업 사업계획서(Business Plan)

창업 사업계획서(Business Plan)는 창업 아이디어를 실현하기 위한 전략적 계획서로, 사업이 어떻게 운영될 것인지, 무엇을 목표로 할 것인지, 그리고 그 목표를 달성하기 위한 세부적인 방법을 명확히 제시하는 문서이다. 투자자나 금융기관을 대상으로 자금을 모집하거나 사업을 시작하기 위해 필요한 로드맵을 제공한다. 사업계획서는 사업의 비전과 방향을 제시하는 중요한 문서이다.

창업 사업계획서는 창업자가 사업을 어떻게 실행할지에 대한 청사진을 제공하는 중요한 도구이다. 투자자나 금융기관이 창업의 가능성과 리스크를 평가하는 데 도움을 줄 수 있으며, 창업자가 사업 목표를 달성하기 위한 명확한 로드맵을 설정하는 데 유용하다.

사업계획서를 작성할 때는 구체적이고 실현 가능한 목표를 설정하고, 수치 기반의 예측을 제시하여 신뢰성을 높이는 것이 중요하다.

1. 창업 사업계획서(Business Plan) 정의

창업 사업계획서(Business Plan)는 창업자가 자신의 사업 아이디어를 구체화하고, 사업을 성공적으로 운영하기 위한 전략과 목표, 실행 계획을 체계적으로 정리한 문서이다.

창업 초기에 사업이 성공할 수 있도록 구체적인 전략, 목표, 재무 예측 등을 잘 정리하는 것이 중요하다. 사업계획서는 투자자나 금융기관에 사업 아이디어를 설득력 있게 전달하는 데 필수적인 도구이다.

창업 사업계획서의 내용은 사업 아이디어와 그 실행 계획을 체계적으로 정리한 문서로, 사업이 성공적으로 진행될 수 있도록 구체적인 전략과 목표, 재무 예측 등을 포함한다.

창업 초기 단계에서 사업계획서는 투자자나 금융기관에게 사업 아이디어를 설득력 있게 전달하는 중요한 도구이다.

창업 사업계획서는 사업을 실제로 진행하기 위한 '로드맵'이자 외부 투자자를 설득하기 위중요한 도구로 각 항목을 잘 정리하여 사업 아이디어를 구체화하고, 성공적인 창업을 위한 방향을 제시하는 데 유용하다. 사업의 방향성을 제시하고, 투자자나 금융기관 등 외부의 이해관계자들에게 사업의 가능성을 설득력 있게 전달하는 중요한 도구이다.

창업 사업계획서는 사업 아이디어, 시장 분석, 경쟁 분석, 제품/서비스 개요, 마케팅 전략, 운영 계획, 재무 계획 등을 포함하여 사업의 실행 가능한 로드맵을 제공한다.

창업자가 사업의 각 요소를 면밀히 검토하고, 사업의 성공 가능성을 높이기 위한 전략적 결정을 내리도록 돕는다. 창업과 관련된 외적 요소와 내적 요소를 알아본다.

외적 요소로는 법규, 경쟁상황, 사회적 변화, 소비자의 욕구변화, 새로운 기술, 생산, 마케팅, 조달, 기술개발능력, 인적 자원 등의 요소들이며, 내적 요소로는 현재의 상황 파악, 창업 목표, 창업전략 수립 등의 요소적인 상황이다.

사업계획서 작성의 의미는 창업의 비전, 사업의 규모, 창업계획의 과정을 전략적이고 효율적이며, 성과 지향적 요인으로 자신감을 가지고 합리적으로 작성하며, 객관성, 전문성, 신뢰성, 핵심과제 강조, 핵심 내용 강조, 제품과 기술적 분석의 단순성, 보편성, 실현 가능한 자금 조달 계획, 창업으로서의 기회와 위협요인을 체계적으로 분석한다. 창업의 아이템을 구체화하고 타당성 검증, 장점, 단점 파악, 위험요소는 점검하여 사전에 대비하며 기회제공, 사업진행 내용과 상황을 철저히 점검한다.

2. 사업계획서의 주요 목적

창업 사업계획서의 주요 목적은 창업자가 사업 아이디어를 체계적으로 정리하고, 사업을 성공적으로 실행할 수 있도록 방향을 제시하는 것이다. 또한, 외부 투자자나 금융기관에게 사업 아이디어의 실행 가능성과 잠재력을 설득력 있게 전달하는 중요한 도구로 사용된다.

창업 사업계획서의 주요 목적은 다음과 같다.

1) 사업 아이디어 및 비전 구체화

사업계획서는 창업자가 사업 아이디어와 비전을 명확하게 정의하고 구체화하는 역할을 한다. 사업 아이디어가 해결하려는 문제와 제공하려는 가치를 설명함으로써 사업의 목표와 방향성을 설정할 수 있다.

2) 시장 및 경쟁 분석

시장 조사와 경쟁 분석을 통해 타겟 시장의 크기, 성장 가능성, 고객의 니즈 등을 파악할 수 있다. 또한, 경쟁 업체들이 제공하는 제품이나 서비스와의 차별화 요소를 강조하며 사업의 경쟁 우위를 확보할 수 있는 전략을 구상한다.

3) 사업 전략 및 실행 계획 수립

사업을 성공적으로 운영하기 위한 구체적인 전략과 실행 계획을 제시한다.

제품 개발, 마케팅, 유통, 운영 등 각 분야에서 어떻게 사업을 진행할 것인지에 대한 세부 계획을 포함한다.

4) 재무 예측 및 자금 조달

예상 매출, 비용, 이익 등을 포함한 재무 예측을 통해 사업의 재정적 건전성을 평가할 수 있다. 또한, 사업을 위한 자금을 어떻게 조달할 것인지에 대한 계획을 마련하여 외부 투자자나 금융기관에서 자금을 유치할 수 있다.

5) 리스크 관리 및 대응 전략

사업계획서는 사업이 직면할 수 있는 다양한 리스크를 분석하고 대응 전략을 마련하는데 도움을 준다. 예기치 않은 문제나 상황을 미리 대비할 수 있게 도와주며, 사업의 안정성과 지속 가능성을 높인다.

6) 투자자 및 금융기관 설득

사업계획서는 투자자나 금융기관에게 사업 아이디어가 실행 가능한지, 사업이 성장할 잠재력이 있는지를 입증하는 데 중요한 역할을 한다. 자금을 유치하는 데 필수적인 자료로 사용된다.

7) 사업 목표 설정 및 성과 측정

사업계획서를 통해 창업자는 사업의 목표를 명확히 설정하고 이를 달성하기 위한 전략을 세울 수 있다. 또한, 목표 달성 여부를 평가하고 성과를 측정할 수 있는 기준을 제공한다.

8) 내부 운영 및 조직 관리

사업계획서는 사업을 효율적으로 운영하기 위한 내부 관리 시스템과 조직 구조를 정의하는 데 도움을 준다. 인력 계획, 역할 분담, 업무 흐름 등을 체계적으로 정리하여 효율적인 운영을 도울 수 있다.

창업 사업계획서는 사업 아이디어를 실현 가능한 계획으로 바꾸는 중요한 문서이다.

창업자는 이 계획서를 통해 사업의 비전과 전략을 명확히 하고, 재무 예측과 리스크 분석을 통해 사업의 실행 가능성을 평가하며, 투자자와 금융기관을 설득하여 필요한 자금을 확보하는 데 도움을 받을 수 있다. 사업계획서는 사업 성공을 위한 중요한 로드맵이자, 외부의 지원을 받기 위한 필수적인 도구이다.

3. 창업 사업계획서의 중요성

창업 사업계획서의 중요성은 사업 아이디어를 성공적으로 실현하고, 사업을 지속적으로 성장시키기 위한 전략적 도구로서 매우 크다. 사업계획서는 창업자가 사업을 실행하기 위한 체계적인 로드맵을 제공하며, 투자자, 파트너, 금융기관 등 외부 이해관계자들과 소통할 수 있는 중요한 문서이다. 창업 사업계획서의 중요성은 다음과 같다.

1) 사업 아이디어 구체화

창업 사업계획서는 사업 아이디어를 구체적으로 정리하고, 사업의 목표와 비전을 명확히 정의하는 데 도움을 준다. 사업 아이디어가 실행 가능한지 평가하고, 사업의 가치 제안을 명확히 할 수 있다. 사업을 시작하는 데 있어 아이디어가 구체화되어야만 실행이 가능하고, 시장에서 경쟁력을 가질 수 있다.

2) 시장 이해와 경쟁 분석

사업계획서를 작성하는 과정에서 시장 분석과 경쟁 분석을 통해 창업자는 시장의 동향, 성장 가능성, 고객의 니즈 등을 파악할 수 있다. 자신의 사업이 시장에서 성공할 가능성에 대해 더 깊이 이해할 수 있고, 경쟁사와 차별화된 전략을 세울 수 있다.

시장과 경쟁을 분석하는 것은 사업의 성공을 위한 핵심적인 첫걸음이다.

3) 자금 조달 및 투자자 설득

사업계획서는 외부 투자자나 금융기관에 사업 아이디어의 실행 가능성과 성장 잠재력을 설득하는 중요한 도구이다. 투자자는 사업계획서를 통해 사업 아이디어의 실현 가능성을 평가하고, 자금이 어떻게 활용될 것인지를 이해한다. 명확한 재무 예측과 성장 전략이 포함된 사업 계획서는 투자자들에게 신뢰를 줄 수 있다.

4) 사업 목표 설정 및 방향성 제시

사업계획서는 창업자가 사업을 시작하기 전에 명확한 목표를 설정하고 달성하기 위한 전략을 수립하도록 돕는다. 사업의 비전, 목표, 구체적인 실행 계획을 설정함으로써 사업이 향후 어떤 방향으로 나아가야 하는지 명확히 알 수 있다. 목표를 설정하면 사업의 진척 상황을 평가할 수 있는 기준을 마련할 수 있다.

5) 위험 관리 및 리스크 대비

사업계획서는 사업이 직면할 수 있는 잠재적인 리스크를 미리 파악하고, 대응 전략을 마련하는 데 도움을 준다. 경제적 불확실성, 경쟁, 법적 문제 등 다양한 리스크 요소를 미리 고려하고 대응책을 마련함으로써 사업이 위험에 처할 가능성을 줄일 수 있다.

사업의 안정성과 지속 가능성을 높일 수 있다.

6) 내부 운영 효율화

사업계획서는 사업을 어떻게 운영할지에 대한 구체적인 계획을 제공한다.

인력 채용, 생산, 유통, 고객 서비스 등 다양한 부문에 대한 운영 계획을 수립한다.

효율적인 운영 체계를 구축하고, 일관된 업무 흐름을 유지할 수 있다. 잘 짜여진 사업계획서는 사업 운영의 안정성을 높이고, 일상적인 관리 업무가 원활하게 이루어지도록 도와준다.

7) 사업성과 측정과 조정

사업계획서를 통해 창업자는 목표 달성을 위한 지표를 설정할 수 있다.

사업이 어떤 방향으로 성장하고 있는지, 목표를 얼마나 달성했는지 평가할 수 있다.

성과 측정을 통해 필요 시 사업 전략을 조정하고, 사업의 방향을 수정하는 데 유용하다.

사업이 올바른 방향으로 나아가고 있는지 점검하는 데 사업계획서가 중요한 역할을 한다.

8) 성장 및 확장 전략 수립

사업계획서는 창업자가 장기적으로 사업을 확장하고 성장할 수 있는 전략을 세울 수 있도록 돕는다. 새로운 시장에 진입하거나, 제품 라인을 확장하거나, 해외 진출을 위한 전략을 계획할 수 있다. 사업계획서를 통해 창업자는 사업의 확장 가능성에 대해 고민하고, 성장 전략을 구체화할 수 있다.

창업 사업계획서는 사업의 성공 가능성을 높이고, 사업 아이디어를 실제 실행 가능한 계획으로 전환하는 데 매우 중요한 역할을 한다. 사업계획서는 창업자가 사업을 시작하는 데 있어 체계적인 계획을 세울 수 있게 도와줄 뿐만 아니라, 외부 투자자나 금융기관으로부터 자금을 확보하고, 사업의 리스크를 관리하는 데 중요한 도구이다. 또한, 사업 목표를 설정하고 전략을 구체화하는 데 필수적인 문서로서 창업자의 성공적인 사업 운영에 큰 영향을 미친다.

4. 창업 사업계획서의 구성 항목

1) 사업 개요(Executive Summary)

- 사업 아이디어: 사업이 제공하는 제품이나 서비스가 무엇인지 간략하게 설명한다.
- 목표와 비전: 사업의 주요 목표와 이를 통해 달성하려는 비전 및 가치를 설명한다.
- 핵심 가치 제안: 사업이 해결하려는 문제와 이를 해결할 독특한 가치 제안을 명확하게 정리한다.
- 시장 기회: 사업이 진입하려는 시장과 그 시장에서의 기회에 대해 간략히 설명한다.

2) 회사 개요(Company Description)

- 회사 소개: 회사가 설립된 배경과 목적을 설명한다.
  창업자의 경험과 열정, 사업 아이디어가 어떻게 탄생했는지 등을 포함한다.
- 사업 목표: 회사가 추구하는 주요 목표와 그 목표를 달성하기 위한 전략을 설명한다.
- 조직 구조: 회사의 조직 구조와 주요 경영진(창업자, 핵심 인력 등)을 소개한다.

3) 시장 분석(Market Analysis)

- 산업 분석: 사업이 속한 산업의 현황과 성장 가능성, 주요 트렌드 등을 설명한다.
- 타겟시장: 제품이나 서비스가 제공될 타겟고객층을 정의하고, 그들의 특성과 요구 사항을 분석한다. 고객의 연령, 성별, 소득 수준, 소비 성향 등을 고려할 수 있다.
- 경쟁 분석: 주요 경쟁 업체들을 분석하고, 경쟁 우위와 경쟁사의 강점/약점을 비교한다. 자사의 차별화된 요소를 강조한다.
- 시장 크기와 성장 전망: 목표시장의 크기와 성장 가능성에 대해 데이터 기반으로 설명.

4) 제품 및 서비스(Products and Services)

- 제품/서비스 설명: 사업이 제공하는 제품이나 서비스의 세부적인 설명을 포함한다.
  제품의 특징, 사용 방법, 기술적 요소 등을 다룬다.
- 차별화된 요소: 경쟁 업체들과 비교하여 자사의 제품이나 서비스가 가지는 차별화된 요소나 우위에 대해 설명한다.
- 개발 계획: 제품이 어떤 과정을 거쳐 개발될지, 필요하다면 개발 일정과 기술적 요구 사항 등을 다룬다.

- 가격 책정 전략: 가격 책정 기준과 전략을 설명하고, 시장에서의 경쟁력을 확보하기 위한 방법을 제시한다.

5) 마케팅 및 판매 전략(Marketing and Sales Strategy)

- 마케팅 목표: 사업 목표를 달성하기 위한 구체적인 마케팅 전략을 설명한다.
- 마케팅 방법: 광고, 홍보, 소셜 미디어, 온라인 마케팅, 오프라인 프로모션 등 다양한 채널을 활용한 마케팅 계획을 제시한다.
- 브랜딩 및 고객 관계 관리: 브랜드 이미지와 고객과의 관계를 어떻게 관리하고 강화할지에 대한 전략을 설명한다.
- 판매 전략: 제품이나 서비스를 어떻게 판매할지에 대한 구체적인 전략을 다룬다. 유통 파트너십, 직접 판매, 온라인 판매 등이다.

6) 운영 계획(Operations Plan)

- 운영 구조: 회사의 운영 방식과 주요 활동을 설명한다. 생산, 공급망 관리, 고객 서비스 등 일상적인 운영에 대한 계획을 포함한다.
- 위치 및 시설: 사업이 운영될 위치, 시설, 필요한 장비 등을 설명한다.
- 인력 관리: 필요한 인력의 규모와 역할, 인력 채용 계획 등을 다룬다.

7) 재무 계획(Financial Plan)

- 수익 모델: 사업이 수익을 창출하는 방법을 설명한다. 제품 판매, 서비스 제공, 구독 모델 등 이다.
- 예상 손익계산서(P&L): 예상 매출, 비용, 이익 등을 담은 손익계산서를 제공한다.
- 현금 흐름표(Cash Flow): 사업 운영 중 발생하는 현금의 유입과 유출을 나타낸 현금 흐름 예측을 제시한다.
- 대차대조표(Balance Sheet): 자산, 부채, 자본 등을 포함한 대차대조표를 작성한다.

– 자금 조달 계획: 필요한 자금 규모와 이를 조달할 방법(자기 자본, 외부 투자 등)을 설명한다.

8) 리스크 분석(Risk Analysis)

– 위험 요소: 사업을 운영하는 과정에서 예상되는 리스크 요소(시장 경쟁, 경제적 불확실성, 법적 문제 등) 설명한다.
– 위기 대응 전략: 리스크에 대응하기 위한 전략과 준비 사항을 마련한다.
– 장기 목표: 사업의 비전과 장기적인 목표를 설정한다.
– 확장 전략: 사업이 성장하고 확장하기 위한 계획을 설명한다. 새로운 시장 진입, 제품 다각화, 해외 진출 등이 될 수 있다.

9) 부록(Appendices)

– 추가 자료: 사업계획서에서 다룬 내용 외에 중요한 자료(시장 조사 데이터, 경영진의 이력서, 법적 문서) 등을 첨부한다.

* 창업 사업계획서 작성 팁

– 명확하고 간결하게 작성: 사업계획서는 핵심 내용을 빠짐없이 전달하면서도 간결하고 명확하게 작성하는 것이 중요하다.
– 데이터 기반의 분석: 시장 분석이나 재무 예측은 최대한 데이터를 바탕으로 작성하고, 신뢰할 수 있는 출처를 인용한다.
– 실행 가능성 강조: 사업 아이디어가 현실적으로 실행 가능한지 보여주는 것이 중요하다. 너무 이상적인 목표보다는 구체적이고 실현 가능한 계획을 세운다.
– 투자자 시각 고려: 투자자를 대상으로 사업계획서를 작성하는 경우, 투자자가 어떤 점에 관심을 가질지(예: 수익성, 성장 가능성, 리스크 관리 등) 고려해야 한다.

사업계획서는 창업자가 사업 아이디어를 구체화하고, 성공적인 사업 운영을 위한 로드맵을 만드는 데 중요한 역할을 한다. 투자자나 협력자들에게 사업을 소개하는 데 중요한 도구이므로 충분한 시간과 노력을 들여 작성해야 한다.

새로운 프로젝트를 계획하는 사업의 방향과 방법, 절차, 활용범위 등 목표달성에 필요한 문서를 기술하는 요소, 사업의 성공을 위한 체계적 지침서, 계획의 강점과 약점의 단계적인 검토, 사업의 목적, 수요예측, 투자내용, 생산, 판매를 계획하여 추정하며 재무제표를 정의한다. 또 업종과 규모에 알맞게 작성하며, 창업과 관련된 모든 계획을 문서화한다. 성공된 창업에서의 사업계획서 필요성과 창업의 객관적인 사업동기와 열정과 개인의 경험과 노하우 또는 개인의 재능과 기술 연구의 체계적인 계획서의 기술이 사업계획서 작성의 중요한 목록들이다.

5. 창업 사업계획서 작성 유의사항

창업 사업계획서는 사업 아이디어를 구체화하고, 사업 성공을 위한 전략을 수립하는 중요한 문서이다. 사업계획서를 작성할 때는 몇 가지 중요한 유의사항을 고려해야 한다.

잘 작성된 사업계획서는 투자자와 금융기관의 신뢰를 얻고, 사업을 성공적으로 추진하는 데 중요한 기초가 된다.

다음은 창업 사업계획서를 작성할 때 유의해야 할 주요 사항이다

1) 간결하고 명확하게 작성

사업계획서는 지나치게 길거나 복잡해서는 안 된다.

투자자나 금융기관은 바쁜 일정을 가지고 있기 때문에, 핵심적인 내용을 빠르고 명확하게 전달하는 것이 중요하다.

각 항목을 간결하게 작성하되 중요한 내용은 놓치지 않도록 해야 한다.

2) 구체적인 목표 설정

사업 목표는 구체적이고 측정 가능해야 한다.

목표를 수치적으로 설정하면 사업의 진행 상황을 쉽게 평가할 수 있다.

가능하면 명확한 수치를 제시하는 것이 좋다.

3) 실현 가능한 계획 제시

사업계획서는 현실적인 실행 계획을 바탕으로 작성해야 한다.

지나치게 이상적인 목표나 비현실적인 재무 예측은 신뢰성을 떨어뜨릴 수 있다.

실제 가능한 시장 규모와 자원, 시간 등을 고려해 계획을 수립해야 한다.

4) 시장 분석의 신뢰성

시장 분석은 매우 중요하다. 타겟 시장의 규모, 성장 가능성, 고객의 니즈와 행동, 경쟁 분석 등을 충분히 조사하고, 사업 전략을 세워야 한다. 신뢰할 수 있는 데이터를 바탕으로 분석을 진행해야 하며, 외부 연구 자료나 보고서를 인용하는 것이 좋다.

5) 경쟁사 분석의 정확성

경쟁사 분석은 사업계획서에서 매우 중요한 부분이다.

경쟁사를 철저히 분석하고, 자사의 차별화 요소와 경쟁 우위를 분명하게 제시해야 한다.

경쟁사가 제공하는 제품 및 서비스와 자사 제품의 차별성, 경쟁 우위를 강조하는 것이 필요하다.

6) 실제적인 재무 예측

사업계획서의 재무 예측은 실현 가능한 숫자와 정확한 예측을 바탕으로 해야 한다.

예상 매출, 비용, 이익, 현금 흐름 등을 구체적으로 예측하고, 뒷받침할 수 있는 근거를 제시해야 한다. 재무 예측이 비현실적이면 사업계획서의 신뢰성이 떨어질 수 있다.

7) 리스크 관리 계획 포함

사업계획서에는 예상되는 리스크와 그에 대한 대응 전략을 명확히 제시해야 한다.

예기치 못한 문제가 발생할 경우 어떻게 대처할 것인지에 대한 계획을 포함시키는 것이 중요하다. 리스크 분석을 통해 사업이 안정적이고 지속 가능하게 운영될 수 있다는 점을 강조할 수 있다.

8) 핵심 인력과 조직 구조 명확히

사업계획서에는 사업을 운영할 핵심 인력과 조직 구조를 명확하게 제시해야 한다.

창업자와 주요 팀원의 경력과 역할을 소개하고, 필요한 인력 및 조직 구성을 설명한다.

팀의 역량과 경험이 사업 성공에 중요한 요소임을 강조하는 것이 좋다.

9) 고객 중심의 가치 제안

사업계획서에서 제공할 제품이나 서비스가 어떤 고객의 문제를 해결할 수 있는지, 그 가치를 명확하게 설명해야 한다. 고객이 어떤 필요를 가지고 있고, 그 필요를 자사의 제품/서비스가 어떻게 해결할 수 있는지를 중심으로 설명하는 것이 중요하다.

10) 피드백을 받아 수정 및 보완

사업계획서를 작성한 후에는 다른 사람들의 피드백을 받는 것이 중요하다.

창업자 외에도 사업 경험이 있는 멘토나 전문가에게 피드백을 요청하고, 사업계획서를 보완할 수 있다. 여러 사람의 의견을 수렴하여 계획을 개선하는 과정은 사업계획서를 더 강력하게 만든다.

11) 비즈니스 모델의 명확한 정의

사업이 어떻게 수익을 창출할 것인지에 대한 명확한 설명이 필요하다.

수익 모델, 가격 책정 전략, 판매 경로 등을 포함해 자사의 비즈니스 모델을 이해하기 쉽게 설명해야 한다. 사업이 지속 가능하고 확장 가능한 모델인지 설명하는 것도 중요하다.

12) 사업계획서의 지속적인 업데이트

사업계획서는 한 번 작성하고 끝내는 문서가 아니다.

사업 환경이나 목표, 전략이 변화하면 사업계획서도 주기적으로 업데이트해야 한다.

사업이 성장함에 따라 계획을 조정하고 새로운 기회를 반영하는 것이 필요하다.

사업계획서는 창업자의 비전과 아이디어를 실행 가능한 계획으로 변환하고, 사업의 실행 가능성과 신뢰성을 입증하는 중요한 문서이다. 사업계획서를 작성할 때는 위의 유의사항들을 잘 반영하여 투자자와 외부 이해관계자들에게 사업의 가능성을 확실하게 전달하고, 사업 성공을 위한 탄탄한 기반을 마련하는 것이 중요하다.

6. 창업 사업계획서 포트폴리오 작성

창업 사업계획서 포트폴리오는 창업자가 자신이 구상한 사업 아이디어와 전략을 종합적으로 나타내는 문서로, 사업 아이템, 실행 계획, 재무 예측 등을 포함하여 투자자나 이해관계자에게 사업 아이디어의 가능성을 제시하는 중요한 도구이다. 창업 사업계획서 포트폴리오를 작성할 때, 위의 10가지 양식 문서를 체계적으로 준비하여 각 항목을 구체적으로 작성하면 투자자나 파트너에게 신뢰를 줄 수 있는 강력한 사업계획서를 만들 수 있다. 이 양식

들을 활용하여 사업의 전략과 실행 계획을 명확하게 전달하고, 사업의 성공 가능성을 높일 수 있다.

아래는 창업 사업계획서 포트폴리오를 작성할 때 포함해야 할 10가지 주요 항목이다.

1) 사업 개요(Executive Summary)

사업 개요는 사업계획서의 첫 번째 부분으로, 사업의 핵심 정보를 요약하여 전달한다.

투자자나 파트너가 사업의 비전, 목적, 시장 기회 등을 빠르게 이해할 수 있도록 돕는다.

포함 내용: 사업 아이디어, 목표, 비전, 창업자의 배경, 사업의 핵심 가치.

2) 사업 아이템 및 제품 및 서비스 설명

사업이 제공할 제품이나 서비스에 대해 상세히 설명한다.

제품의 기능, 특징, 장점, 차별화 요소 등을 포함하여 사업 아이템이 고객에게 어떤 가치를 제공하는지 구체적으로 기술한다.

포함 내용: 제품/서비스 개요, 특징, 장점, 경쟁 우위, 개발 상태.

3) 시장 분석

시장 분석은 사업이 성공할 수 있는 시장 환경과 기회를 설명하는 부분이다.

타겟시장의 규모, 성장 가능성, 시장 동향, 고객의 요구 사항 등을 제시하여 사업 아이템이 시장에서 어떤 위치를 차지할 수 있는지 분석한다.

포함 내용: 타겟시장, 시장 규모, 성장 가능성, 고객 특성, 시장의 문제점과 기회.

4) 경쟁 분석

경쟁 분석은 시장에서의 경쟁자를 분석하고, 자사의 제품 및 서비스가 어떻게 차별화될 수 있는지 설명하는 부분이다. 경쟁자의 강점과 약점을 파악하고, 자사의 경쟁 우위를 명확히 한다.

포함 내용: 주요 경쟁자, 경쟁 제품/서비스, 경쟁 우위 분석, 차별화 전략.

5) 비즈니스 모델(Revenue Model)

비즈니스 모델은 사업이 어떻게 수익을 창출할 것인지에 대한 설명이다.

판매 방식, 가격 전략, 수익원, 고객 확보 방법 등을 구체적으로 기술하여 사업이 지속 가능하고 확장 가능한 모델임을 보여준다.

포함 내용: 가격 책정 전략, 판매 채널, 수익원, 고객 확보 및 유지 전략.

6) 마케팅 및 판매 전략

마케팅과 판매 전략은 사업이 시장에서 어떻게 브랜드를 구축하고, 제품을 판매할지에 대한 계획이다. 홍보, 광고, 온라인 마케팅, 프로모션, 유통 전략 등을 포함한다.

포함 내용: 마케팅 전략, 광고 및 프로모션 계획, 온라인/오프라인 유통 전략, 고객 관계 관리(CRM) 전략.

7) 운영 계획

운영 계획은 사업이 일상적으로 어떻게 운영될 것인지에 대한 세부 계획이다.

생산, 공급망 관리, 인력 관리, 고객 서비스 등의 운영 프로세스를 설명한다.

포함 내용: 생산 및 공급망 전략, 인력 구성 및 관리 계획, 시설/장비 필요 사항, 운영 효율성 방안.

8) 재무 계획 및 예측

재무 계획은 사업의 재정적 상태와 미래 예측을 포함한다.

예상 매출, 비용, 이익, 현금 흐름 등을 예측하고, 사업이 재정적으로 건전하게 운영될 수 있는지를 보여준다.

포함 내용: 예상 매출 및 비용, 현금 흐름 예측, 손익계산서, 자금 조달 계획, 투자자에게 필요한 자금의 용도.

9) 팀 및 추가 인력 계획

창업팀의 구성과 각 팀원의 역할을 설명한다.

핵심 인력의 경력과 전문성, 조직 구조 등을 명확히 하여 팀이 사업을 성공적으로 이끌어갈 수 있다는 신뢰를 제공한다.

포함 내용: 창업자 및 핵심 팀원의 경력, 역할, 조직 구조, 필요한 추가 인력 계획.

10) 리스크 관리 및 대응 전략

사업이 직면할 수 있는 주요 리스크와 그에 대한 대응 방안을 제시한다.

사업 초기 단계에서 발생할 수 있는 리스크를 미리 예측하고, 이에 대한 준비 및 대응 전략을 세운다.

포함 내용: 시장 리스크, 경쟁 리스크, 재정 리스크, 법적/규제 리스크, 대응 전략.

창업 사업계획서 포트폴리오는 사업 아이디어와 실행 계획을 체계적으로 정리하여 사업의 실행 가능성과 성장 가능성을 보여주는 중요한 문서이다. 위의 10가지 항목을 포함하여 사업 아이템, 시장 분석, 경쟁 분석, 재무 예측 등 각 영역을 구체적이고 신뢰성 있게 작성하면, 투자자나 이해관계자들에게 사업의 가능성을 확신시킬 수 있다.

창업 사업계획서를 작성하는 데 도움이 되는 양식 문서는 사업 계획서의 각 항목을 체계적으로 정리하는 데 유용한 템플릿이다. 창업 아이디어와 전략을 명확히 구체화하고, 투자자나 파트너에게 효과적으로 전달할 수 있다. 각 항목에 적합한 양식 문서를 추천한다.

창업 사업계획서(Business Plan)는 창업 아이템을 실현하기 위한 전략과 실행 계획을 정리한 문서이다. 투자자 설득, 정부지원 사업 신청, 조직 내 실행계획 수립 등에 반드시 필요하다.

* 창업 사업계획서 기본 양식

1. 사업 개요

사업명: 브랜드/서비스/제품 이름

사업 아이디어 요약: 무엇을, 누구에게, 어떻게 제공할 것인지

창업 동기 및 배경: 문제 인식 → 해결 아이디어 도출 과정

2. 시장 분석

고객 분석: 주요 타겟고객, 고객의 니즈/불편 사항

시장 규모: 관련 산업의 시장 크기와 성장 가능성

경쟁 분석: 경쟁 업체, 경쟁 제품 비교

SWOT 분석: 내/외부 환경 분석

S(강점):

W(약점):

O(기회):

T(위협):

3. 제품/서비스 설명

주요 기능/서비스 설명

기술적 차별성 및 장점

고객 가치 제안(Value Proposition)

4. 마케팅 전략 4P 전략

제품(Product):

가격(Price):

유통(Place):

홍보(Promotion):

브랜딩 전략: 브랜드 정체성,

네이밍:

로고:

슬로건:

고객 유치 전략: SNS, 이벤트, 체험단 등

5. 사업 추진 계획

단계별 실행 일정 (로드맵)

시기	주요 목표	실행 내용
1개월	MVP 제작	제품 시제품 개발
3개월	테스트 마케팅	고객 반응 조사 및 개선
6개월	정식 출시	오픈, SNS 홍보 강화

6. 재무 계획

초기 투자 비용: 인건비, 장비, 마케팅, 공간 등

수익모델: 어떻게 돈을 벌 것인가?

3년간 수입/지출 추정 (간단 표)

항목	1년차	2년차	3년차
매출			
비용			
순이익			

7. 팀 구성

창업자 및 핵심 인력 소개

역할 분담 및 책임

8. 기대 효과 및 비전

사회적 기여, 고용 창출, 시장 확대 등

향후 5년 계획 및 목표

12장 CASE STUDY

클래스101: "하고 싶은 일을 할 수 있게"

Chapter 12. 사업계획서 작성 - 아이디어를 투자로 연결한 전략

1. 창업 아이디어 요약

- "누구나 온라인으로 취미나 기술을 가르칠 수 있다면?"
- → 크리에이터 중심 온라인 클래스 플랫폼 기획
- 초기 시장 타깃: 퇴근 후 취미 찾는 MZ세대

2. 사업계획서 핵심 구성: 클래스101 실제 내용 예시

문제 정의: 2030 세대의 여가 부족 + 학원 접근성 한계
해결 방안: 비대면 온라인 강의 플랫폼 + 누구나 강사 가능
고객 세그먼트: 크리에이터 + 취미 클래스 수강 희망자
수익모델: 수강료 일부 수수료 / 프리미엄 클래스 판매
시장규모: 온라인 취미교육 시장 1조 원 이상 성장 추세
경쟁 분석: 유튜브와 차별화: 정제된 커리큘럼 + 피드백 가능
운영계획: 자체 촬영 스튜디오, 편집팀, 마케팅팀 구성
재무계획: 초기 3년 손익 추정 → 2년 내 BEP 도달 예상

3. 투자 유치 성과

- 2019년 시리즈 A, 2020년 시리즈 B 유치
- 누적 투자금 500억 원 이상
- 투자자는 "콘텐츠 + 크리에이터 경제 트렌드를 정확히 짚었다" 평가

4. 시사점 및 학습 포인트

핵심 메시지: 고객의 니즈를 중심으로 사업 전개 내용 구조화

강점 강조: 콘텐츠 품질, 크리에이터 중심 설계, 구체적 수익모델

설득 전략: 숫자와 스토리의 균형, 감성+데이터 기반 설득

토의 질문

1. 클래스101의 사업계획서는 어떤 점에서 설득력이 있었을까?

2. 수업에서 배운 사업계획서 구성 요소 중, 특히 중요했던 것은?

Work Sheet - 01

학번: ____________________

이름: ____________________

Chapter 12 창업 사업계획서 포트폴리오 작성

1. 사업 개요(Executive Summary)

양식 내용: 사업 아이디어의 요약, 목표, 비전, 핵심 가치 제안, 창업자의 배경

목표: 사업의 핵심을 간결하게 요약하여 투자자나 파트너가 쉽게 이해할 수 있도록 작성

사업 아이템 개요:

사업 비전 및 목표:

창업자 및 주요 팀원 소개:

2. 사업 아이템 및 제품/서비스 설명 양식

양식 내용: 제품이나 서비스의 기능, 특징, 차별화된 가치, 시장에서의 경쟁 우위

목표: 제품/서비스의 유니크한 특성을 강조하고, 시장에서 어떤 문제를 해결할지 설명

제품 및 서비스 기능:

장점(차별점):

3. 시장 분석 양식

양식 내용: 시장의 크기, 성장 가능성, 타겟고객 분석, 시장 동향, 고객의 문제와 필요

목표: 시장의 기회를 분석하고 사업이 시장에서 차지할 위치를 명확히 설명

시장 규모 및 성장 가능성:

표적고객(타겟고객) 분석:

시장 동향 및 경쟁 상황:

4. 경쟁 분석 양식

양식 내용: 주요 경쟁자, 경쟁 제품 및 서비스 분석, 자사의 차별화 전략

목표: 경쟁 환경을 분석하고, 자사가 경쟁 우위를 확보할 수 있는 방법을 설명

주요 경쟁사:

자사의 차별화 전략:

5. 비즈니스 모델(Revenue Model) 양식

양식 내용: 수익 창출 방법, 가격 전략, 수익원

목표: 사업이 어떻게 수익을 창출할지에 대한 명확한 계획 제시

가격 책정 전략:

6. 마케팅 및 판매 전략 양식

양식 내용: 마케팅 전략, 광고 및 프로모션 계획, 유통 전략

목표: 제품이나 서비스의 시장 진입 전략과 고객 확보 방법을 명확히 제시

마케팅 전략:

광고 및 프로모션 계획:

유통 채널 및 파트너십 전략:

7. 운영 계획 양식

양식 내용: 사업의 일상적 운영을 위한 계획, 생산/공급망/인력 관리

목표: 사업 운영의 효율성을 높이기 위한 구체적인 계획 수립

운영 프로세스 및 관리 체계:

생산 및 공급망 계획:

8. 재무 계획 및 예측 양식

양식 내용: 예상 매출, 비용, 이익, 현금 흐름, 재무 예측 및 자금 조달 계획

목표: 사업의 재정적 건전성을 평가하고 자금 조달 계획을 제시

예상 손익계산서:

예상 현금 흐름:

자금 조달 계획(투자유치, 대출 등):

9. 팀 및 인력 계획 양식

양식 내용: 주요 인력의 역할 및 경력

목표: 팀의 역량을 강조하고, 필요한 인력 확보 계획을 수립

팀의 역량 및 역할:

향후 인력 채용 계획:

10. 리스크 관리 및 대응 전략 양식

양식 내용: 사업이 직면할 수 있는 리스크와 그에 대한 대응 방안

목표: 사업의 안정성과 지속 가능성을 보장하기 위한 리스크 관리 전략

주요 리스크(시장 리스크, 경쟁 리스크 등):

각 리스크에 대한 대응 전략

리스크 발생 시 대응 절차

창업 사업계획서 추천 양식

1. 표지: 사업명, 대표자 성명, 연락처 및 이메일, 제출일
2. 사업 개요: 사업 아이템(제품/서비스) 소개, 사업의 목적 및 목표, 창업 동기 및 배경
3. 시장 분석: 산업 및 시장 현황, 목표 시장 및 타겟고객, 경쟁사 분석 및 차별화 전략
4. 제품 및 서비스: 특징 및 장점, 핵심 기술 및 특허, 가격 정책 및 판매 전략
5. 사업 운영 및 마케팅 전략: 마케팅, 홍보(온라인 · 오프라인), 판매, 유통, 브랜딩, 고객 확보
6. 조직 및 인력 구성: 대표자 및 핵심 인력, 조직도 및 역할 분담
7. 재무 계획: 초기 투자비용(설비, 인건비, 마케팅), 예상 매출 및 손익분기점 분석
8. 리스크 분석 및 대응 전략: 경쟁, 기술, 시장 변화, 리스크 대응 방안
9. 향후 계획 및 성장 전략: 사업 확장 계획(해외 진출, 신사업 개발 등), 중장기 목표, 비전
10. 부록: 참고 자료(시장 조사 보고서, 특허 증명서 등), 추가적인 자료 및 서류

사례

그림책 박물관 사업계획서

1. 표지: 박물관 명칭, 대표자 성명, 연락처 및 이메일, 제출일.

2. 사업 개요: 박물관 개관 목적 및 비전, 주요 전시 콘텐츠 및 콘셉트 국내외 그림책 원화 전시, 그림책 작가 특별전, 체험형 전시(AR · VR 활용)
(어린이, 부모, 그림책 애호가, 교육기관 등), 사업의 필요성 및 창업 동기

3. 시장 분석: 내외 그림책 및 아동 문학 시장 동향,
타겟고객 분석(연령별, 가족 단위 방문객, 그림책 연구자 등),
경쟁 박물관 분석 및 차별화 전략, 그림책과 문화예술의 연계 트렌드

4. 전시 콘텐츠 및 운영 전략

– 상설전시
세계 명작 그림책 원화 및 초판본 전시
국내 대표 그림책 작가 작품 전시
그림책의 제작 과정(스토리보드, 원화, 출판 과정 등)

– 기획전시
특정 주제(계절별, 감정 테마 등)에 맞춘 특별 전시
해외 유명 그림책 작가 초청전시

– 체험 프로그램
그림책 읽기 및 스토리텔링 극장
방문객이 직접 그림책을 만드는 체험 공간
AR · VR을 활용한 인터랙티브 그림책 체험

- 독서 공간 및 라이브러리 카페
- 기념품 및 독립출판 그림책 판매

5. 입지 및 시설 계획: 위치 선정으로 양평의 주요 상업지구나 관광지 근처에 위치할 경우, 방문객 수가 증가할 수 있다. 박물관 위치 선정 이유(교육·문화 체험학습 중심 지역 등)

(전시관, 체험관, 카페, 기념품점 등), 내부 공간 구성 및 동선 설계

조명, 색감, 친환경 소재를 활용한 감성적인 공간 디자인

6. 마케팅 및 홍보 전략

- 디지털 마케팅: SNS(인스타그램, 유튜브, 블로그)콘텐츠 운영,
  그림책 작가 및 출판사와 협업 콘텐츠 제작
- 오프라인 홍보: 어린이집·학교·도서관과 연계한 단체 관람 프로그램
  역 문화 축제 및 박람회 참가
- 방문객 유치 전략
  정기 구독형 멤버십 프로그램(연회원, 그림책 큐레이션 서비스 등)
  주말·방학 맞춤형 가족 프로그램 기획
  그림책 작가 강연 및 워크숍 개최
- 그림책 읽는 공간구성 마이크 시설
  그림책 읽는 공간에서 마이크 시설을 활용하면, 동화구연, 독서 모임, 교육 프로그램 등 다양한 활동을 효과적으로 진행할 수 있다.
- 프로그램 운영: 그림책 읽어주기, 작가와의 만남 등 다양한 프로그램을 통해 방문객의 참여를 유도할 수 있다. 양평군 도서문화센터와 같은 지역 문화 기관과의 협력을 통해 상호 홍보 및 프로그램 공동 운영이 가능하도록 협조요청한다.

7. 조직 및 인력 계획

운영 조직 구성(큐레이터, 교육 담당, 마케팅, 시설 관리 등)

작가 및 출판사와의 협업 인력 운영

자원봉사자 및 문화 해설사 활용 계획

8. 재무 계획
- 초기 투자비용:
  건물 임대 및 시설 구축(전시 공간, 체험관 등)
  전시 콘텐츠 및 작품 구매·대여 비용
  마케팅 및 홍보 예산
- 운영비용:
  인건비, 유지보수, 전시 기획 비용
  교육·체험 프로그램 운영비
- 수익 모델:
  입장료 및 멤버십(정기권)
  체험 프로그램 및 교육 워크숍 수익
  기념품·출판물 판매(그림책, 아트 상품 등)
  기업·공공기관 협찬 및 후원

9. 리스크 분석 및 대응 방안
방문객 수 저조 시 마케팅 강화 전략
지속적인 전시 콘텐츠 변화 및 차별화 전략
그림책 저작권 및 전시 협업 문제 해결 방안
트렌드 변화에 따른 콘텐츠 업데이트 방안

10. 향후 발전 계획
국내, 국외 그림책 박물관과의 교류 확대
그림책 관련 연구 및 학술 활동 활성화
그림책 관련 창작·출판 지원 공간 운영
브랜드 확장을 통한 프랜차이즈형 박물관 전개

11. 부록: 박물관 시설 평면도 및 공간 구성도, 관련 법규 및 인허가 사항

사례) 양평 장소에서 그림책 카페 (가)예산 기준

양평에서 가족 동반을 위한 그림책 카페를 운영하려면, 공간 구성, 인테리어, 도서 구비, 프로그램 운영 등 다양한 요소를 고려해야 한다.

1) 공간 구성 및 인테리어

공간 설계 및 시공: 약 50~100평 규모의 공간을 마련할 경우, 설계 및 시공비용은 약 1,000만 원에서 2,000만 원 정도 예상된다.

가구 및 비품: 책장, 테이블, 의자 등 가구와 카페 운영에 필요한 비품 구입에 약 500만 원에서 1,000만 원이 소요될 수 있다.

2) 도서 구비

그림책 구매: 다양한 연령대와 주제의 그림책을 구비하기 위해 약 500만 원에서 1,000만 원 정도의 예산이 필요하다.

3) 카페 운영

주방 설비: 커피 머신, 제빙기, 냉장고 등 주방 설비 구입에 약 500만 원에서 1,000만 원이 소요될 수 있다.

원재료 구매: 커피 원두, 차, 디저트 재료 등 초기 재고 확보를 위해 약 200만 원에서 500만 원 정도의 예산이 필요하다.

4) 인력 운영

인건비: 직원 2~3명을 고용할 경우, 월 인건비는 약 300만 원에서 600만 원 정도 예상된다.

5) 마케팅 및 홍보

홍보비용: 온라인 광고, 전단지 제작 등 홍보 활동에 약 100만 원에서 300만 원이 소요될 수 있다.

6) 기타 비용

운영비: 전기, 수도, 가스 등 공과금과 소모품 구매를 위한 예산으로 월 약 100만 원에서 200만 원 정도를 고려해야 한다.

총 예산 추정

위의 항목들을 종합하면, 초기 투자비용은 약 3,000만 원에서 5,000만 원 정도로 예상된다. 이후 월 운영비는 약 500만 원에서 1,000만 원 정도가 소요될 것으로 보인다.

최정선 저자가 추후 희망인 그림책 박물관의 창업 사업계획서 사례를 안내한 것이다.

저자소개

최정선

가천대학교와 인천대학교에서 “창업 마케팅” 과목을 다년간 강의하며 학생들에게 실무 지식을 전달해 오고 있다. 2009년부터 2025년 현재까지 가천대학교에서 학생 친화적인 교육을 실시하며, 친근한 교수라는 수식어로 탁월한 친밀감과 밀착력으로 학생들과 유대관계를 형성하며 보람을 찾고 있다. 학생들이 실질적인 지식을 쌓을 수 있도록 다양한 사례를 바탕으로 강의하며 교수 평가 또한 우수하다. 이론과 실무를 결합하여 창업 마케팅 관련 콘텐츠를 교육하고 있으며, 스타트업에 필요한 혁신적인 접근 방식을 제안하고 있다.

한국전통문화연구소 대표이기도 하며, 한국문화산업학회 상임이사로 활동하고 있다.

• KSCI등재지에 학회논문도 꾸준히 게재하고 있다.

• 출판: 「브랜드마케팅」 공저 2025
「창업 마케팅」 공저 2023
「성남구경, 성남9경」 공저 2013
「사진, 환경을 만나다」 공저 2011
「탄천 이야기」 공저 2008

제2판
창업 마케팅

초판발행 2023년 3월 19일
제2판발행 2025년 7월 10일

지은이 최정선
펴낸이 안종만 · 안상준

편 집 우석진
기획/마케팅 김한유
표지디자인 BEN STORY
제 작 고철민 · 김원표

펴낸곳 (주) 박영사
서울특별시 금천구 가산디지털2로 53, 210호(가산동, 한라시그마밸리)
등록 1959. 3. 11. 제300-1959-1호(倫)
전 화 02)733-6771
f a x 02)736-4818
e-mail pys@pybook.co.kr
homepage www.pybook.co.kr
ISBN 979-11-303-2340-4 93320

정 가 27,000원